北大版 HSK 应试辅导丛书

HSK 捷径：
汉语水平考试应试对策与考点精练
（初、中等）
Expressway to HSK:
Tactics and highlights of HSK
（Elementary and intermediate）

李　妍　编著

北京大学出版社
PEKING UNIVERSITY PRESS

图书在版编目(CIP)数据

HSK 捷径:汉语水平考试应试对策与考点精练. 初、中等/李妍编著. —北京:北京大学出版社,2005.4

(北大版 HSK 应试辅导丛书)

ISBN 978-7-301-08589-9

Ⅰ.H… Ⅱ.李… Ⅲ.汉语-对外汉语教学-水平考试-自学参考资料 Ⅳ.H195.4

中国版本图书馆 CIP 数据核字(2004)第 143521 号

书　　　名:HSK 捷径:汉语水平考试应试对策与考点精练(初、中等)
著作责任者:李　妍　编著
责 任 编 辑:宋立文
标 准 书 号:ISBN 978-7-301-08589-9/H·1397
出 版 发 行:北京大学出版社
地　　　址:北京市海淀区成府路 205 号　　100871
网　　　址:http://www.pup.cn
电　　　话:邮购部 62752015　发行部 62750672　编辑部 62752028　出版部 62754962
电 子 邮 箱:zpup@pup.pku.edu.cn
印　刷　者:北京大学印刷厂
经　销　者:新华书店
　　　　　　787 毫米×1092 毫米　16 开本　18.25 印张　423 千字
　　　　　　2005 年 4 月第 1 版　2012 年 2 月第 4 次印刷
印　　　数:10001—11000 册
定　　　价:60.00 元(附 MP3 盘 1 张)

前　言

一、编写依据

《汉语水平等级标准与语法等级大纲》、《汉语水平词汇与汉字等级大纲》、《中国汉语水平考试大纲》、语言测验的有关理论、第二语言教学和习得的有关理论及各类汉语工具书。

二、适用对象

1. 适用于参加 HSK(初、中等)的考生,词汇量至少应达到 1100 个左右、具备汉语语法的基本知识(主语、谓语、宾语、定语、状语、补语)并了解汉语基本词类的知识。

2. 适用于想在短期内提高汉语综合能力的汉语学习者。

3. 适用于从事 HSK 教学的汉语教师。本书总结了大量的常见考点以及汉语的语法现象。另外,本书题目量大,对练习进行了分类,这些特点使汉语教师在进行教学时更加方便。

三、本书特点

1. 内容特点

(1) 全面

本书的每一部分均涉及了全部常考知识点,比如:

听力部分:涵盖常用的口语习惯用语、否定肯定的多种表达法等。

语法部分:语法点 910 项,这部分涉及 80%,涵盖所有常见考点。

阅读理解:猜词义及文章阅读尽可能地涵盖所有可能出现的词汇和所有文章体裁。

词语填空:涉及词汇超过 3000 个。

汉字填空:练习的汉字超过 1500 个。

本书练习量大,范围广泛,但是练习的方式很巧妙,所以考生在做练习的时候不会感到枯燥和疲倦。

(2) 准确

本书每道题目的编写都严格依据考试大纲,遵循汉语水平考试的出题原则和方法。另外,本书强调对考试题目的预测性,考生在之后的汉语水平考试中一定会遇到与本书题目相类似的问题。

本书还针对考生在准备考试时普遍存在的难点、弱点,设计了相应的练习,并在题解中进行了强调。

(3) 有效

本书依据考试重点进行了分类练习设计,这在同类教材中是具有开拓性的。这样的设计可以增强考生对考试重点的敏感性,从而在考试的时候用最短的时间提取所需的知识,解决听力、语法、阅读、综合、写汉字儿方面的难题,排除考试中的各种障碍。

不管你是准备参加 HSK 的考生,还是一名普通的汉语学习者,在使用本教材的过程中,你都会真切地感受到汉语水平的迅速提高,进步的成就感一定会提升你汉语学习的自信心。

2. 体例特点

本书共五个单元,每单元分为考试形式和考试策略、分类练习、综合练习和参考答案等部分。

(1) 考试形式和考试策略

① 考试形式

这一部分主要是针对第一次参加考试的考生,介绍汉语水平考试的基本形式。阅读这一部分时要特别注意每一道题的答题时间。

② 考试策略

这一部分主要是从常见考点和汉语水平考试的出题方法两方面为 HSK 的复习提供有力的指导。这是本书最具有创见性的部分,考生一定要仔细阅读,在复习的时候按照这部分的意思去做,能够极大地提高学习效率,增强应试能力。

(2) 分类练习

这一部分是把 HSK(初中等)每一项的常见考点从内容上进行分类,安排考生一类一类地练习,培养考生对于考点的敏感性。通过做这部分练习,考生可以从出题者的角度知道要考的是什么,从而准确快速地从学过的知识中找到答案。这一部分是本书的核心,同样体现了本书的创见性,是对考生来说最重要的一部分。

题解部分不仅给出了正确的答案,而且对考生应该掌握的知识点进行了重点强调,可以大大提高考生的学习效率。

(3) 综合练习

这一部分给考生安排了大量的习题,其中一部分习题是巩固分类练习中的知识点。这一部分习题比分类练习难度稍大,目的是使考生有备无患,尽量充分地为即将到来的考试做好准备,确保万无一失。

(4) 参考答案

本书的这一部分也有其独特之处,不仅给出正确的答案,还对考生应该掌握的相关、同类知识点进行归纳总结,大大缩短考生的备考时间,提高复习效率。

四、给考生的建议

本书是一本全新的 HSK 辅导教材,力争尽可能多地给考生提供最及时、最全面、最有效的帮助。对于使用本书的考生,编者有如下的建议:

1. 常常朗读:朗读听力的录音文本和语法结构练习的答案,这能有效地增强考生对汉语的语感,自然而然地提高运用汉语的能力。

2. 注意题解:题解对考生应该掌握的知识进行了归纳总结,可以大大提高考生的学习效率。

3. 注意速度:注意做题的速度,尽量按照规定的时间完成每一题。

4. 注意总结:做完题后要及时总结自己的弱点和难点,有针对性地练习。

李　妍

目　录

第一单元　听力理解

考试形式和考试策略

一、考试形式

听力理解共 50 题,答题时间约 35 分钟。这一项试题主要测试考生听正常语速的句子、对话和一般性题材讲话的能力。包括三个部分:

第一部分(15 题):这部分试题,都是一个人说一句话,第二个人根据这句话提一个问题,听完后考生应在试卷上的四个书面答案中选择惟一恰当的答案。

第二部分(20 题):这部分试题,都是两个人的简短对话,第三个人根据对话提出一个问题,听完后考生应在试卷上的四个书面答案中选择惟一恰当的答案。

第三部分(15 题):这部分试题,是几段较长的对话或讲话。每段话之后,第二个人或第三个人根据对话或讲话提若干个问题,每听完一个问题,考生应在试卷上的四个书面答案中选择唯一恰当的答案。

这项试题的考试方法是:首先听基本为正常语速(170~220 字/分钟)的录音材料(注意:只听一遍);每一问题后有 15~20 秒的答题时间,要求考生迅速在试卷上提供的四个选择项中选择最恰当的答案,然后在答卷上找到相应的题号并在代表最恰当答案的字母上画一横道。

二、考试策略

(一) 常见考点

听力考试的主要考查目标有三:

1. 理解说话人的态度:怀疑、肯定、愤怒、兴奋、赞扬、批评、惊异、感叹等。特别要掌握反问句所表达的肯定语气。

2. 明白说话人的意思。

3. 了解事情发生的原因、时间、地点、结果。这主要看考生捕捉主要信息的能力,关键在于把握名词和动词,虚词次之。

(二) 快速提高听力的方法

1. 多听广播、看电视,特别是新闻和电视剧。中央电视台播音员标准语速为每分钟 180 字,HSK 听力理解语速每分钟 170~220 字。不管听得懂还是听不懂,平时多听中文广播,特别是中央电视台的新闻联播。注意一些有明显特点的语言材料,如广告、节目预报、招聘启事、天气预报等。多和中国人接触,包括去银行、机场、商场、邮局等等,尽量多说,多听。另外,多和你的中国朋友聊天，了解中国人的思维习惯和文化。

2. 每次做完练习以后大声朗读答案，最好背下来。这样能在较短的时间内培养正确的语感，不光对听力练习有好处，对以后的语法练习也有帮助。听力和语法是密不可分的，记住这一点。——一定要试试这个方法，你的听力会在短时间内迅速提高。

3. 要养成边听边记的习惯。听的时候做笔记，用最快的速度，最适合你的方法，把听到的内容记下来。

4. 从一开始练习就要培养速度。严格按照正式考试时的时间规定来做题，只要坚持做前面的三条，就可以有效地提高速度。

（三）应试策略

听力题的问题类型大致有下面几种：

1. **口语习惯用语题**：考查常用的口语习惯用语的意思，后面的分类练习将指导考生练习常用的口语习惯用语。

2. **肯定否定题**：有很多题不是直接表达说话者的意思，而是通过各种各样的肯定和否定句式来表示。

汉语中间接表示肯定否定的方法主要有：

(1) 反问句（"这个问题我不是讲过吗？"）

(2) 疑问代词（"我哪知道这件事呀！"）

(3) 口语习惯用语（"得了，不见得。"）

(4) 双重否定句（"她没有不想去的地方。"）

分类练习中将练习各种各样的肯定否定表示法，并且进行归纳总结。

3. **信息题**：有一些问题问的是事情发生的时间、地点、有关数字、原因、条件以及人物的身份、人物之间的关系。

有关地点的题常问的是：机场、火车站、码头、公共汽车站、商场、超市、医院、邮局、银行。与之相关的词语是：航班、车次、直达、硬座票、硬卧票、轮船、上船、一路顺风、几路车、上车、汽车上、某个地方到了、下车、开车、订票等。有的问题问的是谈话的双方是什么关系，常见的关系是：朋友、同事、同学、熟人、兄妹、姐弟、师生、夫妻、恋人、顾客和售货员、乘客和售票员、病人和大夫、上司和下属、游客和导游等。

有关数字问题，应注意的词语是：增加(了)、提高到、减少(了)、减少到、下降(了)、下降到、涨了、涨到、增加了几倍、是……的多少倍。

注意买东西的话题，常会问最贵的、最便宜的、没买什么。

时间题应注意的语语是：提前、耽误、迟、晚、早、晚点、延长、拖延、耽误、迟到等等。

回答信息题有特定的方法和常用的句型，在分类练习中，考生要全面练习。

4. **语气态度题**：这类题问的是说话者的语气和态度，常见的几种语气和态度，不管是用词，还是表达的方法都有一定的规律。

常考的态度是：夸奖、吃惊、不满意、可惜、犹豫、猜测、愤怒、后悔、生气、无奈、没想到、已经想到、遗憾、怀疑、观望。

题目中常出现的词语是：夸奖、赞叹、赞扬、称赞、吃惊、惊奇、惊讶、惊叹、生气、气愤、不满、责怪、埋怨 、可惜、遗憾、惋惜、后悔、失望、感到意外、出乎意料、早就想到了、早就估计到了、羡慕、喜欢、开玩笑、警告、同情、伤心、谅解。

考生要对上面的词语非常熟悉。

考生应仔细阅读前面这一部分以后再开始做下面的分类练习。

分　类　练　习

一、句子练习

（一）口语习惯用语题

常见考点：

巴不得	出难题	无从下手	有功夫	乱了套	无法形容	别提了	A 归 A
没的说	透个风	压根儿	走红	没底	三天两头	不当回事	不对劲儿
动不动就	够呛	黄了	拉倒	好容易才	头疼	给……颜色看	
看你的了	脸色不好	心里痒痒	没戏了	太阳从西边出来了		一口吃不成个胖子	

1. A. 教育孩子时可以发脾气 B. 发脾气对孩子不好
   C. 告诉孩子运动很重要 D. 对孩子不能随便发脾气

2. A. 下班以后不能去扫马路 B. 下岗了也没有关系
   C. 扫马路是好办法 D. 下岗以后可以去扫马路

3. A. 叶老汉是卖药的 B. 刘县长不认识叶老汉
   C. 刘县长不知道叶老汉要干什么 D. 叶老汉的药店在楼上

4. A. 很有希望　　　B. 很凉快　　　C. 很失望　　　D. 很舒服

5. A. 李秀梅不经常来这里 B. 李秀梅周末才来
   C. 李秀梅白天才来 D. 李秀梅不住在这里

6. A. 小王什么也没说 B. 小王谁也不认识
   C. 小王对他的爱人很好 D. 小王说得不对

7. A. 他不懂电脑 B. 他喜欢弹钢琴
   C. 他喜欢上网 D. 他爱说大话

8. A. 轻松　　　B. 意外　　　C. 感兴趣　　　D. 为难

9. A. 已经完成　　B. 完成得不顺利　　C. 这个月完成不了　　D. 月内完成

10. A. 很难找到她 B. 去大城市可能找到她
    C. 去海边可以找到她 D. 也许能找到她

11. A. 运动　　　B. 洗澡　　　C. 学习　　　D. 旅行

12. A. 买了药了　　B. 不正常　　C. 很幸运　　D. 生病了

13. A. 大家早想到了　　B. 让人吃惊　　C. 不太好　　D. 成绩出色

14. A. 不能　　　B. 可能性小　　　C. 一定通过　　　D. 很可能通过

15. A. 小马很适应气候　B. 小马性格随和　　C. 小马和我一起走　　D. 小马没见到我

16. A. 小王对小李有意见　　　　　　　B. 小王不认识小李
　　 C. 小王遇到小李了　　　　　　　　D. 小王喜欢小李

17. A. 他要请客　　　　　　　　　　　B. 他常在外面吃饭
　　 C. 他经常出差　　　　　　　　　　D. 他不喜欢出差

18. A. 能吃苦　　　　B. 马虎　　　　C. 能干　　　　D. 亲切

19. A. 不太顺利　　　　　　　　　　　B. 有了结果
　　 C. 刚开始　　　　　　　　　　　　D. 有很多人帮助

20. A. 愉快　　　　B. 难受　　　　C. 害羞　　　　D. 生气

21. A. 环境　　　　B. 风景　　　　C. 气候　　　　D. 食物

22. A. 爸爸很厉害　　　　　　　　　　B. 儿子不如爸爸厉害
　　 C. 爸爸能干,儿子也能干　　　　　D. 爸爸不如儿子

23. A. 为难　　　　B. 是个新手　　　　C. 受欢迎　　　　D. 表现不好

24. A. 他不出国了　　　　　　　　　　B. 他马上出国
　　 C. 他已经出国　　　　　　　　　　D. 他出国的事还不一定

25. A. 很习惯　　　B. 有点寂寞　　　C. 很愉快　　　D. 不太适应

26. A. 经常联系　　　B. 没有来往　　　C. 开始交往　　　D. 不常联系

27. A. 非常好　　　　B. 不太好　　　　C. 一般　　　　D. 还可以

28. A. 天生的艺术家　　B. 没有艺术才能　　C. 应该搞艺术　　D. 喜欢艺术

29. A. 太小了　　　　B. 像家一样　　　　C. 太乱了　　　　D. 太吵了

30. A. 愤怒　　　　B. 羡慕　　　　C. 埋怨　　　　D. 赞美

31. A. 很有乐趣　　　B. 太麻烦　　　C. 非常简单　　　D. 很难

32. A. 山田没有回国　　　　　　　　　B. 山田很爱说话
　　 C. 山田爱开玩笑　　　　　　　　　D. 山田运动了很长时间

33. A. 爱说话　　　B. 已经7岁了　　　C. 不爱说话　　　D. 快7岁了

34. A. 表现很好　　　B. 很特别　　　C. 很有前途　　　D. 长得好看

35. A. 常常聊天　　　B. 常在一块儿　　　C. 不常联系　　　D. 合不来

36. A. 律师　　　　B. 老师　　　　C. 职员　　　　D. 学生

37. A. 他不能解释　　　　　　　　　　B. 他不能参加
　　 C. 他不能决定　　　　　　　　　　D. 他不能说出来

38. A. 很合适　　　B. 太重了　　　C. 不好包装　　　D. 太轻了

39. A. 伤心　　　　B. 担心　　　　C. 怀疑　　　　D. 不舒服

40. A. 去不成泰山了　　　　　　　　　B. 泰山很有意思
　　 C. 想一想去泰山的事　　　　　　　D. 泰山的树叶黄了

41. A. 脸色不好　　　　　　　　　　　B. 心情不好
　　 C. 非常高兴　　　　　　　　　　　D. 看不清东西

42. A. 羡慕　　　　B. 猜测　　　　C. 赞美　　　　D. 愤怒

43. A. 小王不参加比赛　　　　　　　　B. 小王比赛时表现不好
　　 C. 明天天气不好　　　　　　　　　D. 小王的自行车坏了

44. A. 迟到时不要说话   B. 不应该再迟到
     C. 别告诉别人迟到了   D. 通知别人出发的时间
45. A. 小王帮助他找到路   B. 小王帮助他学汉语
     C. 小王迷路了   D. 小王和我一起学汉语
46. A. 可怜   B. 批评   C. 解释   D. 帮助
47. A. 爬山一个也不能少   B. 爬山玛丽一定不能少
     C. 玛丽不能去爬山   D. 明天不能去爬山
48. A. 老王伤风了   B. 老王不常来   C. 外面刮大风   D. 外面没有风
49. A. 批评   B. 夸奖   C. 遗憾   D. 生气

（二）肯定否定题

这一部分练习用不同的方法表达肯定和否定的态度,听的时候注意语调。这一部分包括了所有的反问句形式、疑问词表示否定的用法及一些特殊的句型,题解对有关的知识做了总结。

1. A. 晚上她不想出门   B. 晚上她知道不应该出门
     C. 她应该知道晚上一个人出门不好   D. 晚上她不愿意单独出门
2. A. 娇生惯养的孩子不会为别人着想   B. 我觉得他是娇生惯养的孩子
     C. 他娇生惯养他的孩子   D. 他的孩子为他着想
3. A. 大家都没有夸奖黄仪   B. 有一个人夸奖了黄
     C. 大家都夸奖黄仪   D. 我的外孙女儿夸奖了黄仪
4. A. 吸烟太多了   B. 喝茶太多了
     C. 生活太舒服了   D. 不像生病的样子
5. A. 不明白他的话   B. 听懂了,但是没明白
     C. 懂道理,应该明白他的话   D. 不会说他的语言
6. A. 说话人   B. 小王   C. 小张   D. 小李
7. A. 快对他们讲这些   B. 让他们讲话
     C. 别对他们讲这些   D. 要节约时间
8. A. 大家不愿意和他同屋   B. 大家都愿意和他同屋
     C. 不知道谁愿意和他同屋   D. 他的同屋是谁呢?
9. A. 小王还是个孩子   B. 小王不该害怕
     C. 小王怕天黑   D. 小王什么都不怕
10. A. 名人都离不开教师   B. 教师很容易成为名人
     C. 名人都有教师   D. 名人的教师都很好
11. A. 不知道什么时候回家   B. 他今天不回家了
     C. 如果不回家,一定打电话   D. 别人不了解他
12. A. 休息   B. 打网球   C. 上网   D. 运动
13. A. 怀疑   B. 责怪   C. 遗憾   D. 生气
14. A. 小张   B. 小李   C. 说话人   D. 小王
15. A. 小王来看演出了   B. 演出可能取消了

C. 小王没有告诉我 　　　　　　　　　　　　D. 演出很精彩

16. A. 不难 　　　　　　　　　　　　　　　　B. 有点难
　　 C. 难极了 　　　　　　　　　　　　　　　D. 词比较难,语法不难

17. A. 忘带字典了 　　　　　　　　　　　　　B. 不应该查字典
　　 C. 还没学这个词 　　　　　　　　　　　　D. 最好查字典

18. A. 已经不是他的朋友 　　　　　　　　　　B. 可能成为他的朋友
　　 C. 不可能成为他的朋友 　　　　　　　　　D. 后悔成为他的朋友

19. A. 只有山田 　　　　B. 只有玛丽 　　　　C. 山田和玛丽 　　　　D. 所有人

20. A. 不应该去接她 　　B. 不应该去车站 　　C. 应该去送她 　　　　D. 不是她哥

21. A. 下属 　　　　　　B. 学生 　　　　　　C. 客人 　　　　　　　D. 医生

22. A. 晴天 　　　　　　B. 有雨 　　　　　　C. 多云 　　　　　　　D. 不好说

23. A. 三年 　　　　　　B. 九个月 　　　　　C. 三个月 　　　　　　D. 一年

24. A. 昨天大刚给他打了电话 　　　　　　　　B. 他打算给大刚打电话
　　 C. 大刚昨天没接电话 　　　　　　　　　　D. 昨天他给大刚打了电话

25. A. 好奇 　　　　　　B. 羡慕 　　　　　　C. 责怪 　　　　　　　D. 感叹

26. A. 很奇怪 　　　　　B. 不满意 　　　　　C. 很高兴 　　　　　　D. 好奇

27. A. 建议别人拍照 　　　　　　　　　　　　B. 提醒别人冲洗照片
　　 C. 劝别人不要生气 　　　　　　　　　　　D. 批评别人照片照得不好

28. A. 大衣的样式有点奇怪 　　　　　　　　　B. 他看到了大衣
　　 C. 买不到大衣 　　　　　　　　　　　　　D. 应该买大衣

29. A. 羡慕 　　　　　　B. 遗憾 　　　　　　C. 气愤 　　　　　　　D. 责备

30. A. 还可以 　　　　　B. 有意义 　　　　　C. 有趣 　　　　　　　D. 不太好

31. A. 紧张 　　　　　　B. 关心 　　　　　　C. 无所谓 　　　　　　D. 遗憾

32. A. 有趣 　　　　　　B. 精彩 　　　　　　C. 无聊 　　　　　　　D. 一般

33. A. 奇怪 　　　　　　B. 难过 　　　　　　C. 遗憾 　　　　　　　D. 生气

34. A. 好奇 　　　　　　B. 后悔 　　　　　　C. 遗憾 　　　　　　　D. 愤怒

35. A. 同学聚会我不去也行 　　　　　　　　　B. 同学聚会改时间了
　　 C. 一定要参加同学聚会 　　　　　　　　　D. 所有的聚会都不参加了

36. A. 大刚有点奇怪 　　　　　　　　　　　　B. 大刚喜欢玩
　　 C. 大刚很忙 　　　　　　　　　　　　　　D. 大刚一定会发财的

37. A. 工作的压力有点大 　　　　　　　　　　B. 现在找工作很难
　　 C. 现在的工作就挺好,不必换工作 　　　　D. 厂里的效益很快就会好起来

38. A. 北京的流动人口全国最多 　　　　　　　B. 如果你要租房,最好来我们公司
　　 C. 北京的房地产业供大于求 　　　　　　　D. 我们公司应该开发房产业务

39. A. 最好让大山带你游北京 　　　　　　　　B. 大山不在北京
　　 C. 大山也在游北京 　　　　　　　　　　　D. 你在北京找谁呢?

（三）信息题

这一部分常说的话题是看病、修理、买东西、换钱、看电影、在机场、在火车站、在公共汽车上和在邮局。考生应该注意的信息是：时间、地点、什么人、什么事情、什么原因、什么条件、数量是多少、时间是几点、事情前后发生的变化等等。表达原因、条件、时间、比较、地点、数字等的句型有一定的规律，这些规律对提高你的听力水平非常有帮助，要注意总结。

注意提示重要信息的词：差点儿(没)、好容易才、除了、本来、原来、以为。

表示原因：多亏、怪不得、难怪、由于、因为、所以、因此、原来、闹了半天、吃了……的亏，之所以……是因为、为(wèi)。

特别注意比较的不同表达方式：跟……一样、比……还(更)、再+形容词+没有了(不过了)。

表示最高级的方法：好得不能再好了=最好、真是没的挑、要多好有多好=最好、好到家了=最好、人多了去了=人非常多。

一些特殊句型,如：别说是……就是……也;连……也;别看……可是;A 归 A;B 归 B,要么……要么。

1. A. 过年的习惯变了　　　　　　　　B. 拜年变得更简单
   C. 年轻人对传统节日不感兴趣了　　D. 打电话拜年更普遍
2. A. 住楼房非常满意　　　　　　　　B. 住楼房邻里关系不亲密
   C. 住楼房好处比坏处多　　　　　　D. 住楼房坏处比好处多
3. A. 三月　　　　　B. 四月　　　　　C. 五月　　　　　D. 一月
4. A. 一座山　　　　B. 一个城市　　　C. 一栋楼　　　　D. 一个平原
5. A. 吴秋香没有闯荡的性格　　　　　B. 吴秋香事业上不太成功
   C. 性格是吴秋香事业成功的一个原因　D. 吴秋香的事业不会成功
6. A. 很小　　　　　B. 很便宜　　　　C. 大小不均匀　　D. 很大
7. A. 失误太多　　　B. 表现最好　　　C. 比赛时受伤　　D. 速度很快
8. A. 饭店人多的时候可以打包回家吃　B. 很多人把饭菜打包带回家
   C. 应该爱惜粮食　　　　　　　　　D. 放假去饭店吃饭吧
9. A. 3 点　　　　　B. 4 点　　　　　C. 4 点 40　　　D. 5 点 10 分
10. A. 火车常常不准时　　　　　　　　B. 那天火车晚点了
    C. 去火车站没接到人　　　　　　　D. 要接的人没下火车
11. A. 宿舍　　　　　B. 图书馆　　　　C. 教室　　　　　D. 餐厅
12. A. 物理　　　　　B. 历史　　　　　C. 英语　　　　　D. 化学
13. A. 猜测　　　　　B. 遗憾　　　　　C. 生气　　　　　D. 羡慕
14. A. 很暗　　　　　B. 很热闹　　　　C. 很小　　　　　D. 很豪华
15. A. 四个　　　　　B. 三个　　　　　C. 一个　　　　　D. 两个
16. A. 广州　　　　　B. 北京　　　　　C. 上海　　　　　D. 西安
17. A. 神话　　　　　B. 恐怖　　　　　C. 浪漫　　　　　D. 科学幻想
18. A. 衣服　　　　　B. 年龄　　　　　C. 性格　　　　　D. 身高
19. A. 小张要结婚了　　　　　　　　　B. 小张不打算换工作了
    C. 小张喜欢外出　　　　　　　　　D. 小张要搬家了

20. A. 刚毕业的时候　　　　　　　　　　B. 快毕业的时候
　　C. 在家的时候　　　　　　　　　　　D. 放假的时候

21. A. 李华的模样很好看　　　　　　　　B. 李华很显年轻
　　C. 李华从来不注意外表　　　　　　　D. 李华已经23岁了

22. A. 他想要去北京　　　　　　　　　　B. 他在北京迷路了
　　C. 他要带别人游北京　　　　　　　　D. 他第一次来北京

23. A. 只有业务能力强的人才赞成　　　　B. 最近公司的业务比较繁忙
　　C. 产品的技术要求越来越高　　　　　D. 技术高的工人很受欢迎

24. A. 丁平两年前和同事去了云南　　　　B. 丁平想和同事去云南
　　C. 丁平给他的同事拍了张照片　　　　D. 丁平还没去过云南

25. A. 爸爸今天不太高兴　　　　　　　　B. 她让爸爸不高兴了
　　C. 她想要一个女孩　　　　　　　　　D. 爸爸不是特别喜欢女孩

26. A. 小王的朋友　　　　　　　　　　　B. 小王的姐姐
　　C. 小王的同事　　　　　　　　　　　D. 小王

27. A. 上午　　　　　　B. 中午　　　　　C. 晚上　　　　　D. 凌晨

28. A. 交通工具　　　　B. 旅行社　　　　C. 缺乏知识　　　D. 天气

29. A. 铜材厂的产品销量不错　　　　　　B. 铜材厂的新生产线投产了
　　C. 铜材厂的历史很短　　　　　　　　D. 铜材厂的效益不太好

30. A. 说话人早就认识陈英　　　　　　　B. 说话人不认识治国
　　C. 说话人刚认识陈英　　　　　　　　D. 陈英和治国从来不认识

31. A. 在家招待客人　　　　　　　　　　B. 在家看电视
　　C. 在家打电话拜年　　　　　　　　　D. 在家等电话

32. A. 2900元　　　　　B. 5500元　　　　C. 4000元　　　　D. 1600元

33. A. 个人自愿捐款　　　　　　　　　　B. 非政府组织捐款
　　C. 各国政府的有偿援助　　　　　　　D. 各国政府捐款

34. A. 更加方便卫生　　　　　　　　　　B. 可以使人更加灵活
　　C. 可以增进健康　　　　　　　　　　D. 可以开发智力

35. A. 小王一定非常想家　　　　　　　　B. 小李非常想他哥哥
　　C. 小李是小王的哥哥　　　　　　　　D. 小王是小李的哥哥

36. A. 教师　　　　　　B. 作家　　　　　C. 记者　　　　　D. 医生

37. A. 坐班车　　　　　B. 坐地铁　　　　C. 搭便车　　　　D. 骑自行车

38. A. 利用互联网的方式有很多　　　　　B. 利用互联网比了解互联网更重要
　　C. 互联网与人们的生活关系密切　　　D. 了解互联网的途径各种各样

39. A. 上网玩游戏　　　　　　　　　　　B. 上网聊天
　　C. 为了工作　　　　　　　　　　　　D. 给妈妈解闷

40. A. 服务员　　　　　B. 编辑　　　　　C. 经商　　　　　D. 记者

41. A. 方便面中的某些化学物质对健康不利　　B. 方便面给人带来极大便利
　　C. 方便面新产品对健康非常有利　　　　　D. 方便面物美价廉家庭必备

42. A. 餐馆　　　　　　　　B. 旅行社　　　　　　　C. 邮局　　　　　　　D. 教室

43. A. 爱情让人情绪激动　　　　　　　　　　　　B. 爱情有美容的作用
　　C. 爱情让人心跳加速　　　　　　　　　　　　D. 爱情可以使人长寿

44. A. 面积　　　　　　　　B. 位置　　　　　　　C. 商品名称　　　　　　D. 店面标志

45. A. 特别需要病人的配合　　　　　　　　　　　B. 病人对医生要特别信任
　　C. 病人的口头表达能力特别重要　　　　　　　D. 跟其他的疗法差不多

46. A. 最好结伴去龙庆峡　　　　　　　　　　　　B. 他想自己去龙庆峡
　　C. 龙庆峡其实没什么意思　　　　　　　　　　D. 他最近身体不太好

47. A. 餐厅　　　　　　　　B. 服装店　　　　　　　C. 车站　　　　　　　D. 飞机场

48. A. 他想参加徐小姐的生日晚会　　　　　　　　B. 希望徐小姐能够来他的公司工作
　　C. 希望徐小姐举办一次宴会　　　　　　　　　D. 邀请徐小姐参加宴会

49. A. 找老同学　　　　　　B. 给单位打电话　　　　C. 找工作　　　　　　D. 找钥匙

(四) 语气态度题

汉语中表示语气和态度的方法主要有：

1. 一些副词,比如:竟然、才、就、简直、还、倒、居然、恐怕、未必,不见得等等。

2. 一些叹词、助词,比如:唉、哎哟、吧、呗等等。

3. 一些口语常用语,比如:可不是吗、有道理、可不、可也是、谁说不是呢——表示同意;怎么搞的、怎么……这么——表示吃惊。

4. 重音和语调。

这一部分对常见的语气态度的表示方法做了总结,请考生注意题解。

表示埋怨:

你让我好……　　你看你　　让我说你什么好　　不是我说你　　看您说的　　你也是
你说这叫什么事　　　真是的　　　　　还说呢　　　　你让我好找!

表示吃惊:

我不是在做梦吧　　　　竟然　　谁知道　　没想到　　不料　　没料到　　谁知　　好家伙
真不敢相信自己的眼睛　　居然　　却　　　真是太阳从西边出来了

表示建议:

……不就得了　　不妨　　　　　　你最好……　　　　　你看……行不行?
你可以……　　　还是……(的好)　　要不不如,……不就行了

表示批评:

你也是,……不像话　　亏你是……　　真不是东西　　不是地方　　不是时候　　太那个了
你说这叫什么事　　　不敢恭维　　　还说呢　　　　不够意思　　差点劲儿　　太不像话了
都怪你　　这就是你们的不对了　　都是你

表示后悔:

早知道……我就不……　　唉,都怪我,……

表示不同意:

真是的　　得了吧　　哪儿的话　　什么A不A的　　话不可能这么说　　胡说什么呀

这哪儿跟哪儿呀　这叫什么话

表示同意：

那是　可不　可不是嘛　说的也是　有道理　就这么着

表示表扬：

够可以的　没的说　没的挑　真有你的　真厉害

表示愤怒：

你给我……！　你再说一遍！　太不像话了！

表示怀疑：

怎么会呢　不可能吧　该不是……吧　恐怕……吧

表示不耐烦：

你还有完没完？　我跟你说过多少遍了！

表示无奈：

你说我又能怎么样？　谁让……呢？　有什么办法呢？　我也是不得已呀

表示猜测：

说不定是……　别不是……吧

表示早就想到了：

我就知道……　我早就说过……

1. A. 吃惊　　　　　B. 不耐烦　　　　　C. 骄傲　　　　　D. 不满意
2. A. 怀疑　　　　　B. 不服气　　　　　C. 无奈　　　　　D. 猜测
3. A. 犹豫　　　　　B. 无奈　　　　　C. 担心　　　　　D. 恳求
4. A. 800 元太少　　　　　　　　B. 800 元太多
　 C. 800 元正好　　　　　　　　D. 800 元勉强可以
5. A. 同屋叫我，可是我没起床　　　B. 很幸运，我没迟到
　 C. 我们准时起床，所以迟到　　　D. 准时起床，可是迟到了
6. A. 吃惊　　　　　B. 激动　　　　　C. 高兴　　　　　D. 羡慕
7. A. 他比别人更有经验　　　　　　B. 他不会做这样的事
　 C. 他很有经验，可以做到这件事　D. 他不敢做这种事
8. A. 商量　　　　　B. 建议　　　　　C. 命令　　　　　D. 恳求
9. A. 54 岁　　　　　B. 56 岁　　　　　C. 60 岁　　　　　D. 58 岁
10. A. 兴奋　　　　　B. 失望　　　　　C. 高兴　　　　　D. 吃惊
11. A. 很轻　　　　　B. 很新鲜　　　　　C. 很好吃　　　　　D. 很贵
12. A. 高兴　　　　　B. 满意　　　　　C. 赞美　　　　　D. 自豪
13. A. 写作业　　　　　B. 工作　　　　　C. 休息　　　　　D. 上课
14. A. 吃惊　　　　　B. 恳求　　　　　C. 批评　　　　　D. 夸奖
15. A. 难过　　　　　B. 得意　　　　　C. 不以为然　　　　　D. 关心
16. A. 后悔　　　　　B. 激动　　　　　C. 难过　　　　　D. 奇怪
17. A. 失望　　　　　B. 得意　　　　　C. 迷惑　　　　　D. 愤怒
18. A. 满意　　　　　B. 抱歉　　　　　C. 好奇　　　　　D. 不高兴

19. A. 他的照相机丢了　　　　　　　　B. 他要找出租车
　　C. 他是个出租车司机　　　　　　　D. 他想买照相机
20. A. 不理解　　　　B. 观望　　　　C. 疑问　　　　D. 气愤
21. A. 赞美　　　　B. 批评　　　　C. 不以为然　　　　D. 吃惊
22. A. 赞赏　　　　B. 批评　　　　C. 生气　　　　D. 吃惊
23. A. 不理解　　　　B. 满足　　　　C. 后悔　　　　D. 得意
24. A. 很遗憾错过了　　　　　　　　B. 很高兴就要去看了
　　C. 对演出感觉很失望　　　　　　D. 对演出感觉满意
25. A. 满意　　　　B. 犹豫　　　　C. 疑问　　　　D. 埋怨
26. A. 他想独自去爬山　　　　　　　B. 他后悔去爬山
　　C. 明天想去爬山　　　　　　　　D. 爬山对身体非常好
27. A. 赞美　　　　B. 批评　　　　C. 抱歉　　　　D. 骄傲
28. A. 满意　　　　B. 犹豫　　　　C. 怀疑　　　　D. 遗憾
29. A. 不满　　　　B. 气愤　　　　C. 感叹　　　　D. 高兴
30. A. 不耐烦　　　　B. 疑问　　　　C. 犹豫　　　　D. 观望
31. A. 观望　　　　B. 犹豫　　　　C. 遗憾　　　　D. 满意
32. A. 建议　　　　B. 好奇　　　　C. 批评　　　　D. 表扬
33. A. 怀疑　　　　B. 询问　　　　C. 遗憾　　　　D. 好奇
34. A. 反感　　　　B. 羡慕　　　　C. 嫉妒　　　　D. 理解不了
35. A. 建议　　　　B. 指责　　　　C. 命令　　　　D. 恳求
36. A. 感叹　　　　B. 吃惊　　　　C. 羡慕　　　　D. 猜测
37. A. 疑问　　　　B. 不解　　　　C. 反感　　　　D. 责怪
38. A. 疑问　　　　B. 犹豫　　　　C. 怀疑　　　　D. 肯定
39. A. 夸奖　　　　B. 吃惊　　　　C. 埋怨　　　　D. 警告
40. A. 疑问　　　　B. 生气　　　　C. 抱歉　　　　D. 责怪
41. A. 埋怨　　　　B. 感叹　　　　C. 疑问　　　　D. 愤怒
42. A. 感叹　　　　B. 兴奋　　　　C. 怀疑　　　　D. 遗憾
43. A. 很特别　　　　B. 一般　　　　C. 不太好　　　　D. 非常好
44. A. 邀请　　　　B. 打听　　　　C. 解释　　　　D. 道歉
45. A. 感叹　　　　B. 批评　　　　C. 羡慕　　　　D. 满意
46. A. 羡慕　　　　B. 不满　　　　C. 遗憾　　　　D. 怀疑
47. A. 感叹　　　　B. 惊喜　　　　C. 失望　　　　D. 犹豫
48. A. 好奇　　　　B. 羡慕　　　　C. 责怪　　　　D. 观望
49. A. 不服气　　　　B. 不耐烦　　　　C. 感叹　　　　D. 警告
50. A. 猜测　　　　B. 羡慕　　　　C. 失望　　　　D. 满意
51. A. 不在意　　　　B. 坚决反对　　　　C. 不干涉　　　　D. 同意

二、小对话练习

（一）身份关系题

这一部分要求考生判断说话者的身份以及双方的关系。

常考的关系是：医生和病人、夫妻、男女朋友、恋人、同事、老师和学生、求职者和应聘者、上司和下属、母女、父子、爷爷和孙子等等。

常考的职业是：教师、律师、医生、售货员、服务员、修理工、公司职员、司机、演员等等。

1. A. 老师和学生　　　　B. 恋人　　　　　　C. 夫妻　　　　　　D. 老板和职员
2. A. 同事　　　　　　　B. 医生和病人　　　C. 朋友　　　　　　D. 同学
3. A. 空中小姐　　　　　B. 导游　　　　　　C. 服务员　　　　　D. 出租车司机
4. A. 教师　　　　　　　B. 医生　　　　　　C. 公安　　　　　　D. 公司职员
5. A. 母亲和孩子　　　　B. 夫妻　　　　　　C. 同事　　　　　　D. 普通朋友
6. A. 服务员　　　　　　B. 售货员　　　　　C. 家庭主妇　　　　D. 导游
7. A. 售货员和顾客　　　B. 经理和职员　　　C. 医生和病人　　　D. 夫妻
8. A. 老师和老师　　　　B. 丈夫和妻子　　　C. 父亲和女儿　　　D. 老师和学生家长
9. A. 姐弟　　　　　　　B. 兄妹　　　　　　C. 父女　　　　　　D. 夫妻
10. A. 老师和学生　　　　B. 母子　　　　　　C. 朋友　　　　　　D. 同事
11. A. 夫妻　　　　　　　B. 恋人　　　　　　C. 服务员和顾客　　D. 同学
12. A. 朋友　　　　　　　B. 恋人　　　　　　C. 夫妻　　　　　　D. 姐弟
13. A. 领导　　　　　　　B. 同学　　　　　　C. 父亲　　　　　　D. 哥哥
14. A. 营业员和顾客　　　B. 警察和司机　　　C. 老师和学生　　　D. 求职者和考官
15. A. 恋人　　　　　　　B. 母子　　　　　　C. 夫妻　　　　　　D. 上司和下属
16. A. 女的是一个律师　　　　　　　　　　　B. 男的是女人的丈夫
　　C. 男的是一个记者　　　　　　　　　　　D. 女的是一个记者
17. A. 父女　　　　　　　B. 师生　　　　　　C. 朋友　　　　　　D. 恋人
18. A. 恋人　　　　　　　B. 夫妻　　　　　　C. 母子　　　　　　D. 父女
19. A. 理发师　　　　　　B. 教师　　　　　　C. 法官　　　　　　D. 律师
20. A. 警察和司机　　　　B. 营业员和顾客　　C. 修理工和客户　　D. 医生和患者
21. A. 朋友　　　　　　　B. 同事　　　　　　C. 父亲和女儿　　　D. 同学
22. A. 朋友　　　　　　　B. 母子　　　　　　C. 恋人　　　　　　D. 夫妻
23. A. 妻子　　　　　　　B. 同事　　　　　　C. 老同学　　　　　D. 恋人
24. A. 女的是小王的妹妹　　　　　　　　　　B. 男的是小王的哥哥
　　C. 男的是一个记者　　　　　　　　　　　D. 小王是一个记者
25. A. 恋人　　　　　　　B. 夫妻　　　　　　C. 姐弟　　　　　　D. 兄妹
26. A. 女的是男人的妻子　　　　　　　　　　B. 男的今天加班
　　C. 女的今天不想出门　　　　　　　　　　D. 男的是个生意人
27. A. 出租车司机和乘客　B. 朋友　　　　　　C. 售货员和顾客　　D. 老师和家长
28. A. 同事　　　　　　　B. 同学　　　　　　C. 夫妻　　　　　　D. 恋人
29. A. 同事　　　　　　　B. 营业员和顾客　　C. 母女　　　　　　D. 婆婆和儿媳妇

30. A. 兄妹　　　　　　B. 恋人　　　　　　C. 母子　　　　　　D. 夫妻
31. A. 女的是男的妻子　　　　　　　　　B. 男的要演出
　　 C. 女的是男的大学同学　　　　　　　D. 男的是个演员
32. A. 同事　　　　　　B. 邻居　　　　　　C. 夫妻　　　　　　D. 老师和学生家长

（二）信息题

1. A. 家中　　　　　　B. 照相馆　　　　　　C. 服装店　　　　　D. 鞋店
2. A. 修理工　　　　　B. 商店经理　　　　　C. 导游　　　　　　D. 工人
3. A. 火车站　　　　　B. 飞机场　　　　　　C. 码头　　　　　　D. 公共汽车站
4. A. 他觉得那个男选手的歌唱得很糟糕
　　 B. 他觉得那个男选手的歌唱得很有感情
　　 C. 他觉得有点儿信心不足
　　 D. 他觉得很紧张
5. A. 女的要去北京　　　　　　　　　　B. 男的要去多伦多
　　 C. 男的刚从北京回来　　　　　　　　D. 女的要去多伦多
6. A. 超市　　　　　　B. 野餐　　　　　　C. 饭店　　　　　　D. 宾馆
7. A. 她很在意她的皮肤　　　　　　　　B. 她很喜欢骑自行车
　　 C. 她上班的路上常堵车　　　　　　　D. 她的自行车丢了
8. A. 商场　　　　　　B. 书店　　　　　　C. 图书馆　　　　　D. 服装店
9. A. 律师和当事人　　B. 售货员和顾客　　C. 导游和游客　　　D. 乘务员和乘客
10. A. 医院　　　　　　B. 学校　　　　　　C. 银行　　　　　　D. 机场
11. A. 家中　　　　　　B. 商场　　　　　　C. 理发店　　　　　D. 医院
12. A. 出租车里　　　　B. 公共汽车　　　　C. 火车里　　　　　D. 飞机上
13. A. 预订火车票　　　　　　　　　　　B. 预订飞机票
　　 C. 在电影院里找座位　　　　　　　　D. 在公共汽车上找座位
14. A. 电影院　　　　　B. 商场　　　　　　C. 家中　　　　　　D. 餐厅
15. A. 银行　　　　　　B. 学校　　　　　　C. 回家　　　　　　D. 医院
16. A. 律师　　　　　　B. 商人　　　　　　C. 作家　　　　　　D. 主持人
17. A. 青岛　　　　　　B. 北京　　　　　　C. 长春　　　　　　D. 吉林
18. A. 6 点 45 分　　　B. 7 点　　　　　　C. 6 点一刻　　　　D. 7 点一刻
19. A. 他不知道王玲在什么地方　　　　　B. 王玲可能在学校呢
　　 C. 他找到了要买的书　　　　　　　　D. 他在找王玲
20. A. 过生日　　　　　B. 毕业　　　　　　C. 搬家　　　　　　D. 结婚
21. A. 过生日　　　　　B. 结婚　　　　　　C. 考大学　　　　　D. 毕业
22. A. 她是这家商场的服务员　　　　　　B. 她想承包这家商场
　　 C. 她在这家商场买过东西　　　　　　D. 她想在这家商场工作
23. A. 教师　　　　　　B. 职员　　　　　　C. 售货员　　　　　D. 记者
24. A. 他生了一个儿子　　　　　　　　　B. 因为儿子,他生气了

 C. 他找不到儿子了　　　　　　　　　　　D. 他肚子疼

25. A. 男的最近身体不太好　　　　　　　　B. 女的最近做了手术
　　C. 女的身体很好　　　　　　　　　　　D. 男的这几天很忙

26. A. 医院　　　　　　B. 学生宿舍楼　　　　C. 图书馆　　　　D. 宾馆

27. A. 门忘记锁了　　　　B. 忘记开门了　　　　C. 钥匙丢了　　　D. 门关不上了

28. A. 她要买车　　　　　B. 她要推销保险　　　C. 她迷路了　　　D. 她要买保险

29. A. 理发馆　　　　　　B. 图书馆　　　　　　C. 家中　　　　　D. 饭馆

30. A. 150 元　　　　　　B. 160 元　　　　　　C. 280 元　　　　D. 180 元

31. A. 摔倒了　　　　　　B. 自行车坏了　　　　C. 摔了花盆　　　D. 迷路了

32. A. 海关大楼　　　　　B. 百货大楼　　　　　C. 畜产公司　　　D. 税务大楼

33. A. 服装店　　　　　　B. 学校　　　　　　　C. 宾馆　　　　　D. 饭店

34. A. 餐厅布置得很好　　　　　　　　　　　B. 餐厅海鲜很好吃
　　C. 餐厅的菜味道不错　　　　　　　　　D. 还是去海边好

35. A. 女的刚才打过电话　　　　　　　　　　B. 劲松不在家
　　C. 小徐不在家　　　　　　　　　　　　D. 劲松去办公室了

36. A. 他刚开始开车　　　　　　　　　　　　B. 他一点也不在意
　　C. 女的不知道他的水平　　　　　　　　D. 他的水平很高

37. A. 练习开车　　　　　B. 修理空调　　　　　C. 修理自行车　　D. 修理汽车

38. A. 男的喜欢喝汤　　　　　　　　　　　　B. 女的晚饭做了汤
　　C. 女的发烧了　　　　　　　　　　　　D. 男的觉得很累

39. A. 周末她想和朋友聚餐　　　　　　　　　B. 周末她得回家
　　C. 周末她不想看电影　　　　　　　　　D. 建议男的去看电影

40. A. 32 岁　　　　　　　B. 2 8 岁　　　　　　C. 30 岁　　　　D. 25 岁

41. A. 上午　　　　　　　B. 下午　　　　　　　C. 晚上　　　　　D. 早晨

42. A. 她对男的有点儿不满意　　　　　　　　B. 她想帮助男的
　　C. 她想开一家书店　　　　　　　　　　D. 她很感谢男的

43. A. 旅游　　　　　　　B. 食品销售　　　　　C. 房地产　　　　D. 广告

44. A. 她和志国的关系越来越好了　　　　　　B. 她和志国正在准备结婚
　　C. 志国向她求婚了　　　　　　　　　　D. 她和志国已经分手了

45. A. 医院　　　　　　　B. 餐厅　　　　　　　C. 图书馆　　　　D. 书店

46. A. 美容院　　　　　　B. 家中　　　　　　　C. 医院　　　　　D. 理发店

47. A. 男性思维速度更快　　　　　　　　　　B. 男性运动项目比女性运动项目多
　　C. 男性爱好体育的更多　　　　　　　　D. 男性口才更好

48. A. 小王不喜欢放风筝　　　　　　　　　　B. 男的要去放风筝
　　C. 男的还不知道小王的事　　　　　　　D. 小王可能摔伤了

49. A. 箱子　　　　　　　B. 餐厅　　　　　　　C. 一个老太太　　D. 书

50. A. 女的认识秀秀　　　　　　　　　　　　B. 男的在找铁柱
　　C. 秀秀和村长一起来的　　　　　　　　D. 村长可能不认识铁柱

（三）语气态度题

1. A. 买二手车省钱　　　　　　　　　B. 买二手车比买新车好
   C. 买新车比买二手车贵　　　　　　D. 买新车其实更省钱
2. A. 女的昨天晚上错过了　　　　　　B. 女的昨天晚上不想去
   C. 女的对这样的演出非常感兴趣　　D. 女的不想告诉男的是否看演出了
3. A. 直接去问问小丽　　　　　　　　B. 想一想为什么
   C. 给小丽打电话　　　　　　　　　D. 等一等再说
4. A. 男的觉得很便宜　　　　　　　　B. 女的觉得很贵
   C. 买的车不是旧的　　　　　　　　D. 男的不知道老李买了车
5. A. 男的要去博物馆　　　　　　　　B. 女的在写毕业论文
   C. 男的和女的要一起去博物馆　　　D. 男的希望女的一起去博物馆
6. A. 同意　　　　　B. 反对　　　　　C. 大力提倡　　　　　D. 无所谓
7. A. 警告　　　　　B. 埋怨　　　　　C. 兴奋　　　　　　　D. 吃惊
8. A. 失望　　　　　B. 疑问　　　　　C. 夸奖　　　　　　　D. 不满
9. A. 男的应该得到这个职位　　　　　B. 男的一定能得到这个职位
   C. 男的只要努力就能得到这个职位　D. 能不能得到这个职位还不好说
10. A. 愤怒　　　　B. 疑问　　　　　C. 反驳　　　　　　　D. 后悔
11. A. 大卫水平太低　　　　　　　　　B. 他想教大卫
    C. 他希望大卫教他　　　　　　　　D. 他希望和大卫一起玩
12. A. 愤怒　　　　B. 无奈　　　　　C. 后悔　　　　　　　D. 感叹
13. A. 生气　　　　B. 疑问　　　　　C. 猜测　　　　　　　D. 怀疑
14. A. 坚决反对　　B. 无所谓　　　　C. 支持　　　　　　　D. 不理解
15. A. 女的对观看比赛没有兴趣　　　　B. 男的想和女的一起打网球
    C. 女的对唱歌没有兴趣　　　　　　D. 男的今晚要参加比赛
16. A. 比较累　　　　B. 比较新鲜　　　C. 非常失望　　　　　D. 非常有意思
17. A. 男的觉得药很贵　　　　　　　　B. 女的想买一盒药
    C. 男的不想买药了　　　　　　　　D. 女的觉得药很便宜
18. A. 不满意　　　　B. 疑问　　　　　C. 不在意　　　　　　D. 兴奋
19. A. 猜测　　　　　B. 后悔　　　　　C. 疑问　　　　　　　D. 埋怨
20. A. 提醒　　　　　B. 亲切　　　　　C. 关心　　　　　　　D. 不耐烦
21. A. 他一点儿也不在意是否被解雇　　B. 他觉得不会被解雇
    C. 他要解雇一个职员　　　　　　　D. 女的可能会被解雇
22. A. 女的没有胶卷了　　　　　　　　B. 男的想让女的帮忙
    C. 男的要和女的合影　　　　　　　D. 女的想让男的帮忙
23. A. 观望　　　　　B. 同意　　　　　C. 无所谓　　　　　　D. 不赞成
24. A. 建筑质量不太好　　　　　　　　B. 房屋漏雨也没关系
    C. 应该收拾房间了　　　　　　　　D. 建筑质量越来越好
25. A. 愤怒　　　　　B. 惊讶　　　　　C. 高兴　　　　　　　D. 激动

26. A. 原谅　　　　　　　B. 理解　　　　　　　C. 批评　　　　　　　D. 夸奖
27. A. 建议大家去云南　　　　　　　　　　　B. 对云南旅行很失望
　　C. 云南旅行非常理想　　　　　　　　　　D. 这次旅行中有一些遗憾
28. A. 表示无所谓　　　　B. 表示原谅　　　　　C. 表示不理解　　　　D. 表示同意
29. A. 不理解　　　　　　B. 愤怒　　　　　　　C. 吃惊　　　　　　　D. 同情
30. A. 她觉得自己的水平很低　　　　　　　　B. 她不能管财务
　　C. 她很有信心　　　　　　　　　　　　D. 她觉得自己不适合搞财务

综合练习

一、句子练习

1. A. 要重点保护恐龙蛋　　　　　　　　　　B. 恐龙蛋是国宝
　　C. 当今的恐龙蛋很少　　　　　　　　　　D. 要重点保护劳模
2. A. 三点　　　　　　　B. 三点半　　　　　　C. 四点　　　　　　　D. 两点半
3. A. 愉快的事　　　　　　　　　　　　　　　B. 很多人都遇到过的不愉快的事
　　C. 让人兴奋的事　　　　　　　　　　　　D. 奇怪的事
4. A. 他刚从医院回来　　　　　　　　　　　B. 他以前做过外科医生
　　C. 他刚才去看过外科医生　　　　　　　　D. 他已经退休了
5. A. 春天　　　　　　　B. 夏天　　　　　　　C. 冬天　　　　　　　D. 秋天
6. A. 教师　　　　　　　B. 大学生　　　　　　C. 作家　　　　　　　D. 记者
7. A. 电台播音员　　　　B. 电视台主持人　　　C. 旅行社导游　　　　D. 车站播音员
8. A. 50 岁　　　　　　　B. 45 岁　　　　　　　C. 52 岁　　　　　　　D. 48 岁
9. A. 老王戒烟了　　　　　　　　　　　　　　B. 老王去医院看病了
　　C. 老王抽烟抽得很厉害　　　　　　　　　D. 老王劝说话人戒烟
10. A. 应该在闹市区盖办公楼　　　　　　　　B. 应该解决职工生活不方便的问题
　　C. 不同意在闹市区盖办公楼　　　　　　　D. 单位应该注意节约开支了
11. A. 40 岁　　　　　　　B. 25 岁　　　　　　　C. 55 岁　　　　　　　D. 35 岁
12. A. 头发理得不好　　　　　　　　　　　　B. 头发长了，该理发了
　　C. 新买的衣服不合适　　　　　　　　　　D. 身体觉得不舒服
13. A. 询问鸡鸣山怎么走　　　　　　　　　　B. 鸡鸣山太偏僻了
　　C. 鸡鸣山的风景优美　　　　　　　　　　D. 从县上到鸡鸣山很方便
14. A. 看电影　　　　　　B. 逛商店　　　　　　C. 吃面条　　　　　　D. 逛公园
15. A. 没有人知道"吴记西服"　　　　　　　　B. "吴记西服"很有名
　　C. 城里新开了一家服装店　　　　　　　　D. "吴记西服"最近的生意不太好
16. A. 疑问　　　　　　　B. 羡慕　　　　　　　C. 吃惊　　　　　　　D. 不以为然

17. A. 这里的风景非常美　　　　　　　　B. 这道菜很难做
　　C. 这顿饭他来做　　　　　　　　　　D. 今天他请客
18. A. 他从来不去钓鱼　　　　　　　　　B. 周末他喜欢运动
　　C. 周末他没有时间　　　　　　　　　D. 周末他一定去钓鱼
19. A. 见面的地点　　　　　　　　　　　B. 见面的时间
　　C. 乘坐的公交车　　　　　　　　　　D. 见面的方式
20. A. 他想参加聚会　　　　　　　　　　B. 他不会参加聚会的
　　C. 昨天的聚会取消了　　　　　　　　D. 他聚会迟到了
21. A. 花瓶用来养花了　　　　　　　　　B. 花瓶放在会议室了
　　C. 花瓶送人了　　　　　　　　　　　D. 花瓶不小心摔碎了
22. A. 感叹　　　　　　B. 遗憾　　　　　　C. 批评　　　　　　D. 不满
23. A. 2 米　　　　　　B. 2.5 米　　　　　C. 3.5 米　　　　　D. 1 米
24. A. 陈奇今天游了 1000 米　　　　　　B. 陈奇不喜欢游泳
　　C. 陈奇游泳游得很好　　　　　　　　D. 陈奇打算游 1000 米
25. A. 招商引资很困难　　B. 应该先修公路　　C. 招商引资更重要　　D. 修公路缺乏资金
26. A. 教师　　　　　　B. 学生　　　　　　C. 商人　　　　　　D. 职员
27. A. 医院　　　　　　B. 宾馆　　　　　　C. 学校食堂　　　　D. 饭馆
28. A. 机场　　　　　　B. 银行　　　　　　C. 车站　　　　　　D. 码头
29. A. 我们不想吃饭　　　　　　　　　　B. 老王不想吃饭
　　C. 老王不来了　　　　　　　　　　　D. 老王来了才吃饭
30. A. 汽车站　　　　　B. 单位　　　　　　C. 昌平　　　　　　D. 回家
31. A. 气愤　　　　　　B. 疑问　　　　　　C. 感叹　　　　　　D. 遗憾
32. A. 25 元　　　　　　B. 30 元　　　　　　C. 15 元　　　　　　D. 20 元
33. A. 送礼　　　　　　B. 道歉　　　　　　C. 开业　　　　　　D. 购物
34. A. 去运动　　　　　B. 去酒吧　　　　　C. 去听音乐会　　　D. 去唱歌
35. A. 亲戚　　　　　　B. 同学　　　　　　C. 夫妻　　　　　　D. 同事
36. A. 老刘伤风了　　　　　　　　　　　B. 老刘的身体非常好
　　C. 老刘喜欢洗凉水澡　　　　　　　　D. 老刘体弱多病
37. A. 11 岁　　　　　　B. 9 岁　　　　　　C. 7 岁　　　　　　D. 6 岁
38. A. 司机　　　　　　B. 医生　　　　　　C. 律师　　　　　　D. 编辑
39. A. 周末　　　　　　B. 开业的时候　　　C. 考试前　　　　　D. 春节前
40. A. 用脑过度　　　　　　　　　　　　B. 不好的习惯
　　C. 家庭环境　　　　　　　　　　　　D. 心理发育落后
41. A. 给年轻人提建议　　B. 提醒年轻人　　C. 安慰年轻人　　　D. 夸奖年轻人
42. A. 剧团　　　　　　B. 旅行社　　　　　C. 学校　　　　　　D. 报社
43. A. 工艺品应该放在桌子上　　　　　　B. 这个工艺品不太珍贵
　　C. 工艺品找不到了　　　　　　　　　D. 工艺品不应该放在柜子上
44. A. 称赞　　　　　　B. 好奇　　　　　　C. 埋怨　　　　　　D. 感叹

45. A. 9 点 10 分　　　B. 8 点半　　　C. 8 点 50　　　D. 9 点半
46. A. 演出的情况　　　B. 演出的地点　　　C. 演出的内容　　　D. 演出的时间
47. A. 他觉得很遗憾　　　　　　　　B. 去灵山就要去看日出
　　C. 日出的时间已经过了　　　　　D. 应该去灵山
48. A. 他要打扫教室　　　　　　　　B. 他要拜访朋友
　　C. 他要招待客人　　　　　　　　D. 他要打扫房间
49. A. 生日晚会　　　B. 毕业典礼　　　C. 婚礼　　　D. 开业典礼
50. A. 他没法帮助别人　　　　　　　B. 他在向别人请求帮助
　　C. 他正在帮助别人　　　　　　　D. 他现在觉得很困难
51. A. 机场　　　B. 商场　　　C. 火车站　　　D. 餐厅
52. A. 小王出差了　　　　　　　　　B. 他给小王打电话了
　　C. 小王白天可能在家休息　　　　D. 小王今天不上班
53. A. 指责　　　B. 赞叹　　　C. 建议　　　D. 吃惊
54. A. 不以为然　　　B. 责怪　　　C. 得意　　　D. 疑问
55. A. 小王说服不了领导　　　　　　B. 说话人能说服领导
　　C. 小王不爱说话　　　　　　　　D. 领导一直在外 出差
56. A. 公司的效益不好　　　　　　　B. 公司离家很近
　　C. 公司需要一个门卫　　　　　　D. 公司要下班了
57. A. 商场　　　B. 教室　　　C. 电影院　　　D. 家里
58. A. 他过去想去四川　　　　　　　B. 他不想自己去四川
　　C. 他想去四川　　　　　　　　　D. 他现在在四川
59. A. 导游　　　B. 售货员　　　C. 职员　　　D. 司机
60. A. 她很会化妆　　　　　　　　　B. 她一定化妆才见人
　　C. 她不想参加活动　　　　　　　D. 她不喜欢化妆
61. A. 责怪　　　B. 夸奖　　　C. 无所谓　　　D. 犹豫
62. A. 导游的介绍　　　　　　　　　B. 老师对学生的评价
　　C. 电视台体育节目　　　　　　　D. 电台广告节目
63. A. 张平得了一等奖　　　　　　　B. 王明非常兴奋
　　C. 王明得了一等奖　　　　　　　D. 说话人得了一等奖

二、小对话练习

1. A. 康乐中心应该参加比赛　　　　B. 吃早餐的时候别谈论这件事
　　C. 康乐中心最好不参加比赛　　　D. 比赛将会非常精彩
2. A. 男的应该常看看父母　　　　　B. 父母有时间可以来玩玩
　　C. 工作非常重要　　　　　　　　D. 工作太忙了对身体不好
3. A. 鸡蛋吃得越多越聪明　　　　　B. 男的学习成绩不好
　　C. 男的不喜欢吃鸡蛋　　　　　　D. 男的想知道吃多少鸡蛋合适
4. A. 推销员　　　B. 导游　　　C. 乘务员　　　D. 司机

5. A. 他们要一起去吃汤圆　　　　　　　　　B. 他们要和另外一个人见面
   C. 他们要一起去散步　　　　　　　　　　D. 说话的时间不是周末

6. A. 公务员　　　　　B. 商人　　　　　　C. 教师　　　　　D. 律师

7. A. 夫妻　　　　　　　　　　　　　　　　B. 同学
   C. 售货员和顾客　　　　　　　　　　　　D. 导游和顾客

8. A. 孩子考得不错　　　　　　　　　　　　B. 孩子的成绩不太理想
   C. 孩子考得太糟糕了　　　　　　　　　　D. 孩子应该努力学习

9. A. 姐弟　　　　　B. 恋人　　　　　C. 导游和游客　　　　D. 母子

10. A. 他们买了一台电视机　　　　　　　　　B. 他们的电视机坏了
    C. 他们要去修电视　　　　　　　　　　　D. 电视图像不太清楚

11. A. 遗憾　　　　　B. 愤怒　　　　　　C. 羡慕　　　　　D. 猜测

12. A. 不太好　　　　B. 糟糕极了　　　　C. 非常好　　　　D. 还可以

13. A. 她很喜欢郊游　　　　　　　　　　　　B. 她的腿摔伤了
    C. 她是个医生　　　　　　　　　　　　　D. 她被鱼刺卡住了

14. A. 只有徐丽丽没有参加演出　　　　　　　B. 有两个人表演了独唱
    C. 徐丽丽没有表演独唱　　　　　　　　　D. 表演独唱的人是徐丽丽

15. A. 和想像的差不多　　B. 比想像差一点　C. 令人惊喜　　　D. 非常不满意

16. A. 她很愿意一起去看电影　　　　　　　　B. 她想和别人一起去看电影
    C. 她不想看电影　　　　　　　　　　　　D. 她想和很多人一起看电影

17. A. 超市　　　　　B. 服装店　　　　　C. 家中　　　　　D. 饭店

18. A. 非常乐意帮助女的　　　　　　　　　　B. 要求增加 150 元工资
    C. 要求增加 50 元工资　　　　　　　　　D. 不同意帮女的炒菜

19. A. 模特　　　　　B. 教师　　　　　　C. 学生　　　　　D. 职员

20. A. 很抱歉,他帮不了忙　　　　　　　　　B. 他能弄到票,可座位可能不太好
    C. 他的工作很紧张,没有时间看演出　　　D. 他没有把握到底能不能弄到票

21. A. 学校上课时　　　B. 同学聚会时　　　C. 照相馆洗相片时　　D. 家中聊天时

22. A. 论文写得非常好,就是太短了
    B. 论文写得不好,下的功夫太少了
    C. 论文虽然水平不高,但是已经做了最大努力
    D. 论文几乎不用再修改了

23. A. 下午两点　　　B. 下午 6 点　　　C. 晚上 7 点　　　D. 上午 10 点

24. A. 宾馆　　　　　B. 男的家中　　　　C. 菜市场　　　　D. 饭店

25. A. 打电话　　　　B. 上网　　　　　　C. 聊天　　　　　D. 写信

26. A. 呼吸新鲜空气　　B. 打开窗户　　　C. 打开空调　　　D. 打开门

27. A. 恋人　　　　　B. 父女　　　　　　C. 母子　　　　　D. 朋友

28. A. 医生　　　　　B. 教练　　　　　　C. 老师　　　　　D. 理发师

29. A. 疑问　　　　　B. 不同意　　　　　C. 生气　　　　　D. 猜测

30. A. 毕业　　　　　B. 结婚　　　　　　C. 开业　　　　　D. 过生日

31. A. 饭馆　　　　　　B. 商场　　　　　　C. 医院　　　　　　D. 车站
32. A. 1 个　　　　　　B. 2 个　　　　　　C. 4 个　　　　　　D. 3 个
33. A. 女的在减肥　　　　　　　　　　B. 男的不想吃东西
　　C. 男的身体不好　　　　　　　　　D. 女的要赶火车
34. A. 疑问　　　　　　B. 责怪　　　　　　C. 满意　　　　　　D. 感叹
35. A. 夫妻　　　　　　B. 医生和病人　　　C. 花店主人和顾客　　D. 恋人
36. A. 司机和乘客　　　B. 夫妻　　　　　　C. 恋人　　　　　　D. 上司和下属
37. A. 冷得受不了　　　B. 太暖和了　　　　C. 风太大了　　　　D. 很正常
38. A. 3 月　　　　　　B. 8 月　　　　　　C. 11 月　　　　　　D. 5 月
39. A. 55 岁　　　　　　B. 47 岁　　　　　C. 29 岁　　　　　　D. 18 岁
40. A. 父女　　　　　　B. 姐弟　　　　　　C. 恋人　　　　　　D. 夫妻
41. A. 找工作　　　　　B. 做运动　　　　　C. 为考试做准备　　　D. 谈恋爱
42. A. 女的主持会议　　　　　　　　　　B. 女的开会迟到了
　　C. 男的有点失望　　　　　　　　　D. 男的要去开会
43. A. 哥哥　　　　　　B. 恋人　　　　　　C. 同事　　　　　　D. 父亲
44. A. 同学　　　　　　B. 导游和游客　　　C. 同事　　　　　　D. 父子
45. A. 找对象　　　　　B. 找工作　　　　　C. 介绍婚姻　　　　D. 找合作伙伴

三、短文及对话练习

1. A. 夫妻　　　　　　　　　　　　　　B. 上司和职员
　 C. 报社的同事　　　　　　　　　　D. 求职者和招聘者
2. A. 他的朋友在报社工作　　　　　　　B. 他是个理发师
　 C. 他想去加拿大　　　　　　　　　　D. 他从事广告工作
3. A. 整个车都撞坏了　　　　　　　　　B. 老朋友受了重伤
　 C. 开的是旧车　　　　　　　　　　　D. 开的是奔驰
4. A. 儿子缺乏经验　　　　　　　　　　B. 儿子很幸运
　 C. 幸亏新车没坏　　　　　　　　　　D. 旧车坏了没关系
5. A. 一次中风　　　　　　　　　　　　B. 去了一次英国
　 C. 暂时性的失语　　　　　　　　　　D. 一次针对性治疗
6. A. 罗伯特患上了"外国口音综合症"　　B. 无法从教科书上找到答案
　 C. 与咽喉有关　　　　　　　　　　　D. 英式韵母和美式韵母不同
7. A. 一个游客　　　B. 小金毛羚羊　　　C. 金丝猴　　　　　D. 长颈鹿
8. A. 每天演出四场　　　　　　　　　　B. 游客可以免费观看
　 C. 一共上演 20 多个节目　　　　　　D. 场地在动物园大门外
9. A. 2000 年　　　　B. 1951 年　　　　C. 1952 年　　　　　D. 1966 年
10. A. 未来一周的天气情况　　　　　　　B. 冬季降水较多的原因
　　C. 沙尘天气减少的原因　　　　　　　D. 冷空气的发源地
11. A. 迷路了　　　　　　　　　　　　　B. 忘带公文包了

C. 走以前忘打电话了　　　　　　　　　　D. 忘带钱了

12. A. 出租车司机没有等李志国　　　　　B. 李志国已经到了目的地
　　C. 李志国买了一包烟　　　　　　　　D. 有 100 元掉在出租车上

13. A. 速冻食品的优势　　　　　　　　　　B. 速冻食品不宜长期存放
　　C. 速冻食品价格更加合理　　　　　　D. 速冻食品越来越畅销

14. A. 45 毫米　　　　　B. 25 毫米　　　　C. 50 毫米　　　　D. 75 毫米

15. A. 奶制品能治疗高血压　　　　　　　　B. 奶制品营养丰富
　　C. 奶制品有助于减肥　　　　　　　　D. 青少年应该多食用奶制品

16. A. 他还没有女朋友　　　　　　　　　　B. 他和高阳是同事
　　C. 他要和高阳一起吃晚饭　　　　　　D. 他今天要参加毕业典礼

17. A. 他已经和女朋友分手了　　　　　　　B. 他的女朋友非常漂亮
　　C. 他今晚要和女朋友一起看电影　　　D. 他今晚有聚会

18. A. 运动场　　　　　B. 餐厅　　　　　C. 图书馆　　　　D. 照相馆

19. A. 两个　　　　　　B. 四个　　　　　C. 一个　　　　　D. 三个

20. A. 他想把照片买回去　　　　　　　　　B. 他一点儿也不在乎学习成绩
　　C. 期中考试得了第一　　　　　　　　D. 他想请阿姨拍照

21. A. 肚子疼　　　　　B. 心脏不好　　　　C. 头晕　　　　　D. 头疼

22. A. 经常锻炼身体　　　　　　　　　　　B. 可能得了高血压
　　C. 昨天帮别人搬家了　　　　　　　　D. 昨天搬家了

23. A. 公共汽车站　　　B. 公园　　　　　C. 火车站　　　　D. 飞机场

24. A. 男的还不认识敏哥　　　　　　　　　B. 女的表哥要来接他们
　　C. 男的是个司机　　　　　　　　　　D. 女的和敏哥是第一次见面

25. A. 国青队一共有三场比赛　　　　　　　B. 国青队是以最佳阵容出场
　　C. 8 日与荷兰队比赛　　　　　　　　D. 国青队的一名主力不能参赛

26. A. 1950 年　　　　　B. 1955 年　　　　C. 1953 年　　　　D. 1959 年

27. A. 服装　　　　　　B. 文具　　　　　C. 书籍　　　　　D. 玩具

28. A. 1960 年至 1961 年　　　　　　　　　B. 1975 年至 1976 年
　　C. 1970 年至 1971 年　　　　　　　　D. 1963 年至 1964 年

29. A. 2015 年　　　　　B. 2055 年　　　　C. 2050 年　　　　D. 2025 年

30. A. 她的生活环境跟别人非常不一样　　　B. 她已经有了自己的事业
　　C. 她在上大学期间公开结婚　　　　　D. 她的学习成绩非常好

31. A. 她不爱看广告　　　　　　　　　　　B. 她想要发布广告
　　C. 她是 广告专业的大学生　　　　　　D. 她是广告公司的职员

32. A. 电脑旁边　　　　B. 书桌上　　　　C. 沙发上　　　　D. 床头柜上

33. A.《财经杂志》　　　B.《经济观察》　　C.《财经报道》　　D.《经济新闻》

34. A. 超市　　　　　　B. 商场　　　　　C. 自由市场　　　　D. 火车站

35. A. 他的玫瑰全部卖完了　　　　　　　　B. 他结婚 5 年了
　　C. 他下个月就要结婚　　　　　　　　D. 他刚刚有了孩子

36. A. 那天鲜花的价格很贵　　　　　　　　B. "我"最后没有买到鲜花
    C. 故事发生在白天　　　　　　　　　　　D. 花摊之间的竞争很厉害
37. A. 吃饭挑食　　　　B. 考试成绩　　　　C. 常常上网　　　　D. 运动太少
38. A. 郝女士下班回来晚了　　　　　　　　B. 孩子讲述学校的趣事
    C. 郝女士被骨头卡住了　　　　　　　　　D. 孩子夸奖妈妈的手艺
39. A. 体育馆　　　　B. 商场　　　　C. 饭店　　　　D. 火车站
40. A. 恒祥和这个女孩两年前见过面　　　　B. 恒祥和这个女孩是恋人
    C. 恒祥曾经帮助过女孩　　　　　　　　　D. 恒祥不是广州人
41. A. 它们的体温较低　　　　　　　　　　　B. 它们生活在深海
    C. 它们都有冬眠的习性　　　　　　　　　D. 它们有更多时间去适应环境
42. A. 29 日　　　　B. 2 日　　　　C. 3 日　　　　D. 1 日
43. A. 发车间隔时间　　　　B. 票价　　　　C. 起点和终点　　　　D. 首末班车时间
44. A. 双向飞碟比赛冠军　　　　　　　　　　B. 创造了新的奥运会纪录
    C. 300 发 300 中的优秀成绩　　　　　　　D. 奥运会上第一次战胜男子运动员
45. A. 港南水库　　　　B. 怀柔水库　　　　C. 官厅水库　　　　D. 密云水库
46. A. 摄影师　　　　B. 主持人　　　　C. 记者　　　　D. 编辑
47. A. 2000 年　　　　B. 1989 年　　　　C. 1992 年　　　　D. 2002 年
48. A. 采访时没带相机　　　　　　　　　　　B. 因为堵车耽误了采访
    C. 拍照忘带胶卷了　　　　　　　　　　　D. 身体不适
49. A. 火车比汽车更加经济实惠　　　　　　B. 泰山最佳游览线路
    C. 什么时候去泰山最好　　　　　　　　　D. 如何到达泰山
50. A. 家庭讨论　　　　B. 同学聊天　　　　C. 记者采访　　　　D. 同事见面
51. A. 王小姐是个在校大学生　　　　　　　B. 王小姐今年才 23 岁
    C. 王小姐喜欢高级白领的生活　　　　　　D. 王小姐喜欢"漂"的感觉
52. A. 繁华地区的下水道中　　　　　　　　B. 一户人家院中
    C. 闹市区的一处工地　　　　　　　　　　D. 郊外的野地里
53. A. 1 个　　　　B. 两个　　　　C. 4 个　　　　D. 3 个
54. A. 古居民遗址　　　　　　　　　　　　　B. 东汉时期的古墓
    C. 春秋时期的文物　　　　　　　　　　　D. 古代战场遗址
55. A. 2000 元左右　　　　B. 3000 元左右　　　　C. 5000 元左右　　　　D. 7000 元以上
56. A. 水温自动控制　　　　　　　　　　　　B. 能不间断地多点供应热水
    C. 具有杀菌功能　　　　　　　　　　　　D. 能全自动上水
57. A. 新闻播报　　　　B. 商业广告　　　　C. 产品说明　　　　D. 科普知识介绍
58. A. 气温逐渐回升　　　　B. 多云为主　　　　C. 降雨降温　　　　D. 大风降温
59. A. 华北地区　　　　B. 西北地区　　　　C. 东北地区　　　　D. 华南地区
60. A. 是全世界增长最快的国家之一　　　　B. 营业额即将突破千亿元大关
    C. 年均增长速度为 20%　　　　　　　　　D. 广告从业人员达到百万
61. A. 青海　　　　B. 内蒙　　　　C. 陕西　　　　D. 宁夏

62. A. 外语类　　　　　　B. 市场营销类　　　　C. 电子信息类　　　　D. 计算机及其应用

63. A. 对不同学历毕业生的需求有差异　　　B. 不同省份对毕业生需求有差异

　　C. 冷门专业的需求量也很大　　　　　D. 东西部需求有差异

64. A. 风格特点　　　　　　B. 形成时间　　　　　C. 代表作　　　　　　D. 创始人

65. A. 玫瑰　　　　　　　　B. 百合　　　　　　　C. 菊花　　　　　　　D. 牡丹花

66. A. 鲜花的美容作用　　　　　　　　　　B. 鲜花的栽培

　　C. 鲜花菜出现在百姓餐桌　　　　　　D. 鲜花的经营

67. A. 丹麦　　　　　　　　B. 芬兰　　　　　　　C. 英国　　　　　　　D. 挪威

68. A. 恋人　　　　　　　　　　　　　　　B. 夫妻

　　C. 同坐一辆车的乘客　　　　　　　　D. 同一个旅行团的游客

69. A. 车坏了　　　　　　　　　　　　　　B. 他们错过的飞机

　　C. 阿米和西恩走散了　　　　　　　　D. 西恩忘记了带钱包

70. A. 举行婚礼时　　　　　　　　　　　　B. 结婚一周年时

　　C. 旅行回来的时候　　　　　　　　　D. 在国外旅行时

71. A. 延长现有的公交线路　　　　　　　　B. 统一 28 条公交线路的票价

　　C. 全面取消公交月票制度　　　　　　D. 增加新的站点

72. A. 展览由三部分组成　　　　　　　　　B. 展览是省博物馆独家推出

　　C. 主要展品与动物有关　　　　　　　D. 这次是首次在省博物馆展出

73. A. 降水偏少　　　　　　　　　　　　　B. 大风多

　　C. 湿度大　　　　　　　　　　　　　D. 气温高

74. A. 受暖气团控制的时间比较多　　　　　B. 受强冷空气的影响比较大

　　C. 受台风的影响比较大　　　　　　　D. 受暖湿气流的影响比较大

75. A. 220 万人次　　　　　　　　　　　　B. 540 万人次

　　C. 240 万人次　　　　　　　　　　　D. 200 万人次

76. A. 海滩鱼村风情　　　　　　　　　　　B. 民族风情展示

　　C. 文物古迹展示　　　　　　　　　　D. 农家生态旅游

77. A. 上海　　　　　　　　　　　　　　　B. 北京

　　C. 东京　　　　　　　　　　　　　　D. 汉城

78. A. 双方 1 比 1 打成平局　　　　　　　　B. 日本队 1 比 0 取胜

　　C. 中国队 1 比 0 取胜　　　　　　　　D. 双方都没有进球

79. A. 政治名人　　　　　　　　　　　　　B. 体育明星

　　C. 服装模特　　　　　　　　　　　　D. 自家店员

80. A. 想尽一切办法来省钱　　　　　　　　B. 从服务到管理都注重细节

　　C. 服务对象广泛　　　　　　　　　　D. 减少广告费

81. A. 俱乐部的名字　　　　　　　　　　　B. 一种娱乐方式

　　C. 新出现的体育活动　　　　　　　　D. 商场的名字

82. A. 放松心情的几种方式　　　　　　　　B. "新天地"的魅力

　　C. 市民的夜生活越来越丰富　　　　　D. 人们的休闲方式发生变化

83. A. 31%　　　　　　　　　　B. 64%
　　C. 5%　　　　　　　　　　 D. 15%
84. A. 调查报告　　　　　　　　 B. 个人经历的自述
　　C. 电视剧观后感想　　　　　 D. 新闻报道
85. A. 一本关于计算的书　　　　　B. 一种计算方法
　　C. 一种练习弹钢琴的特别方法　D. 一种计算工具
86. A. 都可以开发右脑　　　　　　B. 都讲究节奏
　　C. 都需要先天的条件　　　　　D. 都比较普及
87. A. 充满感情的音乐　　　　　　B. 听歌剧
　　C. 奏较慢的音乐　　　　　　　D. 古典音乐
88. A. 噪音能影响人的情绪　　　　B. 噪音能降低人的反应能力
　　C. 交通事故与噪音　　　　　　D. 司机驾驶时不宜听音乐
89. A. 巴西　　　　　B. 阿根廷　　　C. 智利　　　　D. 古巴
90. A. 6 月初　　　　B. 6 月底　　　C. 7 月中旬　　D. 8 月中旬
91. A. 公众狂欢活动　　　　　　　B. 定期召开的国际会议
　　C. 著名的公园　　　　　　　　D. 一种先进的设备
92. A. 水果蔬菜有助于美容　　　　B. 食用水果要适时适量
　　C. 介绍含维生素 C 丰富的水果　D. 过敏症的防治
93. A. 香蕉　　　　　B. 梨　　　　　C. 苹果　　　　D. 山楂

听力录音文本、参考答案及题解

分 类 练 习

一、句子练习

（一）口语习惯用语题

1. 教育孩子要有耐心, 不能动不动就发脾气。
　　问：这句话是什么意思?（D）
2. 让下岗就下呗, 不行就去扫马路! 没什么大不了的。
　　问：说话人是什么意思?
　　（B　没什么+大不了/了不得/大惊小怪+的, 可以表示情况不严重）
3. 刘县长不知道叶老汉的葫芦里卖的什么药, 只好跟着他上了楼。
　　问：从这句话我们可以知道什么?（C）

4. 当我们走进厂长办公室时,充满希望的心顿时凉了下来。
　　问:走进办公室他们觉得怎么样?
　　(C　心七上八下——担心,心凉了下来——失望)

5. 李秀梅平时不怎么住在这里,只是偶尔白天或者周末的时候来一下。
　　问:说话人是什么意思?
　　(A　不怎么:不经常。不怎么样:不太好。)

6. 小王对他媳妇,那真是没说的!
　　问:这句话是什么意思? (C)

7. 对他谈电脑简直是对牛弹琴。
　　问:这句话是什么意思? (A)

8. 主任让我编辑这份报纸,真是赶鸭子上架。
　　问:对于编辑报纸,说话人觉得怎么样? (D)

9. 他们的计划出了问题,这个月完不成了。
　　问:他们的计划怎么了? (C)

10. 在这么大的城市里找她简直是大海捞针。
　　问:说话人是什么意思? (A)

11. 听说我要去青岛旅行,小王也动心了。
　　问:小王想做什么? (D)

12. 她今天好奇怪,一定是吃错了药。
　　问:说话人觉得她怎么了? (B)

13. 这次比赛爆出冷门,获胜的是一批年轻的选手。
　　问:这次比赛的结果怎么样? (B)

14. 我八成会通过大学入学考试。
　　问:说话人觉得能通过考试吗? (D)

15. 小马这个人我觉得跟谁都合得来。
　　问:这句话是什么意思? (B)

16. 小王好像对小李有点意思,要不怎么总给她打电话。
　　问:这句话是什么意思? (D)

17. 出差对他来说是家常便饭。
　　问:从这句话可以知道什么? (C)

18. 小王总是丢三落四,这回尝到了苦头,连眼镜都丢了。
　　问:小王是个什么样的人? (B)

19. 虽然我一直在调查这件事,可是一直也没有头绪。
　　问:事情调查得怎么样? (A)

20. 尽管话说得很婉转,但我心里还是觉得非常别扭。
　　问:说话人觉得心里怎么样? (B)

21. 北京是个美丽的城市,虽然气候有点干燥,论吃的可是没治了。
　　问:说话人最喜欢北京的什么? (D)

22. 爸爸厉害，做儿子的也差不到哪儿去。
　　问：这句话的意思是什么？（C）

23. 她在公司里很吃得开，因为大家都佩服她的能力。
　　问：她在公司怎么样？（C）

24. 他出国的事八字还没一撇呢，别去乱说。
　　问：这句话是什么意思？（D）

25. 我来北京快一年了，还是不服这儿的水土。
　　问：说话人在北京的生活怎么样？（D）

26. 这个叔叔当年跟王华联系挺密切的，但后来突然一下子就不怎么联系了。
　　问：叔叔现在和王华关系怎么样？（D）

27. 我觉得大刚打篮球是块料儿。
　　问：说话人觉得大刚篮球打得怎么样？（A）

28. 小王一点儿艺术细胞都没有，怎么当上了画家？
　　问：说话人觉得小王怎么样？（B）

29. 山田的房间真是乱到家了，连插脚的地方都没有。
　　问：山田的房间怎么样？
　　（C　形容词+"到家"="非常"+形容词）

30. 我添儿子你都没来，太不够意思了。
　　问：说话人的语气是什么？（C）

31. 玛丽才来中国半年，可做中国菜对她来说就跟玩儿似的。
　　问：玛丽觉得做中国菜怎么样？（C）

32. 闹了半天，山田没有回国呀！
　　问：关于山田，我们知道什么？（A）

33. 时间过得真快，说话孩子就7岁了。
　　问：关于孩子我们知道什么？（D）

34. 不管是教练还是队员都夸大刚是好样的。
　　问：教练认为大刚怎么样？（A）

35. 我和小王说不到一块儿，还是你劝劝他吧。
　　问：说话人和小王的关系怎么样？（D）

36. 我在职业中专不坐班，有课就去，没课就在家休息。
　　问：说话人的身份可能是什么？（B）

37. 这件事不是我一个人说了算。
　　问：对于这件事，说话人觉得怎么样？（C）

38. 朋友结婚，我觉得这样的礼物拿不出手。
　　问：说话人觉得这样的礼物怎么样？（D）

39. 儿子找工作的事真让罗大妈伤透了脑筋。
　　问：罗大妈感觉怎么样？（B）

40. 没想到去泰山的事最后还是黄了。

问：这句话的意思是什么？（A）

41. 小王今天怎么鼻子不是鼻子脸不是脸的。

问：小王今天怎么了？（B）

42. 简直无法无天，太不像话了！

问：说话人的语气是什么？（D）

43. 小王，明天的比赛你可别关键时刻掉链子。

问：说话人担心什么？（B）

44. 我已经告诉过你出发的时间了，如果你再迟到可就说不过去了。

问：说话人的意思是什么？（B）

45. 正是因为小王，我在学汉语的时候才少走了很多弯路。

问：关于小王，我们知道什么？（B）

46. 如果让老师知道小明没去上课，就有他好看的了。

问：对小明，老师可能做什么？（B）

47. 明天爬山，缺了谁也不能缺了玛丽。

问：说话人的意思是什么？（B）

48. 哎呀，老王，是哪股风把你给吹来了？

问：这句话的意思是什么？（B）

49. 真有你的，才学了两个月就说得这么好！

问：说话人的语气是什么？（B）

（二）肯定否定题

1. 在这样的夜晚，她不至于连不宜单独外出也不知道吧。

问：这句话的意思是什么？

（C　双重否定句表示肯定：不……不，其他常见双重否定句：没有……不）

2. 你说一个从小娇生惯养出来的孩子，还能替别人着想？

问：说话人是什么意思？

（A　反问句表否定：还+肯定……？）

3. 我的外孙女黄仪，见到的没有一个人不夸奖她的。

问：这句话是什么意思？

（C　双重否定表肯定：没有……不）

4. 父亲嘴里吸着香烟，手里端着茶杯，又吸又喝的，哪里有半点病人的样。

问：说话人觉得他父亲怎么样？

（D　疑问词表示否定：哪儿）

5. 老李是个明白人，不会不懂我的意思。

问：说话人觉得老李怎么样？

（C　双重否定句表示肯定：不会不）

6. 我昨天不是给小王打过电话了吗？他怎么还是忘了通知小刘？

问：谁应该通知小刘？

(B 反问句:不是……吗？怎么……？)

7. 对他们讲这些有什么用？白费时间！

问:说话人是什么意思？

(C 反问句:有什么+动词？形容词 ？)

8. 他脾气好,没有谁不愿意和他同屋。

问:这句话的意思是什么？

(B 双重否定:没有+谁/什么地方/什么/哪儿+否定词)

9. 天黑了怕什么,小王又不是小孩子。

问:说话人觉得小王怎么样？

(B 反问句:动词/形容词+什么)

10. 教师虽然不都是名人,但天下哪一位名人能离开教师的辛勤教诲呢？

问:说话人的意思是什么？

(A 反问句:哪……能……？ 表示否定)

11. 你真是不了解我,你看我什么时候不回家也不给家里打电话？

问:说话人的意思是什么？

(C 反问句:什么时候……？ 表示否定,意思是:从来没有……)

12. 除了上网,她周末没有什么其他的事情可做。

问:周末她常做什么？(C)

13. 小王还想去全世界旅行,他挣得够钱吗？

问:说话人的语气是什么？

(A 注意语调,反问句：……吗？)

14. 小李不行,小王不是去过云蒙山吗？那就让他给我们带带路吧。

问:谁去过云蒙山？

(D 反问句:不是……吗？)

15. 小王没告诉你吗？你怎么还来看演出？

问:从这句话我们知道什么？

(B 注意语调,反问句:没……吗？表示肯定)

16. 初级班的时候就学过,这个句子难什么？

问:说话人觉得这个句子怎么样？(A)

17. 这个词不是学过了吗？你怎么还查字典？

问:说话人的意思是什么？

(B 注意语调,有时候反问句和疑问句的区别就在语调)

18. 你怎么知道我不会和他成为朋友？

问:说话人是什么意思？

(B 注意重音)

19. 玛丽都爬上了顶峰,山田就更不用说了。

问:谁爬上了顶峰？

(C 注意:……,更不用说……)

20. 小王是她哥,去车站送她还不应该吗?

　　　问:说话人觉得小王怎么样?

　　　(C　反问句:……还不应该吗?)

21. 忙什么? 你好不容易来一回,再坐一会儿,时间还早呢。

　　　问:这句话最有可能是对谁说的? (C)

22. 谁说的今天有雨,我看准是个大晴天。

　　　问:说话人觉的今天的天气怎么样?

　　　(A　反问句:谁说……? 表示不同意)

23. 玛丽来中国半年了都不认识我,何况是山田?

　　　问:山田来中国可能多长时间了?

　　　(C　注意"何况")

24. 现在说什么也晚了,昨天你不是让我给大刚打电话了吗?

　　　问:从这句话我们知道什么? (D)

25. 他的车开出去就是一天,怎么能让一个长辈这样等在那里呢?

　　　问:说话人的语气是什么? (C)

26. 这个又黑又脏的小屋也是人住的地方吗?

　　　问:说话人对小屋感觉怎么样? (B)

27. 你何必为了这样一点小事大动肝火呢? 不就是一张照片吗? 给他就是了。

　　　问:说话人是什么意思? (C)

28. 这么好的大衣,看到了不买才怪呢!

　　　问:这句话的意思是什么? (D)

29. 赵雨啊赵雨,不管怎么说你也算个老警察了,怎么把个孩子就在眼皮底下弄丢了?

　　　问:说话人是什么语气? (D)

30. 我们昨天看的电影一点儿也不乏味。

　　　问:说话人觉得电影怎么样? (C)

31. 这有什么关系? 不就是几张照片吗? 丢了就丢了呗。

　　　问:说话人的语气是什么? (C)

32. 看这样的电影,你不觉得是在浪费时间吗?

　　　问:说话人觉得这个电影怎么样?

　　　(C　反问句:不觉得……吗?)

33. 你看你现在长得有多瘦,你这个样子要是让爸爸看见了,他不难过死才怪呢!

　　　问:爸爸会有什么样的感觉?

　　　(B　句型:不……才怪呢!)

34. 我怎么就那么相信你对我说过的话呢?

　　　问:说话人觉得怎么样? (B)

35. 别的聚会我可以不去,老同学聚会我非去不可!

　　　问:这句话是什么意思?

　　　(C　句型:非……不可)

36. 看大刚这么玩儿命地干,要不发财才怪呢!

    问：说话人的意思是什么?

    (D 句型：不+动词/形容词+才怪呢!）

37. 厂里的效益好了,还有奖金,这么好的条件,这么轻松的工作,到哪儿去找?

    问：这句话是什么意思? (C)

38. 北京有几百万的流动人口,租房的要求居高不下,这样的商机我们公司能不占有吗?

    问：这句话是什么意思? (D)

39. 如果你要游北京,不找大山找谁? 他可是有名的中国通。

    问：这句话是什么意思?

    (A 不+动词+宾语+动词+谁/哪儿/什么,表示肯定)

(三) 信息题

1. 信息化的社会里,人们把过年也"简化""快捷"起来,不再出去拜年,而是打个电话代替。

   问：关于信息化的社会,下面哪个句子不对?

   (C 句型：<不是>……而是……,重要的信息在后)

2. 住进楼房哪样都好,就是邻里关系太疏远。

   问：说话人觉得怎么样?

   (B 句型：……,就是……,重要的信息在后。类似的句型：A 是 A,就是<不过/只是>)

3. 大赛预赛阶段由即日起截至 2005 年 3 月共历时两个多月,此后经预赛过关的人,将进一步参加 4 月举行的精英大赛总决赛。

   问：说话时的大概时间是什么时候? (D)

4. 南台,是华北大平原上惟一一座石山,有 10 层楼那么高。

   问：南台是什么的名字?

   (A 句型：A+有+B+那么+形容词,表示 A 和 B 在程度上差不多)

5. 如果吴秋香没有这种性格,在事业上是不会闯荡出来的。

   问：这句话的意思是什么?

   (C 表示原因,如果+否定……,就……。另有：怪不得、难怪、因为、所以、因此、原来、闹了半天、吃了……的亏,可表示原因)

6. 自由市场的苹果大的大,小的小,没有超市的好。

   问：自由市场的苹果怎么样? (C)

7. 想想都妒忌,比赛时 6 号选手抢尽了所有队员的风光!

   问：6 号选手怎么了? (B)

8. 如今,节假日去饭店吃饭的人越来越多,吃不了的饭菜舍不得浪费,打包带回家是常有的事。

   问：这句话是什么意思? (B)

9. 按理说,他们 5 点前就该来了。

   问：他们可能几点来的? (D)

10. 要是那天的火车准时到就好了。

问：从这句话我们可以知道什么？(B)

11. 我刚才去宿舍找过你,你不在,所以我才到图书馆来了。

问：说话人可能在哪儿？(B)

12. 这个学生头一年挺刻苦,但学习起来太任性,总是读自己喜爱的化学,英语成绩愣是没有提高,结果落了榜。

问：这个学生喜欢什么科目？(D)

13. 文笔不错,可惜故事太平庸乏味了。

问：说话人的语气是什么？(B)

14. 年轻人在这个房间里都看不清东西,更别说老人了。

问：这个房间怎么样？(A)

15. 叶老汉虽然只是个乡镇企业的集体职工,一对儿女却很争气,双双都考上了大学。尤其是叶子青,更是叶老汉的骄傲。

问：叶老汉有几个孩子？(D)

16. 大学毕业那年,别人都是千方百计地留在京城,小王却主动要求到农村下基层,当了乡政府的一名办事员。

问：小王在哪里上的大学？(B)

17. 这是一本让人感到恐怖的书,但不是神话也不是科幻。

问：这本书的特点是什么？(B)

18. 那个男人看上去有五六十岁,但挺精神,个儿不高,不足 1.70 米,挺有风度,身穿深灰色西装,好像还戴着一副眼镜。

问：说话人没有提到的是什么内容？(C)

19. 小张结婚在筒子楼一住就是三年,现在总算熬出头了。

问：从这句话我们知道什么？(D)

20. 刚毕业的学生走上社会后,需要一段时间的适应过程,以便完成从一个学生向一个"社会人"的转变,这个过程就是后学生时代。

问："后学生时代"是指什么时候？(A)

21. 李华今年已经 32 岁了,而从他的外表看,也就 23 岁的模样。

问：这句话是什么意思？(B)

22. 我初来乍到两眼一抹黑,还得请你带我们转转北京。

问：从这句话我们知道什么？(D)

23. 技术业务过硬的职工,去哪儿都有人双手欢迎。

问：这句话是什么意思？(D)

24. 这张照片是丁平两年前去云南拍的,旁边那个人是她的同事。

问：从这句话我们知道什么？(A)

25. 虽然我是家里惟一的女孩,可父亲好像从来没有显出特别的喜欢来。

问：从这句话我们知道什么？(D)

26. 小王只邀请了在市里工作的姐姐和两三个好友,在一家酒店举行了简单的婚礼。

问：谁举行了婚礼？(D)

27. 晚上公路上车辆少，再加上叶县长催得急，出租车跑得飞快，不到一个小时就到了家门口。

问：叶县长可能什么时候到的家？（C）

28. 由于气象和经费等方面的原因，王刚的旅行挺不顺利。

问：王刚旅行不顺利的原因是什么？（D）

29. 北京铜材厂新生产线只有13年的历史，但产品的产销量一直在稳步、迅速地上升，产品的数量始终供不应求，实现的利润和上缴的税金也大幅度增长。

问：这句话是什么意思？（A）

30. 哎呀，这就是陈英同志吧，直听治国念叨你，说你德才兼备，智勇双全。

问：从这句话我们知道什么？（C）

31. 春节那几天，王柳娘儿俩哪儿也没敢去，生怕他来电话家里没有人。

问：过春节的时候王柳为什么没出门？（D）

32. 商场分体式空调最少得6000多，咱们的才2900，跟白捡一样，等过些日子咱们国家入了关，兴许1000多就能买下来呢！

问：他的空调是花多少钱买的？（A）

33. 联合国难民署的经费来源几乎完全依靠各国政府、非政府组织及个人的自愿的捐款。

问：联合国难民署的经费来源不包括什么？（C）

34. 中国人使用筷子是模拟鸟类的进食方法，鸟类寿命一般比兽类长，所以，为了你的健康，赶快拿起筷子！

问：使用筷子的好处是什么？（C）

35. 小李八成是出来得久了，想家人想得都快发疯了，所以才会将小王当成了他哥哥！

问：从这句话我们知道什么？（B）

36. 王文佳的单位是市人民医院，他经常给我们投稿，知识渊博，从学术造诣上看，估计是位专家。

问：王文佳最可能是从事什么工作的？（D）

37. 我们是骑两辆自行车去的小镇，然后再乘小镇上惟——辆直达市里的班车去的市中心。

问：我们是怎么去的市中心？（A）

38. 你不必了解互联网，只要懂得如何利用它就好。

问：这句话是什么意思？（B）

39. 我家住在17楼，老妈腿脚又不太好，我怕妈妈憋出病来，就特意给她买了一台电脑，教她玩游戏、上网聊天。

问：说话人为什么买电脑？（D）

40. 于娜原是北京电视台的，来美国以后，和你一样干过餐馆，现在自己当老板。

问：于娜现在可能从事什么工作？（C）

41. 方便面里含有多种化学物质，还有防腐剂，这些都不利于人体健康。

问：这句话是什么意思？（A）

42. 为了绝大多数的学生有一个好的学习环境，大家必须共同遵守校规！

问：这句话可能在什么地方听到？（D）

43. 幸福的爱情可以使一个人心情愉快,内分泌充分,血液循环加速,从而显得神采奕奕。所以,爱情有美容的功效。

    问:这句话是什么意思?(B)

44. 这家位于东直门桥西北角的小超市,店面被设计成特有的红、绿、黄三色标志,面积100多平方米。这里商品非常丰富,可以说麻雀虽小,五脏俱全。

    问:关于这家超市,没有提到的内容是什么?(C)

45. "梦析"疗法不像其他治疗方法,它特别需要病人对医生的信任。

    问:关于"梦析"疗法,我们知道什么?(B)

46. 龙庆峡虽然很好玩,但是要自己去就是有病。

    问:说话人是什么意思?(A)

47. 小姐,拣你们店里最好的菜给我们炒几个。

    问:这句话可能在 什么地方听到?(A)

48. 今天晚上我有个宴会,希望徐小姐能够赏光。

    问:说话人是什么意思?(D)

49. 找了几个单位,不是嫌我年纪大,就是嫌我没能力。

    问:说话人正在做什么?(C)

(四)语气态度题

1. 大山,你还没见到过咱儿子胜利呢!那能干劲儿,跟你年轻时一模一样。

    问:说话人的语气是什么?

    (C   ……呢,表示语气的夸张)

2. 就凭小王,也想担任单位的一把手?

    问:这句话的语气是什么?

    (B   就凭……? 表示不服气)

3. 你要我怎么对你说才好,不要把工作带回家来,好吗?

    问:说话人的语气是什么?

    (D   你要我怎么……才好?……好吗?表示恳求)

4. 满打满算,我一个月才挣800元。

    问:说话人觉得怎么样?

    (A   句型:才+数量词,表示说话人觉得数量少)

5. 幸亏同屋叫我才准时起床,差点儿没迟到。

    问:下面哪个句子是对的?

    (B   幸亏……差点没……,表示庆幸)

6. 这么好的产品,竟然打不开销路。

    问:说话人是什么语气?

    (A   "竟然"表示出乎意料、吃惊的语气)

7. 他比较有经验,不至于做这样的事。

    问:这句话是什么意思?(B)

8. 把手里的东西放下，你给我过来！

　　问：说话人是什么语气？

　　（C　注意："你给我"+动词！表示命令）

9. 说是老汉，其实万雄并不老，才58岁，也就大我两岁。

　　问：说话人今年多大？（B）

10. 她竟会获得选美冠军，令众人跌破眼镜。

　　问：说话人是什么语气？（D）

11. 我自己来吧，这些水果充其量5斤。

　　问：说话人觉得水果怎么样？

　　（A　注意："至多、至少、充其量、最多、最少"这些词可以表示说话人的态度）

12. 我国古代人真伟大！四大发明就不用说了，只看我手中的算盘就足以说明问题。

　　问：说话人是什么语气？（D）

13. 我已经写了十个小时了，我没有喝过一口水，也没有合上过一次眼睛。

　　问：说话人现在可能想做什么？（C）

14. 我的妈呀！他怎么会这么不起眼呀！

　　问：说话人是什么语气？（A）

15. 看你的样子也不像是一位城市人，你以为你是谁啊！

　　问：说话人是什么语气？（C）

16. 这怎么可能呢，这儿怎么可能会长出了一株水稻呢？

　　问：说话人觉得怎么样？（D）

17. 这个女人怎么能这样随随便便地污辱别人的人格呢？

　　问：说话人觉得怎么样？（D）

18. 王老板，我本来不想打扰你，可是职责所在，我就不得不占用您的宝贵时间了。

　　问：说话人觉得怎么样？（B）

19. 哎呀，糟糕，我刚买的照相机忘在出租车里了。

　　问：从这句话我们知道什么？

　　（A　注意："哎呀"和"糟糕"）

20. 你这是什么意思，你说清楚点儿！

　　问：说话人是什么语气？（D）

21. 说来令人难以置信，一般人需要忙乎一年，而王刚义只用一个多月就完成了任务。

　　问：说话人是什么语气？（D）

22. 都快奔50的人了，尽干毛头小伙子都不敢干的事！

　　问：说话人是什么语气？（B）

23. 我真傻！只看见他个儿大，就以为他十分了不起，可以救咱们。

　　问：说话人觉得怎么样？（C）

24. 如果早知道世界知名的演出就是这个样子，我就不来了。

　　问：对于这个演出，说话人觉得怎么样？（C）

25. 一辈子生你这么个儿子还得不到你照顾，你说冤不冤？

问：说话人是什么语气？(D)

26. 那天真不该和你一起去爬山，要不然也不会这样。

问：这句话是什么意思？(B)

27. 好啊老李头，你也有睡懒觉的时候！

问：说话人是什么语气？(B)

28. 买空调吧，一时半会儿用不着，买冰箱呢，错过了打折的优惠期又挺遗憾的，你说我该怎么办好？

问：说话人是什么语气？

(B　句型：……吧<呢>，……吧<呢>，……)

29. 你们从来就只知道买东西给我，从小到大，你们只管我吃饱穿暖，你们看到我吃得下睡得着，你们就快乐了。可是你们从来都不想一想我的感受。

问：说话人是什么语气？(A)

30. 我就知道今天准下雨，叫他拿雨伞他就是不听，看他怎么办！

问：说话人是什么态度？(D)

31. 他临终前也没给家人留下一言半语。

问：说话人是什么语气？(C)

32. 你这孩子是怎么回事啊？让你说你不说，不让你说你偏说！

问：说话人对孩子的态度是什么？(C)

33. 哎呀，什么都没玩成，怎么会下雨呢？

问：说话人的语气是什么？(C)

34. 一个摆摊儿擦皮鞋的，穿一双意大利名牌，简直是不可思议。

问：说话人的感受是什么样的？(D)

35. 哎呀，你就别打了行不行啊？把手机打没电了也没用。

问：说话人的语气是什么？(D)

36. 看人家珠海，城市卫生搞得多好！

问：说话人是什么语气？

(C　句型：看人家……)

37. 你看你，又睡懒觉，也不看今天是几月几号！

问：说话人的语气是什么？(D)

38. 这个房子不过巴掌大，睡这么多人行吗？

问：说话人是什么语气？(C)

39. 这件事非同小可，搞不好，你要吃不了兜着走的。

问：说话人是什么语气？(D)

40. 都是你，还好意思说。

问：说话人是什么语气？

(D　句型：都是你……)

41. 老王真是的，退休了也不告诉我们一声，把我们老哥们放哪儿了？

问：说话人是什么语气？

　　（A　……真是的，表示埋怨、责怪的语气）

42. 唉，差 50 秒比赛就要结束的时候，公牛队防守出现了失误。

　　问：说话人是什么语气？（D）

43. 我觉得新郎那天在婚礼上的表现太那个了，真有点对不起观众。

　　问：他觉得新郎的表现怎么样？

　　（C　"太那个"表示批评）

44. 好了，好了，我错了，我错了还不行吗？

　　问：说话人是在做什么？（D）

45. 你当着这么多人的面，怎么这么说话？

　　问：说话人是什么语气？（B）

46. 我们结婚没几天，倒是分开有四年了，看不见也摸不着，简直就像跟火星人谈恋爱一样。

　　问：说话人是什么语气？（B）

47. 哎哟，老同学，真的是你啊，你怎么在这儿？

　　问：说话人是什么语气？（B）

48. 怎么搞的，明明约好的，小王怎么现在还没来？

　　问：说话人是什么语气？（C）

49. 我可告诉你，你干什么都行，就是不能辞职。

　　问：说话人的语气是什么？（D）

50. 看这鸡，按正常情况应该长三两五，可只长了一两六。

　　问：说话人的语气是什么？（C）

51. 既然你一定要回国，我也就没什么好说的了。

　　问：对于回国这件事，说话者的态度是什么？（D）

二、小对话练习

（一）身份关系题

1. 男：我要好好写，等将来成了名你就成名人太太了。

　　女：好啊，那我可等着啊。

　　问：两个人可能是什么关系？（C）

2. 男：大夫，我是感冒咳嗽。

　　女：你什么都明白了还要我们医生干什么？

　　问：两个人可能是什么关系？（B）

3. 女：这是送给您的，作为临别纪念。

　　男：哇，好可爱啊！太谢谢您了，因为您的出色导游，我也感到非常愉快。

　　问：女的可能是从事什么工作的？（B）

4. 女：你有这间办公室的钥匙吗？可以给我开开门吗？

　　男：有啊，但公司有规定。

　　问：男人可能是什么身份？（D）

5. 男：结婚这么多年了，我才发现我不是一个好丈夫。

女：我可没这么说,你怎么会有这种想法呢?

问：两个人可能是什么关系? (B)

6. 男：几天前我打过一个电话,要求订一个单人房间。

　　女：对不起,您的请求太迟了,这一周在本市要召开一些会议,我们这儿已经客满了。

　　问：女人的身份可能是什么? (A)

7. 女：检查结果怎么样?

　　男：怪不得你看上去这么白,结果出来了,是贫血。你应该更加注意饮食,多吃些菠菜、紫菜那样的蔬菜和富含蛋白质的食物。

　　问：对话双方可能是什么关系? (C)

8. 男：小欣这次考得不大好呀。不过不要紧,可以努力赶上去嘛。明天起,咱们好好订个计划,我来帮她补课。

　　女：是呀,孩子的课业负担太重了。小欣复习迎考挺辛苦的,咱们星期天到红林公园去玩玩,放松放松,星期一开始再加把劲,我看,小欣只要再努力一下,期末考试一定会有好成绩的。

　　问：对话双方可能是什么关系? (B)

9. 女：周末我想去游乐场玩玩。

　　男：你好好学钢琴,爸爸就带你去。

　　问：对话双方是什么关系? (C)

10. 女：涛涛,妈妈给你切,这样一块一块的,行吗?

　　男：我不要吃苹果,我要吃桔子。

　　问：对话双方可能是什么关系? (B)

11. 男：乐乐,你要是再不及格,别怪我不客气。

　　女：干什么呀你,管孩子也得等他吃完饭,也得等他写完作业呀。

　　问：对话双方可能是什么关系? (A)

12. 女：国玉,你也老大不小了,姐给你找个对象。

　　男：我不要,都什么年代了,还要人介绍。

　　问：对话双方是什么关系? (D)

13. 男：孟玲真的有病。

　　女：有病不能不治,你们做领导的应该关心一下自己的员工。

　　问：男的是孟玲的什么人? (A)

14. 女：请问,我的面试结果怎么样?

　　男：非常抱歉,我现在还不能做出决定是否录用,您的地址我已经记下来了,我很快会给您书面答复的。

　　问：对话双方可能是什么关系? (D)

15. 男：孩子她妈,小莉的男朋友你看上眼了吗?

　　女：只要孩子愿意,我没什么可说的。

　　问：对话双方可能是什么关系? (C)

16. 女：首例性骚扰案要开庭了。

男：你也注意到了，真是太好了，作为一个记者，就是要保持对生活的敏感性。

问：从这个对话我们知道什么？(D)

17. 女：那件事究竟是怎么回事？咱们一方面是父女，一方面是朋友，对朋友可得开诚布公。

男：先吃饭，那件事回头再说，行不行？

问：对话双方是什么关系？(A)

18. 男：今天我给你们买了烤鸭。

女：老伴，你看儿子今天怎么了，又买烤鸭。

问：对话双方是什么关系？(C)

19. 女：当事人又发过来一封邮件，询问一些疑点。

男：有问题好啊，有问题我们当律师的可就有饭吃了。

问：男的可能是做什么工作的？(D)

20. 女：你们的服务态度真是让我感动，真不知道怎么谢谢你。

男：没什么，精心检修是我们的职责，您到医院看病，医生不是也查来查去的吗？

问：对话双方可能是什么关系？(C)

21. 女：那辆自行车我觉得挺好，我们同学都骑那种，特别流行。

男：价格没有问题，只要你喜欢，爸就给你买。

问：对话双方可能是什么关系？(C)

22. 女：咱儿子都这么大了，你的心眼还是那么小。

男：你的脾气不是也没变吗？

问：对话双方可能是什么关系？(D)

23. 男：你无论如何不会想到小白如今成了很有名气的文学批评家。

女：这有什么奇怪，想当初他在学校时就特别喜欢文学。

问：女的可能是小白的什么人？(C)

24. 男：喂，小王啊，我在你们楼下呢，你下来一趟吧！

女：哦，我是他姐姐，他采访去了，晚上才能回来呢！

问：从对话中我们知道什么？(D)

25. 男：第一次见面，真不知道怎么称呼你。

女：你不是管志刚叫哥吗？管我应该叫嫂子才是。

问：女的和志刚是什么关系？(B)

26. 女：做生意哪能想关门就关门？

男：耽误不了什么，反正一天也挣不了多少钱，休息一天吧。

问：从对话中我们知道什么？(D)

27. 男：请问小姐去哪儿？

女：师傅你随便开，北京城那么大，爱哪儿是哪儿吧。

问：对话双方是什么关系？(A)

28. 男：那我以后就管你叫"爱妻"了。

女：着什么急，等结婚以后再改口。

问：对话双方是什么关系？(D)

29. 女：这大热的天,就是鸡蛋也给捂熟了,以后别给孩子穿那么多了。

　　女：唉,妈妈,我是南方人,又没有照顾孩子的经验,以后什么事还请您多提醒我。

　　问：对话双方可能是什么关系？(D)

30. 男：小亚刚才给我打电话说,她找了个工人,准备结婚,这不是胡闹吗？咱们还不知道那
　　　个人长得什么样呢！

　　女：现在的年轻人可不像咱们那个时候了,拉拉手都脸红。

　　问：对话双方可能是什么关系？(D)

31. 男：想当年我也曾经辉煌过,雷鸣般的掌声,大家以为我是当演员的料。

　　女：大学时我不记得你登过台呀？

　　问：从对话我们知道什么？(C)

32. 女：您的孩子您可得管管了,作业总是不能按时交。

　　男：要说我对他的学习确实过问太少,学习方面由他妈妈全面负责。

　　问：说话双方可能是什么关系？(D)

(二) 信息题

1. 男：请问有没有大一点儿的衬衣？

　　女：这件是这种颜色中最大的了,其他颜色的尺寸是齐全的。

　　问：这个对话可能发生在什么地方？(C)

2. 男：这些电视机是最新的型号吗？

　　女：当然,它们代表最新的技术,谁都知道我们只卖最好的产品。

　　问：女人可能是做什么工作的？(B)

3. 女：您有什么需要我帮忙的吗？

　　男：能给我指指到香港的901航班的9号登机口怎么走吗？

　　问：对话的地点可能是在什么地方？(B)

4. 女：你觉得刚才那个男选手唱得怎么样？

　　男：本来我对自己信心不足,听了他的歌以后,我对自己充满了自信。

　　问：男的是什么意思？(A)

5. 女：多伦多现在的天气怎么样？

　　男：很像现在北京的天气,如果你不在那儿呆太久,你就不需要带太多衣服。

　　问：从对话中我们知道什么？(D)

6. 女：我想买点野餐的食品。

　　男：我可以送你去超市,然后在外面等你。

　　问：两个人可能去哪儿？(A)

7. 男：如果我是你的话,我宁愿骑自行车上班。

　　女：可惜你不是我,你不知道我的皮肤有多不禁晒。

　　问：关于女的,我们知道什么？(A)

8. 男：我想买一本斯诺写的关于中国文化的书。

　　女：抱歉,这本书早就脱销了。

　　问：对话可能发生在哪儿？（B）

9.　男：我这次旅行的预算是两万元。

　　女：香港会是理想的去处，您可以参加我们的全包旅行。

　　问：对话双方的关系可能是什么？（C）

10.　男：我想兑换一张旅行支票。

　　女：对不起，请你去6号窗口办理。

　　问：对话可能发生在什么地方？（C）

11.　男：我想剪头发，刮胡子，再给我洗洗头，好吗？

　　女：好，请稍等，我马上就来。

　　问：对话可能发生在什么地方？（C）

12.　男：我感觉有点冷，能不能借一条毯子？

　　女：我们有一条，但您能等到起飞之后吗？

　　问：对话可能发生在什么地方？（D）

13.　男：明天早晨的班机还有座位吗？

　　女：很抱歉，所有早晨班机的机票都已经订完了。

　　问：男的想要做什么？（B）

14.　女：哎，老板，我想要的菜你们这儿怎么都没有呢？

　　男：怎么会呢？那不都在菜谱上写着呢吗？

　　问：对话可能发生在什么地方？（D）

15.　男：喂，我是李老师，你儿子隆隆发烧呢，38度，你快来学校一趟吧！

　　女：是吗？怎么回事？你们先帮忙照顾一下，我马上就到。

　　问：女的可能要去什么地方？（B）

16.　男：那个人是大山吗？

　　女：没错，我最喜欢看他的节目了，每周六都看，咱们去找他签个名吧。

　　问：大山可能从事什么职业？（D）

17.　男：这次照顾多有不周，希望有机会再来我们长春。

　　女：一定会的，青岛山美水美，还有很多海味小吃，也欢迎你们到青岛去。

　　问：女的现在可能在什么地方？（C）

18.　女：副食店7点关门。

　　男：赶快去，还有一刻钟，买点鸡蛋去。

　　问：说话的时候可能是几点？（A）

19.　女：你猜我刚才见到谁了？我见到王玲了！

　　男：我也见到她了，我想买几本书，可是跑了几家书店都没买到，我就去了她那儿，还真就找到了。

　　问：男的是什么意思？（C）

20.　女：你们什么时候结婚啊？我好买件礼物送给你们。

　　男：不必了，大后天来喝喜酒就是了。

　　问：男的大后天要做什么？（D）

21. 女：今天，我有一个特别的礼物送给你。
　　男：开什么玩笑，哪有新娘给别人送礼的？
　　问：女的今天可能做什么？(B)

22. 男：你曾经来这家商场应聘过吧？
　　女：我想承包这家商场，可是说尽了好话，还是不行。
　　问：女的是什么意思？(B)

23. 男：哎，听说这个月有奖金呢。
　　女：我刚到报社，什么事还没做呢，就是有的话，也轮不到我呀。
　　问：女的可能是做什么工作的？(D)

24. 女：你怎么了？脸色不太好。
　　男：还不是我儿子，让我生了一肚子气。
　　问：关于男的，我们知道什么？(B)

25. 女：老付啊，你看我这几天净瞎忙了，没抽空来看你，怎么样，身体好多了吧？
　　男：问题不大了。
　　问：从这个对话我们知道什么？(A)

26. 男：曲先生在吗？208 房的客人。
　　女：208 房？哦，他已经离开我们宾馆了。
　　问：对话可能发生在什么地方？(D)

27. 女：奇怪呀，这钥匙明明插在门上，怎么不见了？
　　男：我看，把门砸开得了。
　　问：发生了什么事？(C)

28. 女：你最近又买车又买房的，我就是想来问一问，能不能从我这儿买份保险，如果我再完不成任务，这份工作就丢了。
　　男：你怎么不早说啊！
　　问：女的是什么意思？(B)

29. 男：我要的油焖大虾怎么还没来呢？
　　女：对不起，客人太多了，请您稍等一下。
　　问：对话可能发生在什么地方？(D)

30. 女：你这儿所有的鞋都是不超过 150 块的，为什么这双要卖 220 块？
　　男：我们的卖价其实都挺便宜的，在大商场里同样的鞋人家要卖二百八呢，现在我可以只收你 160 元的蚀本价。
　　问：女的可能花多少钱买这双鞋？(B)

31. 男：王大妈，街里街坊的真不好意思，要不我赔您几个钱吧。
　　女：看你说到哪儿去了，不就是盆花吗？摔就摔了吧。
　　问：男的做了什么？(C)

32. 男：请问，畜产公司是在这条街还是那条街？
　　女：前边第二个拐弯处向左拐，过了百货大楼，就在税务大楼的后面。
　　问：男的想去什么地方？(C)

33. 女：先生，这是意大利的品牌，最新款，现在打八五折。

　　男：打折的我不要，这件多少钱？

　　问：对话可能发生在什么地方？（A）

34. 男：你觉得这儿怎么样？

　　女：这个餐厅布置得挺有味道，到处都是渔网，好像在海边似的。

　　问：女的是什么意思？（A）

35. 男：喂，小徐呀，你看看劲松在吗？

　　女：他们屋里总占线。

　　问：从这个对话我们知道什么？（A）

36. 女：嘿，王师傅，慢点开啊。

　　男：没事，我这水平你又不是不知道。

　　女：越是老司机越得注意。

　　问：男的是什么意思？（D）

37. 女：你怎么了？

　　男：车坏了呗，没事儿谁钻到这下面来？

　　问：男的可能在做什么？（D）

38. 男：你给自己熬点姜汤，发发汗，我一发烧就这样。

　　女：明天吧，我已经躺下了。

　　问：从对话中我们知道什么？（C）

39. 男：今天是周末，我觉得我们应该看场电影或聚个餐。

　　女：你一个人去吧，周末我必须回家。

　　问：女的是什么意思？（B）

40. 男：你今年也就二十四五吧，你猜今年我多大？

　　女：还猜什么呀？我姐今年整三十，比你大两岁。

　　问：男的今年可能多大？（B）

41. 男：大白天的，你怎么没去上课啊？

　　女：我把语言学校的上课时间给调到上午了，所以有时间在家休息。

　　问：说话的时间可能是什么时候？（B）

42. 女：要不是你帮忙，这个书店也不会这么快就转让出去。

　　男：别那么客气，我能做的也只有这些。

　　问：女的是什么意思？（D）

43. 男：我们单位正准备盖宿舍楼，听说你们公司的信誉不错。

　　女：你们真是找对地方了，我们以前承建的工程反映都很好。

　　问：女人的公司是从事什么业务的？（C）

44. 男：你和志国的关系有进展吗？

　　女：没有缘分的事情再怎么着也是白搭，我们俩性格啊、阅历啊，都差得太远了。

　　问：女的是什么意思？（D）

45. 男：你好！我想把这两本书还一下，麻烦您看一看，咱们这儿有没有美国大学招生方面的书。

女：好的,请稍等一下。

问：对话可能发生在什么地方？(C)

46. 男：小姐,我想整容。

女：对不起,我们这儿只理发,不整容。

问：对话可能发生在什么地方？(D)

47. 女：现在有一个现象,女性体育解说员少,而男性多。

男：对,我想这其中的原因在于运动项目里的男性竞技项目远远多于女性竞技项目。

问：男的认为男解说员比女解说员多的原因是什么？(B)

48. 女：你听说小王的事了吗？

男：哎,怎么没听说,你说放风筝还能出事,这谁能想得到呢？

问：从对话中我们知道什么？(D)

49. 男：你箱子里都装了些什么啊？根本就没有书,你把书放哪儿了？

女：哎呀,这不是我们的箱子,那个老太太一定是错拿了我们的箱子,在餐厅里她就坐在我们的旁边。

问：他们在找什么？(D)

50. 男：你看见过一个叫铁柱的人吗？

女：陪秀秀去的村长好像提到过这个人。

问：下面哪句话不对？(D)

(三) 语气态度题

1. 女：你说买新车好还是买二手车好？

男：从长远利益出发,买新车可能会省钱。

问：男的是什么意思？(D)

2. 男：你昨天晚上看演出了吗？

女：你觉得我能错过这样的演出吗？

问：关于昨天的演出,我们知道什么？(C)

3. 男：我真想知道为什么小丽总是对我这么冷淡。

女：你有没有想过直接去问个究竟？

问：女的建议男的怎么做？(A)

4. 女：老李告诉我他买到了一辆二手车,你知道他花了多少钱吗？

男：他说他花了1万元,我觉得他买到了便宜货。

问：关于老李买的车,我们知道什么？(A)

5. 男：你和我一起去历史博物馆吗？

女：毕业论文已经让我忙得不可开交了。

问：下面哪句话不对？(C)

6. 女：你怎么看待养宠物？

男：我觉得养就养呗。但是要管好,照顾好自己的宠物。

问：男的对养宠物的态度是什么？（D）

7. 男：你说小宣最近怎么了？别是和高楚谈恋爱闹的吧？

　　女：啊，他们俩在谈恋爱？

　　问：女的是什么语气？（D）

8. 女：看你现在的精神状态，一定没有好结果。

　　男：请你说话好听点儿行吗？

　　问：男的是什么语气？（D）

9. 男：我觉得这个职位非我莫属了。

　　女：我想你是过于自信了吧？

　　问：女的是什么意思？（D）

10. 女：老高啊，眼看你就该老了，你就老老实实在家抱孙子吧。

　　　男：谁老了？什么老了？我老吗？你看我老吗？

　　　问：男的是什么语气？（C）

11. 女：打网球大卫可是好手，让他教教你。

　　　男：他？我教他还差不多。

　　　问：男的是什么意思？（A）

12. 女：春节了，你为什么不回老家？

　　　男：唉，想回也回不去呀。

　　　问：男的是什么语气？（B）

13. 男：我觉得这个月的广告业务能比上个月增加20%。

　　　女：是吗？你就那么有把握？

　　　问：女的是什么语气？（D）

14. 男：你为什么要辞职，难道就是因为经常出差？

　　　女：这有什么奇怪的，我早就厌倦了那种东跑西颠的生活。

　　　问：对于女的辞职，男的持什么态度？（D）

15. 男：咱们为了这场比赛，已经这么长时间没有好好玩玩了，今天晚上我们去唱卡拉OK吧？

　　　女：有什么好玩的呀，没意思。

　　　问：从对话我们知道什么？（C）

16. 女：今天下午去逛街了吗？

　　　男：去了，我惟一的收获就是脚疼。

　　　问：对于逛街，男的感觉怎么样？（C）

17. 男：那药多少钱一盒？

　　　女：一盒也就三百多。

　　　问：从对话我们知道什么？（D）

18. 女：赶紧，赶紧，趁新鲜吃吧！

　　　男：新鲜什么新鲜，都吃了一整天了。

　　　问：男的是什么语气？（A）

19. 男：我筋疲力尽了，为了期中考试，我昨晚熬了个通宵。

女：你为什么每次都要等到最后才开始着急？

问：女的是什么语气？(D)

20. 男：你用的是一台全新的洗衣机吗？

女：你已经不是第一次问这个了。

问：女的是什么语气？(D)

21. 女：你听到我们不会被解雇的消息了吗？

男：这又有什么关系呢？我已厌倦了在这里工作。

问：男的是什么意思？(A)

22. 男：王丽，你能给我照张相吗？

女：对不起，恐怕胶卷快用完了。

问：从对话我们知道什么？(B)

23. 男：父亲留下的那只碗，我已经和文物商店谈妥了，马上就可以脱手。

女：亏你说得出口，怎么能变卖祖产。

问：女的持什么态度？(D)

24. 男：现在的建筑质量真成问题，该漏的地方不漏，不该漏的地方一个劲地漏。

女：谁说不是呢。

问：女的是什么意思？(A)

25. 女：你知道吗？昨天飞机上的空中小姐竟然是我高中时的同桌。

男：天哪！天底下还有这么巧的事！

问：男的是什么语气？(B)

26. 女：你已经不是小孩子了，你应该学点什么，别整天晃里晃荡，游手好闲。

男：说起来容易，学什么呀？你倒是给我指条路。

问：女的是什么语气？(C)

27. 男：这次去云南旅行感觉怎么样？

女：如果这就是人们说的"香格里拉"，那想像和现实简直差得十万八千里。

问：女的是什么意思？(B)

28. 男：我看咱们还是先看看货吧，其他的事以后再说。

女：主随客便，恭敬不如从命，咱们走吧。

问：女的是什么意思？(D)

29. 男：昨天晚上，志强把车停在女朋友家门口，当他出来要回家时，车不见了。

女：哦，那他怎么办？他已经丢了7辆自行车了，真倒霉。

问：女的是什么语气？(D)

30. 男：小周，公司的财务工作从今天起由你主管。

女：对不起，我是搞文的，对财务一窍不通，这么重的任务还是交给别人吧。

问：女的是什么意思？(D)

综 合 练 习

一、句子练习

1. 当今的劳模和恐龙蛋一样,是国宝,说什么也得来个重点保护啊。
   问:这句话是什么意思?(D)
2. 我预约的时间是三点,而现在已经四点了,早知道谁会提前半个小时就到这儿?
   问:说话人是什么时候到的?(D)
3. 坦率地说,谁在商场没遇到过这样令人尴尬的事?
   问:在商场他可能遇到了什么事?(B)
4. 我已经从外科医生的位置上退下来了。
   问:从这句话我们可以知道什么?(B)
5. 天气又闷又热,就连不见阳光的大树下也达到 40 度的高温。
   问:说话时可能是什么季节?(B)
6. 大学二年级,我要在家乡的报社当记者,我把这看作是成为作家的第一步。
   问:说话人的身份可能是什么?(B)
7. 听众朋友:现在是"爱的奉献"专栏,请听我台记者路扬采写的报道《风风雨雨 30 年》。
   问:这句话可能是什么人说的?(A)
8. 我今年 50 还差两岁呢,只不过是显得有点苍老罢了。
   问:说话人的年龄是多少?(D)
9. 老王抽烟还是抽得很凶,连我这个医生的规劝也不听。
   问:这句话是什么意思?(C)
10. 闹市区我们那块地方不能盖办公楼,它的左边是医院,右边是商场,后面是歌舞厅,在那个地方办公,职工上医院方便,逛商场、进舞厅方便,公家和私人都会因此增加开支。
    问:说话人的意思是什么?(C)
11. 我虽然已经 40 岁了,但是大家在文章里还是给我加上青年诗人的定语,王明才是真正的青年诗人,与我相差整整 15 岁。
    问:王明今年多大了?(B)
12. 今天这个头理得糟糕透了,衣领里尽是头发碴,好痒啊!
    问:说话人是什么意思?(A)
13. 从县上坐车两个小时到乡里,从乡里再走两个小时山路才到鸡鸣山,你说偏僻不偏僻?
    问:说话人是什么意思?(B)
14. 我们先逛了几家商店,中午一人吃了一碗"老杨烩面",又看了一场电影——台湾影片《汪洋中的一条船》才到了你们家。
    问:这句话中没有提到的事情是什么?(D)
15. 在城里提起"吴记西服"是无人不知,无人不晓的。

问：这句话是什么意思？(B)

16. 你们可真幸福！能享受这么现代化的教学,怪不得学费这么贵！

　　问：说话人是什么语气？(B)

17. 鲜美无比,难得难得,这顿口福算我犒劳大家。

　　问：说话人是什么意思？(D)

18. 每个周末他都雷打不动地去钓鱼。

　　问：这句话是什么意思？(D)

19. 你现在马上赶到福汇桥头,手持玫瑰等我,不见不散。

　　问：说话人没有提到的是什么？(C)

20. 你以为我不想参加昨天的聚会啊！

　　问：说话人是什么意思？(A)

21. 花瓶挺大,养花肯定是不实用的,究竟作何用途真费了大家一番脑筋,最后还是老王一锤定音,放会议室吧。

　　问：关于花瓶,我们知道什么？(B)

22. 14 万哪！这都是我一滴汗珠摔八瓣儿摔出来的啊！

　　问：说话人是什么语气？(A)

23. 孩子看电视时,距离荧光屏不能少于 3 米。

　　问：小孩子离电视的合适距离是多少？(C)

24. 陈奇是个游泳好手,一口气能游出 1000 米呢！

　　问：这句话是什么意思？(C)

25. 修公路是基础建设,你不把基础建设搞好,怎么招商引资？

　　问：这句话是什么意思？(B)

26. 这位同学的身手不错,出来示范一遍。

　　问：说话人的身份可能是什么？(A)

27. 一家四星级的宾馆很快就把木旺从学校食堂挖走了,月薪 8000 元。

　　问：木旺现在在哪工作？(B)

28. 我鞋都跑烂了,我找遍了车站、码头、医院、机场等一切可能去的地方,都没有发现他。

　　问：说话人没有去哪儿？(B)

29. 老王不上桌,我们就不动筷子。

　　问：这句话的意思是什么？(D)

30. 老王在去火车站的路上碰到了单位里的小刘,一问才知道,小刘也是去昌平,正好同路。

　　问：老王去哪儿？(C)

31. 现在农村都是楼房了,经济发展得可真快呀！

　　问：说话人是什么语气？(C)

32. 现在是什么都发展得快,就说这火车票吧,到达县几年前还是 15 元,现在一下子就长了一倍。

　　问：现在的火车票是多少钱？(B)

33. 小意思,不成敬意,请您收下吧。

问：这句话可能什么时候说？（A）

34. 不上班的时候我常光顾那间酒吧，一泡就是几个小时。

问：休息的时候说话人常做什么？（B）

35. 共事五年，葛平不可能连我的声音都听不出来。

问：说话人和葛平可能是什么关系？（D）

36. 老刘平时身体棒得很，偶尔有个伤风感冒，冲个凉水澡就解决问题了。

问：这句话是什么意思？（B）

37. 可儿从6岁起开始学画画，7岁的时候，他的画就在市里得了一等奖，9岁的时候又在省里得了一等奖，11岁时在全国得了一等奖，还得了5000元奖金呢！

问：可儿什么时候画画得了奖金？（A）

38. 你能说得具体些吗？我们愿意把这条新闻作为今天的头条登出。

问：说话人可能是从事什么工作的？（D）

39. 晚上，公司所有的员工在会议室联欢，经理还要致新春贺词。

问：这句话可能在什么时候听到？（D）

40. 心理发育相对滞后、过度用脑及不良习惯是形成青春期综合症的重要原因。

问：青春期综合症的原因不包括什么？（C）

41. 辛苦了，现在像你这么敬业的年轻人真是少有。

问：说话人是什么意思？（D）

42. 尽管报社已经有一个专栏记者负责评论戏剧，我还是决定去看首场公演，想写篇评论让编辑瞧瞧。

问：说话人可能在哪儿工作？（D）

43. 挺珍贵的工艺品，干吗扔到柜子上？

问：说话人是什么意思？（D）

44. 一星期的忙碌才换来一个周末，你却在这儿打扰我。

问：说话人是什么语气？（C）

45. 我那个同事9点10分到，还有20分钟，快去准备准备饭菜。

问：说话的时候是几点？（C）

46. 明天晚上我有一张香港歌星演唱会的票，7点半，在天河体育中心，一起去吧，我等你。

问：说话人没有提到的是什么内容？（A）

47. 来到灵山，如果不去看日出，那是一件非常遗憾的事。

问：这句话是什么意思？（B）

48. 多亏打扫了房间，要不怎么招待客人。

问：从这句话我们知道什么？（C）

49. 现在最激动人心的时刻到了，请新郎新娘交换戒指。

问：这句话可能在什么场合听到？（C）

50. 如果说救急呀，三百五百的我还拿得出，你说的这个数我实在是帮不上忙。

问：从这句话我们知道什么？（A）

51. 开往沈阳方面的501次列车马上就要开车了，没有买票的旅客，请您抓紧时间买票。

问：这句话可能在什么地方听到？(C)

52. 我早就知道小王上夜班,所以白天没有给他打电话。

问：从这句话我们知道什么？(C)

53. 好家伙,这一屋子人差不多都有六七十岁了。

问：说话人是什么语气？(D)

54. 你有什么了不起的,你不就是会画两张画吗？还是个业余的。

问：说话人是什么语气？(A)

55. 我们领导是个铁娘子,向来都是说一不二的,连我都说服不了她,更别说小王了。

问：从这句话我们知道什么？(A)

56. 他们的公司离关门不远了。

问：这句话是什么意思？(A)

57. 对不起,请你坐下,后面的观众看不见了。

问：最有可能在什么地方听到这句话？(C)

58. 原来是原来,现在是现在,我已经不想去四川了。

问：从这句话我们知道什么？(A)

59. 每天在车上一坐就是十几个小时,回到家里,躺几个小时都缓不过来。

问：说话人可能是做什么工作的？(D)

60. 我不化妆不会见人的。

问：这句话是什么意思？(B)

61. 丢就丢了吧,再买一个就是了。

问：说话人是什么语气？(C)

62. 真可谓"兵败如山倒",从这时起,公牛队连续投篮命中,比分一下子相差8分。

问：这句话可能从哪儿听到？(C)

63. 是王明,又不是张平得了一等奖,他干吗那么兴奋？

问：从这句话我们知道什么？(C)

二、小对话练习

1. 男：如果康乐中心不能参加这次比赛将是一次很大的损失。

女：我觉得在吃早餐的时候谈论这件事才是一个很大的损失。

问：女的是什么意思？(B)

2. 男：最近工作真是太忙了,电话也打得少了。

女：再忙也应该把看父母的时间腾出来,这跟工作一样重要。

问：女的是什么意思？(A)

3. 女：研究显示,每天吃两个鸡蛋最科学,能大量补充脑细胞。

男：我每天不知吃多少个鸡蛋,可是考试不是不及格就是"吃鸡蛋"。

问：从对话我们可以知道什么？(B)

4. 男：今天你看上去挺高兴的啊！有什么好事啊？

女：这你都看出来了？我把所有的护肤品都卖完了。

　　　　问：女的可能从事什么职业？(A)

5. 女：咱们一起去吃汤圆，散散步怎么样？
　　男：我是有心情没时间，我还约了人见面，周末吧。
　　问：从这个对话我们可以知道什么？(D)

6. 女：你是不是工作压力挺大，一段时间没见，我都不习惯你说话的方式了。
　　男：环境改变人，在政府机关说话办事都得谨慎。
　　问：男的可能从事什么工作？(A)

7. 女：过两天是国庆节，单位发了一笔奖金，咱们一起去旅游吧。
　　男：钱还是存起来吧，要不你自己买两套像样的衣服，以后用钱的地方多了。
　　问：说话双方可能是什么关系？(A)

8. 女：爸爸，看我这次考得怎么样？
　　男：以你的聪明才智，你应该比这考得更好。
　　问：男的是什么意思？(B)

9. 男：这个公园我都来了百八十次了，一点儿新鲜感都没有了。
　　女：那可不一样，今天你是跟我来，应该高兴才对。
　　问：对话双方可能是什么关系？(B)

10. 男：拿去修还不如买台新的呢！
　　女：可不，这台电视机用得倒是有年头了。
　　问：从对话我们知道什么？(B)

11. 男：我要是能上美术学院，现在或许已经小有成就了。
　　女：哥，以后你把你的画寄过来，我帮你传到网上去，让别人也看到你的作品，还可以投
　　　　稿呢！
　　问：男的是什么语气？(A)

12. 女：李科长，你看我这个方案怎么样？
　　男：恕我直言，如果这个方案出自一个刚入门的设计新人之手，还是不错的。
　　问：男的觉得方案怎么样？(A)

13. 男：老吴现在怎么样了，你知道吗？
　　女：两名经验丰富的医生给老吴做了手术，很快就把鱼刺取了出来。
　　问：关于老吴，我们知道什么？(D)

14. 男：昨天表演独唱的那个人是谁？真是不错。
　　女：除了徐丽丽，咱们学校没有第二个人能唱得出这样的歌声了。
　　问：女的是什么意思？(D)

15. 男：怎么样？去新单位报到，感觉如何？
　　女：我简直不敢相信自己的眼睛，梦想和现实之间的距离实在太大了。
　　问：对于新单位，女的感觉怎么样？(D)

16. 男：我弄到两张电影票，一起去看电影吧。
　　女：谢谢，不过，你最好把这两张电影票都给我。
　　问：女的是什么意思？(B)

17. 女：瞧瞧这个,这种东西在面条里还能吃吗?

    女：对不起,是我们一时不小心,我们再给您换一份吧。

    问：这个对话可能发生在哪儿?(D)

18. 女：我请你帮我炒菜,每月给你300块钱怎么样?

    男：如果我帮你炒菜,那每月150元的补助就没有了,那我辛辛苦苦做一个月,不就只多

        50元钱,不干,哪有这种事!

    问：男的是什么意思?(D)

19. 男：哎,你看,那件衬衫怎么样?

    女：不行,不行,太时髦了,我上课的时候学生还不得总看我。

    问：女的可能是从事什么工作的?(B)

20. 女：姨父,听说最近的魔术演出非常精彩,你能帮忙弄张票吗?

    男：票很紧张,不过再紧张我也能想办法弄两张,多了我不敢说,不过座位你就不要太挑

        剔了。

    问：男的是什么意思?(B)

21. 男：小姐,照片好了,过来看一下吧。

    女：色彩真不错,这张表情最好,给我们放大两张吧。

    问：对话最可能发生在什么时候?(C)

22. 男：老师,您觉得我的论文怎么样?有什么需要修改的地方?

    女：你究竟花了多少时间在你的论文上面?我看得出这不是水平问题。

    问：女的是什么意思?(B)

23. 男：小高啊,今天的工作是怎么安排的?

    女：上午10点半开会,下午两点参加娱乐城的开业典礼,6点去春江宾馆参加贸易团的

        欢送宴会。

    问：男的什么时候去春江宾馆?(B)

24. 女：老王,这是什么菜?我怎么从来没见过?

    男：这野菜别看不起眼,可是我自己去山上采的,在饭店、宾馆可吃不着,你们今天可算

        是有口福。

    问：对话可能发生在哪儿?(B)

25. 男：你能告诉我你的电子邮件地址吗?这样我们就可以很快地和你联系。

    女：我可以先给你发一封邮件,这样我们就不必在电话上记地址了,好吗?

    问：他们可能在做什么?(A)

26. 男：你想打开空调还是打开窗户?

    女：如果你不介意的话,我喜欢新鲜空气。

    问：女的想做什么?(B)

27. 女：你为什么总是带着这块表?

    男：因为这块表上显示的时间,是我们俩第一次见面的时间,从那个时候起,你就再也没

        有离开过我的心里。

    问：说话双方是什么关系?(A)

28. 男：你不是说，出了体院我就不是你教练了吗？

    女：那我们是什么？

    问：男的从事什么工作？（B）

29. 男：没想到你这个南方人这么爱吃我们这儿的奶制品。

    女：谁说我是南方人？

    问：女的是什么语气？（B）

30. 男：这里的环境还可以。

    女：可不，结婚这么多年，还从未在外面过过生日，等我过生日的时候，你也带我到这里来吧！

    问：男的今天有什么事？（D）

31. 男：小姐，请问要点什么？

    女：给我来碗皮蛋粥吧，再来一碟咸菜。

    问：对话可能发生在哪里？（A）

32. 女：哎呀，你真好福气，媳妇孝顺，儿子能干，孙子招人喜欢，日子过得红红火火。

    男：就这还没全呢，老二出差了，老三在北京念研究生还没回来呢。

    问：男的有几个孩子？（D）

33. 女：我有好久都没吃肉了。

    男：你赶紧吃吧，你也不胖，再这么减下去就该出人命了。

    问：从对话我们知道什么？（A）

34. 男：你这当老师的可真不容易啊！

    女：要干出点儿名堂来，哪一行也不容易啊！

    问：女的是什么语气？（D）

35. 女：等咱们结婚的时候，我要买好多好多的花，把这间屋子摆满了。

    男：那你就成花仙子了。

    问：说话双方可能是什么关系？（D）

36. 女：儿子都这么大了，你的小心眼还没改！

    男：你不也一样吗？

    问：对话双方可能是什么关系？（B）

37. 男：你说这算什么冬天，连一片雪都不下，要在我们那儿，满天都是雪花，窗上都是冰，特别好看。

    女：可不是嘛，气候是有点儿反常。

    问：女的觉得今年冬天的气候怎么样？（B）

38. 男：你不是还有三个月才回国吗？

    女：公司有一笔业务，我已经等不到八月了。

    问：说话的时候可能是几月？（D）

39. 女：你有多少年没来北京了？

    男：一晃30年了，那时你才十六七，变化真大呀。

    问：女的现在可能多大年龄？（B）

40.　男：人家结婚后都胖,你怎么反而瘦了?不会家务都让你做了吧?

　　　女：这倒不是,大伟挺疼我的。

　　　问：女的和大伟是什么关系?(D)

41.　男：我现在呀,就盼着时间快点儿过,到夏天就熬出头来了。

　　　女：你呀,今年考不上还得熬。

　　　问：男的现在可能正在做什么?(C)

42.　男：再不走我就要误点了。

　　　女：反正也不是什么重要的会,迟到就迟到吧!

　　　问：从对话我们知道什么?(D)

43.　女：你吓死我了,什么时候来的?怎么不叫我一声?

　　　男：我早就来了,不放心你,谁叫我是你的护花使者呢?

　　　问：男的是女的什么人?(B)

44.　男：爬华山还不累吗?我让你睡觉你怎么不听话?想当年我和你妈下山后,休息了三天三夜。

　　　男：可我就是不累,可能是太兴奋了。

　　　问：两人可能是什么关系?(D)

45.　男：哎,这次又没戏了。

　　　男：找工作就像找爱人,是你的怎么都是你的,不是你的,干着急也没用。

　　　问：第一个人可能正在做什么?(B)

三、短文及对话练习

1—2

男：我听说您要找一名去加拿大工作的工程师。

女：您从哪儿听说的?

男：从我那个在报社工作的姐夫那儿听到的。其实您的广告明天才能见报,不过我想我还是今天来见您,别的我能做些什么呢?

　　1.问：对话双方可能是什么关系?(D)

　　2.问：关于男的,从对话中可以知道什么?(C)

3—4

　　有位老朋友出车祸,整个车头都撞坏了,幸亏人没伤。他回家一进门就向老母报告这个意外。

　　"真走运,"80多岁的老母说,"幸亏你开的是那辆旧车,要是开你新买的奔驰出去,损失就大了。"

　　"错了啊,"我这老朋友大叫,"我今天偏偏就开了那辆新车出去。"

　　"真走运,"他老母又一笑,"要是你开旧车出去,只怕早没命了。"

　　"哎,您怎么左也对,右也对呢?"

　　"当然左也对,右也对,只要我儿子保住一条命,就什么都对。"

　　3.问：老朋友出车祸时发生了什么事?(D)

4. 问：对于这件事老朋友的母亲怎么认为？（B）

5—6

57 岁的美国妇女罗伯特做梦也没想到，一次中风会让她的口音发生变化。1999 年，罗伯特夫人患了中风，并暂时性失语。经过一段时间的针对性治疗，罗伯特夫人终于开口讲话，但她讲出的却是英式英语，而她是美国人，从未去过英国。

从美国口音突然变成英国口音，罗伯特夫人是有史以来的第一个有记载病例。这种怪病引起了医学专家的注意。英国科学家的看法是："这是一种极其罕见的病，无法从教科书中直接找到答案，还有待于认识和治疗。"而关于她改变口音的原因，科学家认为"与咽喉有关"，"英式英语的韵母更生硬一些"。而各方目前比较一致的看法是，罗伯特夫人患上了罕见的"外国口音综合症"，这可能与她中风过后的脑损伤引起语言系统紊乱有关。

5. 问：罗伯特口音发生变化的原因是什么？（A）

6. 问：关于罗伯特的口音变化，科学家一致认为什么？（A）

7—8

动物园新来了一批小动物，来自天南地北的长颈鹿、金丝猴、野马、岩羊、袋鼠、黑叶猴，让动物园更加热闹起来。

一批新出生的小动物也耐不住性子，争着看这个热闹的新世界。国家一级保护动物小金毛羚羊是位漂亮可人的"小妞妞"，别看她刚满月，但长得俨然是个俏"姑娘"。

在大型驯兽表演场，每天上演人骑狮虎、猴子钻圈等十多个惊险有趣的节目，进入动物园的游客可以免费观看，每天演出六场。

7. 问：这段录音中的"小妞妞"是指谁？（B）

8. 问：关于大型驯兽表演我们知道什么？（B）

9—10

近日，由于冷空气活动频繁，我国北方大部地区多大风降温天气，但人们却明显感到往年黄沙漫天的景象减少了。

形成沙尘天气主要有两个条件：一是地表粉尘的数量足够多，二是具备持久的风力。2000 年到 2002 年北京遭受沙尘暴袭击，是因为连续三年的干旱，导致了地表沙土颗粒松散；冷空气势力强劲又致使大风日数频繁，这样就满足了形成沙尘暴的两个必要条件。

今年入冬以来，北方由于降水较多，地表湿润，沙尘形成的物质源少；而目前的冷空气势力较弱，造成的风力级数低，风沙天气减少。据北京观象台资料，大风、扬沙、浮尘和沙尘暴等四种天气现象，从 1951 年至 2000 年间，年均 28 天，最高年份是 1952 年，达 87 天，发生季节以 12 月至翌年 4 月最多。沙尘暴最多年份为 1966 年，达 20 天。

9. 问：沙尘暴最多的年份是哪一年？（D）

10. 问：这段话的大意是什么？（C）

11—12

李志国坐上出租车，快到目的地时，才发现身上一分钱也没有。"在这儿停一下，"他对司机说，"我到路边小店买包烟就回来，有 100 元掉在车上，车里太暗了，一时找不到，你先借我点零钱买烟。"他接过钱快步走进了小店，回头一看，果然，像他预料的那样，出租车飞一般地开走了。

11. 问：李志国坐出租车的时候发现自己怎么了？(D)

12. 问：根据这段话的内容，下面哪句话是正确的？(A)

13

　　近年来，速冻食品越来越畅销，很多家庭冰箱的冷冻室中都有速冻饺子、速冻包子，而且很多人一买就是一大堆，往冰箱里一放就万事大吉，需要时热热烧烧就是一顿饭，很是方便。但专家日前指出，如果速冻食品在两个月内还没有吃完的话，其质量就已令人担忧，速冻食品在冷冻室里极易变质。

13. 问：这段话谈论的主要内容是什么？(B)

14—15

　　研究发现，每天食用一至二次奶制品的孩子，他们皮下脂肪的平均厚度仅为 25 毫米，其他孩子们的皮下脂肪平均厚度为 75 毫米，食用奶制品给他们带来了实实在在的减肥效果。研究表明，不管是青少年还是成人，坚持适量食用奶制品的人，其血压都比较低。另外一些研究人员在成人的减肥食谱中适量增加奶制品，结果也惊奇地发现他们的体重都减轻了。

14. 问：每天食用一至二次奶制品的孩子，皮下脂肪的平均厚度是多少？(B)

15. 问：这段话的主要观点是什么？(C)

16—17

男1：高阳，就帮我这一回吧。

男2：说不行就不行！你去参加同学会凭什么带我女朋友。

男1：我不是没女朋友嘛。

男2：王成，没有就别带！可别想什么歪招。

男1：可我已经跟他们说我有女朋友了。我还说她长得柳叶眉，丹凤眼，樱桃小口一点点，真是美似天仙……他们都想见见。

男2：你这张臭嘴就会吹牛！你就不会说你女朋友病了，去不了啊。

男1：上次聚会的时候我就说她病了。

男2：那你也不能带我女朋友去！

男1：哎呀，高阳，大家同住在一个寝室就是个缘份。兄弟有难，你就不能支援一回。再说啦，今天晚上同学会，我带你女朋友去，跟我那帮哥们儿见见面。大伙儿见了她，肯定好吃好喝好招待，绝亏不了她。

男2：你少说这些，女朋友没有借人的，这是原则问题。今晚我们已经约好看电影了。再说了，我点头她也未必答应，我看你还是死了这条心吧。

16. 问：关于王成我们知道什么？(A)

17. 问：关于高阳我们知道什么？(C)

18—20

女：告诉我，为什么要偷这里的照片？

男：我不是偷，这不叫偷！ 这是我家的照片！

女：你家的照片？你有什么根据？

男：这是我爸爸，叫程扬；这是我妈妈，叫姚燕；我叫程姚，这中间的就是我，是我刚生下来的时候照的。

女：这照片是你家的，但你不能随便拿走。当初我们照相馆已经花钱买了下来，你爸和你妈还在协议上签了字，用如今的说法，就是我们拥有肖像权。现在即使要拿走，也得让你爸和你妈来一趟。

男：阿姨，我要买回我家的那张合影，您看，我只有这么多钱了 。

女：为什么不叫你爸爸妈妈来呢？

男：上次的期中考试我没能拿到第一名，爸爸说我不是他们生的，我问妈妈，妈妈也说不是他们生的，还说是从外面捡来的。马上又要考试了，爸爸妈妈说，要是这次再考不到第一名，他们决定就不要我了……我想拿这张合影去打官司，证明我是爸爸妈妈生的……

女：你爸爸妈妈真会开玩笑，孩子，你把它拿回家去吧，阿姨一分钱也不要！

　　18. 问：这段对话可能发生在什么地方？（D）

　　19. 问：照片上一共有几个人？（D）

　　20. 问：关于这个男的，我们知道什么？（A）

21—22

女：怎么了，这是？

男：这不昨天帮你搬家累坏了。

女：头疼吗？

男：不疼，有点晕，可能是高血压又犯了。

　　21. 问：男的怎么了？（C）

　　22. 问：关于女的，我们知道什么？（D）

23—24

男：哎，你表哥怎么不来接我们呀？"

女：什么表哥呀，是敏哥！

男：噢，敏哥，敏哥，多好听啊！"

女：可能假请不下来，他们开出租车的，一到春节就特别忙。

男：看，出站口那儿举着牌子的那个瘦高个儿是不是他？

女：没错，五年没见面了，还是老样子。

　　23. 问：这段对话可能是在什么地方说的？（C）

　　24. 问：从这段对话我们知道什么？（A）

25

　　此次四国邀请赛，国青队将分别于 6 日迎战日本，8 日对阵荷兰队，10 日挑战美国队。为了增加队伍的比赛经验，国青队还与当地大学队联系了两场比赛。主教练王海鸣说："目前，国青队的两名主力张颖和王坤都在国家队备战奥运会预选赛，还有两名队员有伤在身，不能随队出访，对阵容磨合有一定影响。"

　　25. 问：关于国青队的比赛，下面哪句话正确？（C）

26—27

　　1959 年，第一只芭比娃娃诞生，从此这个青春、亮丽的形象就成为女孩子们最钟爱的宠物。据说每秒种世界上都会卖掉两只芭比的玩具，那么芭比的书受到孩子们的喜欢也就是顺理成章的事情了。《我爱芭比》系列包括多种智力书和游戏书，借助芭比的形象，学习和游戏都变得如此可爱。

26. 问：第一只芭比娃娃是什么时候出现的？(D)

27. 问：这段话可能是关于什么的广告？(C)

28—29

数据显示,2001 年至 2002 年全球人口的增长率为 1.2%, 估计到 2005 年会下降至 0.42%,远比高峰期 1963 年至 1964 年的 2.2% 低。2002 年全球女性平均每人在一生中生育 2.6 名孩子,2050 年将会下降至不足两名。据估计,到 2050 年,印度人口可能会增加 50% 至 16 亿人,超越中国成为全球人口最多的国家。

28. 问：全球人口增长高峰期是哪几年？(D)

29. 问：什么时候印度可能成为全球人口最多的国家？(C)

30—31

男：刘平平你好,你看到了吗?你是今天《全球资讯》的第三号人物呢!你可是个特殊的大学生啊!

女：其实也没什么,同学告诉我了,我上网看了一下,上面说我是中国第一个公开结婚的在校大学生。当时第一个反应就是:我居然排行第三! 太有意思了!

男：想到过自己的婚礼会这么热闹吗?

女：没有。当时我就是觉得我们已经具备结婚的条件了,就结婚了。也没想出名,更没想到会吸引那么多媒体,一不小心就成了个中国第一。

男：婚礼筹备得怎么样? 现在还上课吗?

女：差不多了。前一阵子比较忙,订酒店啊选婚纱啊什么的,缺课比较多。现在到跟前了反而轻松了,每天除了上课就是应付媒体。

男：你的生活发生了一些变化,对这种变化,你适应吗?

女：还行吧。因为我是学广告专业的嘛,以后工作的目标就是企业的广告策划什么的,平常就总是不断接触企业里的人,所以我并没有觉得变化特别大,只不过关注我的人群扩大了一些。

男：谢谢你今天接受我的采访,祝愿你的婚姻美满幸福!

30. 问：为什么说刘平平是个特殊的大学生？(C)

31. 问：关于刘平平,下面哪句话正确？(C)

32—33

女：你是去买报纸吗?报纸给你买好了,在书桌上放着呢。

男：谢谢。

女：我跑了三家报摊儿呢,都是经济类的,《经济新闻》《财经报道》。

男：还缺一本今天出版的《财经杂志》,我还得出去一趟。

32. 问：报纸放在什么地方？(B)

33. 问：缺少的一本杂志是什么？(A)

34—36

火车进站时,已经夜里 10 点了。我急匆匆下车、验票、出站,然后站在路口东张西望,希望找到一处卖玫瑰的。因为今天是 2 月 14 日,情人节,我答应女友今天一定送花给她。

毕竟太晚了,如果在白天,这里的花摊一家挨一家,我可以精挑细选,但现在,如果能买到玫瑰,就算运气不错了。太棒了,我终于在拐角的路灯下发现一个花摊,可是筒里只剩一枝玫瑰,摊主正把它搁到三轮车上,空荡荡的街上也只剩这一家摊位。我告诉摊主这枝玫瑰对我很重要,下个月我就要结婚了,是最后一次送女友玫瑰,请他无论如何把这枝玫瑰给我。

"为什么是最后一次?"他边整理车子边说,"结婚以后就不能送了吗?我和爱人结婚8年了,每年送她一枝,今年是第9枝了。本来,你真需要,这枝花可以让给你,可是今年不行,我一定要留一枝给她。因为,我们刚添了小宝贝,爱人实在是辛苦了!"

　　34. 问:这个故事可能发生在什么地方?(D)

　　35. 问:关于花摊的主人,我们知道什么?(D)

　　36. 问:根据故事的内容,哪句话是正确的?(B)

37—38

　　郝女士是一位初中三年级学生的母亲,平时很在乎孩子的学习成绩。不久前,孩子的一次考试成绩很不理想,令郝女士非常生气,当时就把孩子训斥了一番。4月12日这天晚饭时,由于孩子在外贪玩回来晚了一点,郝女士就火了。吃饭的时候她一边吃一边责备孩子,谁知含在嘴里的一块骨头突然卡在她的喉咙处。郝女士顿时脸被憋得通红,喘不过气来。家人见状,赶紧就近把她送到了医科大学第一医院,医生利用仪器取出了骨头,排除了险情。

　　37. 问:郝女士对孩子的哪方面不满意?(B)

　　38. 问:吃饭的时候发生了什么事?(C)

39—40

　　"哎——""哎——"恒祥见一漂亮女孩朝他跑来,恒祥问:"你叫我?""不叫你叫谁?我找你找了好久。"女孩很兴奋,脸上的笑犹如两朵开得正艳的红玫瑰,妖媚娇艳。"你认错人了吧?""哪会认错人。两年前,我刚来广州,一下火车,我就在这个饭店吃饭,付账时才发现钱被人扒走了。老板以为我赖账,不让我走,是你给我付了饭钱,而且还给了我100块钱。"恒祥这才记起来了,笑着说:"想不到还能见到你。"女孩说:"有空吗?我请你吃饭吧。""你太客气了,我也是出差到这儿,改天我请你吧。"

　　39. 问:这段话可能是在什么地方说的?(C)

　　40. 问:根据录音,下面哪句话是错的?(B)

41

　　有人指出,早在小行星撞击地球之前,海龟和鳄鱼已经出现在我们星球上了,它们又是如何逃过这场劫难,顺利繁衍到现在的呢?

　　专家们近日对此做出了解释,有科学家在论文中写道:"这些动物,比如海龟和鳄鱼一直生活在水陆交界带,诸如河床和浅水洼里。这些地方环境变化相对较小,因而它们有较为充裕的时间去适应环境的变化。"

　　41. 问:海龟可以顺利生存到现在的原因是什么?(D)

42

　　未来几天小股冷空气活动频繁,将有两次降水天气过程。29日到30日,天气多云间阴有雨,4月1日多云间晴,2日到3日多云转阴有小到中雨。

　　今天白天到夜间:我省各地高速公路天气以晴为主,风力4级左右。能见度较好,司机朋友可正常行车。

　　42. 问:哪一天的天气是多云间晴?(D)

43

为方便广大市民节日出游,公交总公司于昨日开通了由植物园到博物馆旅游 3 路公交线路。新开旅游 3 路首班车 6:30,末班车 18:00,票价三元,分段计价。沿途设置 25 个站点。

43. 问:关于新开通的班车,这段话没有说到哪方面的内容? (A)

44

1992 年巴塞罗那奥运会上,中国女选手张山在不分男女性别的双向飞碟比赛中,以 200 发 200 中的成绩创造了新的奥运会纪录,并获得了冠军,同时她也成为在奥运会上第一位战胜男子运动员的女性。

44. 问:张山的运动成绩不包括什么? (C)

45

密云、怀柔水库是北京城市用水的主要来源,但近几年,由于连年干旱,两大水库的蓄水量已大幅度减少,北京市用水危机已迫在眉睫,官厅水库、金海湖等备用水源地将逐渐转变成为提供城市用水的水源。

北京市水源保护林建设工程将在 2008 年 12 月完工,规划造林面积 10 万亩。今年将营造水源保护林 2 万亩,栽植各种大规格苗木 150 万株。

45. 问:以后要转变为北京饮用水源的是哪一座水库? (C)

46—48

女:王斌,你用了几个月的时间就让大家认可了你,也成为全国最有名的主持人之一,你的心态有什么变化吗?

男:我 1992 年上的大学,2002 年研究生毕业,其实像你找我做专访这件事,我的很多同学在几年前就做过了,而我这些年都在干吗?我一直在积累,在积聚力量。 我的成功太来之不易了,所以我只会更加珍惜。

女:既然那么难,中途想过要放弃吗?

男:从来没有。之前我当过娱乐新闻的摄影,扛过摄像机打过灯,在小文化公司里干过编辑什么的。虽然干过各种工作,但我一直没离开过这个圈子,我只想能在这个圈子里寻找机会。记得上研究生一年级的时候电视台招主持人,那时候我去应聘,结果人家说我不适合当主持人,让我做记者。所以,我先在电视台作了一年的记者,但有一次因为我拍照的时候没带胶卷而使采访失败,领导特生气,他们没有再给我机会,我就此离开了电视台。

女:现在可以说你终于抓住了机会,会觉得庆幸吗 ?

男:我一直的状态不是在等机会,而是在捕捉机会,机会和个人努力对我来说缺一不可,我要告诉正在奋斗的年轻人,机会垂青于有准备的人。

46. 问:王斌现在可能是从事什么工作的? (B)

47. 问:王斌是哪一年毕业的? (D)

48. 问:王斌有一次采访失败的原因是什么? (C)

49

石家庄火车站乘由石家庄到烟台的 244 次列车济南下车,再由济南乘汽车或火车一个小时就可以到达泰山,火车站也有公交车可达泰山。

49. 问:这段话的主要意思是什么? (D)

50—51

男：王玲，你那么年轻，还有一年就毕业了，怎么这么着急结婚呢？

女：是啊，再过一个月我才25，可我觉得你的问题很简单，因为我漂累了，想结婚了。一个女人嘛，一辈子总要有个家的。

男：你可是我们班第一个吃螃蟹的人，你说的"漂"是什么意思？

女：就是一种感觉。认识我男朋友之前，每天也会有很多人追我，给我打电话约我，而且很多都是企业里面的高级白领。我也没觉得有什么不好，每天就那样漂着，自己还觉得挺美的。认识他以前，我以为我会一辈子这样漂下去了。

男：那他跟你认识的那些企业白领有什么不同吗？

女：那些白领们虽然条件也很好，可他们约我的目的非常明确，就是想有漂亮女孩儿陪着，人特别浮。我爱人就不同，他就像个大男孩，什么都不懂，特单纯，他很疼我，很宠我，和他在一起我觉得塌实。

男：听说他还在读书？

女：不是，你弄错了。我男朋友已经工作很多年了，他现在读的是海河大学的在职博士。其实他一直都没有停止工作，而且经济基础也不错，我们完全具备结婚的条件。

　　50. 问：这段可能是一段什么对话？（B）

　　51. 问：根据这段对话的内容，下面哪句话是正确的？（A）

52—54

　　香港旺角闹市的一个工地，5月7日意外挖出几件距今约1800年的东汉至晋代时的平底陶罐文物。香港古物古迹办事处人员认为此为墓葬随葬品，对研究香港人文历史发展具有一定意义。

　　文物出土地点位于行人如鲫的豉油街附近的通菜街，是在一个工地的一米地层中。7日上午9点多，该工地一位朱姓负责人，驾驶一部挖泥机掘走泥土，挖至约一米位置时，发现挖出的泥内有几个圆身的物件，于是取出放置路旁，再挖时又发现一个。

　　警方接到报警后封锁现场，三名古迹研究人员到现场后，对文物进行了鉴定。据介绍，4件平底陶罐大小不等，通体涂的是青釉。文物工作者按器物特征分析，其年代大致在东汉至晋代时期。目前，有关部门已将这些文物妥善保管。

　　据专家介绍，香港地区在东汉时期属于番禺和东莞，当时建了许多盐场。在古代，盐税是政府最大的收入来源，盐场密布之地多是富庶的地方。过去在香港的许多地方都发现过不少古迹文物，如南丫岛发现过春秋时期的兵符，在赤角新机场也发现过3000多年前的古居民遗址，荃湾发现过东汉时期的古墓等等。

　　52. 问：陶罐文物是在什么地方发现的？（C）

　　53. 问：一共发现了几个陶罐？（C）

　　54. 问：在新机场附近曾经发现的古迹是什么？（A）

55—57

　　逛商场的时候发现，最近市场上居然出现了比彩电空调还贵的热水器——太阳能家庭热水中心。这种亿家能公司生产的产品最便宜的也要七八千块钱，一台洗澡产品怎么这样贵？

　　和普通热水器不同，太阳能家庭热水中心可以多点供应热水24小时不间断。对于人数多的大家庭,既可以满足热水洗浴的基本功能,还可实现家中热水洗手、洗衣、洗菜做饭,甚至拖地、洗车的宾馆级待遇。

数据显示,热水的清洁和杀菌效果是冷水的5倍,风湿病、关节炎和女性疾病都和日常过多接触冷水有关。专家呼吁,中国家庭应多用日常热水。热水不仅是传统中舒适的象征,更是健康生活的关键。太阳能家庭热水中心的诞生必将全面改写中国家庭用水习惯,将健康热水的现代生活带到我们身边。

据介绍,这款"新一代巨能210"共有七大创新、三项升级,产品核心吸热部件采用行业内领先的2.1米真空管,同时采用独有的密排设计,将热量提高12%,同时采用智能控制,全自动上水,率先实现了24小时充沛热水。

资料显示,买一台"新一代巨能210"产品,使用5年就可以节省出同等规格的多个燃气、电热水器的燃气费、电费。

55. 问:太阳能家庭热水中心大概的价钱是多少?(D)

56. 问:太阳能家庭热水中心和普通热水器的区别是什么?(B)

57. 问:这段录音可能是一段什么?(C)

58—59

中央气象台29日发布的天气预报称,4月1日至2日,我国大部地区将出现一次较明显的降水过程,这场降水还将带来明显的降温。预报显示,这场春雨将使西北地区东部、华北、黄淮、汉水流域、江淮、江南以及西南地区东部有5至15毫米的降水,其中长江中下游的部分地区降水达到20到40毫米;西北地区东部、华北气温将下降4到8摄氏度。4月3日以后,北方地区逐渐为晴到多云天气,气温缓慢回升;3日到5日,江淮、江南、华南、西南地区东部仍将以阴雨天气为主,降雨量一般有5到20毫米,江南和华南的部分地区有30到60毫米,黄淮、江淮、江南、华南、西南地区东部的气温将下降3到6摄氏度,局部地区将超过8摄氏度。

58. 问:未来的天气趋势是什么样的?(C)

59. 问:连续五天都是阴雨天气的地区是哪里?(D)

60

20多年来,我国广告业迅猛发展,年均增长速度接近40%,成为全球广告业增长最快的国家之一。

据中国广告协会秘书长介绍,我国有着几千年的广告发展历史,但真正的大发展是在改革开放以后,其增长速度为世界瞩目。

1979年我国广告经营额仅为1000万元,经营单位不过几十家;10年后的1989年,广告经营额已达20亿元,广告经营单位超过1万家,20年后的1999年,广告经营额已达622亿元。

2003年,我国广告营业额突破千亿元大关,达到1078.68亿元,广告费占国内生产总值的比重上升到0.92%,广告从业人员发展到87万人。

经过20多年的发展,广告在我国经济建设和社会生活中的地位和作用越来越重要,在促进营销、树立品牌、引导消费、扩大出口等方面都起到了非常积极的推动作用。同时,广告已经成为电视、广播、报纸、杂志以及网络等媒体收入的重要来源,大大促进了媒体自身的发展。

60. 问:关于我国广告业的发展,下面哪一句是正确的?(A)

61—63

人事部近日对 2003 年全国高校毕业生需求情况进行了调查，结果显示，对 2003 年高校毕业生需求呈现了四大特点。

首先，用人单位需求仍以本科学历为主。对本科毕业生的需求占总需求量的 67.1%。对研究生的需求最大的是事业单位，对专科生的需求最大的是非国有企业。

其次，不同地区对毕业生需求数量差距较大。在接受调查的省市中，山东对毕业生的需求数超过了 12 万人，位居需求量榜首。北京的需求数近 5 万人，位居第二，而排在末位的青海省，需求数仅 1248 人。

第三，需求专业相对比较集中。需求排名前十位的专业分别是：计算机及其应用、市场营销、机械设计与制造、建筑、财会、外语、医药卫生、师范类、电子信息、工程技术等，占总需求量的 38.3%。

最后，东西部地区对需求有差异。西部地区需求量较大的师范、文秘、农学等专业，在东部地区需求较少；东部地区需求量较大的电气工程及自动化、材料类、企业管理等，在西部地区需求较小。

61. 问：对毕业生需求最少的是哪一个省区？（A）

62. 问：需求最旺的专业是哪一个？（D）

63. 问：毕业生需求的特点不包括下面哪一条？（C）

64

"岭南画派画作展"是省博物馆自去年成功引进系列高档次艺术展后，与广东省博物馆强强联手推出的又一鼎力之作。"岭南画派"是 20 世纪 20 年代崛起于中国现代画坛的绘画流派。高剑父、高奇峰和陈树人是被公认的该流派的创始人。展览将展出他们的《古木奇峰图》《墨竹图》《富贵图》《双鹰图》等 80 余幅精品佳作。展览将于 6 月 13 日结束。

64. 问：这段话没有提到岭南画派哪方面的内容？（A）

65—66

五彩缤纷的鲜花从花瓶，花篮逐渐走向了餐碟，不仅成为一道道色香味俱全的菜式，更给人以美的享受。

据现代营养学家测定证明，鲜花富含人体所需的 22 种氨基酸、脂类、糖类、多种维生素，以及铁、锌、镁、胡萝卜素等物质，它能有效地调节人体的生理功能，增强体质。花除了好吃和有营养之外，还能美容。中医认为：每一种花都有它本身特定的功效。

比如菊花，主要的治疗功能在于解除头痛、发热，对眼睛也很有好处；百合有安神清肺的功能。

牡丹花可以帮助您保持血液流畅。它还是一种减缓关节疼痛的有效药剂。时常服用玫瑰花，不但可以舒肝美容，而且可以使血液循环更为顺畅，并在女性经期时使血液流动规律化。桃花中含有多种营养成分，这些物质能改善血液循环，促进皮肤营养和氧供给，滋润皮肤等。

鲜花食品主要是由新鲜花瓣和其他菜肴搭配而成，可以有多种吃法，可以做成菜肴，如炒桂花干贝、桃花凤尾虾等；可以做成糕点，如桂花糕、莲花糕；可以做成粥，如百合粥、梅花粥；可以制成茶，如玫瑰茶、茉莉花茶等；还可以制成酒，如桂花酒、杏花酒等。

食品和营养专家预言，鲜花将成为人类的一个新的食物源，越来越多地摆放在百姓的餐桌上。

65. 问：能够缓解关节疼痛的是哪一种花？（D）

66. 问：这段录音讨论的是什么话题？（C）

67

孩子淘气时父母打两下屁股似乎不算什么，但这在欧洲一些国家却属于非法行为。英国议会两个很有影响力的委员会 2003 年向政府提出建议，要求在英国立法禁止父母打孩子的屁股。

目前，瑞典、芬兰、挪威、丹麦和奥地利几个欧洲国家都已立法禁止对儿童实施"打屁股"这种体罚。

英国议会人权委员会和健康委员会指出，建议规定"打屁股"属于非法行为，但同时也承认，此举可能很难得到公众支持。人权委员会认为，目前英国现行法律还没有承认儿童有不受肉体伤害的权利。健康委员会对此表示支持，认为拍拍打打很可能升级为更严重的虐待行为。

67. 问：打孩子屁股属于非法行为的不包括哪个国家？（C）

68—70

据美国广播公司报道，一对得克萨斯州的新婚夫妇刚举行完婚礼准备坐飞机去度蜜月时，新郎突然失忆，再也不认刚刚陪他走上红地毯不久的新娘。

阿米和丈夫西恩婚礼结束后的第二天，开车到机场时，一件意外的事发生了。阿米回忆说："我们将自己的小汽车停靠在机场外面一个车库里，然后换乘一辆豪华大巴进入机场，然而到候机大厅时，西恩突然意识到他忘了带钱包，于是他对我说，他可能将它留在小汽车上，他要去将它取回来。"

西恩当天就再也没回来，他们错过了本该乘坐的班机。警方两天后在一个汽车旅馆附近发现了"丢失的新郎"，当时西恩已经失去了所有的记忆，甚至忘了自己刚刚结过婚。

据阿米说，当他们这对"陌生"的新婚夫妻在一个屋檐下住下后，开始西恩还对她保持着戒备，不知道这个"陌生女人"为什么会对他那么好。当阿米想要拥抱他时，她不得不问："我能拥抱你吗？"

就在阿米不再奢望帮他想起过去时，意想不到的事在他俩结婚一周年纪念日的前夜突然发生了。为了纪念结婚一周年，他们决定第二次去旅行。在旅行前夜，西恩看着阿米的照片，仿佛灵光一闪，这个"陌生女人"的照片一下子将他带到过去的岁月。那一晚，西恩奇迹般地恢复了所有失去的记忆。

68. 问：阿米和西恩是什么关系？（B）

69. 问：车到机场的时候发生了什么意外？（D）

70. 问：什么时候西恩恢复了记忆？（B）

71

经广州市政府批准，自 3 月 1 日起，广州市全面取消公交月票制度，包括普通月票、学生月票和黄埔月票。

公交部门表示，取消月票有利于政府统一发展公交资源和公交企业的竞争，最终受益者仍将是市民。同时，有关部门打算下调市内 28 条公交线路票价，并大力完善全市公交网络，调整和开行新的公交线路，将更方便市民的出行。

71. 问：为了发展公共交通，广州市政府采取了哪些措施？（C）

72

博物馆 10 月 1 日至 7 日将推出"世界动物百科珍奇展览"大型科普展。该展览已在全国巡回展出百余场，受到观众好评。展览由世界鸟类、世界贝类、世界昆虫和动物奇趣四部分组成，将展出来自世界五大洲、四大洋的 2000 余枚珍奇标本。该展览由省博联手福建省泉州市创美科普知识推广传播中心共同推出。

72. 问：关于这次科普展览我们知道什么？（C）

73—74

说起今年气候的特征，省气象台高工程师连说"异常"。他说，与往年相比，今年气温普遍偏高，降水偏少，且大风日数多。4 月 25 日之前，全省有 7 个县市最高气温超过了 35 摄氏度，降水量比常年偏少 48%。

"与往年相比，说今年的天气怪，实在不是夸大其词。"高工程师说。

一说天气之"怪"，省气象台高工杜青文就打开了话匣子。

"今年天气之所以异常，是因为强冷空气少，暖湿气流偏南，不能北上至华北地区。且受暖气团控制的时间比较多，加之偏西风越过太行山脉下沉增温，加剧了我省中南部地区的气温回升，因此我省气温普遍偏高。"

73. 问：今年气候异常的表现不包括什么？（C）

74. 问：今年天气异常的原因是什么？（A）

75—76

"五一"黄金周前 4 天，天津各大景区人潮涌动，宾馆饭店生意兴隆，旅行社昼夜繁忙，商场餐馆异常火暴，国际、国内旅游市场全场告捷。

天津旅游新景观如雨后春笋不断涌现，"魅力津城"在国内外市场上格外抢眼，据初步统计，5 月 1 日至 4 日，全市共接待中外游客 240 万人次，比 2002 年"五一"黄金周同期有大幅度增长。

农家生态游火暴，据天津蓟县旅游局提供的情况，以优美的生态环境和独特的山乡风情著称的九山顶景区，吸引了众多慕名而来的京津游客。1 月 4 日，这个景区共接待游客 2.2 万人次，实现旅游收入 54.38 万元。

75. 问：天津 5 月 1 日到 4 日共接待多少游客？（C）

76. 问：九山顶景区是因为什么有名？（D）

77—78

昨天下午，中国女足在东京与日本女足进行了一场热身赛。上半场比赛，中日两队都派出了主力阵容出场，中国队的张鸥影抓住日本队的一次传球失误射入一球，中国队以 1 比 0 领先，整个上半场日本队没有一次射门。下半场比赛，中国队主教练张海涛换下了不少上半场的首发球员，因此日本队逐渐掌握了一些场上的主动，射门 9 次，形成了对攻的局面。但双方都未能破门得分，最终中国女足以 1 比 0 战胜了日本队。

77. 问：这次比赛在什么地方举行？（C）

78. 问：比赛结果怎么样？（C）

79—80

无论是在美国本土还是在世界上任何地方，沃尔玛都鲜有大手笔的广告，它的广告费只占运营费的 0.4%,而竞争对手凯玛特却占到 10.6%,偶尔过节时发的彩页广告,细心人一看,里面的广告模特不是自家的店员,就是员工的子女,而省下来的钱去哪里了呢? 请记住:沃尔玛的商品零售价比它的竞争对手凯玛特平均低 3.8%。

许多世界知名企业的员工出差都要求住四五星级宾馆,打的要高级汽车,而沃尔玛却没有。

2001 年,沃尔玛在中国召开年会,世界各地的经理级人物住的都是招待所;美国专家到中国建店,只住三星宾馆,开店第二天立刻走人。

如此节约为什么? 是为顾客省钱。

正是从服务到管理不漏掉哪怕再小的一个细节,沃尔玛才成为了今天世界上最大的"巨无霸"。无论做人还是做事,想成功的人,都不应该忘记沃尔玛。

79. 问:沃尔玛广告彩页的模特常常是什么人?(D)

80. 问:这段话认为沃尔玛的成功之道是什么?(B)

81—82

作息时间的不断调整使百姓有越来越多的夜间空闲来放松工作后的紧张,也就不再满足于吃过晚饭,电视机前坐一晚的单调模式,应运而生的夜晚购物成为人们放松绷紧神经的好方式,在多数大商场依然延续着晚七点闭店的老例时,新天地百货的领导早早就开始探索:为什么不能打破陈规,给消费者提供一个夜间休闲的好去处呢?

开业尚不足一年的新天地百货,做出了几次勇敢的尝试:去年平安夜,首次大规模购物夜场,获得消费者满意和营业额创新高的双丰收;情人节晚会开创节日的新过法,给时尚的年轻人士提供了展示自我的绝佳舞台;上周的"疯狂周末"是新天地调整后的首次大型活动……消费者不仅感受到夜间休闲购物的乐趣,更获得了切切实实的实惠。

几次尝试下来,新天地已经给全市人民提供了一个全新的购物体验:别处是夜空下的静谧,这里则是灯火通明和翻新的精彩活动,优越的购物环境,全新的设备设施,贴心的亲情服务……无需再占用全天休息时间去做累人累心的采购,一天辛劳之后,融休闲、娱乐于一体的夜场购物更显精彩。

年轻的新天地以其源源不断的创造力将"夜场"进行到底,目的只有一个:以实在的价格让利给消费者,一起在夜晚放飞美好的心情!

81. 问:文中的"新天地"是指什么?(D)

82. 问:这段录音的主要内容是什么?(B)

83—84

记得新浪网上曾经有一项调查,现实生活中中国父子之间的相互理解程度有多少:31%的人认为中国父子间完全不理解,稍微乐观一点的人认为父子间的理解一般,这样的人占到了64%,认为非常理解的占到 5%。我觉得这部电视剧来得很是时候,它让每个做儿女的人思考如果我是刘小春,我会选择和父亲在一起吗? 为了成功要不要牺牲亲情? 我个人的看法是,父母肯定有糊涂的时候,儿女也有不得已的时候,但是对于父母多年的养育之恩,每个人都应该用自己的方式报答,不能用任何理由放弃这种责任,否则就是最大的不善良。

83. 问:根据网络调查,认为父子之间完全不理解的占多大比例?(A)

84. 问:这可能是一段什么录音?(C)

85—86

珠心算是一种快速的加减乘除计算方法，通过训练，使儿童的右脑形成算盘的图像进行计算。传统珠算在运算时，由于脑、眼、口、耳、手等器官和肢体的协同动作，本身就具有较强的启智作用。而心算在开发右脑的功能上更有独特的作用。心算进入高级阶段后，在大脑中形成"脑像图"，可以不用手指拨珠，直接在大脑中展开运算。"脑像图"的动作主要是依靠右脑活动进行的，这种人脑的直接运算操作，有力地促进了右脑功能的开发，从而促进了大脑整体功能的提高。

很多父母都喜欢让自己的孩子弹钢琴，家长们都有这样一个体会，不少孩子学习弹钢琴后手指灵活了，艺术感受力好了，更让家长高兴的是，孩子也变得聪明了，其实，弹钢琴就是一种非常好的开发右脑的活动，就开发右脑的作用来说，学习珠心算和弹钢琴可谓异曲同工。如果孩子不喜欢钢琴或者各方面条件不具备，学习珠心算应该是一种开发右脑很好的方式。

85. 问：这段话中的珠心算是指什么？（B）

86. 问：弹钢琴和珠心算的相同之处是什么？（A）

87—88

研究人员发现，不管是体力还是脑力劳动时，较高的噪音环境都会使反应能力明显下降。噪音达 95 分贝时，作出判断的反应次数锐减了 20%。

加拿大的研究发现，对那些喜欢听高分贝音乐的司机们来说是个坏消息，因为他们证明了音乐不仅让他人反感，也有可能导致道路交通事故的发生。据专家们说，驾驶员开车时听有重音节拍的音乐比听放松的音乐出交通事故的危险更大。

心理学家说："驾车时认真挑选音乐极为重要，因为选择听快节奏音乐的司机发生交通事故的数量比听节奏较慢音乐的司机高两倍。"一般而言，如果每分钟的节拍超过 60 下，听者就会感到心跳加速和血压增高。不管你是听歌剧、古典音乐还是最新的劲爆锐舞音乐，重要的是要考虑音乐节拍的速度。

87. 问：心理学家认为司机应该听什么样的音乐？（C）

88. 问：这段话谈论的主题是什么？（B）

89

最近，中国已正式宣布巴西为旅游目的地国家，巴西有望成为第一个对中国旅游开放的南美洲国家。据巴西旅游局负责人透露，中国游客踏上巴西热土的时间将与巴西——中国的直航同步。而为旅游开放做准备，巴西已经与中国签署了中巴航运备忘录，"我们计划从 8 月份起，最晚不超过 9 月份，在圣保罗和北京之间开通直航。"

89. 问：第一个对中国旅游开放的南美洲国家是哪一个？（A）

90. 问：圣保罗和北京之间可能什么时候开通航班？（D）

91

作为北京游乐园今年"五一"黄金周的重头戏，"盛装嘉年华"昨天进行了最后彩排。届时，北京游乐园将呈现浓郁的异国风情。

嘉年华起源于欧洲，已有 400 多年历史，至今已形成包括大型游乐设施在内，辅以各种文化表演及时尚活动的公众娱乐盛会，"移动""巡回""惊险""刺激"是嘉年华的主题词。嘉年华吸引人之处，在于它满足了现代追求欢乐、个性、时尚的精神需要，无拘无束的狂欢，也成为现代人放松身心的一种方式。

　　本次嘉年华引进国外全新娱乐模式和概念,特别强调游客与表演者互动的游乐设计。

　　91. 问：这段录音中的嘉年华是指什么？(A)

92—93

　　过量地食用水果会使体内积蓄大量维生素 C,进而产生草酸。草酸与人体汗液混合排出,会损伤皮肤,使皮肤变得粗糙,严重者还会产生药物过敏性皮炎。

　　对此,美国科学家也得出同样的结论。他们还认为,吃水果应根据不同季节和不同病症加以选择。如秋、冬季,天气干燥,应选择有利尿解热作用的雪梨或有润肠作用的香蕉、苹果;长期咳嗽的人,应多吃些性寒味甘,有润肺、消炎止咳功能的梨;肠胃消化不良、老年性心脏衰弱、冠心病和高血脂病患者,常吃山楂,大有裨益。

　　92. 问：这段话的主要内容是什么？(B)

　　93. 问：冠心病患者常吃什么水果有好处？(D)

第二单元　语法结构

考试形式和考试策略

一、考试形式

语法结构共 30 题，答题时间为 20 分钟。这一项试题由两部分组成：

第一部分(10 题)：这部分试题，每题是一个不完整的句子，在每一个句子下面都有一个指定词语，句中 ABCD 是供选择的四个不同位置，要求考生判断所给的指定词语放在句中哪个位置上最恰当。

第二部分(20 题)：这部分试题，每一个句子中有一个或两个空儿，要求考生在下边的四个选择项中挑选惟一恰当的填空。

请考生注意，这项试题每一道题的平均答题时间为 40 秒左右，要在答卷的相应字母上画一横道。

二、考试策略

(一) 常见考点

语法结构这项试题，主要测试考生对汉语普通话语法结构的掌握程度。测试重点是：

1. 常见的量词、方位词、能愿动词、副词、介词、连词、助词等的用法；

2. 动词、形容词和名词重叠；

3. 几种主要补语、定语、状语的用法；

4. 语序；

5. 比较的方式；

6. 提问的方式；

7. 常用词组和习用语；

8. 常用复句。

(二) 应试策略

我们把常见的考点分成词法和句法两类，这样便于考生集中地练习，也有助于加强记忆。

词法部分：汉语水平考试语法题考的是最具有汉语特点的语法现象，汉语的主要语法意义是通过虚词和词序来表现的，所以要特别注意副词、介词、连词、代词、助词、量词、叹词、能愿动词以及特殊的动词、形容词的用法。

句法部分：在句法方面要特别注意各类补语的用法，长定语、长状语的顺序，趋向补语和时间补语的顺序,另外还有一些特殊句型,比如反问句、把字句、被字句、是字句,提问的方法,强调的方法,比较句式,常用复句,一些特殊动词句、固定的口语格式等等。

以上的知识点在下面的练习中将全面涉及,考生要特别注意题解中对考试重点的强调。

建议:考生大声朗读正确的答案,如果你没有时间做题,那么直接朗读正确的句子,反复朗读,你会取得令人惊喜的进步。

分类练习

一、词法的练习

常见考点:副词、介词、连词、助词、代词、特殊动词的用法。

考生要特别注意:

疑问代词:谁、哪、哪里(哪儿)、什么、怎么、怎么样、多少、几的灵活用法。

副词:在句中的位置,一般是在谓语(动词、形容词)的前面,主语的后面,但有些表示说话
　　　人语气的副词可以用在主语的前面。

介词:在句中的位置一般是介词+名词/代词+动词 ,也就是介词词组作状语。

助词:在动词的后面有:着、了、过;在句子的末尾有语气助词和一些特殊的句末助词:而
　　　已、似的、罢了、般等。这些特殊的助词要特别记忆。

特殊动词包括:是、有、为、即、数、论、占、只见、算、嫌等等用法比较特别的动词。

(一) 位置题

说明:这部分试题,在每一个句子下面都有一个指定词语,句中 ABCD 是供选择的四个不同位置,请判断这一词语放在句子中哪个位置上恰当。

1. A 一月份 B 最冷的,C 会 D 冻死人的。
　　　可是

2. 快要 A 结婚 B 他陪着未婚妻来到 C 百货商场购买 D 结婚用品。
　　　的

3. A 有 B 一部分城里人的生活 C 离不开保姆或者 D 钟点工。
　　　相当

4. 他 A 自己 B 多少年 C 没出过远门了,D 真有点害怕。
　　　还

5. A 重庆是 B 一个以传统 C 产业 D 中心的城市。
　　　为

6. A 农场 B 在山顶上,C 周围大山 D 连绵不绝。
　　　就

7. A 有时候 B 你以为 C 是安全的,D 并不安全。
　　　其实

8. 大家 A 拿过歌谱一看 B 就唱起来，一遍 C 一遍不停地 D 唱下去。

 又

9. A 水虎鱼 B 成群觅食，C 有时一群多至 D 数百条。

 往往

10. A 您 B 不用这么客气，我们 C 做了我们 D 应该做的事。

 只是

11. A 考试时，B 作文 C 将时间 D 控制在 50 分钟左右。

 最好

12. A 去给他们 B 讲讲，讲讲你 C 自己，D 会使他们增强信心的。

 这

13. A 连城 B 方言 C 复杂，是我们 D 没有想到的。

 之

14. A 我这 B 都是 C 在不断地努力和提高，但是 D 还没有真正达到一个很高的水平。

 三年

15. A 邮局 B 延长营业时间，C 开展 D 夜间服务。

 不妨

16. A 她 B 的精彩表演 C 让 D 在场的观众目瞪口呆。

 不禁

17. A 求职时 B 总是想追求稳定，C 遇到机会的时候就 D 犹豫不决。

 不免

18. 那位妇女 A 被 B 救活了，C 记起那位 D 救命恩人。

 才

19. "有时 A 无聊地 B 想 C 出去旅游算了。"孟小姐 D 说。

 干脆

20. A 某些家长 B 不顾孩子 C 的实际情况，D 让他们参加过多的课外辅导。

 根本

21. A 上年纪的人都 B 会有这样的体会，一个熟悉的人名 C 感觉就在嘴边，却迟迟 D 说不出来。

 稍

22. 我 A 很愿意 B 和他们在一起，C 有时甚至 D 会忘记自己的年龄。

 都

23. 辛苦 A 工作三年 B，终于可以 C 充分地享受 D 家居之乐。

 了

24. 父母 A 必须 B 抚养未成年的亲生儿女，C 不能 D 责任推给别人。

 将

25. 我们 A 相识已经 B 很久了，C 怎么没有发现彼此是 D 地投缘？

 如此

26. 她 A 是一个 B 没有 C 美术 D 细胞的人。

 多少

27. A 你 B 要多少, C 我 D 给你多少。
　　　　　就

28. A 生活是 B 平凡的, C 每个人的人生道路各 D 不同。
　　　　　有

29. 他 A 把日记、备忘录、照片等日常记忆, B 分三次 C 分别 D 存入了软盘和记忆键中。
　　　　　各

30. A 有 B 什么好大惊小怪的? C 这 D 叫有商业头脑。
　　　人家

31. 人民文学、江苏美术等 A 不少出版社, B 都在 C 省市或出版集团的 D 展区上设置了展位。
　　　　各自

32. A 昨天 B 他 C 不在家, 我 D 去了。
　　　　　白

33. A 以后, B 中国 C 就 D 不再有影响如此广泛的诗人和诗作了。
　　　　　从此

34. 在 A 最佳的运动状态 B 下, 运动员 C 的注意力高度集中于比赛 D。
　　　　本身

35. 那就是她 A 愿意 B 给我 C 所有的钱 D。
　　　　　的

36. A 这件事 B 你表姐 C 帮忙, D 你才能得到这么个机会。
　　　　多亏

37. A 如果 B 可能的话, C 将购物时间安排 D 在周末。
　　　　尽量

38. A 这个名演员在 B 面对采访时 C 有一丝 D 紧张。
　　　　　竟

39. A 所有的人 B 都 C 有 D 这么好的运气。
　　　　不是

40. A 她 B 认出来 C 谢敏 D 的身影。
　　　　这是

41. A 她 B 所能看到的 C 就是 D 大街上来回走动的人。
　　　　一切

42. A 值班医生说, B 他们 C 欢迎 D 外国病人前来就诊。
　　　　任何

43. A 出国旅游 B 对国内一些 C 经济发达的地区来说, D 是司空见惯的事。
　　　　已经

44. A 东西交往 B 的密切, C 佛教 D 也于公元 1 世纪时传入中国。
　　　　随着

45. 住房 A 居住面积 B 大, C 一般 D300 平方米左右。
　　　　　为

46. 它 A 能够 B 拍摄到 C 火星上相当于一个足球 D 的物体的图像。

　　　　大小

47. A 汽车的发展 B 住在郊区的人 C 提供了 D 方便的交通条件。

　　　　为

48. A 在自 80 年代以来的 B 近 15 年中，C 我国个体私营经济 D 保持持续稳定的发展速度。

　　　　始终

49. A 她 B 虽然现在还是领导，C 但 D 年纪大了。

　　　　毕竟

50. A 人类几百年的 B 历史中，已经有过 C 次类似的 D 经历。

　　　　无数

51. A 据了解，B 第一起事故 C 发生 D7 时 12 分。

　　　　在

52. 你 A 好像 B 有什么心事，C 说说 D。

　　　　看

53. A 每周 B 上班五天，C 有一天 D 星期五有随便穿衣的自由。

　　　　即

54. A 我 B 不知道我们为你准备的资金 C 够你 D 完成学业。

　　　　是否

55. A 凭扎实的基本功，B 在考场上 C 会 D 有出色的表现。

　　　　一定

56. A 歹徒 B 没注意，C 一名警察 D 飞起一脚将其踹倒。

　　　　趁着

57. A 这样 B 做的主要原因 C 出于市场需要，B 方便书店订货。

　　　　是

58. 游泳队 A 现在 B 处于 C 上升阶段，但是他们 D 面临的困难还很大。

　　　　正

59. A 他 B 的手机 C 处在 D 关机状态。

　　　　常常

60. A 从源头上和长远的角度 B 看，关系人们生命 C 健康的广告，一定 D 慎重。

　　　　要

61. A 从造成不良社会影响和后果的角度 B，这样的事 C 还是 D 少做为妙。

　　　　考虑

62. A 从某种意义上 B 说，C 没有她 D 没有我的幸福生活。

　　　　就

63. A 这样可爱的一个小东西，B 谁都希望 C 它能一直 D 保持漂亮的外观和良好的性能。

　　　　对于

64. A 他喜欢的大多 B 是枪炮、飞机，C 洋娃娃和小动物，D 连看都不看一眼。

　　　　至于

65. 我进故宫 A 有几千次，B 长期的观察 C 使我 D 经常就故宫产生联想。

　　　　至少

66. 看你 A 穿成什么样子？B 我们家的脸 C 都 D 你丢光了。

　　　　给

67. "请你不要 A 偷吃！B 这饼干是 C 奶奶买 D 晶晶吃的。"

　　　　给

68. A 我想打 B 电话 C 我妈，D 告诉她一切。

　　　　给

69. A 克隆人 B 也许 C 将像试管婴儿一样被 D 社会接受。

　　　　很快

70. A 这座古塔距今 B 已经一千多年，C 可谓 D 历史悠久。

　　　　真

71. 饮食 A 的商品化和社会化，B 把人们从家务劳动中 C 解放出来，D 人们更加清闲了。

　　　　看来

72. 你不是 A 说你女朋友 B 是 C 电台节目主持人，长得跟仙女 D 似的吗？

　　　　什么

73. 有钱人 A 搬到郊区，B 各种服务行业 C 随着 D 搬出。

　　　　也

74. A 城市商业区 B 不集中，C 公寓多为 D 低层楼房。

　　　　大多

75. A 在每个 B 地方停留 C 时间 D 为半个月。

　　　　最多

76. A 让更多的孩子 B 参与这一慈善活动，C 我们将 D 举办两场大型活动。

　　　　为了

77. A 这样 B 勤奋的学生 C 在我们学校到处 D 都可以看到。

　　　　像

78. A 他急忙 B 加以 C 制止，D 保住了那盘宝贵的资料。

　　　　才

79. A 我国 B 老年人口数量将以 C3% 以上的速度 D 递增。

　　　　年均

80. A 一栋公寓 B 供 C 两个以上 D 家庭居住。

　　　　最少

81. 愚蠢的主意 A 能 B 创造奇迹，C 信 D 不信由你。

　　　　也

82. 一个人 A 能否成功，从主观上 B 来说，C 取决于 D 是否有良好的内在储备。

　　　　往往

83. A 方便面里 B 含有多种化学物质，C 防腐剂，D 这些都不利于人体健康。

　　　　还有

84. A 期刊展示区 B 相比于图书展示区 C 十分 D 冷清。

　　　　显得

85. A 很多 B 事情，C 决定于 D 自己。

　　　　并非

86. A 每年 B 全国增加人口 C 相当 D 一个智利全国。

　　　　于

87. A 高速公路的 B 优势 C 在于行车 D 速度快。

　　　　最大

88. A 在没有独立和权威的科学机构 B 对此做出证实之前，这个消息 C 作为 D 科学成果报道。

　　　　不能

89. A 四六级 B 由国家举办的全国惟一一项大型英语考试，在 C 没有更好替代品的情况下 D 不可能被取消。

　　　　作为

90. A 她伸出 B 双臂，C 恨不得 D 把它们全都采下来。

　　　　一下子

91. A 我 B 觉得这个职位非自己莫属，C 可是煮熟的鸭子 D 飞了。

　　　　竟然

92. A 随着社会的 B 发展，经济建设 C 日渐重要，民众的关注点 D 转向追求个体财富。

　　　　不断

93. A 外商 B 花几万美元 C 想向 D 老傅买一株金茶花。

　　　　不惜

94. A 听了经理的 B 解释，她 C 满肚子的怨气 D 消失了。

　　　　顿时

95. A 一个人 B 不能 C 要别人的 D 东西。

　　　　随便

96. 现代人 A 的生活 B 忙碌，C 根本 D 无暇停下来思考与享受。

　　　　日益

97. 那个时候 A 需要一个月 B 才能得到的信息，C 现在只需一分钟 D 几秒钟。

　　　　甚至

98. A 过了 B 多少天还没人 C 知道 D 这儿出了什么事。

　　　　说不定

99. A 图书馆 B 有《现代汉语词典》C 学生随时 D 查阅。

　　　　供

100. 我在 A 单位 B 也是个 C 领导，这认错的话让我怎么说 D 啊？

　　　　大小

101. A 她的身上，B 具有 C 一种你 D 抗拒的魅力。

　　　　无法

102. A 离开农村 B 来到上海时,他们 C 充满了对城市 D 的好奇。
　　　　无疑

103. A 我 B 不 C 应该 D 努力学习吗?
　　　　也

104. A 我发现 B 免费 C 提供打气筒的便民服务已经 D 不存在了。
　　　　一度

105. A 我们 B 地 C 喊加油! 两名运动员 D 更紧张了。
　　　　一个劲儿

106. 中国 A 主张 B 通过 C 和平谈判 D 解决问题。
　　　　一贯

107. A 挖了 B 几株,他 C 也没 D 找到金茶花。
　　　　一连

108. A 那个小青年 B 只顾 C 得意,D 踩上了一块香蕉皮。
　　　　一时

109. 他 A 能 B 把 C 这些名胜古迹的故事 D 道来。
　　　　一一

110. 指挥部 A 强调,这座桥一定 B 要 C 在汛期之前 D 完工。
　　　　一再

111. 中国 A 愿意 B 向任何 C 帮助他们的国家 D 学习。
　　　　有意

112. 我 A 希望 B 明年不 C 犯 D 同样的错误。
　　　　再

113. 她的成功 A 对她 B 来说 C 比饭菜更 D 香甜。
　　　　真

114. A 我 B 去的时候,C 赶 D 上下雨。
　　　　正

115. A 这适宜的 B 自然条件,C 才 D 出产了这样美味的水果。
　　　　正是

116. A 太阳 B 晒得 C 人身上 D 冒油。
　　　　直

117. 那时候 A 我 B 还 C 一个 D10 来岁的小孩。
　　　　只是

118. 邻居 A 说 B 他至少 C130 岁 D 了。
　　　　有

(二) 多项选择题

说明: 这部分试题,在每一个句子下面都有一个或两个空儿,请在 ABCD 四个答案中选择惟一恰当的答案填上。

1. 蔬菜被运＿＿＿＿＿＿广州、上海等城市销售。

    A. 向　　　　　　　　B. 朝　　　　　　　　C. 往　　　　　　　　D. 冲

2. ＿＿＿＿＿＿海内外的中国残疾人艺术团将于今晚演出。

    A. 闻名　　　　　　　B. 有名　　　　　　　C. 著名　　　　　　　D. 名声

3. 没有平时的高水平，＿＿＿＿＿＿有比赛时的好成绩。

    A. 什么　　　　　　　B. 哪　　　　　　　　C. 谁　　　　　　　　D. 怎

4. 你＿＿＿＿＿＿说出肌肉收缩时发出的声音是怎样的吗？

    A. 会　　　　　　　　B. 将　　　　　　　　C. 能　　　　　　　　D. 准

5. 等了半天她也没来，该不会白跑一趟＿＿＿＿＿＿？

    A. 呢　　　　　　　　B. 吗　　　　　　　　C. 吧　　　　　　　　D. 啊

6. ＿＿＿＿＿＿不出我的预料，她那天来了。

    A. 既然　　　　　　　B. 果然　　　　　　　C. 虽然　　　　　　　D. 当然

7. 不是＿＿＿＿＿＿的人都有这么好的运气。

    A. 一切　　　　　　　B. 全部　　　　　　　C. 整个　　　　　　　D. 所有

8. 难道月球比地球的年龄还大＿＿＿＿＿＿？

    A. 吧　　　　　　　　B. 嘛　　　　　　　　C. 呢　　　　　　　　D. 吗

9. 农业是这＿＿＿＿＿＿贸易发展谈判中的核心问题。

    A. 趟　　　　　　　　B. 轮　　　　　　　　C. 阵　　　　　　　　D. 番

10. ＿＿＿＿＿＿如此，教练仍观看了最后的比赛。

    A. 不管　　　　　　　B. 别说　　　　　　　C. 别管　　　　　　　D. 尽管

11. 他获得了巨大成功，演唱专辑的发行量不＿＿＿＿＿＿百万。

    A. 上　　　　　　　　B. 下　　　　　　　　C. 过　　　　　　　　D. 是

12. 我们相识已经很久了，＿＿＿＿＿＿没有发现彼此是如此地投缘？

    A. 怎么　　　　　　　B. 什么　　　　　　　C. 怎样　　　　　　　D. 多少

13. 谁＿＿＿＿＿＿有过失败和尴尬？

    A. 未曾　　　　　　　B. 不免　　　　　　　C. 未必　　　　　　　D. 并非

14. 我国在家庭和朋友交往方面的消费，明显低于＿＿＿＿＿＿国家的增长幅度。

    A. 其余　　　　　　　B. 其它　　　　　　　C. 剩余　　　　　　　D. 其中

15. 说好了两人同去，火车快开车时，＿＿＿＿＿＿把她一个人送上了车。

    A. 竟　　　　　　　　B. 非　　　　　　　　C. 却　　　　　　　　D. 才

16. 只有生活在边疆的人，才有福分看到这样迷人的春色＿＿＿＿＿＿！

    A. 哇　　　　　　　　B. 哩　　　　　　　　C. 啊　　　　　　　　D. 呢

17. 从这个意义＿＿＿＿＿＿来说，你来一趟是值得的。

    A. 上　　　　　　　　B. 下　　　　　　　　C. 里　　　　　　　　D. 内

18. 明年这个时候我们自己培养的大学生就该毕业＿＿＿＿＿＿。

    A. 了　　　　　　　　B. 的　　　　　　　　C. 着　　　　　　　　D. 过

19. 等他＿＿＿＿＿＿回来，就会帮我解决。

    A. 已　　　　　　　　B. 将　　　　　　　　C. 刚　　　　　　　　D. 一

20. 请你告诉他,我不会为这件事_____打电话给他了。
  A. 还   B. 又   C. 更   D. 再

21. 那高个男人的眼睛简直眨也不眨,盯_____人不舒服。
  A. 着   B. 得   C. 了   D. 地

22. 南来顺的食品无论_____一种都能让你感受和品尝出老北京的味道。
  A. 谁   B. 哪   C. 哪里   D. 什么

23. 这个女同学学习_____真棒,就是有点骄傲!
  A. 可   B. 老   C. 多   D. 竟

24. _____壮丽的场面至今使他难忘。
  A. 这   B. 这儿   C. 那   D. 那么

25. 您在这里可以亲身体验到那种古代帝王_____招待,令你一辈子难忘。
  A. 的话   B. 罢了   C. 好了   D. 似的

26. 如果_____我的个性,我是不会同意这样做的。
  A. 凭   B. 按照   C. 靠   D. 任

27. 她将家中发生的事_____地告诉了姐姐。
  A. 十有八九   B. 一五一十   C. 三三两两   D. 不三不四

28. 最近,一_____新闻引起了我们对农民工的注意。
  A. 道   B. 则   C. 首   D. 部

29. 医生_____患者诊治的时间是按照分钟来计算的。
  A. 向   B. 跟   C. 对   D. 给

30. 出差时花的钱_____凭发票报销。
  A. 会   B. 肯   C. 愿意   D. 可以

31. 换个新车_____,一时还买不到,可他上班又离不开车,怎么办呢?
  A. 吧   B. 呢   C. 咦   D. 哎

32. 这样的风景,也许只有童话中才会有_____。
  A. 啊   B. 呀   C. 呗   D. 吧

33. 这是她留给我们的一_____宝贵的精神财富。
  A. 个   B. 套   C. 笔   D. 支

34. 《大河之舞》是爱尔兰第一_____连续上演五周且门票全部售完的舞剧。
  A. 场   B. 出   C. 首   D. 门

35. 这样做的主要原因是_____市场需要,方便书店订货。
  A. 鉴于   B. 出于   C. 在于   D. 处于

36. 这种改变,首先_____生活习惯和生活方式开始。
  A. 向   B. 当   C. 跟   D. 从

37. 从船尾激起的一条白色的水带,可以知道轮船正在行驶_____。
  A. 之外   B. 之间   C. 之内   D. 之中

38. 这是一_____山峦起伏、丛林茂密的丘陵山区。
  A. 排   B. 架   C. 部   D. 带

39. 怎么回事, 你_____是说话呀。

    A. 可   B. 单   C. 光   D. 倒

40. 越来越多的人愿意在假日开车旅行, 在全国各地畅游_____。

    A. 一趟   B. 一番   C. 一股   D. 一段

41. 她黑黑的脸, 身体很壮实, 一_____老实的模样。

    A. 副   B. 面   C. 身   D. 顶

42. 现在公司的高层经理, _____每个星期都要拿出两三天的时间去巡视分店, 解决具体问题。

    A. 几乎   B. 都   C. 似乎   D. 简直

43. 现代中国商海, 每天都上演着_____种命运交响曲。

    A. 十万   B. 千万   C. 百万   D. 万万

44. 你爸对你多好, 又_____你买了一个手机。

    A. 对   B. 给   C. 拿   D. 跟

45. 这件事情_____过去几年了, 现在想起来还觉得好笑。

    A. 曾经   B. 已经   C. 将要   D. 渐渐

46. 游乐场太普通了, 李老师不_____带我们到这种地方玩的。

    A. 能   B. 会   C. 要   D. 该

47. _____有一天你会后悔的。

    A. 早晚   B. 前后   C. 左右   D. 上下

48. 植物会有像人一样的感情_____?

    A. 呢   B. 吗   C. 啊   D. 喽

49. 她能认 200 多个汉字, 会唱中文歌, _____可以自己看新闻了呢!

    A. 再   B. 并   C. 再加上   D. 还

50. 我_____到这来的时候, 完全不知道未来将会如何发展。

    A. 刚   B. 刚才   C. 正好   D. 刚好

51. 他说一_____标准的普通话。

    A. 嘴   B. 手   C. 口   D. 身

52. 明天国家邮政局将发行一_____个性化服务邮票。

    A. 块   B. 片   C. 幅   D. 枚

53. 修理汽车是我的一_____手艺。

    A. 类   B. 份   C. 则   D. 门

54. 你在这里过得是_____样的生活啊?

    A. 怎么   B. 什么   C. 那么   D. 这么

55. 那是一个是非颠倒的年代, 社会秩序一_____混乱。

    A. 种   B. 片   C. 块   D. 种

56. 奇怪, 我看见有只兔子跑过来, 正要逮住它, 怎么_____不见了?

    A. 一股脑   B. 一下子   C. 一会儿   D. 一口气

57. 我喜欢我_____做的任何事情。

A. 为   B. 给   C. 被   D. 所

58. _____您和他人的健康,请不要吸烟。

  A. 为   B. 除了   C. 为了   D. 趁着

59. 我想知道_____这盒子里藏着什么秘密。

  A. 终究   B. 究竟   C. 始终   D. 总算

60. 西方人刚刚度过了圣诞和元旦,中国人的春节_____来临。

  A. 即将   B. 早就   C. 后来   D. 以后

61. 小学教师_____堵车,不能按时给学生上课。

  A. 哪怕   B. 由于   C. 不管   D. 假如

62. 学生如果能学会控制自己的情绪,考试成绩就会_____地提高。

  A. 大量   B. 大多   C. 大大   D. 大力

63. 慢慢地_____地炒,一个厨师哪里应付得了?

  A. 一个又一个的菜 B. 一个个菜   C. 一个一个菜   D. 一个菜一个菜

64. 一汽和大众合作生产奥迪轿车,_____开始广泛合作。

  A. 反而   B. 然而   C. 从而   D. 进而

65. 你_____去吧,快没时间了。

  A. 急忙   B. 赶紧   C. 赶忙   D. 连忙

66. 人们的经济条件、实际生活_____性格和爱好上都有差异。

  A. 及其   B. 此外   C. 还是   D. 以及

67. 有一个女孩_____商场里东瞧瞧,西望望,根本没有要买东西的意思。

  A. 从   B. 在   C. 临   D. 打

68. 它的特色就_____它是比较纯正的西方文化所开发的培训产品。

  A. 鉴于   B. 处于   C. 在于   D. 出于

69. 我怎么和她交流,她都不再说话,就是静静地听_____。

  A. 了   B. 着   C. 过   D. 来着

70. 来到我的新家,母亲新奇地_____。

  A. 问南问北   B. 问里问外   C. 问好问坏   D. 问这问那

71. 本地所产的水果_____苹果一种。

  A. 不到   B. 不过   C. 不止   D. 不够

72. 这么说,他_____没回家?

  A. 一贯   B. 一律   C. 一直   D. 一概

73. 中年妇女打开钱包数_____数说:"一分没少。"

  A. 过   B. 了   C. 着   D. 一

74. 两国关系正朝_____21世纪共同繁荣的目标迈进。

  A. 过   B. 着   C. 了   D. 朝

75. 这是三环路上的第一_____拉槽式桥梁。

  A. 台   B. 栋   C. 座   D. 所

76. 在按响门铃之前,她_____会低声鼓励自己。

    A. 该   B. 别   C. 总   D. 并

77. 这样的食物,看一眼,你_____不会有食欲。

    A. 就   B. 则   C. 反   D. 才

78. 一般职员上衣与裤子的颜色应当不同,_____区别身份。

    A. 以   B. 故   C. 而   D. 但

79. 长江是我国最长的河流,它发源_____青藏高原的唐古拉山各拉丹冬。

    A. 到   B. 于   C. 在   D. 去

80. _____订阅全年杂志的读者,都可参加这次活动。

    A. 每当   B. 凡是   C. 随时   D. 任意

81. 每个人都有自己的缺点,并且总会有_____他人的地方。

    A. 不宜   B. 不同   C. 不如   D. 不比

82. 你可以_____吃_____添,一直添到吃不下为止。

    A. 又……又   B. 随……随   C. 既……又   D. 可……可

83. 你不用告诉我了,_____那是件好事。

    A. 何况   B. 可见   C. 除非   D. 不然

84. 坦率地说,_____在商场没遇到过这样令人尴尬的事?

    A. 什么   B. 哪   C. 谁   D. 何不

85. 我_____工地都跑遍了,还是没找到那个工人。

    A. 让   B. 使   C. 被   D. 把

86. 三年就三年_____,我可以等。

    A. 吧   B. 呀   C. 哩   D. 喽

87. 母亲为我们成年累月地操劳,她吃足苦头和付出牺牲,_____是为了我们的缘故。

    A. 尽   B. 净   C. 光   D. 全

88. 各国的事情应_____各国独立自主地决定。

    A. 打   B. 从   C. 被   D. 由

89. 这种菜实在难以下咽,只能尝尝_____。

    A. 似的   B. 得了   C. 而已   D. 好了

90. 商场_____战场,根本没有什么人情讲。

    A. 只是   B. 就是   C. 倒是   D. 光是

91. 记者_____此事采访了消费者协会的负责同志。

    A. 对于   B. 对   C. 关于   D. 就

92. 从事一项活动,_____会感到又开始了新的生活。

    A. 就   B. 倒   C. 却   D. 竟

93. 巴玛县,是世界五大长寿地区_____。

    A. 之中   B. 之一   C. 之内   D. 之间

94. _____1978 年到 1986 年,是文学艺术空前繁荣的黄金时期。

    A. 从   B. 按   C. 沿   D. 于

95. A 有一项健康保险_____想出国的人来说是很实用的。

A. 给　　　　　　　　B. 向　　　　　　　　C. 在　　　　　　　　D. 对

96. 机票的价格在节日期间上涨了20%_____。

A. 前后　　　　　　　B. 左右　　　　　　　C. 上下　　　　　　　D. 里外

97. 毒品犯罪是社会危害_____严重的犯罪。

A. 极度　　　　　　　B. 极端　　　　　　　C. 极力　　　　　　　D. 极为

98. 议员的退休年龄确定_____43岁。

A. 是　　　　　　　　B. 为　　　　　　　　C. 即　　　　　　　　D. 归

99. _____政府部门，要做好开源和节流两方面的工作。

A. 成为　　　　　　　B. 作为　　　　　　　C. 因为　　　　　　　D. 为了

100. 您的精神是多么可贵_____！

A. 啊　　　　　　　　B. 呗　　　　　　　　C. 喽　　　　　　　　D. 哩

101. 男方在看到了女方家的情况后，便隔三差五地来到她家，_____自己所能来帮助她们。

A. 尽　　　　　　　　B. 光　　　　　　　　C. 净　　　　　　　　D. 完

102. 她正在树阴下专心致志_____绘制一幅油画。

A. 地　　　　　　　　B. 得　　　　　　　　C. 的　　　　　　　　D. 了

103. 参加辩论赛的选手，以自身的实力，_____夺冠。

A. 频频　　　　　　　B. 匆匆　　　　　　　C. 偏偏　　　　　　　D. 往往

104. 孩子们_____表示，春节期间要给他打电话。

A. 纷纷　　　　　　　B. 统统　　　　　　　C. 缓缓　　　　　　　D. 明明

105. 你明天_____请家电维修部的电工叔叔来修理一下。

A. 赶快　　　　　　　B. 连忙　　　　　　　C. 赶忙　　　　　　　D. 匆忙

106. 我十年前_____来美国时，特别喜欢搬家。

A. 刚才　　　　　　　B. 刚　　　　　　　　C. 刚巧　　　　　　　D. 恰巧

107. 世界上要_____马尼拉的火警电话号码最简单。

A. 论　　　　　　　　B. 数　　　　　　　　C. 像　　　　　　　　D. 任

108. 都说性格决定命运，我想这有_____的道理。

A. 一定　　　　　　　B. 肯定　　　　　　　C. 某些　　　　　　　D. 某个

109. 厨师把做这种菜的主料和配料_____堆在漏勺里。

A. 一股脑　　　　　　B. 一口气　　　　　　C. 一门心思　　　　　D. 一个劲儿

110. 以前工作的时候没有时间好好看书，现在有了，_____利用嘛。

A. 恰巧　　　　　　　B. 凑巧　　　　　　　C. 正好　　　　　　　D. 刚刚

111. 我清楚地_____，我的学生们在那节课上是那么地专注。

A. 记住　　　　　　　B. 记得　　　　　　　C. 记录　　　　　　　D. 记忆

112. 我预约的时间是三点，_____现在已经四点了。

A. 倒　　　　　　　　B. 则　　　　　　　　C. 而　　　　　　　　D. 却

113. 连一个孩子都保护不了，_____真是一种撕心裂肺的悲愤。

A. 此　　　　　　　　B. 该　　　　　　　　C. 这　　　　　　　　D. 本

114. 我_____他一副无可奈何的神态逗得咯咯地笑了起来。

A. 把　　　　　　　B. 被　　　　　　　C. 拿　　　　　　　D. 以

115. 他开始给一些单位搞设计，_____挣了一些钱。

A. 连连　　　　　　B. 一连　　　　　　C. 陆续　　　　　　D. 前后

116. "好啊，你竟敢作弊！"老师_____抓住了我，我恨不得有个地洞能钻进去。

A. 当面　　　　　　B. 当场　　　　　　C. 当地　　　　　　D. 当面

117. 听了经理的解释，她满肚子的怨气_____消失了。

A. 刚才　　　　　　B. 早就　　　　　　C. 即将　　　　　　D. 顿时

二、句法的练习

常见考点：

1. 各种关联复句；

2. 定语的顺序；

3. 状语的顺序；

4. 离合词带定语时的顺序；

5. 特殊句型的顺序：使字句、被动句、把字句、是的句；

6. 特殊补语的顺序：同时有宾语和补语时句子的顺序、表示时间的补语的顺序；

7. 不同趋向补语的用法。

常考的关联词语：

让步关系：哪怕……也（都）、就是……也、即使……也、固然……也、即便……也、就算……（那）；

并列关系：既……又（也）、一方面……一方面、一面……一面、一时……一时、 一会儿……一会儿、时而……时而、……连同……；

递进关系：不仅……而且、不但……还、不光……而且；

因果关系：因为……所以、之所以……是因为、由于……的缘故、……可见、由于……所以；

转折关系：虽然……但是、尽管……但是、虽说……可是、是……而不是、固然……但是、不是……而是；

假设复句：没有……就没有（不）、如果……就、假如……就、要不是……就、……要不然……；

条件复句：只有……才、只要……就、不管（无论）……都、既然……就、 凡是……都、除非……否则、别管……都。

（一）位置题

说明：这部分试题，在每一个句子下面都有一个指定词语，句中ABCD是供选择的四个不同位置，请判断这一词语放在句子中哪个位置上恰当。

1. A 在世界上 B 比 C 这栋楼 D 更高的建筑。

　　　没有

2. 他 A 不 B 是 C 地地道道的老乡 D 是什么？

　　　　又

3. 这一点，A 已为 B 中国名人的一些 C 事实所 D 证明。

　　当代

4. A 他 B 一咬牙，C 把工作 D 辞了。

　　　给

5. A 他 B 再次被当选 C 国家 D 主席。

　　　　为

6. A 你们 B 觉得来美国难，C 我觉得 D 难。

　　　　是

7. A 你 B 为什么 C 不跟大家去听音乐会，D 没有票？

　　　是不是

8. 你 A 为自己 B 把最累的活 C 留给他而 D 后悔了。

　　　　别

9. A 它 B 像个顽皮的孩子，C 我 D 也捉不住它。

　　　怎么

10. A 每年 B 因艾滋病 C 死亡的人数 D 为 150 万。

　　　　而

11. A 这个基金 B 主要 C 为了 D 帮助更多的失学儿童重返校园。

　　　　是

12. 她的正常工作和生活质量 A 不但 B 没提高，C 为什么 D 下降了？

　　　反而

13. A 他 B 因为 C 迷恋自己的爱好 D 把工作给辞了。

　　　　而

14. 把 A 控制人口数量，B 提高人口素质 C 为我国的一项 D 基本国策。

　　　确定

15. A 所有 B 那个年龄的 C 男孩一样，D 他很叛逆。

　　　　像

16. 世界各国 A 以 B 不同的方式 C 了纪念 D 活动。

　　　举行

17. A 9 月 10 日 B 确定 C 为教师节 D。

　　　　被

18. 那里 A 经常 B 出现一些 C 要有多怪 D 有多怪的人。

　　　　就

19. 他们 A 知道得越多，理解 B 得就 C 越深，对事物 D 就越关心。

　　　　也

20. A 干就 B 干，织女们 C 马上 D 出去采集白云。

　　　说

21. A 这件衣服 B 你穿了五年 C 还很喜欢,D 再贵也合适。
　　　　就是

22. A 你 B 这可恶的小老鼠,不管你 C 什么时候出来,我都 D 吃掉你不可!
　　　　非

23. 你 A 感觉眼花 B,腰酸也好,都 C 得 D 坚持下去。
　　　　也好

24. 在科学技术 A 迅猛发展 B 的今天 C,放松学习就会 D 落伍。
　　　　了

25. A 食欲 B 不佳,精神头 C 都不好,D 别说漂亮了。
　　　　更

26. 老人们 A 并不喜欢几个人 B 聚在 C 聊天,而是每个人就 D 那么安静地坐着。
　　　　一起

27. A 当今的劳模和恐龙蛋 B 一样,C 是国宝,D 也得来个重点保护啊。
　　　　说什么

28. 你 A 喜欢 B 什么 C 就 D 什么。
　　　　买

29. A 谁 B 还能 C 不犯错误,D 改了就行。
　　　　只要

30. 您 A 所做的一切,B 我 C 自己 D 都做不到。
　　　　连

31. A 在 B 那个年代,C 以 D 工作为重。
　　　　一切

32. A 遇到 B 这种情况,C 老师打电话 D 通知家长,重者请警察。
　　　　轻者

33. A 大家 B 决定 C 起来 D 打这场官司。
　　　　联合

34. 我们 A 相处 B 多年,也不知道你唱歌 C 唱 D 这么好!
　　　　得

35. A 让观众 B 各看各喜爱的节目去,这样 C 的各取所需 D 不好。
　　　　不见得

36. 别看孩子 A 穿得这样,B 可 C 在学校里的学习 D 是顶刮刮的。
　　　　却

37. 别说 A 老年人 B 受不了,C 年轻人 D 也喊吃不消。
　　　　就是

38. A 这样的地 B 种庄稼,C 走路 D 都成问题。
　　　　别说

39. 在大多数人 A 看来,B 他们 C 是 D 寻常不过的一对老年夫妇。
　　　　再

40. A 对企业来说,只要存在市场 B 需求,就必须想方 C 设法 D 满足。

　　　去

41. A 你就 B 在这里 C 好好学习,否则 D 就回国。

　　　要么

42. A 主人家的小女孩 B 经常抱着他,C 从这个房间玩 D 那个房间。

　　　到

43. A 他看来,B 生命的 C 最高境界 D 就是美食。

　　　在

44. A 医生提醒说,B 随气温的 C 变化添换 D 衣服十分重要。

　　　及时

45. A 去商场 B 都有言在先,爸爸妈妈 C 不给买的东西 D 不许要。

　　　凡是

46. 中国竟然 A 有这样多 B 关于茶的诗,C 真是 D 我大吃一惊。

　　　令

47. A 当他 B 才安静下来时,C 演出 D 已经结束了。

　　　好不容易

48. A 她家 B 能称得上 C 家具的 D 就是三个一字摆开的木箱。

　　　惟一

49. A 我 B 是 C 喜欢 D 上你的。

　　　在九年前

50. A 消息 B 传开,原来 C 趾高气扬的外商 D 不得不低下了头。

　　　一

51. 这些年 A 得的荣誉 B 实在多 C,多得记不 D 了。

　　　过来

52. A 学习,B 她 C 没有什么 D 其它的事情可做。

　　　除了

53. A 如果赴外就医,B 提前做好 C 在生活习惯、文化背景和语言都不相同的地方 D 生活的精神准备。

　　　需要

54. A 经过 B 几次商谈,C 他们 D 没有最后定下来。

　　　还是

55. 你 A 怎么 B 糊涂到 C 自家人 D 都不认得?

　　　连

56. A 你 B 怎么 C 来了,D 快到春节了吗?

　　　不是

57. A 目前为止,这次 B 军事行动还 C 没有 D 成功。

　　　到

58. 他 A 把这些工作 B 新事物 C 去迎接,于细微处 D 体会其中的意义。

当作

59. A 苏娅 B 惊喜 C 而 D 呆住了。

由于

60. 我国城镇化水平 A 已 B 上世纪 70 年代末 80 年代初的 C 不到 18% D 增长到 2002 年的 39.1%。

由

61. A 政府 B 有责任 C 帮助他们，以 D 他们顺利完成学业。

使

62. A 他 B 口齿 C 流利 D，而且以机智、幽默、诙谐的风格折服观众。

不仅

63. A 古希腊人视甜菜根 B 神奇之物，将 C 其呈献 D 给阿波罗神。

为

64. A 虽说他 B 年纪 C 大了，动作 D 挺利索的。

还

65. A 我 B 骄傲的时候，C 就想起这句话，D 从而令自己冷静下来。

每当

66. A 他 B 就 C 扬言 D 要揍谁。

动不动

67. 杜某 A 一次 B 偷东西时，被 C 警察 D 当场抓获。

又

68. 只有 A 大家共同 B 遵守社会的规范，C 社会 D 有秩序。

才

69. A 工资一年 B 一年挣得多，可 C 过年的气氛却 D 好像越来越淡了。

比

70. A 实习驾照 B 不能在 C 高速公路上行车，D 你不知道吗？

难道

71. A 有人 B 在轻轻 C 打开门锁，D 走了进来。

接着

72. 新一年 A 的职称评定工作 B 开始，C 我被列为单位的重点 D 推荐对象。

即将

73. A 难道 B 月球 C 比地球的年龄 D 大？

还

74. 他 A 一定 B 比妈妈 C 能 D 了解我的心。

更

75. 在我们村 A 里，和 B 我差不多年龄 C 的基本 D 都出来了。

上

76. A 别看 B 有冰箱，C 冰箱里 D 没啥好吃的东西。

可

（二）多项选择题

说明：这部分试题，在每一个句子下面都有一个或两个空儿，请在ABCD四个答案中选择

惟一恰当的答案填上。

1. 她_____收拾在一起。

　　A. 慢慢地吃力把一本本书　　　　　　　B. 吃力地慢慢把一本本书

　　C. 把吃力地慢慢一本本书　　　　　　　D. 把一本本书吃力慢慢地

2. 现在找工作，_____挑长相，_____要个头。

　　A. 不是……而是　　　　　　　　　　　B. 是……还是

　　C. 不是……就是　　　　　　　　　　　D. 与其……不如

3. 他们每次都让我一一指出问题，并用笔记录_____。

　　A. 下去　　　　　　B. 下来　　　　　　C. 过来　　　　　　D. 过去

4. 害羞和脸红_____说是缺点，_____说是一种讨人喜欢的性格特点。

　　A. 要么……要么　　　　　　　　　　　B. 宁愿……不如

　　C. 不但……而且　　　　　　　　　　　D. 与其……不如

5. 电磁炉正在百姓家庭普及_____。

　　A. 上来　　　　　　B. 下去　　　　　　C. 不了　　　　　　D. 开来

6. 滚滚热浪蒸烤_____。

　　A. 得人们喘气不过来　　　　　　　　　C. 得人们喘不过气来

　　B. 人们喘得不过气来　　　　　　　　　D. 人们喘气得不过来

7. 这是我_____学习绘画知识。

　　A. 第一次有生以来也是仅有的一次

　　B. 仅有的一次有生以来也是第一次

　　C. 有生以来第一次也是仅有的一次

　　D. 第一次也是仅有的一次有生以来

8. 以下是_____统计结果。

　　A. 某报最近所做的一次读者问卷调查的一部分

　　B. 最近某报一次所做的一部分读者问卷调查的

　　C. 一次某报最近所做的读者问卷调查的一部分

　　D. 最近一次某报所做的读者一部分问卷调查的

9. 领导的支持和信任，_____她能够在男性主导的政坛上取得一席重要的位置。

　　A. 把　　　　　　　B. 给　　　　　　　C. 使　　　　　　　D. 叫

10. _____接受了它的培训，谁_____可以上岗。

　　A. 只有……才　　　B. 只要……就　　　C. 只要……都　　　D. 不管……都

11. 他老天爷也不能把咱_____。

　　A. 怎么办　　　　　B. 怎么　　　　　　C. 怎么样　　　　　D. 怎么了

12. 这么重要的事，你_____我怎么能不来？

　　A. 使　　　　　　　B. 叫　　　　　　　C. 给　　　　　　　D. 把

13. 中国计算机市场的大机遇给了_____的人一次百年难逢的机会。

A. 在这个学科上那些又懂得经营学得有所长

B. 那些在这个学科上学有所长又懂得经营

C. 学有所长又懂得经营那些在这个学科上

D. 又懂得经营学有所长那些在这个学科上

14. 做题的时候，我不断地更换方法，＿＿＿＿＿＿＿＿＿＿＿＿＿＿。

A. 一再地在差几步就解出答案的时候放弃

B. 差几步在就解出答案的时候一再地放弃

C. 一再地放弃在差几步就解出答案的时候

D. 放弃在差几步就一再地解出答案的时候

15. 我对这位＿＿＿＿＿＿＿＿＿＿＿＿＿＿＿的女教师产生了深深的敬意。

A. 只在家长会上见过两面

B. 只见过在家长会上两面

C. 见过两面只在家长会上

D. 只见过两面在家长会上

16. 泉海是关爷爷＿＿＿＿＿＿＿＿＿＿＿＿＿＿。

A. 一个比较有出息的 12 个子女中

B. 12 个子女中比较有出息的一个

C. 比较有出息的一个 12 个子女中

D. 一个 12 个子女的比较有出息

17. 每次聚会，＿＿＿＿到最后买单的时候＿＿＿＿很尴尬。

A. 一 ……就　　　　　　　　　　C. 连……也

B. 哪怕……也……　　　　　　　D. 就是……也

18. ＿＿＿＿＿＿具备高中以上文化水平，积极热衷于参与科普事业推广的社会各界人士＿＿＿＿＿＿可报名参加。

A. 无论……都　　B. 不管……都　　C. 尽管……也　　D. 凡是……都

19. 每天他下了课＿＿＿＿＿回家，从来不在外面耽搁。

A. 就　　　　　B. 才　　　　　C. 竟　　　　　D. 却

20. 阿宝＿＿＿＿着急＿＿＿＿生气，恨不得扑上去一口咬住坏老鼠。

A. 一边……一边　　B. 又……又　　C. 也……也　　D. 或……或

21. 他们＿＿＿＿观众＿＿＿＿熟悉，职业水平很过硬。

A. 为……所　　　B. 以……为　　　C. 拿……来说　　D. 给……以

22. 当时，＿＿＿＿＿，所以就没有来得及解释。

A. 冻得我话都说不出来了

B. 冻得话我说不出来了

C. 我冻得都说话不出来了

D. 我话冻得都说不出来了

23. 画家林风眠曾＿＿＿＿＿艺术家＿＿＿＿＿蝴蝶。

A. 把……比作　　B. 拿……来说　　C. 被……所　　D. 再……也

24. 不知是要考验万辉_____要给他一次机会,领导又派他去了广州。

  A. 又是　 B. 还是　 C. 只是　 D. 就是

25. 他在家里找来找去_____。

  A. 也找不到　 B. 也不找到　 C. 不也找　 D. 没也找到

26. _____军训非常严格,大多数孩子_____坚持下来了。

  A. 即便……还是　 B. 终究……可是　 C. 就算……也是　 D. 不但……还是

27. 它的爪子卡在那里,进_____进不了,出_____出不来。

  A. 也……也　 B. 一是……二是　 C. 轻者……重者　 D. 一……就

28. 我_____做什么事情,对自己和别人_____提出时间要求。

  A. 虽说……但是　 C. 无论……都

  B. 是……而不是　 D. 不仅仅是……也

29. 他们的敬业精神强,_____技艺娴熟高超,_____十分投入。

  A. 不但……而且　 C. 不但……反而

  B. 不单是……都　 D. 不仅……甚至于

30. 如果一开始就亲自处理,承认错误,就_____扩大事态。

  A. 致使　 B. 不至于　 C. 以致　 D. 以至于

31. 剩下的时间用于学习_____。

  A. 一般不是可能的　 C. 是一般不可能的

  B. 一般是不可能的　 D. 是不可能一般的

32. 你为什么_____去找个工作干,_____要去当小偷?

  A. 不是……就是　 B. 不是……而是　 C. 先……然后　 D. 首先……接着

33. 美貌_____让人心动,_____内在美更加重要。

  A. 固然……但是　 B. 哪怕……也

  C. 与其说……不如说　 D. 要就是……要就是

34. 好朋友来看我,_____得请假呀。

  A. 说那么都　 B. 说那么也　 C. 说什么也　 D. 说怎么都

35. _____这个建议成为现实,_____此类成果也许会更多进入公众的视线。

  A. 如果……那么　 B. 宁可……也不

  C. 要不是……还要　 D. 除非……才

36. 一个人,_____是天才,_____不可能样样精通。

  A. 既然……就　 B. 只要……就　 C. 不管……都　 D. 即使……也

37. 这条公路在那本书中_____列_____世界上海拔最高的公路。

  A. 被……为　 B. 以……为　 C. 拿……来　 D. 把……比作

38. 为了孩子的教育与未来,现在经济受点影响_____是值得的。

  A. 却　 B. 尚且　 C. 也　 D. 而

39. _____这所学校里,我的同乡_____好几个。

  A. 光……就有　 B. 不但……而且　 C. 就算……也　 D. 无论……都

40. 这个工作,他_____干_____是七八年。

    A. 要么……要么   B. 一……就   C. 不……不   D. 也……也

41. 这真是一本_____看_____不想放下的好书。

    A. 哪儿……哪儿   B. 谁……谁   C. 一……就   D. 又……又

42. _____心中还有希望,你_____能坚持到底。

    A. 只要……就   B. 别管……都   C. 只有……才   D. 只管……都

43. 他决定回城一趟,_____去了解情况,_____也可顺便去看望一位老朋友。

    A. 一边……一边   B. 一来……二来   C. 越……越   D. 随……随

44. 我_____牺牲了,_____不能让他逃跑!

    A. 不但……而且   B. 尽管……还是   C. 就是……也   D. 既然……那么

45. 天气又闷又热,就_____不见阳光的大树下_____达到 40 度的高温。

    A. 连……也   B. 是……不是

    C. 不是……而是   D. 一……就

46. _____北京通讯市场而言,年增 10 万用户不是不可能。

    A. 拿   B. 就   C. 在   D. 凭

47. 去市郊游览的事_____天气变化_____临时取消了。

    A. 首先……接着   B. 由于……而   C. 是……而不是   D. 于是……就

48. _____他年龄小,_____知道的事情很多。

    A. 别看……可   B. 不管……都   C. 别说……就连   D. 不论……都

49. 萌萌,你_____不是三岁的孩子,怎么这么容易上当?

    A. 又   B. 还   C. 再   D. 就

50. _____一个国家的文化和历史活着,这个国家_____活着。

    A. 只有……才   B. 除非……才   C. 凡是……都   D. 哪怕……也

51. 爸妈挣了钱,_____吃饭,几乎_____给我当了学费。

    A. 除了……都   B. 除非……才   C. 哪怕……也   D. 固然……可是

52. 她_____准备好的饭_____来不及吃就匆匆离去。

    A. 连……都   B. 凡是……都   C. 不……不   D. 也……也

53. _____时间仓促,_____准备工作做得十分出色。

    A. 尽管……可是   B. 不是……而是   C. 不但……而且   D. 不仅……还

54. 他连老虎都能打败,_____还怕那些猫咪_____?

    A. 不是……吗   B. 说什么……呀   C. 哪儿……呢   D. 难道……吗

55. 我这样做_____因为一时的冲动,_____经过深思熟虑的。

    A. 不是……就是   B. 不是……而是   C. 是……还是   D. 或是……或是

56. 我想起来了,雨神婆婆走到_____,_____就有乌云。

    A. 什么……什么   B. 怎么……怎么   C. 哪儿……哪儿   D. 谁……谁

57. _____这样的事在哪儿都可以发生,我_____久久不能忘记。

    A. 虽然……但是   B. 如果……就   C. 尽管……还是   D. 哪怕……也

58. 他把最能表达感情的词句都用_____了。

    A. 下   B. 上   C. 上来   D. 上去

59. 手机的这个功能使用＿＿＿＿＿＿非常方便。

    A. 起来　　　　　　B. 上来　　　　　　C. 下去　　　　　　D. 上

60. 我们那儿年轻人很多,慢慢你就会同他们熟悉＿＿＿＿＿＿的。

    A. 上来　　　　　　B. 上　　　　　　　C. 过去　　　　　　D. 起来

61. 烤全羊是他们高档次的佳肴了,不是每家都能吃＿＿＿＿＿＿的。

    A. 得起　　　　　　B. 得了　　　　　　C. 得过　　　　　　D. 得来

62. 没人帮我的忙,我真是＿＿＿＿＿＿想＿＿＿＿＿＿伤心啊!

    A. 又……又　　　　B. 越……越　　　　C. 既……又　　　　D. 且……且

63. 万里长城,＿＿＿＿＿＿世界八大奇迹＿＿＿＿＿＿。

    A. 是……之一　　　B. 在……之内　　　C. 除了……之外　　D. 在……之间

64. 你说我＿＿＿＿＿＿相信你呢?

    A. 任怎么　　　　　B. 凭什么　　　　　C. 说什么　　　　　D. 怎么说

65. 父母＿＿＿＿＿＿她视＿＿＿＿＿＿掌上明珠。

    A. 把……为　　　　B. 被……为　　　　C. 以……为　　　　D. 用……来

66. 我这样做＿＿＿＿＿＿为了你,＿＿＿＿＿＿为了我自己。

    A. 不是……还是　　B. 是……不是　　　C. 是……就是　　　D. 是……而是

67. 冯小刚的贺岁影片向来是＿＿＿＿＿＿轻松幽默＿＿＿＿＿＿风格。

    A. 以……为　　　　B. 拿……比作　　　C. 为……所　　　　D. 把……当做

68. 大使馆主要＿＿＿＿＿＿三栋建筑组成。

    A. 从　　　　　　　B. 由　　　　　　　C. 拿　　　　　　　D. 用

69. 由于没有充分去掌握资料,＿＿＿＿＿＿计算得不准确,这次实验失败了。

    A. 因而　　　　　　B. 并　　　　　　　C. 再加上　　　　　D. 更加

70. ＿＿＿＿＿＿我告诉了你这件事,那＿＿＿＿＿＿能怎么样?

    A. 就算……又　　　B. 哪怕……也　　　C. 别看……还　　　D. 别说……就是

71. 老师批评几句＿＿＿＿＿＿批评几句,都是为了你好。

    A. 居然　　　　　　B. 反正　　　　　　C. 就　　　　　　　D. 而

72. 我＿＿＿＿＿＿要写完作业＿＿＿＿＿＿睡觉。

    A. 非……才　　　　　　　　　　　　　B. 没……没

    C. 没有……就没有　　　　　　　　　　D. 连……都

73. ＿＿＿＿＿＿玩＿＿＿＿＿＿玩个够,我们干脆休假去旅行吧。

    A. 要……就　　　　B. 一……就　　　　C. 不……不　　　　D. 非……才

74. 刚才你受委屈了,我＿＿＿＿＿＿。

    A. 向你代老同学道个歉　　　　　　　　B. 代老同学向你道个歉

    C. 向你道个歉代老同学　　　　　　　　D. 向代老同学道个歉

75. ＿＿＿＿＿＿他嘴上说不想去,＿＿＿＿＿＿心里比谁都想去。

    A. 既然……就　　　B. 别说……就是　　C. 别管……都　　　D. 别看……可是

76. 田子材是＿＿＿＿＿＿老艺人。

    A. 一个县剧团的从事多年二人转的

    B. 县剧团的一个从事二人转多年的

    C. 从事多年二人转的一个的县剧团

    D. 一个的从事多年二人转的县剧团

77. 我没觉得擦盘子丢人，也从没_____干这活儿_____不好意思过。

    A. 以……为　　　　B. 为……而　　　　C. 非……不可　　　　D. 用……来

78. 每一次成功都是一个新的开始，_____能松懈和陶醉，_____要更加努力。

    A. 不但不……反而　B. 尽管……还是　　C. 既然……就　　　D. 如果……那么

79. _____同样是解决健康问题，_____不同的人却有各自的健身理由。

    A. 与其说……不如说　　　　　　　　C. 由于……所以

    B. 不是……而是　　　　　　　　　　D. 虽然……但是

80. 树也是有生命的，_____有生命，_____具备着很高的思维活动。

    A. 是……的　　　B. 即使……也　　　C. 但是……却　　　D. 不但……还

81. 有的人，_____聊_____是半夜，不到 12 点不走。

    A. 说……就……　C. 连……都……　B. 不……不……　D. 一……就……

82. 有什么_____群众的热情更使他畅快的吗？

    A. 比　　　　　　B. 像　　　　　　C. 对　　　　　　D. 给

83. _____别让人晕车呕吐，那就比给我什么样的奖都还高兴。

    A. 只有　　　　　B. 只要　　　　　C. 只是　　　　　D. 只能

84. 听到这消息，我们_____吃了个大蛋糕还高兴呢。

    A. 像　　　　　　B. 比　　　　　　C. 较　　　　　　D. 于

85. _____，我决定去请教杨老师，让他帮我写一份提纲。

    A. 想上想下　　　B. 想左想右　　　C. 想来想去　　　D. 想好想坏

86. 整个设计_____白色_____基调贯穿始终。

    A. 被……所　　　B. 以……为　　　　C. 把……当做　　　D. 为……所

87. 安娜_____。

    A. 说汉语得比我好　　　　　　　　C. 汉语得说比我好

    B. 说得汉语比我好　　　　　　　　D. 汉语说得比我好

88. 他生气的时候，_____。

    A. 听别人的话不进去　　　　　　　C. 听不别人的话进去

    B. 听不进去别人的话　　　　　　　D. 听别人的话进不去

综 合 练 习

第一组

一、位置题

    1. 请你 A 别 B 废纸 C 随便 D 乱扔。

        把

2. 她的 A 表演逗得 B 台下的 C 观众笑 D 不停。

　　　　　　个

3. 这些微型书籍，A 最长 B 不 C 超过 D 三厘米。

　　　　　也

4. 我擦了 A 多少盘子 B 了，是 C 四十还是五十 D?

　　　　来着

5. 父亲 A 每天坚持 B 登香山 C 有 D5 年多了。

　　　　已经

6. A 什么 B 使他 C 取得了如此 D 惊人的成就呢?

　　　　是

7. 个体户 A 很快地 B 把 C 找 D 的钱退了回来。

　　　　多

8. A 如何为老年人 B 提供更多的精神产品 C 今天与会专家们 D 共同关心的话题。

　　　　　　成为

9. 月饼 A 吃不好就可能损害 B 身体健康，C 甚至 D 引发疾病。

　　　　会

10. 倒车一定 A 要慢 B，要慢 C 连颤颤巍巍的老太太 D 都撞不倒的速度。

　　　　到

二、多项选择题

11. 成绩要到一个月以后才能_____。

　　A. 上来　　　　　　B. 起来　　　　　　C. 下来　　　　　　D. 过来

12. _____只有一天空闲的日子，我_____会陪着自己的孩子、爱人和父母快快乐乐过一天。

　　A. 哪怕……也　　　B. 除非……否则　　C. 要不是……就　　D. 幸亏……不然

13. 除夕之夜，她躺在床上_____也睡不着。

　　A. 什么　　　　　　B. 怎么　　　　　　C. 那么　　　　　　D. 干吗

14. 北京国际马拉松赛已成功地举行了 23_____。

　　A. 遍　　　　　　　B. 轮　　　　　　　C. 场　　　　　　　D. 届

15. 朋友结婚，我_____就应该表示祝贺，这没有什么奇怪的。

　　A. 原来　　　　　　B. 说来　　　　　　C. 本来　　　　　　D. 看来

16. 许多地铁有时在地下，有时_____在地面。

　　A. 还　　　　　　　B. 就　　　　　　　C. 不　　　　　　　D. 又

17. 按照市场经济规律，认真制定并加快_____。

　　A. 促进达成多要素市场大流通一体化的协议

　　B. 达成促进多要素市场一体化大流通的协议

　　C. 多要素市场促进达成一体化大流通的协议

    D. 一体化多要素市场促进达成大流通的协议

18. 家中最值钱的东西恐怕就是那台_____电视机了。

    A. 还能勉强看的一个黑白的九英寸

    B. 九英寸的一个黑白还能勉强看的

    C. 黑白的一个还能勉强看的九英寸

    D. 勉强还能看的一个九英寸的黑白

19. 你播下什么种子就开_____样的花。

    A. 怎么   B. 什么   C. 这么   D. 多么

20. 大学毕业，我和同学叶波_____分配到一个大桥工地。

    A. 给   B. 把   C. 被   D. 使

21. _____辛苦，我比他们差远了。

    A. 凭   B. 按   C. 论   D. 照

22. 他现在埋头搞研究，遇到聚会_____拒绝。

    A. 一贯   B. 一律   C. 一致   D. 一手

23. _____国内_____上海教育处于比较领先的位置

    A.拿……来比   B.就……而言   C. 在……上   D. 对……来说

24. 司马光从小勤奋好学，喜读史书，_____立志要成为一个历史学家。

    A. 至于   B. 以   C. 而   D. 并

25. 这个国家的法律规定，总统_____连选连任。

    A. 不肯   B. 不会   C. 不得   D. 不愿

26. 要是山上没有饭店，没有旅馆，_____住在哪里？吃什么？

    A. 这   B. 那   C. 那儿   D. 这儿

27. 在_____中，我觉得这一条是最高明的。

    A. 提出来的最近各式各样的所有意见

    B. 提出来的所有各式各样最近的意见

    C. 最近提出来的所有各式各样的意见

    D. 所有各式各样的最近提出来的意见

28. 军人的责任感渐渐_____了上风。

    A. 居   B. 占   C. 有   D. 于

29. 他_____我们学习中国人的美德，永远谦虚谨慎。

    A. 想   B. 要   C. 愿意   D. 乐意

30. 好政策_____农民富了起来。

    A. 对   B. 给   C. 为   D. 使

第二组

一、位置题

1. A 我 B 按 她 C 的地址 D 找到了她的家。

        留下来

2. A 基于四六级考试 B 施行 16 年来形成的品牌优势,教育部 C 也不会取消 D 四六级考试。
　　　　暂时

3. 这张照片 A 是 B 我 C 生出来的时候 D 照的。
　　　　刚

4. 你 A 对他们 B 本来 C 没有 D 照顾的责任。
　　　　就

5. A 你 B 把 C 珍贵的东西送给 D 我啊!
　　　　这么

6. A 他 B 痴迷数学,但在中学时 C 却 D 选读文科而没有去理科班。
　　　　偏偏

7. 今年 A 只有 22 岁 B 小周 C,已经在建筑队里干了两年 D。
　　　　的

8. 他 A 知道自己 B 有今天 C 是 D 多么地来之不易。
　　　　能

9. A 这点钱 B 我们一家人 C 艰苦奋斗几十年 D 积累下来的。
　　　　是

10. 阿库雷里 A 是 B 冰岛 C 的 D 大城市.
　　　　第二

二、多项选择题

11. 我国国民健康的主要指标已_____发展中国家前列。
　　A. 占　　　　B. 居　　　　C. 在　　　　D.于

12. _____国际通用标准,我国已属于低出生率的国家。
　　A. 按　　　　B. 据　　　　C. 凭　　　　D. 靠

13. 烤鸭真好吃,_____就流口水了。
　　A .想着想着　　B. 想过想过　　C. 想了想了　　D. 想想了

14. _____鼓声和号声的交响乐_____传来了少先队队歌的合唱。
　　A. 在……里　　B. 在……内　　C. 在……中　　D. 在……上

15. 前不久,美国和欧盟_____农业问题达成一致。
　　A. 关于　　　　B. 就　　　　C. 对　　　　D. 朝

16. 我说你们怎么不去学习啊? 我可是想去去_____哇!
　　A. 不过　　　　B. 不了　　　　C. 不好　　　　D. 不到

17. _____这样的军人_____配娶这样的女人。
　　A. 只要……就　　B. 只有……才　　C. 别管……都　　D. 别说……更

18. 咱们是自家人,以后你就叫我"大个子"_____。
　　A. 的话　　　　B. 而已　　　　C. 好了　　　　D. 罢了

19. 当我收到她的来信时,_____感到十分为难。
　　A. 暂时　　　　B. 临时　　　　C. 一时　　　　D. 时而

20. 这是一_____研究中国现当代知识分子生存状态的书。

    A. 篇　　　　　　　B. 部　　　　　　　C. 首　　　　　　　D. 则

21. 法律规定,国家自然保护区的财产,任何人_____带出去。

    A. 不得　　　　　　B. 不好　　　　　　C. 不必　　　　　　D. 不用

22. 好多饭店不得不_____准备好的饭菜倒掉。

    A. 把　　　　　　　B. 向　　　　　　　C. 从　　　　　　　D. 使

23. 我有一件事要通知邻居,_____在深夜去敲她的门。

    A. 只要　　　　　　B. 只有　　　　　　C. 只好　　　　　　D. 只是

24. 这一次,你无论_____得去。

    A. 如此　　　　　　B. 何必　　　　　　C. 如何　　　　　　D. 什么

25. 我不停地磨_____,这铁棒会越来越细,一定被磨成针的。

    A. 下去　　　　　　B. 上来　　　　　　C. 过来　　　　　　D. 下来

26. 一旦将这些东西看开了,看透了,心中自然是一片清明,生活的真谛也_____随之显现。

    A. 得　　　　　　　B. 会　　　　　　　C. 要　　　　　　　D. 该

27. _____某种意义上_____,家是力量的来源。

    A. 从……来说　　　B. 在……看来　　　C. 拿……来说　　　D. 从……考虑

28. 我 _____跟他聊天。

    A. 坐在拥挤的一位医生的候诊室里

    B. 坐在一位医生的拥挤的候诊室里

    C. 在一位医生的拥挤的候诊室里坐

    D. 在拥挤的一位医生的候诊室里坐

29. _____打电话,_____发电子邮件,必须尽快和他联系。

    A. 越……越　　　　　　　　　　　B. 又……又

    C. 有时……有时　　　　　　　　　D. 要么……要么

30. 去北京学汉语,_____语言环境好,_____文化气氛浓,我觉得再合适不过了。

    A. 一来……二来　　　　　　　　　B. 或是……或是

    C. 或者……或者　　　　　　　　　D. 有的……有的

第三组

一、位置题

1. A 我是 B 一个 C 叫 D 他们失望的孩子。

        可惜

2. A 等到你 B 有所醒悟 C 的时候,可能 D 都晚了。

        一切

3. 我 A 觉得 B 他 C 一个 D 带有诗人气质的政治家。

        是

4. 我向你 A 保证,B 以后 C 不再干 D 啦。

        就是

5. 父母 A 辛辛苦苦一辈子,B 就 C 是 D 为了今天吗?

        不

6. 他的衣服 A 都 B 被雨水 C 淋湿,冻得 D 打哆嗦。

         直

7. A 光大公司 B 的投资 C 在中国 D 第一。

          数

8. 您现在做 A 中国菜做 B 比以前好吃 C 多 D 了。

          得

9. A 什么时候去小珊的房间 B 都是整整齐齐的,C 他哥哥的房间 D 就别提了。

        可是

10. 回国 A 创业,B 光有热情 C 不够,最好在国外公司里 D 任过职。

      远远

二、多项选择题

11. _____他被狂风暴雨声吵醒了。

    A. 农田里转悠了一天的   C. 转悠了一天农田里的

    B. 转悠了农田里一天的   D. 一天了农田里转悠的

12. 债务沉重_____压在她的身上。

    A. 的   B. 得   C. 地   D. 着

13. 这是 _____。

    A. 在那年冬天她给我讲听的   C. 她讲给我在那年冬天听的

    B. 在那年冬天她讲给我听的   D. 她在那年冬天给我讲听的

14. 我国旅游业是在改革开放以后_____真正开始发展的。

    A. 就   B. 才   C. 便   D. 还

15. 我不会唱歌,只不过是模仿歌星_____。

    A. 算了   B. 好了   C. 罢了   D. 来了

16. 我朦朦胧胧地觉得有人_____。

    A. 走过来马路了   B. 走过来了马   C. 走过马路来了   D. 走马路过来了

17. _____人家怎么说,他_____不相信。

    A. 除非……否则   B. 无论……都   C. 连……也   D. 尽管……还是

18. 当初信不过的村民现在_____羡慕_____嫉妒。

    A. 又……又   B. 越……越   C. 一边……一边   D. 或者……或者

19. 母亲很清楚_____一切。

    A. 此   B. 这   C. 该   D. 本

20. 笔记本电脑经_____磕碰,因此要格外小心。

    A. 不起   B. 不上   C. 不过   D. 不下

21. 他连司机也顾＿＿＿＿招呼就风风火火直奔工地。

    A. 不了　　　　　B. 不上　　　　　C. 不过　　　　　D. 不着

22. 多么危险我们＿＿＿＿要往上冲啊！

    A. 还　　　　　B. 就　　　　　C. 也　　　　　D. 再

23. 儿女们说＿＿＿＿也没能把他请去。

    A. 怎么　　　　　B. 什么　　　　　C. 那么　　　　　D. 这么

24. 我们是打电话给她＿＿＿＿去找她？

    A. 还是　　　　　B. 或者　　　　　C. 并且　　　　　D. 甚至

25. 我推开门一看，他＿＿＿＿睡得正香。

    A. 呼呼　　　　　B. 哗哗　　　　　C. 嗡嗡　　　　　D. 哈哈

26. 快点，＿＿＿＿就赶不上末班车了。

    A. 不过　　　　　B. 不如　　　　　C. 同样　　　　　D. 不然

27. 虽然我们家在农村，＿＿＿＿＿＿＿＿＿＿。

    A. 我在城市但是生活时间长

    B. 但是我在城市生活时间长

    C. 我但是在城市生活时间长

    D. 但是在城市生活我时间长

28. 你知道那个人暑假去哪儿＿＿＿＿？

    A. 呀　　　　　B. 啊　　　　　C. 呢　　　　　D. 吗

29. 这里条件这么不好，你＿＿＿＿住在这儿？

    A. 只　　　　　B. 仅　　　　　C. 光　　　　　D. 就

30. 给你信纸的那个人是王红吗？我＿＿＿＿没认出她来。

    A. 好像　　　　　B. 差点儿　　　　　C. 差不多　　　　　D. 似乎

第四组

一、位置题

1. A 这些钱 B 你 C 先用着，以后我会 D 帮助你的。

    尽量

2. A 警察 B 看得很明白了，她 C 这 D 绝不是第一次了。

    已经

3. 一位朋友 A 我 B 拿 C 来一部刚 D 翻译的书稿。

    给

4. 这次 A 我 B 被害得这么惨，都是你 C 一手造成 D。

    的

5. 世界聋人联合会 A 于 B1951 年，C 是 D 世界性非政府组织。

    成立

6. A 当时 B 中国 C 流行的是艰涩 D 难懂的朦胧诗。

    最

7. A 现在的年轻人 B 都受过西方文化的 C 影响,对西方文化都有一定的 D 了解。

　　　　或多或少

8. A 我们 B 决定 C 把 D 过得痛痛快快的。

　　　　这一天

9. A 开窗户的时候 B 注意点儿,C 把花儿 D 碰掉。

　　　　别

10. 我 A 一直独身,B 想去哪儿 C 拔腿就走,D 跟谁商量。

　　　　不用

二、多项选择题

11. 我清楚地记得,我的学生们在那节课上是＿＿＿地专注。

　　A. 这么　　　　　　B. 怎么　　　　　　C. 那么　　　　　　D. 这样

12. ＿＿＿许多百姓＿＿＿,基因研究只是科学家的事。

　　A. 拿……来说　　B. 从……来说　　C. 在……看来　　D. 从……看来

13. 对他谁也说＿＿＿,谁也管＿＿＿。

　　A. 不了……不了　　　　　　　　　　B. 不得……不得

　　C. 不过……不过　　　　　　　　　　D. 不过去……不过去

14. 他工作＿＿＿＿＿＿＿＿＿＿＿。

　　A. 忙得也连家顾不上　　　　　　　　C. 连也顾不上家忙得

　　B. 忙得顾不上连家也　　　　　　　　D. 忙得连家也顾不上

15. 对中国的市场潜力,怎么估计都不＿＿＿过分。

　　A. 想　　　　　　B. 要　　　　　　C. 会　　　　　　D. 能

16. 一个商人模样的人,＿＿＿就买了 20 套。

　　A. 一个劲　　　　B. 一股脑　　　　C. 一心　　　　　D. 一下子

17. 两国外长＿＿＿认为,本地区国家应该加强合作。

　　A. 一律　　　　　B. 一贯　　　　　C. 一概　　　　　D. 一致

18. 考试应提前到场,＿＿＿因堵车而迟到。

　　A. 以免　　　　　B. 否则　　　　　C. 可见　　　　　D. 除非

19. 市民不希望买到假货,＿＿＿是食品。

　　A. 甚至　　　　　B. 始终　　　　　C. 分别　　　　　D. 尤其

20. 医院实行了新的制度,＿＿＿,白天看不上病的患者也能看上专家门诊了。

　　A. 于是　　　　　B. 这样一来　　　C. 因此　　　　　D. 接着

21. 敬爱的爱和恋爱的爱＿＿＿有些什么区别呢?

　　A. 终究　　　　　B. 总算　　　　　C. 到底　　　　　D. 始终

22. 牛老师＿＿＿有几十年的工作经验了,知道如何对待这样的学生。

　　A. 总算　　　　　B. 还是　　　　　C. 甚至　　　　　D. 毕竟

23. 其他的织女犹豫了一会儿,＿＿＿点头赞成了。

　　A. 终于　　　　　B. 毕竟　　　　　C. 接连　　　　　D. 难怪

24. 咱们_____加一把劲,就能成功。

    A. 更   B. 再   C. 越   D. 还

25. 真正成就一番大业的人,_____能经受住逆境的考验,_____能经得起顺境的考验。

    A. 尽管……可是   B. 不仅……也   C. 既然……就   D. 无论……都

26. 那是一个是非颠倒的年代,社会秩序一_____混乱。

    A. 份   B. 丝   C. 块   D. 片

27. 大家都兴高采烈,_____举杯向一个年轻人祝福。

    A. 频频   B. 常常   C. 渐渐   D. 往往

28. 她 19 岁,又小又黑,但有一_____活力四射的脸。

    A. 副   B. 套   C. 张   D. 门

29. 他_____每一次成功_____,首先想到的总是自己的不足。

    A. 在……之后   B. 从……以后   C. 打……之后   D. 离……以后

30. 我预约的时间是三点,_____现在已经四点了。

    A. 却   B. 而   C. 并且   D. 同样

第五组

一、位置题

1. 如果家里人不阻拦 A 的话 B,他每天早晨六点钟就起 C 床 D。

    了

2. A 面对着 B 固执的 C 姑娘,他无奈地摇着 D 头。

    这个

3. A 开始 B 我 C 感觉就像 D 做梦一样,后来才慢慢适应了。

    刚

4. A 博物馆 B 半小时会 C 播放 D 一些短片,其中《飞》最受欢迎。

    每

5. 中印友好 A 有 B 十分 C 坚实 D 的基础。

    着

6. A1996 年,B 有 150 万人 C 死 D 艾滋病。

    于

7. A 进入 90 年代以后,B 庞大的国内旅游市场启动,中国旅游业 C 在统一的大市场内实现国际旅游与国内旅游的 D 融会与发展。

    得以

8. 在日常生活中我们 A 常常发现,不少城市雕塑 B 单体而言 C 尚属佳作,但同其具体环境 D 却难以协调。

    就

9. 看你 A 说 B,我 C 怎么是那种 D 人?

    的

10. A 这电影不错吧,B 听说在 C 国外 D 得了大奖。

　　　　还

二、多项选择题

11. 许多人不喜欢在家里呆着,这_____与他们的生活水平较高有关,_____与他们游牧祖先的生活习俗有关。

　　A. 固然……也　　　　B. 虽然……但是　　　　C. 不是……而是　　　　D. 既然……就

12. _____吃自助餐_____应当有所节制。

　　A. 何况……也　　　　　　　　　　　　　　B. 即使……也

　　C. 别说……都　　　　　　　　　　　　　　D. 尽管……可是

13. _____近年来人们文化生活更丰富了,_____13 亿老百姓对春节晚会仍然抱有极大的热情,期待它能做得更好。

　　A. 尽管……但是　　　B. 不但……而且　　　C. 如果……那么　　　D. 就算……也

14. 清理空调器电路区时,千万不能用水擦洗,_____引发短路现象。

　　A. 省得　　　　　　　B. 免得　　　　　　　C. 甚至于　　　　　　D. 以至于

15. 处变而不惊是一种_____的心理素质。

　　A. 难得　　　　　　　B. 难免　　　　　　　C. 难怪　　　　　　　D. 难道

16. _____我的家人或朋友_____觉得我的工资少了点儿。

　　A. 连……都　　　　　B. 除非……否则　　　C. 不但……而且　　　D. 无论……都

17. 节目主持人_____记者的身份走上前去。

　　A. 拿　　　　　　　　B. 用　　　　　　　　C. 以　　　　　　　　D. 凭

18. 投资公司会帮你提高管理水平,_____实现企业和 投资公司的双赢。

　　A. 好　　　　　　　　B. 以　　　　　　　　C. 而且　　　　　　　D. 因此

19. 汽车都装有后视镜,_____司机观察车后情况。

　　A. 要不然　　　　　　B. 免得　　　　　　　C. 以便　　　　　　　D. 以至于

20. 她所嫁的不只是个农夫,_____个诗人。

　　A. 就是　　　　　　　B. 还是　　　　　　　C. 而是　　　　　　　D. 却是

21. "咚咚咚!"_____敲门声打破了寂静。

　　A. 一番　　　　　　　B. 一会儿　　　　　　C. 一下　　　　　　　D. 一阵

22. 等了半天她也没来,该不会白跑一趟_____?

　　A. 呢　　　　　　　　B. 吗　　　　　　　　C. 嘛　　　　　　　　D. 吧

23. 听了老师的话,大家_____坐下去。

　　A. 这才　　　　　　　B. 接连　　　　　　　C. 接着　　　　　　　D. 于是

24. 过年_____,喜庆就成,东西的价钱无所谓。

　　A. 嗨　　　　　　　　B. 喽　　　　　　　　C. 哟　　　　　　　　D. 嘛

25. 阿宝还看见,书上面画着两只漂亮的猫咪,书名_____,就叫《真猫咪阿花和假猫咪阿宝》。

　　A. 呢　　　　　　　　B. 吗　　　　　　　　C. 呗　　　　　　　　D. 吧

26. 我总想看一个人,一个_____的人。

  A. 我快十年都没见过面　　　　　　　　B. 我十年快都没见过面

  C. 快十年都我没见面过　　　　　　　　D. 我都十年快没见面过

27. 看你的脸蛋儿抹得像个小花猫_____。

  A. 罢了　　　　　　B. 的话　　　　　　C. 似的　　　　　　D. 就是了

28. "数码世界"_____人们的平均计算能力也大为下降。

  A. 叫　　　　　　B. 被　　　　　　C. 使　　　　　　D. 把

29. 新年最大的愿望,就是把攒的钱花_____。

  A. 过去　　　　　　B. 上去　　　　　　C. 出去　　　　　　D. 下去

30. 那里没有那么多的名胜古迹可_____参观游览。

  A. 供　　　　　　B. 给　　　　　　C. 来　　　　　　D. 让

第六组

一、位置题

1. 母亲节 A 一天,奥克兰 B 动物园里顺利地降生了 C 一头 D 长颈鹿。

    这

2. A 自然保护区和国家森林公园 B 这些 C 生态环境和物种多样 D 为特色的旅游景点受到
  了 严重影响。

    以

3. A 遇 B 大事看勇气,C 患难之中 D 见真情。

    每

4. 在郊区 A 买房,B 能选择到环境优美、价格实惠的住房,但是 C 在郊区 D 居住却会有诸
  多的不便。

    固然

5. A 依我看,B 在我们单位,C 能跟您比,您这活儿,D 没挑儿。

    谁

6. A 这些古代艺术品 B 让人叹为观止,C 使人觉得更像是梦幻 D 不是现实。

    而

7. 我 A 喜欢 B 尽可能 C 地知道这个世界上我所不 D 知道的事情。

    多

8. A 这个 B 电影我看过 C 了,没 D 意思。

    什么

9. 除了 A 对成年人的锻炼建议外,该报告也要求 B 年轻人每天至少锻炼一小时,因为目前
  美国有太多的 C 成年人体重 D 超标。

    未

10. 我 A 现在的动作 B 快多了,C 连妈妈 D 表扬我了。

    都

二、多项选择题

11. 郑师傅开车经过天坛时,好像_____。
　　A. 听到有人大声喊叫后面　　　　　　　C. 听到后面有人大声喊叫
　　B. 有人听到大声后面喊叫　　　　　　　D. 大声喊叫有人后面听到

12. 南城接连发生两_____暴力事件。
　　A. 起　　　　　　B. 份　　　　　　C. 块　　　　　　D. 片

13. 中国人为什么过年?_____希望在年里塑造一种团聚、欢乐、祥和与平安的生活。
　　A. 倒是　　　　　　B. 就是　　　　　　C. 却是　　　　　　D. 也是

14. 晶晶买了一本故事书,书里面有很多好玩的故事,晶晶_____喜欢_____!
　　A. 可……了　　　　B. 挺……的　　　　C. 是……的　　　　D. 还……呢

15. 想起过去的生活,我_____觉_____睡不着。
　　A. 连……都　　　　B. 什么……也　　　　C. 怎么……都　　　　D. 哪儿……也

16. 他的妻子所在的工厂发_____工资。
　　A. 不得　　　　　　B. 不过　　　　　　C. 不了　　　　　　D. 不去

17. _____今后就这样做一个勤杂工不成?
　　A. 何必　　　　　　B. 难道　　　　　　C. 何尝　　　　　　D. 何不

18. 他想跟她打招呼,却_____忘了她的名字。
　　A. 缓缓　　　　　　B. 暗暗　　　　　　C. 偏偏　　　　　　D. 明明

19. 他26岁时当了司机,在这个公司里_____干_____是34年。
　　A. 一……就　　　　B. 刚……就　　　　C. 又……又　　　　D. 边……边

20. 这与中国人的观念_____相反。
　　A. 凑巧　　　　　　B. 刚刚　　　　　　C. 碰巧　　　　　　D. 恰恰

21. 在大街上转了半天,却想不_____要干什么。
　　A. 过来　　　　　　B. 上来　　　　　　C. 起来　　　　　　D. 下来

22. 由于我们这方面的底子薄弱,_____我们出版工作者的工作尚有差距,所以效果不太好。
　　A. 然而　　　　　　B. 因而　　　　　　C. 甚至　　　　　　D. 再加上

23. 稍微懂得一点历史的人都知道,人类历史上曾流行_____许多崇拜。
　　A.了　　　　　　　B. 过　　　　　　　C. 着　　　　　　　D. 来着

24. 有些工作岗位_____需要大学本科学历才能胜任。
　　A. 格外　　　　　　B. 向来　　　　　　C. 甚至　　　　　　D. 特地

25. 这种矛盾现象_____令人难以理解。
　　A. 实在　　　　　　B. 照例　　　　　　C. 果然　　　　　　D. 竟然

26. 他们知道得_____多,理解得就_____深。
　　A. 越……越　　　　　　　　　　　　　B. 一面……一面
　　C. 更……更　　　　　　　　　　　　　D. 一会儿……一会儿

27. _____没走到他的房间,就听到孩子们在大声说笑。
　　A. 再　　　　　　　B. 仍　　　　　　　C. 还　　　　　　　D. 又

28. 事故发生以后,政府_____下令对此展开调查。

    A. 顿时　　　　　　B. 随即　　　　　　C. 一时　　　　　　D. 随时

29. 我们提前到达,_____。

    A. 一个小时比原计划早了　　　　　C. 比原计划早了一个小时

    B. 比原计划一个小时早了　　　　　D. 早比原计划一个小时了

30. 无奈_____,我只好给他打了电话。

    A. 之下　　　　　　B. 之内　　　　　　C. 之间　　　　　　D. 之后

第七组

一、位置题

1. A 父母 B 生育了子女,C 要 D 对他们负责。

     自然

2. A 小时候 B 父母 C 说,做事情 D 不能半途而废。

     总是

3. 科学 A 不是 B 万能的,但真正的科学 C 总是 D 带来无限可能。

     可以

4. A 由于 B 缺少自来水,洗一次衣服最少 C 要 D 一个小时。

     也

5. 他 A 获得的成功可能 B 是有些人 C 想都没 D 想过的。

     所

6. A 在南下的火车 B 出发 C 前三分钟,她 D 乘坐的火车进站了。

     就

7. A 昨天晚上我在家里 B 看 C 电视,D 凌晨三点多。

     到

8. 我们 A 的祖国,B 是 C 需要 D 这种精神啊!

     多么

9. A 靠退休金不能 B 维持生活,C 我 D 出来工作。

     只能

10. 我 A 不明白 B 爷爷 C 为什么这样 D 做。

     至今

二、多项选择题

11. 对群众提出的问题,这个年轻的党委书记_____作了回答。

    A. 一一　　　　　　B. 一味　　　　　　C. 一时　　　　　　D. 一点

12. 她_____演出所得无偿捐献给生活在福利院的同龄人。

    A. 为　　　　　　　B. 从　　　　　　　C. 给　　　　　　　D. 将

13. 多么危险我们_____要往上冲啊!

  A. 就   B. 也   C. 并   D. 该

14. 鸭子老得让你煮＿＿＿＿煮不烂。

  A. 却   B. 则   C. 才   D. 也

15. 我们＿＿＿＿地喊加油！两名运动员更紧张了。

  A. 一股脑   B. 一个劲   C. 一直   D. 一门心思

16. 他＿＿＿＿挥着手，＿＿＿＿向我大声说着什么。

  A. 一时……一时   C. 又……又

  B. 一会儿……一会儿   D. 一面……一面

17. 来来往往的人流中＿＿＿＿地传来北京话。

  A. 不时   B. 暂时   C. 一时   D. 有时

18. 我们＿＿＿＿没料到，他们这么挑剔。

  A. 千万   B. 万万   C. 万一   D. 万分

19. 机器＿＿＿＿发生意外损坏没有办法自己维修，就只能向厂家求救。

  A. 尽管   B. 既然   C. 虽然   D. 一旦

20. 他的主张，遭到了舆论的＿＿＿＿批评。

  A. 一律   B. 一贯   C. 一概   D. 一致

21. 信仰不仅使人与动物区别＿＿＿＿，而且它还是你走向成功的起点。

  A. 过来   B. 下来   C. 上来   D. 开来

22. 中国人年夜饭重团聚的核心内容＿＿＿＿没变。

  A. 虽然   B. 依然   C. 猛然   D. 毅然

23. 王平＿＿＿＿车上一坐就是整整 5 个小时。

  A. 朝   B. 向   C. 往   D. 冲

24. 没有谁，地球都＿＿＿＿转。

  A. 照常   B. 照旧   C. 照例   D. 照样

25. 他在上海，女朋友＿＿＿＿去了西藏。

  A. 都   B. 则   C. 还   D. 曾

26. 她常常看电影，＿＿＿＿全班同学想知道最近演什么电影都来问她。

  A. 看来   B. 还是   C. 否则   D. 以至于

27. 路远得像是没有尽头，可她还是不停地走＿＿＿＿。

  A. 下来   B. 起来   C. 下去   D. 过来

28. ＿＿＿＿接到他的来信，那件事也许＿＿＿＿会渐渐地淡忘了。

  A. 要不是……就 B. 尽管……也 C. 虽然……但是 D. 如果……那么

29. ＿＿＿＿听说不准随便问女孩子的年龄吗？

  A. 不   B. 非   C. 未   D. 没

30. 我这就要回国了，＿＿＿＿你愿意，我们俩可以一块回去。

  A. 如果   B. 除非   C. 尽管   D. 即使

第八组

一、位置题

1. A 老胡 B 快要 C 绝望的时候, D 来电话了。
　　正当

2. 今晚 A 去是不可能的, 而明天 B 午休的时间 C 太短, 只有明天 D 晚上去了。
　　又

3. 对不起, 我并不 A 认识你, 但 B 想 C 你 D 帮个忙!
　　求

4. 他 A 皱起了眉头, B 一个头发蓬松, 衣领歪斜的人 C 晃晃悠悠 D 走了出来。
　　只见

5. A 这 B 拨动了他的心弦, C 他 D 记起一件刻骨铭心的往事。
　　使

6. A 我 B 已经快 80 岁了, 可他们 C 说我 D 还不到 60 岁。
　　看起来

7. 我们要 A 有超前意识, 要 B 把 C 先进的科学技术 D 到生产中去。
　　运用

8. 21 世纪的文盲不 A 是 B 单纯不 C 识字的文盲, 不 D 懂计算机就是文盲。
　　再

9. 我 A 打算 B 请来技术员, C 挑一些能力强的先学会, 再普及, D 人人都会。
　　争取

10. A 到家了, 他 B 掏出手巾 C 擦擦汗, D 又掏出钥匙打开门。
　　总算

二、多项选择题

11. 你不要说了, 我_____去讨饭, _____要把你的病治好。
　　A. 固然……也　　　　　　　　　　C. 虽然……但是
　　B. 尽管……但是　　　　　　　　　D. 就是……也

12. 为了节省开支, 秀子_____。
　　A. 在附近租了间房子两人住
　　B. 租了间房子在附近两人住
　　C. 在附近两人住租了间房子
　　D. 两人租了间房子在附近住

13. 你别吵了, 我这样做_____不是为了你!
　　A. 就　　　　　　B. 还　　　　　　C. 却　　　　　　D. 都

14. 真难为你了! 你也_____太辛苦了, 累伤了身子。
　　A. 别　　　　　　B. 勿　　　　　　C. 不　　　　　　D. 没

15. 我几次想问她, 可是话到嘴边又咽了_____。

A. 下来　　　　　　B. 下去　　　　　　C. 过去　　　　　　D. 起来

16. 他工作认真,训练积极,时常_____连长的表扬。

　　A. 遭受　　　　　　B. 受到　　　　　　C. 挨　　　　　　　D. 遭遇

17. 他病急乱投医,便拨了_____的电话号码。

　　A. 他几个根本不知道谁是主人　　　　B. 几个他根本不知道主人是谁

　　C. 几个他不知道主人根本是谁　　　　D. 他根本不知道主人是谁几个

18. 老乡,你_____放心,我一定帮你的忙!

　　A. 尽力　　　　　　B. 尽量　　　　　　C. 尽管　　　　　　D. 全力

19. 谢老师推辞_____,便如约到了餐馆。

　　A. 不起　　　　　　B. 不去　　　　　　C. 不到　　　　　　D. 不掉

20. 电梯在上上下下,_____游乐园里的过山车一样。

　　A. 似乎　　　　　　B. 好像　　　　　　C. 比如　　　　　　D. 比例

21. 这条蛇_____。

　　A. 他吓得出一身冷汗了　　　　　　　B. 吓得他出了一身冷汗

　　C. 吓得他一身冷汗出了　　　　　　　D. 他吓得出了一身冷汗

22. 各大报纸刊登文章高度评价,称这本书填补了一_____空白。

　　A. 笔　　　　　　　B. 片　　　　　　　C. 阵　　　　　　　D. 项

23. 老王早上5点半起床,_____才到了省城。

　　A. 坐了的三轮车将近一个小时　　　　B. 坐了将近一个小时的三轮车

　　C. 将近坐了三轮车的一个小时　　　　D. 坐了一个小时将近的三轮车

24. 做点绿豆汤吧,反正绿豆放着_____放着。

　　A. 还是　　　　　　B. 也是　　　　　　C. 就是　　　　　　D. 倒是

25. 你怎么知道我是来画画的画家_____?

　　A. 吗　　　　　　　B. 呢　　　　　　　C. 吧　　　　　　　D. 呗

26. 他那一天晚上没睡好觉,香港人对解放军的态度_____会怎么样?

　　A. 终究　　　　　　B. 毕竟　　　　　　C. 竟然　　　　　　D. 到底

27. _____的便宜,我就买谁的。

　　A. 什么　　　　　　B. 谁　　　　　　　C. 哪个　　　　　　D. 哪儿

28. _____他的强烈要求_____,厂长同意了我们的条件。

　　A. 在……下　　　　B. 在……上　　　　C. 在……方面　　　D. 在……之间

29. 坐火车时间太长,_____,我们坐飞机去。

　　A. 要不　　　　　　B. 这才　　　　　　C. 要是　　　　　　D. 这不

30. _____你们都在家,今天我们就潇洒一回,去酒店订个包桌。

　　A. 难道　　　　　　B. 难得　　　　　　C. 很难　　　　　　D. 难度

第九组

一、位置题

1. A 20 世纪 80 年代，B 大学生们 C 是 D 天之骄子。

        真正

2. A 我 B 没去参加他的婚礼，只 C 人 D 带了个礼品包过去。

        托

3. A 过去 B 电视台极少，C 上一次电视 D 可不得了。

        那

4. A 亲戚关系，就 B 凭他以前无私帮助过我，这件事 C 我 D 也得硬着头皮去问一问。

        不说

5. 村里 A 没 B 开过这样大的会了，C 所以 D 大家早早就到了场。

        很久

6. A 办公室的工作 B 千头万绪，C 真 D 他应付的了。

        够

7. 过几天 A 我女儿，哦，B 你那个侄女 C 要出嫁，喝喜酒的事 D 需要你张罗张罗。

        就是

8. A 这时 B 服务小姐 C 开始发 D 纪念品的公文包。

        作为

9. 我看，A 我们 B 还是到外面等着吧，C 这里也 D 没有我们的事。

        反正

10. A 那年 B 他 C 已经 28 岁了，D 独身。

        仍然

二、多项选择题

11. 每跟他聊一次天，我们就增添了 _____ 生活的自信。

    A. 一番　　　　　B. 一份　　　　　C. 一块　　　　　D. 一片

12. 老师傅的态度不好，可是话又说 _____ ，他补鞋的手艺真是好。

    A. 过去　　　　　B. 过来　　　　　C. 起来　　　　　D. 回来

13. _____ 如此，我的心里 _____ 有点儿不舒服。

    A. 尽管……还是　B. 假使……就　　C. 虽然……但是　D. 不但……而且

14. 我看看四周，没别的人，老人 _____ 是和我说话了。

    A. 显得　　　　　B. 显然　　　　　C. 显著　　　　　D. 显眼

15. 我不敢确定她就是王静，_____ 七八年没见面了。

    A. 总算　　　　　B. 总是　　　　　C. 究竟　　　　　D. 毕竟

16. 我看见这个红富士苹果，_____ 想起了往事。

    A. 一股脑　　　　B. 一直　　　　　C. 一下子　　　　D. 一个劲儿

17. 我一直在寻找那个 _____ 我书包里放铅笔的人呢！

    A. 朝　　　　　　B. 向　　　　　　C. 往　　　　　　D. 冲

18. 售票员,请_____。

　　A. 在五道口记住叫我下车　　　　　　B. 记住在五道口叫我下车

　　C. 记住叫我下车在五道口　　　　　　D. 叫我记住在五道口下车

19. _____事情没什么大不了的,可让他给弄得没法收拾了。

　　A. 本来　　　　B. 原来　　　　C. 本　　　　D. 后来

20. 最近工作忙乱,_____欠你钱的事情都给忘记了。

　　A. 拿　　　　B. 把　　　　C. 用　　　　D. 向

21. 琴_____是我表妹,_____还是我早时的同班好友。

　　A. 又……又　　B. 不仅……而且　　C. 有时……有时　　D. 不但不……反而

22. 我觉得字写得确实不_____,可嘴里夸个不停。

　　A. 怎么　　　　B. 怎么样　　　　C. 什么样　　　　D. 哪样

23. _____老是我一个人讲,下面,我想听听群众的意见。

　　A. 不能　　　　B. 不会　　　　C. 不准　　　　D. 不得

24. _____长得不好,你不满意?_____长得漂亮,你怕事情不成?

　　A. 不是……就是　　B. 不是……而是　　C. 是……还是　　D. 是……不是

25. 朋友的故事讲完了,大家还沉默地坐_____。

　　A. 着　　　　B. 过　　　　C. 了　　　　D. 来着

26. 陈其急了,连忙说:"我去,我去,我去还_____吗?"

　　A. 不可以　　　　B. 不能　　　　C. 不行　　　　D. 不会

27. 土地局_____的消息传到了个体装修户的耳朵里。

　　A. 要对办公楼进行装修　　　　　　B. 要进行装修对办公楼

　　C. 进行装修要对办公楼　　　　　　D. 对办公楼进行要装修

28. 这样的事对他来说就_____打个哈欠那么容易。

　　A. 比　　　　B. 像　　　　C. 相像　　　　D. 似乎

29. 一同分到这个单位的是个女孩子,长得小巧玲珑,眉眼也还说得_____。

　　A. 过来　　　　B. 上来　　　　C. 下去　　　　D. 过去

30. 你_____的员工是每一个旅馆老板都梦寐以求的。

　　A. 这么　　　　B. 这样　　　　C. 那么　　　　D. 那样

参考答案及题解

分类练习

一、词法的练习

（一）位置题

1. B（主语+"可是"+谓语：表示强调）

2. B（动词词组作定语+"的"+主语《"的"不可缺少》）

3. B

4. D（还……《呢》：表夸张的语气）

5. D（句型：以 A 为 B）

6. B（就+"是/在"：表示加强肯定）

7. D（其实《竟然、毕竟、并非、果然、无疑、甚至、恐怕等语气副词的位置》可以在主语前，也可以在主语后，在本句中强调后句）

8. C（数量词的重叠方式："一"+量+又+"一"+量）

9. B（往往、常常、立刻、连忙等描述动作的副词常在主语后，谓语动词前）

10. C（副词，在动词前，注意意义中的暗示）

11. C

12. D（代词"这、那"可以代替上文说过的内容）

13. C（"名词"+之+"动词、形容词"=名词）

14. B（代词+数量词是常见组合）

15. B（副词 "不妨"表示建议，在主语后）

16. C（副词 "不禁"在动作的主语后，动词前）

17. D（副词 "不免"用在主语后，动词前）

18. C（副词 "才"在这里表示说话人认为动作发生得很晚，一定在主语后）

19. C（副词"干脆"加强语气）

20. B（副词"根本"多用于否定句，句中常有否定词，用于肯定句中时句.中常有"就"）

21. A　　　　22. D　　　　23. B

24. D（"将"在这里相当于"把"）

25. D

26. C（没有多少=不多）

27. D（注意疑问词成对使用的情况）

28. D（注意"有、数(shǔ)、占"这些特殊动词）

29. B	30. C	31. C	32. D	33. A
34. D	35. C	36. B	37. C	38. C
39. A	40. C	41. C	42. D	43. D

44. A（介词"随着"常用在句首）

45. D（特殊动词"为"的意思是"是"）

46. D

47. B（"为"介词。所有介词使用时常见的句型是介词+"名词/代词"+动词,比如:在、对、
向、往、从等介词）

48. D　　　49. D

50. C（"无数":特殊数词,后面常有量词 ）

51. D（"在":介词。在+时间/地点）

52. D（"看"助词。动词重叠+看:表示尝试）

53. D（即="就是"）

| 54. C | 55. C | 56. A | 57. C | 58. B | 59. C |
| 60. D | 61. B | 62. D | 63. A | 64. C | 65. A |

66. D（"给":在口语中可以表示被动,给=被）

67. D（"给"在动词的后面）

68. C	69. C	70. C	71. D	72. C
73. C	74. B	75. D	76. A	77. A
78. D	79. C	80. B

81. A（句中暗含的关系是"即使……也"）

82. C	83. C	84. C	85. C	86. D	87. B
88. C	89. B	90. D	91. D	92. B	93. B
94. D	95. C	96. B	97. C	98. A	99. C
100. B	101. D	102. C	103. C	104. B	105. B
106. A	107. A	108. C	109. D	110. A	111. C
112. C	113. C	114. C	115. A	116. D	117. C

118. C（"有"表示估计）

(二) 多项选择题

1. C（"往、向"可用在动词后,交通工具+动词+"往"）

2. A（"闻名"是动词,它的前面或后面一定有表示地方的名词）

3. B（" 哪":疑问词表示否定）

4. C（"会"表示学习以后的能力,"能"在这里有征求允许的意思）

5. C（"吧"在这里表猜测语气,该……吧? 不是……吧? 另外,"吧"还可以表示建议）

6. B（固定格式 "果然如此""果然不出我所料"这样的句子要大声朗读记忆）

7. D（"所有"强调数量上的全部,"一切"强调种类上的全部）

8. D（"吗"表示疑问语气,难道……吗? 不是……吗? 没有……吗?）

9. B（"一 轮"+比赛/谈判/辩论）

10. D（固定格式:尽管如此、不管怎样,别说……就是……）

11. B（"上"表示超过,"不下"表示不少于）

12. A（"怎么"代替副词,在本句中表示一种"觉得奇怪"的语气;"什么"代替名词;"怎样"也用在动词前,询问方法）

13. A（"不曾"是"从来没"的意思,用在陈述句中;"未曾"也是"从来没有"的意思,陈述句和反问句中都可以）

14. B（"其余"强调"剩下的";"其它"强调"别的";"剩余"是动词）

15. C（"却"表示"有点反常,不合道理"的语气;"竟"重点表示的语气是"吃惊"）

16. C（"啊"表示感叹。"呢"常表示夸张,如:"还……呢! "或加强疑问如:"疑问句+呢? "）

17. A（名词+上:"上"表示这个方面;动词/名词+下:"下"表示处在什么样的条件）

18. A（"该/就要/要/快"+动词+"了"）

19. D（副词"一",固定格式:一……就）

20. D（"再"+动词,表示以后重复做某事;"又"常用来说过去第二次做某事）

21. B（"动词/形容词"+得+补语;状语+地+谓语;定语+的+"名词/代词"）

22. B（"哪"表示否定）

23. A

24. C（"那"表示距离现在较远的时间;"这"表示现在或距离现在较近的时间。）

25. D（……似的=像……一样;如果……的话;只不过……罢了;……好了）

26. B（"凭"表示"根据",常暗示一种原因;"按照"常说明一种方式。）

27. B

28. B（一则+新闻、启示、广告等比较短小的文字;"篇"常用在比较长的文章前作量词）

29. D（"给"引出对象,这个对象常是动词的受益者）

30. D（"可以"表示条件许可,愿意、乐意、肯的主语一定是人或者与人有密切关系的组织）

31. A（"吧"表示建议的语气,固定格式还有"让……吧"）

32. D

33. C（"笔"用在和钱有关的名词前）

34. B（"出"特殊量词,后面常是戏剧、戏,一出戏剧可以有好几场）

35. B

36. D（从……"开始、起"）

37. D（动词+之中 表示在动作的过程中;"之间":两种事物之间）

38. D（"带":表示地方的量词）

39. D（"倒",加强疑问语气）

40. B（一番:"动词+一番",或者"一番+动词"这里的动词常常有个过程,是一段时间）

41. A（一副+"模样/打扮/表情/样子"）

42. A（几乎……都）

43. B

44. B

45. B（已经+动词+了/过,曾经+动词+过）

46. B（"会"可以表示可能）

47. A（"早晚":副词,近义词是"迟早、或早或晚"）

48. B

49. D（还……呢！"呢"表示夸张的语气）

50. A（"刚":副词,表示说话人觉得动作发生在不久以前;"刚才":时间名词,表示说话前不久的时间）

51. C

52. D

53. D（一门+手艺/学问/课程）

54. B

55. B（"一片"+表示抽象意义的词如:"欢呼、空白"）

56. B（"一下子"有"很快" 的意思;"一股脑"强调"全部"的意思;"一口气"重点在做某事中间不停、不休息）

57. D（重要的句子。所,助词。固定格式:所+及物动词+的+名词）

58. C（"为了"引出目的;"为"引出原因）

59. B（"究竟、到底"加强追问的语气）

60. A（"即将"表示某事不久以后发生;"后来、早就"常跟已经发生的动词）

61. B　　　62. C　　　63. D　　　64. D　　　65. B　　　66. D

67. B（"从、打"都是引出动作的起点,"在"表示方位、时间）

68. C（"鉴于"是考虑到某事的意思;"出于"引出目的;"在于"可以引出原因,也可以引出内容）

69. B	70. D	71. C	72. C	73. B	74. B	75. C	76. C	77. A
78. A	79. B	80. B	81. C	82. B	83. C	84. C	85. D	86. A
87. D	88. D	89. C	90. B	91. D	92. A	93. B	94. A	95. D
96. B	97. D	98. B	99. B	100. A	101. A	102. A	103. A	104. A
105. A	106. B	107. B	108. A	109. A	110. C	111. B	112. C	113. C
114. B	115. C	116. B	117. D					

二、句法的练习

（一）位置题

1. B（没有比+名词+更+形容词,表示:名词+最+形容词）

2. D（不是……,又是什么）

3. B（为+名词+所+动词）

4. D（"把"字句,把+名词+给+动词+……）

5. C（被……为）

6. D（"是"在谓语前表示强调）

7. D   8. A

9. D （怎么<么/哪儿/谁/多少>……也）

10. C （"为了/因为"……+而）

11. C （……是为了……）

12. D （"不但/不仅"……反而……）

13. D

14. C （把+宾语+动词+为）

15. A （像……一样）

16. C （"以"+宾语+动词）

17. B （被……为）

18. D （"要有多"+形容词+"就有多"+形容词）

19. D

20. A （"说"+动词+"就"+动词）

21. D （就是……也）

22. D （非……不可）

23. B （……也好，……也好）

24. D （……了……就）

25. D （……，更别说……）

26. C

27. D （说什么也……）

28. D

29. D （只要……就）

30. B （连……都……）

31. C （以……为）

32. C （轻者……重者……）

33. C （趋向补语，"联合/团结/收拾"+起来）

34. D

35. D

36. D （别看……，可是……）

37. C （别说……，就是……也）

38. B

39. D （"再"+形容词+"不过"）

40. D

41. A （要么……，否则……）

42. D （从……到……）

43. A （在……看来）

44. B （随)着(+宾语+动词）

45. A （凡是……，都）

46. D（使令句）

47. B（好不容易才）

48. B（定语的顺序）

49. C（是……的）

50. B　　　51. D　　　52. A　　　53. B　　　54. D　　　55. C

56. D 不是……吗？

57. A

58. B（把……当做……）

59. B　　　60. B　　　61. D

62. B 不仅……而且……

63. B

64. D（虽说……，）但是（……）

65. A（每当……的时候）

66. B（动不动就）

67. A（被字句）

68. D（只有……才……）

69. B（"一"+量词+比+"一"+量词+形容词）

70. D（难道……吗？）

71. D（……，接着……）

72. B

73. D（比……还<更>……）

74. C

75. D（和……差不多）

76. C

(二) 多项选择题

1. B　　2. C　　3. B

4. D（"与其 A 不如 B"的意思是：B 更好。表示选择关系的句型还有：或者 A 或者 B、是 A 还是 B、不是 A 就是 B、宁可 A 也不 B、要么 A 要么 B）

5. D（补语"开来"，表示由范围小到范围大："传播/普及/流行"+开来）

6. C（考点：有宾语又有补语的时候，句子的顺序；趋向补语的否定。建议考生把这句话背下来）

7. C	8. A	9. C	10. C	11. C	12. B	13. B
14. A	15. A	16. B	17. A	18. D	19. A	20. B
21. A	22. A	23. A	24. B	25. A	26. A	27. A
28. C	29. A	30. B	31. B	32. B	33. A	34. C
35. A	36. D	37. A	38. C	39. A	40. B	41. C
42. A	43. B	44. C	45. A	46. B	47. B	48. A

49. A	50. A	51. A	52. A	53. A	54. D	55. B
56. C	57. C	58. B	59. A	60. D	61. A	62. B
63. A	64. B	65. A	66. B	67. A		

68. B（由……组成）

69. C（由于……，再加上……）

70. A

71. C（动词+就+动词，……）

72. A	73. A	74. B	75. D	76. B	77. B
78. A	79. D	80. D	81. D	82. A	83. B
84. B	85. C	86. B	87. D	88. B	

综合练习

第一组

一、位置题

| 1. B | 2. D | 3. B | 4. D | 5. C | 6. A | 7. C | 8. C | 9. D | 10. C |

二、多项选择题

| 11. C | 12. A | 13. B | 14. D | 15. C | 16. D | 17. B | 18. D | 19. B | 20. C |
| 21. C | 22. B | 23. B | 24. D | 25. C | 26. B | 27. C | 28. B | 29. B | 30. D |

第二组

一、位置题

| 1. C | 2. C | 3. C | 4. C | 5. C | 6. D | 7. B | 8. B | 9. B | 10. D |

二、多项选择题

| 11. B | 12. A | 13. A | 14. C | 15. B | 16. B | 17. B | 18. C | 19. C | 20. B |
| 21. A | 22. A | 23. C | 24. C | 25. A | 26. B | 27. A | 28. B | 29. D | 30. A |

第三组

一、位置题

| 1. A | 2. D | 3. C | 4. D | 5. B | 6. D | 7. D | 8. B | 9. C | 10. C |

二、多项选择题

| 11. A | 12. C | 13. B | 14. B | 15. C | 16. C | 17. B | 18. A | 19. B | 20. A |
| 21. B | 22. C | 23. B | 24. A | 25. A | 26. D | 27. B | 28. D | 29. D | 30. B |

第四组

一、位置题

| 1. D | 2. B | 3. A | 4. D | 5. A | 6. C | 7. B | 8. D | 9. C | 10. D |

二、多项选择题

| 11. C | 12. C | 13. B | 14. D | 15. C | 16. D | 17. D | 18. A | 19. D | 20. B |
| 21. C | 22. D | 23. A | 24. B | 25. B | 26. D | 27. A | 28. C | 29. A | 30. B |

第五组

一、位置题

| 1. D | 2. B | 3. A | 4. B | 5. B | 6. D | 7. C | 8. B | 9. B | 10. D |

二、多项选择题

| 11. A | 12. B | 13. A | 14. B | 15. A | 16. A | 17. C | 18. B | 19. C | 20. B |
| 21. D | 22. D | 23. A | 24. D | 25. A | 26. A | 27. C | 28. C | 29. C | 30. A |

第六组

一、位置题

| 1. A | 2. C | 3. A | 4. B | 5. C | 6. D | 7. C | 8. D | 9. C | 10. D |

二、多项选择题

| 11. C | 12. A | 13. B | 14. A | 15. A | 16. C | 17. B | 18. C | 19. A | 20. D |
| 21. D | 22. D | 23. B | 24. C | 25. A | 26. A | 27. C | 28. B | 29. C | 30. A |

第七组

一、位置题

| 1. C | 2. C | 3. D | 4. C | 5. A | 6. A | 7. D | 8. C | 9. D | 10. A |

二、多项选择题

| 11. A | 12. D | 13. B | 14. D | 15. B | 16. D | 17. A | 18. B | 19. D | 20. D |
| 21. D | 22. B | 23. C | 24. D | 25. B | 26. D | 27. C | 28. A | 29. D | 30. A |

第八组

一、位置题

| 1. A | 2. C | 3. C | 4. B | 5. C | 6. D | 7. D | 8. A | 9. D | 10. A |

二、多项选择题

| 11. D | 12. A | 13. B | 14. A | 15. B | 16. B | 17. B | 18. C | 19. D | 20. B |
| 21. B | 22. D | 23. B | 24. B | 25. B | 26. D | 27. B | 28. A | 29. A | 30. B |

第九组

一、位置题

| 1. C | 2. C | 3. D | 4. A | 5. A | 6. D | 7. B | 8. D | 9. C | 10. D |

二、多项选择题

| 11. B | 12. D | 13. A | 14. B | 15. D | 16. C | 17. C | 18. B | 19. A | 20. B |
| 21. B | 22. B | 23. A | 24. C | 25. A | 26. C | 27. A | 28. B | 29. D | 30. B |

第三单元 阅读理解

考试形式和考试策略

一、考试形式

阅读理解共 50 题,答题时间为 60 分钟。这一项试题由两部分组成:

第一部分(20 题):这部分试题,每题为一个句子,每一个句子中都有一个画线的词语,要求考生从句子下面的四个选择项中挑选最接近该画线词语的一种解释。这部分试题主要考查考生对词义(包括一部分词组和习用语)的掌握程度,同时也考查其词汇量能否适应阅读一定难度文章的需要。

第二部分(30 题):这部分试题,分别选择若干篇题材、体裁、长度、难易程度不同的阅读材料,每一篇材料后提出若干个问题,每题有四个选择项,要求考生选择最恰当的答案。这部分试题,主要测试考生的阅读能力和速度。具体要求是:

1. 掌握所读材料的主要用意和大意;

2. 了解所读材料的主要事实和信息;

3. 跳跃障碍,捕捉所需的某些细节;

4. 根据所读材料进行引申和推断;

5. 领会作者的态度和情绪。

请考生注意这部分试题的阅读速度,一般性文章 150 字/分钟,较为复杂的文章 120 字/分钟。

阅读理解这一项试题每题的平均答题时间为 70 秒左右。

二、考试策略

(一) 常见考点

词汇和习用语,20 题。主要考查考生对词义、词语用法和常见习用语的掌握及词汇量的多少。

词汇题的形式是:

容易词

A. 难词　　　　B. 难词　　　　C. 难词　　　　D. 难词

难词

A. 容易词　　　B. 容易词　　　C. 容易词　　　D. 容易词

常用文言词

A. 解释　　　B. 解释　　　C. 解释　　　D. 解释

常用习惯用语

A. 解释　　　B. 解释　　　C. 解释　　　D. 解释

常考的是名词、动词、形容词、副词、特殊量词、口语习惯用语、常用文言词汇等等。所有备选答案难度大体相当；所有备选答案可能涉及同一类事物、活动或同一领域，词性比较统一；各备选答案替换到原句中，整个句子一般通顺而没有语法错误。

词汇题的出题方法是把5253个词分类，按比例组成卷子，常见的分类是：

按难度：60%~70%选自甲、乙级词，30%左右选自丙级词，另有5%左右选自三级词之外。多数题目选自乙级词汇。

按词性：先把5253个词汇按词性划分成名词、动词、形容词、副词、介词等若干类，根据各类所占总体的比重，确定选词的比例。介词、连词等语法功能较强的词汇，常放在语法结构中，而不是词汇试题中。

阅读理解试题的文章来源于当今国内几十种报刊杂志，这些文章题材非常广泛，涉及到社会、政治、文化、史地、文学、科普等多种领域，内容反映了日常生活和社会的各个方面，包括时事新闻、人物趣事、科普教育，或生活常识、思想漫谈、读书杂感、商业广告、公园简介等。

选择的文章有它的特点：常常是新颖独特、非常识性的；内容是充实的、多层次的。

阅读理解中的文章可以分成这样几类：

1. 叙述性文章：根据次序先后叙述一系列事件；

2. 说明性文章：对事件作多方面、多层次的描述，提供充足的细节；

3. 议论性文章：比较或对照两个或两个以上的事物、任务或观点；

4. 解释性文章：解释某种科学道理、社会现象产生的原因。

阅读理解不仅考查学生对字、词、语法结构的掌握情况，还考查对文章中心思想、主要观点、写作目的的概括能力；不仅考查学生获取重要信息的能力，还考查捕捉细节信息的能力；不仅考查学生理解词义、猜测词义的能力，还考查感受文章风格、理解作者态度的能力。

在设计问题方面：

对于文字障碍较大、内容较复杂的材料，常考学生的概括能力，比如：文章的大意是什么？？文章的主要内容是什么？这篇文章最合适的题目是什么？

对于文字较浅显、叙述较有条理的材料，常考查具体的细节和重要的信息，比如：时间、地点、用来比较的各个方面等等。

对于文字较为含蓄委婉的材料，常常提出作者态度、文章风格等方面的问题。

阅读理解考试所考查的能力归纳为三类：

1. 领会大意的能力；

2. 捕捉主要事实和重要细节的能力（注意从反面提出某些问题）；

3. 领会作者态度、情绪或根据文章内容做出推断的能力。

（二）应试策略

决定阅读能力的几个因素是：

1. 词汇量：词汇量越大，阅读能力就越高。

2. 对汉语文章的了解：最理想的状态是，你读了文章的前几句话就知道这篇文章要说什么，可能问一些什么样的问题。要达到这种状态，考生需要阅读大量的不同类型的文章。了解汉语文章的不同特点，慢慢体会它们的结构特点和语言特征。

下面分类练习的设计就是考虑到了以上的因素，所选文章都是能代表汉语特点的文章，通过这种有意识的集中分类练习，考生的阅读能力会在短期内大大提高。

有一些不好的阅读习惯会减慢你的阅读速度，比如：

1. "用手指来读"：就是为了集中注意力，用手指或笔尖指着文章逐词阅读，一遇到生词，便停顿下来。这样不可能对文章产生整体的理解。

2. "用嘴唇来读"：就是在阅读中喜欢读出声来，或者不出声，嘴唇在动，或脑子里也在想着读音。这样无形当中影响了大脑的思维速度。

3. 返回去读：就是在阅读中遇到生词时，从开始重新阅读。

4. 边翻译边读：就是在阅读过程中，不断地进行逐词逐句的翻译，常要求自己对每个词、每句话的意思都非常明白，如果弄不明白，就感到一种挫折感，这也是一种降低效率的阅读方法。

建议考生分成四步阅读：

1. 看问题：可以尽可能快地对文章有一个初步的印象。

2. 扫视全文：对全文的结构和内容安排有个整体的印象。

3. 找答案：按照先后顺序，逐一找出答案。答案在文章中都有对应的句子，找到这个句子，就找到了答案。考生要注意，有很多问题不是直接对应于文章中的句子，需要做出一番推理和思考才能解答出来。

4. 再看问题，对答案：检查答案的合理性和逻辑性。

提高阅读理解能力的方法：

1. 扩大词汇量：考生要有意识地收集一些报刊和社会生活中的常用词，在后面的"二、文章分类练习"中有专门的词汇分类收集，注意记忆。

2. 熟悉汉语语法的特点：特别是练习长句子寻找主语、谓语、宾语的能力。熟悉一些特殊句型的意思。

3. 熟悉汉语文章的特点：汉语文章常常是通过连词连接在一起，通过副词来表达态度，重要的句子常在文章的开头或结尾，有的时候也在文章的中间。

4. 熟悉考试中的常见题材：育儿、环保、新的社会现象、统计结果公布、旅游等是经常出现的。

下面的分类练习及综合练习，都是全真模拟 HSK 考题，考生注意感受这些文章的特点。

分 类 练 习

一、猜词义练习

说明：下面每个句子中都有一个画线的词语，ABCD 四个答案是对这一画线词语的不同解释，请选择最接近该词语的一种解释。

（一）用简单词解释难词

1. 没有想到我的错误竟然发展到如此严重的<u>地步</u>啊！
    A. 步骤   B. 方面   C. 程度   D. 地方

2. 花园新村<u>坐落</u>在常州市西郊。
    A. 位于   B. 降落   C. 生长   D. 影响

3. 这里的建筑富有伊斯兰教<u>色彩</u>。
    A. 颜色   B. 内涵   C. 个性   D. 特点

4. 青少年的心理健康问题不容<u>忽视</u>。
    A. 忘记   B. 不注意   C. 看不起   D. 采纳

5. 中层干部要一直密切注意，直到这些指示最终得到<u>落实</u>。
    A. 执行   B. 考查   C. 尝试   D. 承包

6. 空调这东西冬天使用<u>频率</u>低一点。
    A. 次数   B. 机会   C. 方法   D. 质量

7. 很难说王坚的决定有什么特别<u>动机</u>。
    A. 目的   B. 内容   C. 区别   D. 条件

8. 我说你这不是<u>成心</u>跟我过不去吗？
    A. 打算   B. 纯粹   C. 决定   D. 故意

9. 正因为<u>借鉴</u>了国外的经验，他的企业才能发展得这么好。
    A. 吸取   B. 介绍   C. 总结   D.充实

10. 他<u>圆满</u>完成了领导布置的任务。
    A. 实现   B. 大体   C. 尽力   D. 成功

11. 这样的结果对他来说<u>未必</u>不是件好事情。
    A. 可能   B. 特别   C. 永远   D. 不一定

12. 他是单位里的<u>骨干</u>。
    A. 领导   B. 设计   C. 翻译   D. 能手

13. 微循环系统的衰老是导致整个生命衰老<u>乃至</u>死亡的主因。
    A. 而且   B. 甚至   C. 特别   D. 就是

14. 大伙被这<u>意外</u>的惊喜诱惑得失去了理智。
    A. 高明   B. 满意   C. 盼望   D. 想不到

15. 经姑娘父母的<u>再三</u>催促，李刚就和梦中情人一起步入了婚姻的殿堂。
    A. 提前   B. 自然   C. 真心   D. 多次

16. 现代人总是忙于工作，<u>无暇</u>放松自己的身心。
    A. 没心情   B. 不感兴趣   C. 没办法   D. 没时间

17. 他目送着学生，清脆的声音<u>犹</u>如打湿了翅膀的蝴蝶。
    A. 扰乱   B. 分散   C. 好像   D. 模拟

18. 他向上级承认了自己工作中的一些<u>过失</u>。
    A. 成绩   B. 经验   C. 教训   D. 错误

19. 奶奶想把这 500 元钱拿出来买药，但想了想，<u>不妥</u>，又放下了。

    A. 不放心   B. 不支持   C. 不了解   D. 不合适

20. 市长要到外地出差,我当然陪同前往。

    A. 旅行   B. 去   C. 离开   D. 参观

21. 本商厦对贵公司无比信任。

    A. 产生   B. 一点也不   C. 非常   D. 比较

22. 妈妈劝了又劝,但是爸爸丝毫不动心。

    A. 感动   B. 留恋

    C. 专心   D. 改变主意

23. 从小娇生惯养的他终于会体贴人了!

    A. 支援   B. 思考   C. 组织   D. 照顾

24. 加入我们的旅行社吧,一起领略云南风光。

    A. 欣赏   B. 复制   C. 摆弄   D. 拍摄

25. 看见我们进来,几个男孩子索性站了起来。

    A. 一下子   B. 干脆   C. 立刻   D. 始终

26. 这件工艺品既和房间的摆设协调,又使人感到醒目精巧。

    A. 吃惊   B. 美观   C. 突然   D. 明显

27. 记者经过不懈努力终于采访到了第一手材料。

    A. 不放松   B. 巧妙   C. 长久   D. 热烈

28. 有关单位应该原原本本地公布事件真相。

    A. 照片   B. 实情   C. 结果   D. 数据

29. 要是没有当初那 10 万元的债务该多好啊!

    A. 过去   B. 将来   C. 开始   D. 前面

30. 你千万不要错过这次旅游的好机会。

    A. 接受   B. 误解   C. 创造   D. 失去

31. 即使是有能力还不够,还要有过硬的心理素质。

    A. 强大   B. 稳定   C. 薄弱   D. 良好

32. 今天来的人远远不止这个数目。

    A. 超过   B. 达到   C. 增加   D. 减少

33. 这是一家效益相当好的大公司。

    A. 持续   B. 非常   C. 逐渐   D. 反而

34. 这是记者从新闻发布会上获悉的。

    A. 熟练   B. 解决   C. 得知   D. 成功

35. 学生在购买香味文具时一定要慎重。

    A. 预测   B. 估计   C. 小心   D. 计算

36. 在花样繁多的各种促销手段中,打折是最常用的一种。

    A. 表现   B. 网络   C. 设想   D. 方法

37. 她们是在打电话咨询此事后才知道事情的原因的。

    A. 寻找   B. 研究   C. 了解   D. 涉及

38. 那种幸福的感觉真是没法用语言表达,没当过妈妈的人是体会不到的。
    A. 明白   B. 感受   C. 接触   D. 模仿

39. 清晨雨后,每一朵花都显得格外绚丽。
    A. 各自   B. 特别   C. 竟然   D. 反复

40. 他见到陌生人,总是腼腆地无声地笑笑。
    A. 害羞   B. 沉默   C. 热情   D. 主动

41. 学校为解决家长的问题,特精心挑选一批有责任心、能力强的老师进行现场答疑。
    A. 自觉   B. 认真   C. 勇敢   D. 努力

42. 我端详着那位中年挑夫,惊异于他健壮的身板。
    A. 询问   B. 观察   C. 陪伴   D. 送别

43. 前往承德避暑山庄的游客可以在那里观赏到大型民俗表演。
    A. 看   B. 听   C. 玩   D. 参加

44. 春暖花开,大部分地区的气温将逐渐回升。
    A. 慢慢   B. 按时   C. 来得及   D. 尽量

45. 不管你的态度怎么样,反正我不赞成。
    A. 参加   B. 等候   C. 同意   D. 包括

46. 来到售票口,二人排到队伍的末尾。
    A. 最后   B. 拐弯   C. 优势   D. 中间

47. 天天盼着回家,真到了这一天,又舍不得走了。
    A. 等候   B. 策划   C. 思索   D. 希望

48. 三国鼎立局面持续了三百年左右。
    A. 情况   B. 困难   C. 变动   D. 策略

49. 下面这些话你都掌握了吗?
    A. 商量   B. 学会   C. 交流   D. 同意

50. 张俊峰又何尝不知道自己创业的艰难呢?
    A. 能否   B. 何必   C. 为什么   D. 怎么

51. 他把一生的心血和精力献给了草原。
    A. 努力   B. 财富   C. 积累   D. 经验

52. 工厂人手不够,需要雇两个工人,包吃包住。
    A. 保证   B. 管理   C. 更换   D. 攻击

53. 他为了发展自己的爱好,不惜辞去工作。
    A. 自愿   B. 舍得   C. 爱好   D. 计划

54. 大家不要拘束,随便谈谈自己的观点。
    A. 忘记   B. 受限制   C. 矛盾   D. 争论

55. 大家打量着这个刚进来的陌生人。
    A. 询问   B. 看   C. 说   D. 估计

56. 大厅里陈列着他们过去得过的奖杯。
    A. 摆放   B. 观赏   C. 收拾   D. 触摸

57. 刚刚比赛完,他觉得很疲劳。
    A. 高兴   B. 失望   C. 累   D. 激动

58. 国家领导人出席了这次春节联欢晚会。
    A. 建议   B. 批准   C. 组织   D. 参加

59. 过去的人们常常歧视妇女。
    A. 看不起   B. 教育   C. 麻烦   D. 帮助

60. 今天的聚会他不见得来。
    A. 竟然   B. 肯定   C. 同样   D. 不一定

61. 事情太多了,我简直不知道从什么地方着手。
    A. 休息   B. 开始   C. 摆弄   D. 操作

62. 他打开窗户,向外张望。
    A. 比划   B. 抛弃   C. 叫嚷   D. 看

63. 他的热情的话语感染了我。
    A. 影响   B. 动摇   C. 惹恼   D. 欺骗

64. 他是一个有远大抱负的人。
    A. 计划   B. 心胸   C. 理想   D. 路程

65. 他虽然年纪大了,可是动作敏捷。
    A. 优美   B. 夸张   C. 适当   D. 迅速

66. 无数的事实已经证明了这一点。
    A. 数不清   B. 例外   C. 发生   D. 有的

67. 因为他有个得力的助手,所以这次活动举办得很成功。
    A. 专业   B. 随和   C. 热情   D. 能干

68. 这次活动请同学们踊跃参加。
    A. 积极   B. 报名   C. 集中   D. 按时

69. 这次来得仓促,没有给你带礼物。
    A. 合适   B. 匆忙   C. 及时   D. 满意

70. 周末就是每个家庭放松的时候,采购是必不可少的一项。
    A. 买东西   B. 聊天   C. 看电视   D. 野餐

71. 第二车间已经连续六个月没有生产出次品了。
    A. 高科技产品   B. 优等品
    C. 不合格产品   D. 畅销产品

72. 经过他的努力,工作的事很快有了着落。
    A. 结果   B. 改善   C. 希望   D. 考虑

73. 那面墙很白,上面涂抹的广告显得分外刺眼。
    A. 气派   B. 时常   C. 特别   D. 稍微

74. 钱是次要的,只要你喜欢,我就给你买。
    A. 不重要   B. 有压力   C. 缺少   D. 富裕

75. 如今的北京,高楼林立,四合院和胡同已经成为旅游景点了。

A. 现在   B. 当时   C. 像这样   D. 晴天

76. 他反复解释自己只不过是想了解一下情况,并没有别的意思。

     A. 主动   B. 进一步   C. 多次   D. 再一次

77. 他这样做自有他的苦衷。

     A. 劳累   B. 真心   C. 计划   D. 无奈

78. 这次活动可以带配偶。

     A. 行李   B. 机器   C. 食物   D. 爱人

（二）用难词解释简单词

1. 一定要把好质量关。

     A. 掌握   B. 抓住   C. 保卫   D. 巩固

2. 早上 10 点,汽车正往回开着,天突然下起了雨。

     A. 发动   B. 行驶   C. 行动   D. 运转

3. 刚开张没有几天,这家小店的顾客还不是很多。

     A. 营业   B. 合并   C. 独立   D.改良

4. 没有得到别人的许可就不能乱动别人的东西。

     A. 混乱   B. 打扰   C. 互相   D. 随便

5. 现在虽然收入提高了,可是时间却没有了。

     A. 工资   B. 能力   C. 成绩   D. 警惕性

6. 他偷偷摸摸的,就像去做什么见不得人的事。

     A. 不光彩   B. 看不见

     C. 受不了   D. 看不下去

7. 著名选手张连伟不负众望,夺得男子职业组冠军。

     A. 辜负   B. 盼望   C. 符合   D. 适用

8. 在这里,你可以圆你少年时的梦。

     A. 实现   B. 满足   C. 创立   D. 破坏

9. 职工们不讲奖金,不讲待遇。

     A. 考虑   B. 谈论   C. 宣传   D. 追求

10. 听到这个消息,妈妈连晚饭也没心思做了。

     A. 时间   B. 地方   C. 心意   D. 兴致

11. 这个女人长得一般,不过挺会打扮。

     A. 竟   B. 很   C. 反而   D. 果然

12. 这家人家的壮劳力常常外出,只留下一个老婆婆看屋。

     A. 观赏   B. 照顾   C. 打扫   D. 收集

13. 买一台彩色电视机,需要我们不吃不喝攒上五年。

     A. 发展   B. 积累   C. 联系   D. 关照

14. 天气晴朗,昨天不少市民都走出了家门。

     A. 很多   B. 多数   C. 有些   D. 少数

15. 本来今天心情不错，谁知碰上个不讲理的顾客。

      A. 不知道   B. 没想到   C. 后来   D. 终于

16. 不一会儿，云散雨收，又是一个晴朗的天空。

      A. 长久   B. 不久   C. 顿时   D. 然后

17. 净化环境是清洁工的份内事。

      A. 职责   B. 日常   C. 乐趣   D. 理想

18. 参加这次活动的人，粗略统计已不下万人。

      A. 不到   B. 超过   C. 也许   D. 到达

19. 大富大贵并不重要，每天开心平安就好。

      A. 学习   B. 锻炼   C. 高兴   D. 有兴趣

20. 冬天如果不注意及时增减衣服就爱感冒。

      A. 传染   B. 流行   C. 喜欢   D. 容易

21. 饭菜很可口，但是价钱难以接受。

      A. 干净   B. 好吃   C. 有营养   D. 油腻

22. 好在几个会游泳的游客见义勇为，把她给救了起来。

      A. 还是   B. 竟然   C. 随即   D. 幸亏

23. 关于未来你有什么打算吗？

      A. 计划   B. 经验   C. 问题   D. 解释

24. 考试以前，妈妈不让我看电视。

      A. 喜欢   B. 允许   C. 主张   D. 帮助

25. 难道我还不如老高吗？他能请 40 桌，我为什么不能？

      A. 比不上   B. 好像   C. 不像   D. 超过

26. 你抽空到我这儿来一趟，咱们商量一下合作的具体事宜。

      A. 自愿   B. 最好   C. 乐意   D. 找时间

27. 企业的出路就在于采用新的技术。

      A. 希望   B. 未来   C. 改革   D. 关键

28. 他们的服务周到热情，受到群众的欢迎。

      A. 主动   B. 耐心   C. 全面   D. 特殊

29. 他真想对小孩子发一通脾气，可忍了忍，还是忍住了。

      A. 友好   B. 帮助   C. 解释   D. 发怒

30. 听到辛苦养大的儿子说出这样的话，她感到十分心酸。

      A. 欣慰   B. 难过   C. 幸福   D. 意外

31. 这本教材太深了，我们看看那本怎么样？

      A. 价格高   B. 难度大   C. 没有意思   D. 简单

32. 我认识他，他在昨天的晚会上露过面。

      A. 演出   B. 组织   C. 听说   D. 出现

33. 只要你主动向他赔个礼，一切就都烟消云散了。

      A. 赔偿   B. 鞠躬   C. 打招呼   D. 道歉

34. 不要拿自己的<u>短处</u>去和别人的长处比。
　　　A. 东西　　　　　　B. 情况　　　　　　C. 爱好　　　　　　D. 缺点

35. 即使失败了,也不要<u>灰心</u>。
　　　A. 分手　　　　　　B. 痛苦　　　　　　C. 离开　　　　　　D. 放弃

36. 他从来对考试成绩都不<u>在乎</u>。
　　　A. 知道　　　　　　B. 提高　　　　　　C. 改正　　　　　　D. 重视

37. 他取得这样的成绩真是令人<u>吃惊</u>。
　　　A. 振奋　　　　　　B. 满意　　　　　　C. 想不到　　　　　D. 激动

38. 他说汉语说得真<u>地道</u>。
　　　A. 流利　　　　　　B. 有道理　　　　　C. 多　　　　　　　D. 自然

39. 他只<u>顾</u>看电视了,忘了去赴约。
　　　A. 注意　　　　　　B. 修理　　　　　　C. 开始　　　　　　D. 进行

40. 我也是<u>不得已</u>才这样做的,你不要怪我。
　　　A. 最终　　　　　　B. 操心　　　　　　C. 无可奈何　　　　D. 决心

41. 这件事我们自己解决吧,就不要<u>惊动</u>家里的老人了。
　　　A. 忽略　　　　　　B. 危害　　　　　　C. 留下　　　　　　D. 打扰

42. 这么难的内容对他来说有点<u>吃力</u>。
　　　A. 轻松　　　　　　B. 困难　　　　　　C. 喜欢　　　　　　D. 特别

(三) 用书面语解释口语习惯用语

1. 他的举动弄得售票员好生<u>纳闷</u>。
　　　A. 气愤　　　　　　B. 奇怪　　　　　　C. 烦恼　　　　　　D. 无聊

2. 尽管我再三恳求,那摊主还是<u>死活</u>不答应。
　　　A. 好歹　　　　　　B. 怎么也　　　　　C. 多少　　　　　　D. 前后

3. 没有三两年的<u>工夫</u>,练不到这个水平。
　　　A. 时间　　　　　　B. 努力　　　　　　C. 练习　　　　　　D. 考验

4. 一个穿戴都很时髦的青年开着一辆名牌汽车的大街上<u>兜风</u>。
　　　A. 前进　　　　　　B. 行驶　　　　　　C. 散步　　　　　　D. 游览

5. 不能出一点儿差错,否则会被<u>炒鱿鱼</u>的。
　　　A. 解雇　　　　　　B. 误解　　　　　　C. 忘却　　　　　　D. 为难

6. <u>有的是</u>留学生想学习中国功夫。
　　　A. 很多　　　　　　B. 各国　　　　　　C. 各种各样　　　　D. 大多数

7. 老傅不<u>晓得</u>这是什么花。
　　　A. 理会　　　　　　B. 好奇　　　　　　C. 适应　　　　　　D. 知道

8. 这孩子真<u>不简单</u>,小小年纪独自在国外生活。
　　　A. 了不起　　　　　　　　　　　　　　B. 难以理解
　　　C. 与众不同　　　　　　　　　　　　　D. 让人吃惊

9. 我们是真心为消费者<u>着想</u>。

　　　A. 思考　　　　　　B. 服务　　　　　　C. 解释　　　　　　D. 考虑

10. 钱的事不能一个人<u>说了算</u>。

　　　A. 决定　　　　　　B. 经营　　　　　　C. 计算　　　　　　D. 预测

11. 他今天的脸色不好,还不就是在单位跟人<u>闹</u>些<u>别扭</u>。

　　　A. 开玩笑　　　　　B. 出洋相　　　　　C. 生病　　　　　　D. 有矛盾

12. 我得<u>琢磨</u>个法儿来报复他一下。

　　　A. 寻找　　　　　　B. 思考　　　　　　C. 维护　　　　　　D. 预备

13. 近来<u>手头紧</u>,两年前你办公司时从我这儿借的钱该还我了。

　　　A. 工作忙　　　　　B. 心情好　　　　　C. 没有钱　　　　　D. 机会好

14. 嘴上说不爱看言情剧,可看起来还是一集不<u>落</u>。

　　　A. 忽视　　　　　　B. 剩下　　　　　　C. 入迷　　　　　　D. 包涵

15. 虽说我当时挺生气,可后来真没怎么<u>往心里去</u>。

　　　A. 放心　　　　　　B. 当真　　　　　　C. 踏实　　　　　　D. 保留

16. 遇见他的时候我正带着儿子在外面<u>溜达</u>。

　　　A. 购物　　　　　　B. 散步　　　　　　C. 处理　　　　　　D. 出来

17. 刚从学校出来<u>那阵儿</u>,特别天真,充满梦想。

　　　A. 那时候　　　　　B. 那形势　　　　　C. 那地方　　　　　D. 那情况

18. 心里有病呀,吃什么药都<u>不管用</u>。

　　　A. 找不到　　　　　B. 没效果　　　　　C. 买不着　　　　　D. 不能吃

19. 一看见别人打篮球,<u>心里就痒痒</u>。

　　　A. 不舒服　　　　　B. 想像　　　　　　C. 难受　　　　　　D. 动心

20. <u>回头</u>我拿照片给你们看看

　　　A. 转身　　　　　　B. 早晚　　　　　　C. 以后　　　　　　D. 以前

21. 还有多少和我一样的大学生眼巴巴地<u>瞅</u>着这个机会呢。

　　　A. 看　　　　　　　B. 找　　　　　　　C. 记住　　　　　　D. 失去

22. 你们两个呀,谁也别说谁,都够<u>呛</u>。

　　　A. 很棒　　　　　　B. 乐意　　　　　　C. 不好　　　　　　D. 悲观

23. 别看他是个小孩子,说话还挺<u>在理</u>。

　　　A. 有感情　　　　　B. 有道理　　　　　C. 有学问　　　　　D. 有智慧

24. 我急忙<u>凑</u>到窗口一瞧,他真的来了。

　　　A. 站立　　　　　　B. 跑动　　　　　　C. 跨越　　　　　　D. 挨近

25. 这件事我<u>做不了主</u>,你得去问你爸。

　　　A. 不能决定　　　　B. 不能做　　　　　C. 做得不好　　　　D. 做习惯了

26. 自从小区里出事以后,居民们心里一直不<u>踏实</u>。

　　　A. 满意　　　　　　B. 高兴　　　　　　C. 放心　　　　　　D. 服气

27. 明年北京举办两个国际车展的计划可能要<u>告吹</u>。

　　　A. 当众公布　　　　　　　　　　　　　B. 耽误

　　　C. 实现不了　　　　　　　　　　　　　D. 执行下去

28. 胖点儿倒不要紧,关键是别有病。
　　　A. 别紧张　　　　B. 别难过　　　　　　C. 别放松　　　　　D. 没关系

29. 来北京以后,我压根儿就没见过他。
　　　A. 从来　　　　　B. 根本　　　　　　　C. 以前　　　　　　D. 似乎

30. 自从我来到这个单位,他就与我过不去。
　　　A. 友好　　　　　B.为难　　　　　　　C. 商量　　　　　　D. 投缘

31. 没想到,你打篮球还真有两下子。
　　　A. 有技术　　　　B. 有力量　　　　　　C. 有头脑　　　　　D. (打)得好

32. 我自个儿到中国来了心愿了。
　　　A. 结束　　　　　B. 表达　　　　　　　C. 显示　　　　　　D. 实现

33. 这些日子腰又有点不对劲。
　　　A. 没劲　　　　　B. 不舒服　　　　　　C. 弯曲　　　　　　D. 缓和

34. 要是有个闪失,把孩子冻出个好歹,犯得上吗?
　　　A. 合理　　　　　B. 有意思　　　　　　C. 可以　　　　　　D. 值得

35. 在机关里,他当一个不大不小的头儿。
　　　A. 领导　　　　　B. 能手　　　　　　　C. 骨干　　　　　　D. 职员

36. 老王觉得家里的三儿子最有出息。
　　　A. 成功　　　　　B. 善良　　　　　　　C. 努力　　　　　　D. 富裕

37. 你穿成这样,会有人议论的。
　　　A. 寻找　　　　　B. 说闲话　　　　　　C. 报道　　　　　　D. 盼望

38. 他说话容易得罪人,所以朋友不是很多。
　　　A. 领导　　　　　B. 伤害　　　　　　　C. 误解　　　　　　D. 影响

39. 我觉得他的演技不怎么样。
　　　A. 不正常　　　　B. 不太好　　　　　　C. 进步　　　　　　D. 很好

40. 小王对他女朋友可是没说的。
　　　A. 无话可说　　　B. 冷淡　　　　　　　C. 非常好　　　　　D. 什么都说

41. 这件衣服虽然小了点,但凑合还能穿一年。
　　　A. 最多　　　　　B. 勉强　　　　　　　C. 一般　　　　　　D. 最少

42. 自从当了领导以后,应酬比以前多多了。
　　　A. 社交　　　　　B. 花费　　　　　　　C. 业务　　　　　　D. 想法

43. 在这样的场合,你得穿件像样的衣服。
　　　A. 贵重　　　　　B. 时髦　　　　　　　C. 轻松　　　　　　D. 体面

44. 老王一听这话就火了,拍着桌子站了起来。
　　　A. 吓了一跳　　　B. 高兴　　　　　　　C. 愤怒　　　　　　D. 吃惊

45. 两口子没有隔夜的愁,你别往心里去。
　　　A. 朋友　　　　　B. 夫妻　　　　　　　C. 同学　　　　　　D. 咱们

46. 你作为我的好朋友,说出这样的话真是太离谱了。
　　　A. 合适　　　　　B. 顺耳　　　　　　　C. 可气　　　　　　D. 过分

47. 如果你想说服他去参加今天的晚会，那是没门。
　　　A. 好办法　　　　B. 不可能　　　　C. 有希望　　　　D. 运气好

48. 他的第一次恋爱就这样黄了。
　　　A. 失败　　　　　B. 结束　　　　　C. 成功　　　　　D. 结婚

49. 他在心中一遍遍念叨，千万别出什么岔子。
　　　A. 错误　　　　　B. 办法　　　　　C. 花样　　　　　D. 新闻

50. 这件事好说，我去市政府顺便就办了。
　　　A. 可以商量　　　B. 容易办　　　　C. 很恰当　　　　D. 很凑巧

（四）解释简单文言词

1. 设立新闻发言人的好处和必要性不言而喻。
　　　A. 明白　　　　　B. 通过　　　　　C. 批准　　　　　D. 听说

2. 人家都似信非信地说："这是真的吗？"
　　　A. 希望　　　　　B. 好像　　　　　C. 主张　　　　　D. 表达

3. 儿子全神贯注地看一本厚书，我进屋他都不知道。
　　　A. 专心　　　　　B. 感兴趣　　　　C. 好奇　　　　　D. 神气

4. 上课的时候，不时见有学生在教室门口徘徊。
　　　A. 想来想去　　　B. 看来看去　　　C. 说来说去　　　D. 走来走去

5. 中国加入世界贸易组织，利大于弊。
　　　A. 坏处　　　　　B. 优势　　　　　C. 希望　　　　　D. 规定

6. 市民晨练时间不宜过早。
　　　A. 适合　　　　　B. 批准　　　　　C. 喜欢　　　　　D. 允许

7. 我们以前从未遇到类似的情况。
　　　A. 差不多　　　　B. 相反　　　　　C. 正常　　　　　D. 意外

8. 生物人类都是适应于生活在一个大气压力左右的环境里，压力稍微加大，就会有不适之感。
　　　A. 恰当　　　　　B. 凑巧　　　　　C. 舒服　　　　　D. 愉快

9. 节日将至，大街小巷喜气洋洋。
　　　A. 来临　　　　　B. 热闹　　　　　C. 参与　　　　　D. 组织

10. 全国英语等级考试是面向全社会，以全体公民为对象的非学历性英语考试，任何人均可选择适合自己的级别参加考试。
　　　A. 竟　　　　　　B. 却　　　　　　C. 也　　　　　　D. 都

11. 今年 8 月 6 日到 15 日，昭君文化节将如期举行。
　　　A. 推迟　　　　　B. 及时　　　　　C. 隆重　　　　　D. 按期

12. 走廊上抬来一个不省人事的男孩。
　　　A. 不懂事　　　　B. 不了解情况　　C. 不害怕　　　　D. 不清醒

13. 1 月 4 日是众人皆开心的一天。
　　　A. 大多　　　　　B. 都　　　　　　C. 往往　　　　　D. 倒

14. 一个歌手开一场演唱会,其身体消耗程度与职业运动员<u>无异</u>。

  A. 差得远   B. 不同   C. 类似   D. 相同

15. 今天发生的事件将大大推迟各项太空活动,其长远影响<u>尚</u>难估计。

  A. 还   B. 却   C. 也   D. 都

16. 从<u>昔日</u>的奥运冠军到高校学子,王军霞走过了一段曲折的路。

  A. 刻苦   B. 光彩   C. 本来   D. 过去

17. 王老师一脸不<u>悦</u>,他好不容易得来的机会又失去了。

  A. 高兴   B. 遗憾   C. 理解   D. 争气

18. 长途旅行要事先准备,<u>切</u>不要"来去匆匆"。

  A. 一时   B. 还是   C. 事先   D. 一定

19. 他竟与<u>素</u>不相识的人聊了一晚上。

  A. 平时   B. 从来   C. 以前   D. 长期

20. 他越来越兴奋,越来越沉迷,夜不能<u>寐</u>。

  A. 吃饭   B. 睡觉   C. 运动   D. 想像

21. 本室图书<u>概</u>不外借。

  A. 始终   B. 一贯   C. 一律   D 肯定

22. 听<u>罢</u>王总经理冷冰冰的话,我一时不知道怎么办才好。

  A. 清楚   B. 完   C. 明白   D. 懂

23. 足球协会内部对支持哪支球队争吵不<u>休</u>。

  A. 放弃   B. 休息   C. 呼吸   D. 停止

24. 这位年<u>逾</u>七十的老人从 2000 年开始练习气功。

  A. 不到   B. 将要   C. 正好   D. 超过

25. 画家为自己的想法激动不<u>已</u>,灵感像泉水一样涌出来。

  A. 早   B. 停   C. 晚   D. 合适

26. 如果你表现不积极,用人单位就不一定<u>非</u>要录用你了。

  A. 否认   B. 拒绝   C. 一定   D. 打算

27. 如果用人单位通过看简历、面谈或者考试选中了哪一个人决定录用, 就会向学校发<u>函</u>。

  A. 打电话   B. 邀请   C. 信件   D. 洽谈

28. 有一天<u>拂晓</u>,部队进入了这个村庄。

  A. 黄昏   B. 中午   C. 深夜   D. 天亮

29. 中国体操的成绩举世<u>瞩</u>目。

  A. 少数   B. 活跃   C. 局部   D. 全部

30. 城市中学的条件自<u>非</u>山区中学所能比。

  A. 不是   B. 当   C. 没有   D. 属于

31. 两只毛色棕红的小狗在人们腿边撒欢儿,<u>甚</u>是可爱。

  A. 特别   B. 总是   C. 也是   D. 却是

32. 我们刚来到滑集中学,雨<u>住</u>了。

　　　　A. 大　　　　　　B. 小　　　　　　C. 停　　　　　D. 落

33. 赵晓琴对这件事表示很<u>无奈</u>。

　　　　A. 满意　　　　　B. 乐观　　　　　C. 积极　　　　D. 没办法

34. 首都 200 多家广告代理商<u>聚首</u>这家五星级酒店的大宴会厅。

　　　　A. 参观　　　　　B. 见面　　　　　C. 装饰　　　　D. 清理

35. 整个教育工作按照<u>既定</u>目标进行。

　　　　A. 合理　　　　　B. 适当　　　　　C. 规范　　　　D. 已经确定

36. 这个理由表面十分合理，其实<u>颇</u>多荒唐。

　　　　A. 稍　　　　　　B. 很　　　　　　C. 也　　　　　D. 只

37. 他的儿子<u>不慎</u>从两层楼上摔下。

　　　　A. 不是故意　　　B. 不愿意　　　　C. 不小心　　　D. 不凑巧

38. 本区出产大麦、小麦、玉米、烟草<u>及</u>亚热带水果。

　　　　A. 除了　　　　　B. 等　　　　　　C. 和　　　　　D. 包括

39. 他对这玩意<u>一窍不通</u>。

　　　　A. 一点也不会　　　　　　　　　　B. 一点儿也不理解

　　　　C. 一点儿也不感兴趣　　　　　　　D. 一点儿也没浪费

40. 据说乘坐早期的飞机，其安全系数还<u>不及</u>今天的航天飞机呢。

　　　　A. 比不上　　　　B. 追不上　　　　C. 等于　　　　D. 遇不到

41. 早早<u>就寝</u>的老王头，竟无一丝睡意。

　　　　A. 睡觉　　　　　B. 放假　　　　　C. 加班　　　　D. 休息

42. 到了中国农历新年，年夜饭、春节联欢晚会、庙会，全家人可以<u>共</u>享其中的欢乐。

　　　　A. 配合　　　　　B. 联合　　　　　C. 一起　　　　D. 帮助

43. 职工提出了很多合理化建议，其中也不<u>乏</u>好点子。

　　　　A. 缺少　　　　　B. 增加　　　　　C. 减少　　　　D. 交待

44. 他的身体状况<u>备</u>受关注。

　　　　A. 严格　　　　　B. 非常　　　　　C. 有意　　　　D. 回头

45. 这在北京历史上非常<u>罕见</u>。

　　　　A. 关注　　　　　B. 少见　　　　　C. 突出　　　　D. 明显

46. 这次见面不欢而<u>散</u>，事情陷入僵局。

　　　　A. 约会　　　　　B. 离开　　　　　C. 失去　　　　D. 忘记

47. 我不幸<u>目睹</u>了那次交通事故。

　　　　A. 处理　　　　　B. 赶上　　　　　C. 梦见　　　　D. 看见

二、文章分类练习

　　建议考生这样解答阅读理解题：

　　看问题→浏览全文→找答案→检查答案

　　看问题：对文章的主要内容有个大概的了解。

　　浏览全文:第一遍读文章主要注意文章的结构,很快地浏览一下文章。文章的内容一般是通过一系列的连词连接在一起的,抓住主要的连词,可以了解文章各个内容之间的关系,很快找到问题的答案可能出现的地方。

　　文章中经常运用的连词是:总之、所以、由于、而、然而、但是、如果……就、虽然……但是、至于、同时、不过、因此、但是、因而、之所以……是因为、只有……才。

　　找答案:阅读理解题问题的顺序是按照文章的段落顺序,而且每一个问题在文章中一定有表示答案的句子,所以在第二遍读的时候,可以根据你第一遍的判断找到答案。

　　检查答案:对于答案是否合理,还应再回到问题中检查一下、确认一下。

　　建议每篇文章读三遍,这样可以提高答题的准确率。有的考生说考试的时间非常紧,恐怕做不到,其实只要掌握巧妙的方法,平时注意训练,完全能够做到阅读理解是 HSK 考试的重中之中,好的方法可以大大提高成绩。请认真阅读下面的文字,做下面的练习,你的阅读能力可能会在短期内获得提高。

　　考生在做题以前,首先要熟悉阅读理解文章的常用词,对于这些词,考生要能够快速识别它们的意义。

　　下面是考生一定要在短期内熟悉的词:

　　常用的一些动词有:据估计、调查显示、有关专家分析、据了解、据调查、研究显示、表明、调查发现、专家认为、据报载、调查表明、有资料表明、据预测、统计资料表明、据统计、针对、促进、取得突破、有显著差别、比如、变化。

　　常用副词:副词常常用来加强语气,表明主观态度,表达程度,如:最、竟然、毕竟、当然、其实、尤其是、甚至、尤其、特别是、更、

　　常用于比较的词:有较大差别、于(高于、大于、好于、低于)、不亚于、再好不过了、与……相比、仅次于、与同期相比、较之、比较、胜于、劣于、优于、好于、较、成反比、成正比、不成比例。

　　常用来提示重要信息的词:……的是(值得注意的是,遗憾的是,令人高兴的是)、最、对于……来说、其实、除此之外、另外、再说、得益于(提示原因)、在于。

　　用来表示变化的词:降低、减少、增加、递减。

　　常用来表达观点的词:赞成、认可、认为、觉得不怎么样、一种观点认为、有些人则认为、另有一些人指出、我认为、恐怕、乐观、悲观、支持、指出

　　常用的连接文章内容的词:一是……二是(常用来解释)、一方面……一方面、首先……其次……然后……最后、也就是说、换句话说、一般来说、否则、那就是说、可以这样说、另外、再加上、总之、总而言之、一句话、这样一来、但是、而、并。

(一) 解释性文章

常见内容:

1. 出现了某种新的社会现象,解释分析这种现象出现的原因;

2. 提出某种科学方面的问题,然后解释为什么会这样;

3. 解释某种自然现象的科学道理。

常见的结构:

1. 先提出问题,然后解释;

2. 先描写现象,然后分析。

常问的问题：

1. 最主要的原因是什么？

2. 为什么会这样？

下面我们集中练习这一类的文章。

1—2

21 世纪是体验经济的世纪,中国的体验经济之都在哪里？在云南。体验经济是人类经济形态即农业经济、工业经济、服务经济之后的第四级台阶,消费和服务不再是机械的交易过程,消费场所成了剧场,消费者成了参与者和主要演员,体验为买方提供了商品和服务的附加值,为买方带来了趣味、知识、想像力和值得记忆的审美体验。为什么"体验之都"花落云南？因为云南处处都是香格里拉,因为云南内有举世无双的多样性,外有天赋邻国的国际化,因为云南将承担中国后花园和东盟客厅的双重角色,因为云南有 39.4 万平方公里可以撒野,让世人在此体验一段段美妙的"便携式"时光。云南省的目标就是把其旅游业打造成"世界的香格里拉,游客的快乐天堂"。

1. 体验经济的主要特点是什么？

A. 消费者成了参与者　　　　　　　C. 商场成了剧场

B. 消费和服务是一种交易过程　　　D. 消费者成了演员

2. 体验经济在云南展开的原因不是：

A. 云南具有多样性　　　　　　　　C. 云南风景优美

B. 云南周边邻国众多　　　　　　　D. 云南的服务业很发达

3—4

睡眠质量好坏与环境因素息息相关。首先,环境绿化要做好。因为绿化好有利于提高空气中的氧气含量,而充足的氧气可使人心情舒畅,从而提高睡眠质量。其次,噪音污染要少。噪音除了影响睡眠外,对神经系统等其他系统也有不良影响。最后一点是居室通风要合适。否则,空气中二氧化碳浓度过高,会影响人的大脑功能,从而使睡眠质量下降。

3. 可以对人的神经系统产生不良影响的是：

A. 室内绿化　　　　　　　　　　　C. 室内通风差

B. 噪音　　　　　　　　　　　　　D. 室内灰尘

4. 本文的内容可能选自：

A.《居室美化绿化》　　　　　　　C.《室内空气污染》

B.《噪音和健康》　　　　　　　　D.《睡眠与环境》

5—6

曾经是人才市场中炙手可热、人见人抢的"海归派",如今为什么会身价贬值,受挫于求职路？

一种观点认为,"海归"求职难是市场竞争的一个结果。随着我国经济的持续发展,大量留学生学成后会很自然地选择回国发展。一方面,"海归"日益增多,另一方面,用人单位对人才的要求也更趋理性和实际。这样一来,"海归"求职难就在所难免了。"海归贬值",这是市场机制作用下正常的回归。

有些人则认为,不能笼统地说"海归贬值",那些既有留学背景,又有海外工作经验的"海归"们,要在国内找一份好工作不是难事。对他们来说,并不存在什么贬值危机。相反,那些纯粹去国外"镀金",学业不精又无工作经验的"海归"才有可能贬值。

我认为,眼下的"海归贬值"并不是坏事。它可以促使留学热向理性和合理回归。近年来,不少人盲目出国留学,出现了"留学从娃娃抓起"的倾向,有的家长把还在读初中甚至小学的孩子也送出国去留学。现在,"海归"身价降低,正可以让他们冷静下来,理性看待留学热。如果只是为了镀一层越来越不值钱的"金箔"而盲目、一窝蜂地出国留学,今后就难免会碰上"贬值"的尴尬与懊恼。

5. "海归贬值"的原因中不包括:

    A. 市场竞争日趋激烈　　　　　　　　B. 用人单位越来越理性

    C. 有些"海归"学业不精　　　　　　　D. "海归"派的专业在国内不受欢迎

6. 作者如何看待"海归贬值"?

    A. 这可以促使留学热向理性和合理回归

    B. 这可以阻止"留学从娃娃抓起"的倾向

    C. 这是市场恶性竞争的结果,不会持久

    D. 这说明出国留学已经是一种不明智的行为

7—8

许多坐办公室的人午间休息时,喜欢趴在办公桌上。有些人一觉醒来,突然发现枕着的手臂被压得又红又麻。虽然几分钟后这些现象就会消失,但经常这样使神经受压,就会演变成神经麻痹。不少人肩疼、手臂酸疼等,可能都与用胳膊当枕头有很大关系。

另外,吃过午饭立即睡觉也不好。因为吃完饭,大量食物在胃里,为了更好地消化吸收,人体就会增加胃、肠的血流量,此时大脑的血容量就会减少,血压也随之下降,这时睡觉很容易因脑供血不足而导致中风。所以饭后应活动活动再午睡。

7. 吃过午饭立即睡觉不好主要是因为:

    A. 容易神经受压　　　　　　　　　　B. 容易脑供血不足

    C. 容易神经麻痹　　　　　　　　　　D. 容易损伤肠胃

8. 本文最合适的题目是:

    A. 睡眠姿势与健康　　　　　　　　　B. 办公人员健康须知

    C. 中风的预防　　　　　　　　　　　D. 神经麻痹与中风

9—10

有科学家曾经阐明了咀嚼可以提高记忆力的事实。有学者对记忆力进行了问卷调查,结果表明:一边读书一边咀嚼的人,比只看书的人多得10%到20%的成绩。据生理学家分析,人有随着大脑活动动嘴的冲动。也就是说,两者的活动是连在一起的。同时,身体的活动也和提高学习效率有关。有教育学家认为,有规律地活动活动身体,听一听悦耳的音乐,可以激活大脑的敏感度,可以增强记忆力和理解力。只要懂得一点教育学的人都会知道,自己最舒服的姿势会给你带来最高的效率。只有利用自己感觉最舒适的姿势、自己觉得最有兴趣的方法,才能极大地提高学习效率。

9. 咀嚼可以提高记忆力的原因是:

　　　A. 人有随着大脑活动动嘴的冲动

　　　B. 大脑的活动和口腔的活动密不可分

　　　C. 身体活动可以激活大脑的敏感度

　　　D. 舒服的姿势带来最高的效率

　　10. 作者主张学习的时候：

　　　A. 听一听悦耳的音乐　　　　　　　B. 有规律地做运动

　　　C. 一边读书一边咀嚼　　　　　　　D. 采用最舒服的姿势

11—12

　　在我国民间有"一母生九子，九子各不同"这样的说法，这形象地描述了亲代与子代之间、子代与子代之间，总是或多或少地存在着差异，这就是生命的变异现象。

　　遗传与变异是生物界普遍存在的一种生命现象。生物遗传问题很早就受到人们的重视和研究。但是直到19世纪，才发现了遗传的两个基本规律——自由组合规律和连锁互换规律。为遗传学奠定了科学的基础。随着遗传学研究的不断发展，如今已进入到分子水平。

　　生命是如何进行遗传的呢？首先遗传要有其物质基础。据现代细胞学和遗传学的研究得知，控制生物形状遗传的主要物质是脱氧核糖核酸。

　　脱氧核糖核酸有两个基本功能，一是通过复制，在生物的传种接代中传递遗传信息；二是在后代的个体发育中能使遗传信息得以表达，从而使后代表现出与亲代相似的形状。由此呈现出我们看到的"种瓜得瓜，种豆得豆"。

　　11. 什么时候遗传学有了科学的基础？

　　　A. 发现脱氧核糖核酸　　　　　　　B. 研究进入分子水平

　　　C. 19世纪以前　　　　　　　　　　D. 发现自由组合和连锁互换规律

　　12. 脱氧核糖核酸在生命遗传中的作用不是：

　　　A. 提供物质基础　　　　　　　　　B. 复制遗传信息

　　　C. 使个体表达遗传信息　　　　　　D. 提供科学依据

13—14

　　就在麦当劳刚刚推出其"限期产品"——摇滚薯条后，必胜客今天也在门店推出为期近两个月的"限期产品"——和风轻舞比萨饼。比萨也曾在去年推出过。

　　之所以将以前深受消费者喜爱的产品隔一段时间再次推出，而不变为固定，是因为当前企业在竞争中争取消费者的关键就是在产品的差异化上做文章，因此期限产品的推出，既可以保持自己品牌特色的存在，又使消费者有一种全新的消费体验，使消费者始终保持对该品牌的新鲜感。

　　13. 限期产品的特点是：

　　　A. 企业的固定品牌产品　　　　　　C. 在一段时间内上市销售

　　　B. 以前推出过，一段时间之后再次推出　　D. 和以往的产品完全不同

　　14. 保持产品竞争力的关键是：

　　　A. 推出限期产品　　　　　　　　　B. 保证产品的新鲜感

　　　C. 保持自己的品牌特色　　　　　　D. 注意品牌产品的差异化

15—16

噪音不仅伤害人们的听力,还会造成肌肉紧张、心跳加速、血管收缩和消化系统的不适——这和受到惊吓或感到压力时身体的反应是一样的。人如果长期处于噪音之中会导致血压、胆固醇水平和免疫功能的不良变化。美国康奈尔大学研究发现,在嘈杂环境下工作的女性比在安静的办公室里上班的女性释放出更多的肾上腺素,更容易患心脏病。而汽车笛声、狗吠等让人感觉到无法控制的声响对人体的危害更大。因此,人们应该努力控制周围环境的声音,哪怕是戴上耳机,或者请餐馆的老板、健身房经理把音响的音量调低。

15. 长期处在噪音中对人体造成的危害包括:

　　A. 肌肉紧张,心跳加速,血管收缩,消化系统不适

　　B. 释放出更多的肾上腺素,易患心脏病

　　C. 对血压、胆固醇水平和免疫功能产生不良影响

　　D. 肌肉紧张、释放更多的肾上腺素,心跳加速

16. 下面哪句话是错误的:

　　A. 无法控制的声响对人体的危害更大

　　B. 受到惊吓时的身体反应与长期在噪音环境中的身体变化一样

　　C. 在嘈杂环境下工作的女性更容易得心脏病

　　D. 努力控制周围环境的声音是可能的

17—18

中国的海外就业市场始终呈现“一头沉”的状态——低端市场一直在唱“独角戏”,高端市场却“曲高和寡”,叫好不叫座。造成这种现象的最主要原因是国内高端市场人才储备不足,特别是在 IT 等专业技术领域,人才瘸腿现象比较严重,技术过硬的语言不行,语言没问题的技术又不过关。两方面都拿得出手的精英人才,国内单位又无论如何也舍不得“割爱”。去年,英国某机构来华招聘护士,开出了月薪 1300 至 3000 英镑的“心动价”,但同样遇到了这个问题。

17. 海外就业市场呈现的“一头沉”状态是什么意思?

　　A. 高端和低端市场供不应求

　　B. 高端和低端市场都供大于求

　　C. 低端市场活跃,高端市场求大于供

　　D. 高端市场更加活跃,低端市场求大于供

18. IT 专业的人才瘸腿现象是指:

　　A. 能力强的人往往身体不好

　　B. 技术好的语言水平也高

　　C. 技术和语言往往不能两全其美

　　D. 技术不好的语言水平也不高

19—20

在最近的招聘会中,科技、商贸类企业依然是应聘者关注的热点。其次,由于绿色奥运的缘故,环保企业也开始广纳人才,正成为招聘者关注的热点。

另外,“有相关工作经验”成为每家单位一条必不可少的选择砝码,不论是外商投资企业还是科技、商贸企业以及建筑环保等企业都会看中此项。所以,几乎大多数招聘单位在招聘条件上都标出了“有 N 年工作经验”的字样,这让许多到场应聘的大学生望而却步。据林业大学环境

艺术设计专业的两位同学反映，现在环境专业非常热门，单位对各大高校毕业生的需求量也很大，但要求有几年的相关工作经验以及对性别的歧视等苛刻要求，让她们找工作的压力大大增加，她们希望在招聘形式上加以变化，采取小型招聘会的形式，这对于大学生来说也许会有优势。对于过分强调经验的原因，一家环保企业经理表示，今年的就业市场有很大的选择余地，但是，不是高学历就适合企业，企业不是试验田，而是成果基地。所以，相比较而言，有经验的人才还是我们的首选。

19. 最近应聘者关注的热点企业不包括：

  A. 商贸　　　　　　B. 科技　　　　　　C. 环保　　　　　　D. 建筑

20. 大学生找工作的有压力往往是因为：

  A. 扩招造成毕业生人数太多　　　　　B. 企业需求量小

  C. 过分强调经验以及性别歧视　　　　D. 招聘会形式不合适

（二）说明性文章

常见的内容：

1. 介绍一种科学理论；

2. 介绍一种新产品；

3. 简单介绍一个公园，一所学校；

4. 说明一种做事情的方法；

5. 介绍一种事物的历史。

常见的结构是：这类文章的结构比较简单、明白。常常按照一定的线索来说明，比如时间、事物的不同方面，做事情的步骤等等。

常问的问题：

1. 数量；

2. 两事物的差异；

3. 年代；

4. 事物最大的特点。

下面我们要专门练习这类文章，考生自己就会发现很多规律。

1—3

  现知最古老的透镜是在伊拉克的古城废墟中发现的。这块透镜用水晶石磨成。我们可以此推知古老的巴比伦人至少在2700年以前便发现了一些透镜的放大功能。但他们并不一定了解透镜。古犹太人、古埃及人同样对透镜一无所知。据记载，古罗马皇帝尼诺观察过各种宝石，但他只是透过宝石来观看五彩缤纷的奇异世界，并不是为了提高视力。

  在公元13世纪末，眼镜几乎同时在中国和欧洲出现，公元14世纪的记载说，有些中国绅士，愿用一匹好马换一副眼镜。那时的眼镜，镜片多用水晶石、玫瑰石英或黄玉制成，为椭圆形，以玳瑁装边。戴眼镜的方法也颇奇特，用形形色色的东西固定：有的用紫铜架，架在两鬓角上；有的用细绳缠绕在两耳上，或者干脆固定在帽子里；间或也有人用一根细绳拴上一块装饰性的小饰物，跨过两耳，垂于两肩。因为眼镜的原料不易加工，所以当时的人们与其说戴眼镜是为了保护视力，倒不如说是一种炫耀身份的装饰品。

将眼镜从中国引入欧洲的人,真正可信者是 13 世纪一位意大利物理学家,但几乎过了一个世纪,那里才普遍使用眼镜。

1. 什么人发现了透镜的放大功能?

A. 古罗马人　　　　　B. 古犹太人　　　　　C. 古埃及人　　　　　D. 古巴比伦人

2. 最早在中国出现的眼镜和古伊拉克人的眼镜的共同之处是:

A. 材料相同　　　　　　　　　　　　　B. 用处相同

C. 价格相同　　　　　　　　　　　　　D. 佩戴方法相同

3. 意大利普遍使用眼镜是在:

A. 2700 年前　　　　　B. 13 世纪末　　　　　C. 14 世纪　　　　　D. 13 世纪初

4—5

艾窝窝原是一种清真小吃,也是宫廷小吃。过去每逢春节前后,北京的小吃店都要上这个品种,一直卖到夏末秋初,所以艾窝窝也属春秋品种,但现在一年四季都有供应。

艾窝窝历史悠久,明朝万历年间的《酌中志》中说:“以糯米夹芝麻为凉糕,丸而馅之为窝窝,即古之‘不落夹’是也。”窝窝后来被叫做艾窝窝还有一个有趣的故事。

传说有一位皇帝爱吃这种窝窝,想吃或要吃时,就吩咐说:“御艾窝窝。”后来这种食品传入民间,一般百姓不能说也不敢说“御”字,所以省却了“御”字而称“艾窝窝”。此小吃在明代已传入民间,明代小说《金瓶梅》中记录的当时流行的美味中就有艾窝窝。

4. 现在艾窝窝供应的时间是:

A. 春节前后　　　　　B. 夏末初秋　　　　　C. 春秋两季　　　　　D. 一年四季

5. 从《金瓶梅》中我们可以知道:

A. 艾窝窝明代传入民间　　　　　　　　C. 艾窝窝的创始人

B. 艾窝窝的流传时间　　　　　　　　　D. 艾窝窝的制作方法

6—7

国际上一些专家研究认为, 在经历了煤烟污染和光化学烟雾污染对人们健康的危害之后,正在经历着以“室内空气污染”为主要内容的第三次污染时期。专家研究表明,室内空气的污染程度要比室外空气严重 2~5 倍,在特殊情况下可达到 100 倍。室内空气中可检测出 500 多种挥发性有机物,某些有害气体浓度可高出户外十倍乃至几十倍,其中 20 多种是致癌物。所以美国已将室内空气污染归为危害公共健康的五大环境因素。加拿大一卫生组织的调查显示,当前人们 68% 的疾病都与室内空气污染有关。

人类对室内空气污染危害的认识源于 20 世纪 70 年代,当时在一些发达国家的某些办公室的工作人员中,出现了一些非特异症状,这些症状在离开建筑物之后能得到改善。由于这些症状大都与建筑物或写字楼的室内环境污染有关,世界卫生组织将此种现象称为不良建筑物综合症或建筑物综合症。

随着人们居住条件的不断改善,室内卫生条件也在大幅度提高,但是目前人们对室内环境中的化学污染、放射性污染比较重视,却往往忽视了室内空气中的生物性污染。加拿大室内环境专家的一项调查表明,室内空气质量问题 21% 是生物污染造成的。各种信息表明,空气微生物污染也是造成建筑综合症的主要原因之一。

6. 本文提醒人们特别重视下面的哪种污染?

    A. 室内空气污染   B. 噪音污染

    C. 光化学污染   D. 煤烟污染

7. 不良建筑物综合症产生的原因是什么?

    A. 随意排放生活垃圾   B. 建筑物质量低劣   C. 室内环境污染   D. 空气微生物污染

8—9

    最常见,最被人们认可的衬衫面料是棉布。优点:穿着舒适,柔软平滑,看上去十分厚实,同时透气性也很好,在夏天和闷热的办公楼里,穿起来比较凉爽。缺点:容易出皱,在家烫好它也是一件非常难办的事。

    通常,化纤与棉纤维混纺面料做成的衬衫被人们称为"洗后即穿"的衬衫,即使洗后不能立即穿在身上,也只需稍加整理,就可以显得十分挺阔。

    化纤与棉纤维混纺的衬衫几乎不会起皱,长时间穿着以后的外观胜于纯棉布衬衫。对于大多数忙碌的上班族来说,这种衬衫是很好的选择,不过这种衬衫的散热性不如纯棉衬衫。

    针织衬衫的数量正在日益增加,品种繁多。如果是一件质量很好的针织衬衫,那么它的优点是"洗后即穿";它的缺点是针织物往往会断裂,样子很难看,而穿起来比较热,因此一般不要选择这种面料。

    真丝衬衫,虽然面料上会显得很阔气,但在外观上很难令人满意,而且由于它薄透的质地会给人不稳重的感觉,所以真丝衬衫不适宜在商务场合穿着。

8. 具有"洗后即穿"特点的衬衫是:

    A. 针织衬衫   B. 棉布衬衫

    C. 真丝衬衫   D. 化纤与棉纤维混纺面料的衬衫

9. 哪种面料的衬衫适合办公人士穿着?

    A. 混纺和真丝   B. 真丝和棉布   C. 棉布和混纺   D. 真丝和化纤

10—11

    球形生菜形状如卷心菜,近年国内市场已有供应,但销量不大。在球形生菜中含有称为原儿茶酸的物质。过去已知,原儿茶酸对舌癌、胃癌、肝癌、大肠癌、膀胱癌的发生有一定的抑制作用。现发现,它对十分凶险的胰腺癌也有明显抑制作用。这对防止胰腺癌无疑是一个好消息。

    为了提高球形生菜抑制胰腺癌的效果,怎样食用为好?回答是用油炒后食用。因为原儿茶酸是脂溶性的,实验证实油炒比生食吸收率提高了近10倍。

    由此建议,将球形生菜细细切碎,放一点儿油炒一下再食用。每天食用100克球形生菜是合适的。

10. 球形生菜具有抑制胰腺癌的效果是因为:

    A. 含有多种维生素   B. 含有原儿茶酸   C. 含有果酸   D. 含有多种矿物质

11. 怎样食用球形生菜最好?

    A. 凉拌   B. 油炒   C. 水煮   D. 生食

12—14

    随着人类遗传学的发展,研究人员认识到,人类最基本的遗传单位是染色体上的基因,基因是"制造"和"操纵"人类机体的蓝图,它指挥着细胞合成人类生命的基础——蛋白质。但是,当基因发生变化时,其编码的蛋白质不能履行自己正常的功能,这种情况下可能会出现疾病。近10

多年来,作为纠正存在缺陷的基因的一种技术,基因疗法在许多国家特别是西方发达国家中成为研究和试验的热点。

经过多年的研究,研究人员寻找到了多种纠正缺陷基因的方法,其中最普遍的方法是将正常的基因插入基因组非特定的位置以取代有缺陷的基因。目前,最常见的传病媒介是已被认为改变携带了人体正常 DNA 的病毒。病毒在漫长的进化过程中,形成了一套独特的方式将自己的基因递送到人体细胞中,致使人体发病。研究人员试图除去病毒基因组中导致人体患病的基因,并加入治疗基因,然后利用病毒递送基因的特殊能力医治人类疾病。

12. 什么时候人会出现疾病?
    A. 基因发生变化　　　　　　　　　B. 蛋白质发生变化
    C. 染色体发生变化　　　　　　　　D. 细胞发生变化

13. 最普遍的纠正缺陷基因的方法是:
    A. 用正常基因取代有缺陷的基因　　B. 用特殊方法修正有缺陷的基因
    C. 用正常基因影响有缺陷的基因　　D. 去除有缺陷的基因

14. 病毒基因具有的特殊能力是:
    A. 能将自己的基因送到人体细胞中　B. 能抵抗治疗基因
    C. 能取代治疗基因　　　　　　　　D. 能改变治疗基因

15—16

次生波的频率低于 20 赫兹,超出人耳听觉极限,因此有时被称作"听不见的音乐"。尽管你通常听不到它,但是许多人都可以感觉到它的存在,就好像是一种遍及你全身的微微颤动。

许多次声波源于大自然——比如刮风、打雷和地震的时候都会出现次声波。大象、鲸等动物也会利用次声波进行远距离交流或把它当作驱敌武器。当然, 更多的次声波则是由人制造,比如交通噪音、飞机、工厂和管风琴等。科学家们很早以前就开始怀疑,次声波可以影响人的情绪,并将它和多种疾病及超自然现象联系到一起,但是一直未能有充分证据予以证实。

15. 次声波的最大来源是:
    A. 自然灾害　　　B. 自然现象　　　　C. 动物制造　　　　D. 人类制造

16. 下面哪句话不正确:
    A. 动物可以利用次声波驱敌　　　　B. 次声波的频率低于 20 赫兹
    C. 次声波可以影响人的情绪　　　　D. 次声波可以被感觉到

17—18

两年前,北京某教育研究机构曾做过一次调查。调查显示:北京 50%的中小学教师希望换工作,只有 17%的教师愿意终身执教。而在昨天调查的 27 位教师中,除一位 24 岁的男教师表示因"年轻、应多尝试新的工作方式"而有转行打算外,其他教师全部无一例外地表示自己并没有转行计划。90%的老师甚至选择"永远不会离开这一行业",有些老师甚至表示退休后还会继续当老师。

许多中小学老师告诉记者,除了工资待遇都不错外,能面对众多可爱的孩子,把知识传授给他们,使他们成为有用之才也是这些老师难以舍弃这一岗位的原因之一。

17. 最近的调查和两年前的调查相比:
    A. 没有人希望换工作　　　　　　　B. 80%的老师希望转行

　　C. 17%的老师愿意退休后继续当老师　　　D. 愿意终身执教的人增多了

18. 中小学老师热爱工作的原因中没有：

　　A. 工作压力相对较小　　　　　　　　　B. 工作时愉快的感受

　　C. 成就感　　　　　　　　　　　　　　D. 工资待遇不错

19—20

　　银行信息化建设可以从以下几个方面加强工作：一是当前银行信息化建设的重点是积极稳妥地推进数据集中和应用整合，把数据集中带来的技术优势，尽快转化成企业的竞争优势。

　　二是完善金融信息化服务体系，积极稳妥地发展网上银行、手机银行、移动支付等新型金融支付服务，加大金融创新能力。

　　三是进一步加强银行卡联网通用工作。力争使异地跨行交换成功率达到80%，实现所有地市级以上城市各类银行卡的联网运行和跨区域使用。

19. 当前银行信息化建设的重点是什么？

　　A. 加大金融创新能力　　　　　　　　　B. 推进数据集中和应用整合

　　C. 加强银行卡联网通用工作　　　　　　D. 增强企业竞争优势

20. 下面哪一方面的内容文章中没有提到？

　　A. 发展网上银行　　　　　　　　　　　B. 开发新型金融支付服务

　　C. 发展跨银行间的信息交流通道　　　　D. 争取提高异地跨行交换成功率

21—22

　　在我国，数字电视分为显示屏高比为16比9的高清晰度电视和显示屏高比为4比3的标准清晰度电视，分别简称为高清电视和标清电视。目前，由于高清电视节目的制作和显示器的原因，在我国尚未大范围播出和接收。而标清电视节目可以利用普通模拟电视接收机通过机顶盒收看到电视台演播室质量的电视节目。

　　数字电视比模拟电视的优点主要体现在技术层面上，数字电视具有高清晰度、音频效果好、抗干扰能力强的特点。观众可以在接收终端上欣赏到与DVD、CD相媲美的视频音频效果，获得高品质的享受。

21. 关于标清电视，下面哪句话是正确的？

　　A. 显示屏高比为16:9　　　　　　　　　B. 在我国还没有大范围地播出和接收

　　C. 接收方式更为简便　　　　　　　　　D. 抗干扰能力更强

22. 关于数字电视的优点，本文没有提到的是：

　　A. 维护成本低　　　　　　　　　　　　B. 抗干扰能力强

　　C. 音频效果好　　　　　　　　　　　　D. 高清晰度

23

平原日报招聘新闻记者启事

　　为进一步加强和充实平原日报驻市记者站新闻采编力量，平原日报社面向社会，招聘一批新闻记者。

　　聘任条件：

1. 热爱新闻宣传事业，政治坚定，作风扎实，遵纪守法，有较强的事业心、责任感和奉献精神；一定的理论功底和较强的文字写作、语言表达能力；

2. 身体健康；

3. 全日制大学本科以上学历,所学专业须是中文、新闻专业或与之相关专业；

4. 年龄在 30 岁以下,具有编辑以上职称或在新闻单位担任过职务的年龄可以适当放宽。

23. 下面哪位应聘者满足上面的条件?

　　A. 31 岁,曾担任市晚报编辑,历史专业 ,本科学历

　　B. 28 岁,新闻专业,专科学历,有作品发表

　　C. 31 岁,中文专业,本科学历,有作品发表,中学一级教师

　　D. 26 岁,对外贸易专业,本科学历 ,有作品发表

(三) 议论性文章

常见的内容:

1. 出现一种新的社会现象,作者提出自己对这一现象的看法；

2. 一种新的科学理论,作者提出自己对这种理论的预测或展望；

3. 作者认为社会上的某种观点是不对的,从各个方面说明自己的观点是正确的。

常见的结构:

1. 先说某种社会现象然后说明作者观点；

2. 先说作者观点然后作者证明自己的观点；

3. 先说错误的观点,然后证明自己的观点是正确的。

常问的问题:

1. 作者的态度和看法是什么?

2. 作者赞成哪一种观点?

3. 这种观点为什么是错误的?

4. 两种观点最重要的区别在哪儿?

1—3

　　自杀行为的成因相当复杂,涉及生理、心理、文化及环境因素。研究显示,很少有人是为了单纯一样理由去自杀的,但有一点可以肯定,自杀者除了各不相同的现实烦恼外,在心理过程上有其相同之处——就是认知过程发生了偏差,具有自杀倾向或故意者,往往伴随产生精神的异常,其表现是对普遍道理和公众信息的认知不循常理,在常人眼里足以"引以为戒"的事件,在这些人的眼里说不定就起了相反的作用,成为非理性行为的诱因,比如张国荣自杀后,短短数小时内就有很多人同样跳楼,并波及数日乃至数月之后。

　　从这个角度说,媒体渲染自杀现场气氛的报道,以笔者之见还是越少越好。这在常人只是一桩痛心的新闻,但对心理异常者来说,是否会起到某种心理暗示作用呢?

　　自杀者多数有些难言之隐,媒体对自杀行为过分细节化的报道,往往使其隐私大白于天下,这对自杀者——假如未遂,她将来还要生活,这是一种在伤口上抹盐的做法；假如既遂,"死者为大", 这也是一种不敬之举——因此并不人道。同时这种报道还对涉及到的其他当事人也是一种权利侵害。

　　1. 自杀者在心理过程方面的共同之处是什么?

　　　　A. 认知发生了偏差　　　　　　　　B. 生理出现问题

　　C. 环境因素　　　　　　　　　　　D. 容易接受他人暗示

2. 笔者认为渲染自杀现场的新闻报道：
　　A. 只是一种新闻报道　　　　　　　B. 报道过分细化
　　C. 比较客观　　　　　　　　　　　D. 越少越好

3. 本文作者谈论的主要话题是：
　　A. 自杀的成因　　　　　　　　　　B. 精神异常的成因
　　C. 新闻报道的职业道德　　　　　　D. 报道自杀行为的弊端

4—5

　　GDP/GNP 在一定时期内可以反映国民的幸福程度，但突破一个临界点之后就不起什么作用了。一些国家国民人均收入在 3 万美元左右，但是他们的受教育程度、文化娱乐资源却少得可怜，这正说明 GDP/GNP 并非是衡量国家发展程度和国民幸福程度的惟一指标。GDP 有国家统计局计算，可是"幸福了多少"，又用什么指数能计算呢？有没有"幸福指数"？

　　"幸福指数"是个非常有创意的想法，但现在还不能用学术的方式定义它。幸福指数，与 GDP 和 GNP 是相关的，它们之间有一个临界点，只有当 GDP 和 GNP 发展到一定程度的时候，才谈得到幸福指数，超过这个临界点后，幸福指数才会增加。如果没有一定的物质条件，讨论幸福指数只是空谈，但达到一定的经济指标后，国家的发展和国民的幸福程度就不光是 GDP 和 GNP 所决定的了。

4. 关于 GDP/GNP，正确的句子是：
　　A. 在一定时期内可以反映国民的幸福程度
　　B. 和国民的受教育程度密切相关
　　C. 能够决定国家的发展和幸福程度
　　D. 它是衡量国家发展程度和国民幸福程度的惟一指标

5. GDP/GNP 与幸福指数之间的关系是：
　　A. 两者不存在任何相关
　　B. 两者 总是伴随变化
　　C. 两者在学术上都有严格的定义
　　D. 前者发展到一定程度才有后者

6

　　迄今为止，人类对于机器人的研究仍十分有限，还没有科学家研发出一种能够通过任何入学考试的机器人。至于机器人是否能和人类一样具有意识，科学家的回答是：我们没有衡量意识的计量器，我们只能看到机器人的行为。美国科学家莫拉维茨表示，机器人的行为总有一天会和人类一样丰富，可以从任何角度考它的智商。

6. 对于机器人科学家认为：
　　A. 机器人有意识
　　B. 机器人的行为可以和人一样丰富
　　C. 机器人的智商和人一样
　　D. 机器人的意识可以从任何角度测量

7

每个人都希望自己有个健康、美丽、聪明的孩子,但人类在这些特质上有着明显的区别,大部分取决于父母的基因以及排列组合时的运气。如果能在孩子出生前换掉"坏"基因,不是能给人类节约昂贵的医药费用吗?斯托克博士最近在《重组人类》一书中写道:"今后,人类繁衍后代最重要的部分将在实验室里完成,父母如果不在生孩子前进行基因检查,就会被认为鲁莽无知。"笔者认为,贸然改变遗传基因会对人类的自然进化造成干扰。

7. 作者对改变遗传基因的看法是什么?
   A. 能够节约昂贵的医药费
   B. 能够使后代更加聪明
   C. 能够使人类繁衍后代变得更简单
   D. 会影响人类的自然进化

8—9

孩子们用电脑玩游戏再正常不过了,但是,您是否注意过孩子们在玩什么游戏?一些家长反映:孩子们玩的全是暴力游戏,打打杀杀,适合孩子玩的游戏少而又少。一些青少年甚至还模仿游戏中的情节去犯罪。

据了解,在国外一般游戏都标注有等级,哪些是适合成年人玩的,哪些是适合未成年人玩的,分得一清二楚。

我国一方面对游戏产生的恶劣影响深恶痛绝,人人喊打,而另一方面却在电脑游戏中对《生化危机》《恐龙危机》等在国外都属于限制级的游戏不加一丝的年龄限制管理,放任自流。其实这个问题很好解决,软件开发商多开发一些青少年喜爱的游戏,管理部门对游戏分分级也不该算是什么难事。

8. 孩子们玩电脑游戏存在的问题不包括哪个?
   A. 游戏没有标注等级   B. 暴力游戏太多
   C. 没有年龄限制管理   D. 适合孩子玩的游戏太多

9. 作者对解决这个问题持什么态度?
   A. 悲观   B. 很难说   C. 需要长时间的调查   D. 乐观

10—11

与以往相比,本届比赛的成色似乎略显不足。世锦赛"三冠王"的罗雪娟只报了自己并不擅长的 200 米混合泳,齐辉、徐妍伟、王毅等名将也未报名参加自己的主项,而且,在这些项目的比赛中,她们的表现也不甚理想,罗雪娟抬得 200 米混合泳银牌,参加女子 100 米蝶泳的徐妍伟仅排第三。

名将缺席自己的主项比赛,自然给年轻选手提供了机会,小字辈选手也一跃成为本届比赛的主角,但从最后的成绩来看,只能说这些竞争停留在低层面上——大部分夺冠成绩平淡无奇,打破纪录的现象更是少之又少。

10. 关于罗雪娟,下面哪句话是不正确的?
    A. 200 米混合泳名列第二   B. 没有参加女子 100 米蝶泳
    C. 世锦赛上表现出色   D. 200 米混合泳是其优势项目

11. 作者认为这次比赛怎么样？

    A. 年轻选手表现非常出色   B. 老将表现非常出色

    C. 与以往相比本次比赛水平提高很多   D. 大部分选手的成绩不太理想

12

    古代有些人家在屋梁下悬挂葫芦，称之为"顶梁"，据说有此措施后，居家比较平安顺利；较讲究的民众，则用红绳线串绑五个葫芦，称为"五福临门"。在乡间流传着这样的说法，在家里摆放一个葫芦才会发财、富有，但是现在人们把健康看得比财富更重，正章油葫芦就能为中国人经常起油烟的厨房带来卫生和健康。

12. 本文可能选自：

    A.《中国民俗》   B.《葫芦的奥秘》

    C.《厨房用品广告》   D.《如何消除油烟》

13—14

    目前，正在围绕火星运行的探测器有欧洲的"火星快车"、美国的"火星奥德赛"和"火星全球勘测者"，这"三驾马车"的核心目标就是寻找火星上有水的证据。

    2004 年新年前，搭载"火星快车"抵达火星的"猎兔犬 2"号与控制中心失去联系，这个被人类寄予极高希望的探测器引起一片惋惜和深切的挂念。在美国"勇气"号机器人实现真正着陆火星后，"猎兔犬 2"号似乎开始被人忘记，而欧洲"火星快车"探测水的能力也随之受到公众的怀疑，在普通人看来，似乎只有"亲自"到达火星的机器人才能准确地探测到水的存在。

    而王劲松博士说，探测火星水资源，"火星快车"要比"勇气"号本事高。王劲松博士参与了欧洲"火星快车"项目中探测天线的研发工作。他介绍说，"勇气"号探测器的设计使用寿命是 90 天，它只能在火星上足球场大的地方勘察。它们可能会找到火星上过去存在水甚至生命的一些证据，但是，靠"勇气"号和"机遇"号两个机器人，我们很难清楚地了解火星上现在是否有水。

13. 根据本文内容，下面哪句话是正确的？

    A. "勇气"号能勘察极为广阔的火星地表   B. 机遇号"三驾马车"之一

    C. "猎兔犬 2 号"的命运令人担忧   D. "火星快车"亲自到达了火星

14. 王博士认为下面哪种火星探测器最有希望找到水？

    A. 火星快车   B. 勇气号   C. 猎兔犬 2 号   D. 机遇号

15—16

    世界古遗迹基金会公布了全球 100 处濒危遗址名单，我国的万里长城等 5 处遗址榜上有名。长城濒危，不是一天两天了。现在，人家发话了，你们的长城濒危！究竟有多少国人知道长城濒危呢？我们的孩子仍然只被告知万里长城是祖国的骄傲，却没有人告诉他们，除了八达岭、山海关、嘉峪关可供展示外，我们已经快要失去长城了！这是国情教育的缺失，也不只关乎长城。真应该检点一下我们的课本，该让孩子们增加一点忧患意识了。

15. 关于长城濒危，作者认为：

    A. 已经快要失去长城   B. 仅仅是刚刚开始

    C. 仍然有很多值得骄傲的古迹   D. 很多人已经知道了实情

16. 本文作者主张：

    A. 应该重新修建长城   B. 应该加强国情教育

C. 应该增加后代的骄傲意识　　　　　　D. 应该增加后代的爱护意识

（四）叙述性文章

常见的内容：

1. 一个故事；

2. 旅行的过程；

3. 作者的经历。

常见的结构： 常常是按照时间的顺序或者地点的顺序来叙述，注意自然段，往往一个自然段表示一个内容。

常问的问题：

1. 事情的时间、地点、原因、经过、结果；

2. 一些口语词汇的意思。

这样的文章文字难度不大，有连贯的故事情节，逻辑性强，但是文章的内容有让考生想不到的地方，所以考生在阅读的时候要细心。文章后的问题常常是问内容中让人感到意外的部分。

下面几篇文章都具有这样的特点，这类文章历年的 HSK 都考过，做题的时候，考生要仔细体会这类文章的特点。

1—3

很多年前，有个热爱美术如同生命的男人。他丧偶多年，只有一个儿子相依为命。儿子一天天地长大，也成了一个了不起的艺术收藏家。儿子应征入伍，开赴战场。后来，一封来信说："我们满怀悲伤地告诉您，您的儿子在战斗中牺牲了。"父亲痛苦得几乎不能读完信。

一个月过去了，圣诞节到了。悲伤的父亲完全无法想像没有儿子的圣诞节该怎么过。就在这时，门铃响了，他打开房门，只见一个年轻人站在门前，怀里抱着一个包裹。年轻人说："先生，您不认识我。您的儿子就是在救我的时候牺牲的。"他顿了顿，又说："我不是一个富人，您的儿子曾说起过您对艺术的热爱，所以，虽然我算不上是个画家，但是我仍然画了一幅您儿子的肖像画，希望您能够收下。"

几年以后，父亲病重去世。盛大的藏品拍卖会宣布将在圣诞节举行，人人都急切地盼望着能够买到拍卖的珍品。房子里挤满了求购的人们。拍卖师终于站了起来，说道："今天拍卖的第一件作品是我身后的这幅肖像画。"

人群后面有人喊道："那不过是那老头的儿子的画像而已！为什么不干脆跳过它，开始拍卖那些真正的珍品呢？"

拍卖师解释说："我们得首先卖掉这幅画像，然后才能继续。"随后，拍卖师问道："有人愿意出 100 美元开始竞买吗？"台下鸦雀无声。于是他又问道："有人愿意出价 50 美元吗？"仍然无人响应。拍卖师非常尴尬："没有人想买这幅画吗？"

这时，一个上了年纪的男人站了起来，问道："10 美元您会卖吗？您看，我就只有 10 美元。我是他家的邻居，我认识这个男孩，我看着他长大，非常喜欢他，我愿意买下这幅画，所以，10 美元您肯卖吗？"

拍卖师叫价道："10 美元第一次，10 美元第二次，成交！"拍卖师忽然说道："感谢各位前来参加拍卖会。拍卖会到此结束。"人群变得非常愤怒，质问道："你究竟是什么意思？其他的那些艺术品你根本还没有开始拍卖呢。"拍卖师解释道："拍卖会已经结束了。因为根据那位父亲的遗嘱：谁买了他儿子的画像，谁就得到了所有的收藏品！"

1. 给老父亲的儿子画像的人是：

A. 一位画家　　　　　B. 一位收藏家　　　　C. 老人的邻居　　　　D. 一位士兵

2. 拍卖会上拍卖了几件收藏品？

A. 3件　　　　　　　B. 无数件　　　　　　C. 2件　　　　　　　D. 1件

3. 谁得到了所有的收藏品？

A. 博物馆的馆长　　　B. 老人的邻居　　　　C. 有名的收藏家　　　D. 一个画家

4—6

昨天上午10点半，王先生把外甥女送上了火车。他原以为T79次能在石家庄火车站停留12分钟，没想到两分钟后列车就出发了，他还没来得及下车就被带离了车站。王先生11岁的儿子军军在站台上看到父亲被火车带走了，大哭起来。站台工作人员问明情况后向值班站长李献民汇报此事。李站长一边安排人照顾军军，一边四处联系军军的家人。

被火车带走的王先生快急疯了，他一把拉住乘警，寻求帮助。乘警带王先生找到列车长，联系石家庄站的工作人员。王先生也给妻子丁女士打电话，让她速到火车站找儿子。丁女士火速赶到火车站找人，见军军不见了，一下子蒙了。车站派出所陈警官问明情况后，火速联系车站广播室。此时，车站广播室已经和李站长取得了联系，并已向T79次列车通报了情况。王先生得知军军安然无恙，松了一大口气。昨天14点40分，王先生在邯郸火车站乘坐T90次列车返回石家庄，他紧紧握住火车站工作人员和民警的手，连连致谢。

4. 军军看见父亲被火车带走的大概时间是：

A. 10点35左右　　　　　　　　　　　B. 11点左右

C. 10点45左右　　　　　　　　　　　D. 11点15左右

5. 王先生的妻子可能在：

A. 邯郸　　　　　　　B. 北京　　　　　　　C. 石家庄　　　　　　D. 西安

6. 根据文章内容，下面哪句话是错误的？

A. 找孩子的过程历时五个小时　　　　B. 王先生乘坐90次返回石家庄

C. 车站派出所联系的广播站　　　　　D. 李站长安排人照顾军军

7—8

为了续写内地与港澳地区老人之间的友谊，满足内地老人对港澳旅游的渴望，由华远国际旅游有限公司组织的夕阳红港澳专列将于五一黄金周后从北京出发。

5月22日，您将踏上夕阳红专列，始终如一的包厢铺位和专业医护人员，为您的出行提供了安全的保证。5月24日，您将参观世界最长的公路、铁路两用桥香港青马大桥，登临太平山顶鸟瞰灯光璀璨的东方之珠。5月25日，参观黄大仙庙及浅水湾后，您将走进亚洲最大的游乐场之一香港海洋公园，欣赏可爱的海豚和海狮精彩演出。5月26日您将有机会遍游香港的大街小巷，或乘坐有着百年历史的古老电车和见证了香港过去和今天的天星小轮，或穿梭于中环、铜锣湾各处著名的大型购物中心或油麻地、旺角的男人街、女人街，或到著名的兰桂坊感受香港丰富的美食文化。5月27日您将乘坐水翼飞翔船进入澳门，参观著名的景点妈祖阁、大三巴牌坊、主教山、大炮台。您还可以参观著名的葡京赌场，更可以在跑狗场感受赛狗的紧张刺激。5月28

日,在游览了深圳著名景区锦绣中华和中华民俗村之后,由央视著名节目主持人主持的大型民族服饰舞蹈诗《东方霓裳》,将为您的港澳之行画上完美的句号。

5月30日,当您抵达北京之后,我们还会为您送上一份特别的礼物:一盘由专业的央视记者追踪拍摄的,记录您九天港澳之行内容的VCD光盘,让您将旅行的喜悦与家人、朋友共同分享!

7. 哪一天在香港体验购物的乐趣?

　　A. 5月24日　　　　B. 5月25日　　　　C. 5月26日　　　　D. 5月27日

8. 根据本文内容,下面哪句话是正确的?

　　A. 参观海洋公园和东方之珠是在同一天

　　B. 参观跑狗场之后去兰桂坊

　　C. 乘坐古老电车和天星小轮游览澳门

　　D. 到港后首先参观世界最长的公路铁路两用桥

9—10

星期一要开会,怕晚,我把尘封于书柜里的小闹钟拿了出来,虽然时间会有些偏差,但还能用。我把闹钟的时间调到了6点,因为有它作保障,我便放心地睡了。

可是第二天早晨,这可恶的闹钟居然没响,我一睁眼居然已经7点了,我到单位最快也要40分钟,我马上翻身起床,一阵忙乱后奔出家门,幸好一路顺风,但还是晚了10分钟,受到了批评。

晚上一进家门,我就向老公诉起了委屈,给他讲我受批评时的尴尬。正当我说话间,忽听到"时间到了,时间到了。"闹钟居然响了起来。我一看表,正好6点,原来我把时间调到了下午6点。

9. 那天早上作者为什么起来晚了?

　　A. 闹钟坏了　　　　　　　　　　　B. 闹钟慢了

　　C. 作者上错了表　　　　　　　　　D. 闹钟响了,但是作者没听见

10. 那天作者可能几点到单位?

　　A. 9点　　　　　　B. 8点10分　　　　C. 9点半　　　　　D. 8点半

11—12

小刘和小张都曾是大地房地产经纪公司的置业顾问,工作两年有余。去年9月的一天,公司通知当晚18点至21点组织员工中秋节聚会。小刘因身体不适向门店经理请了假。几天后,公司以小刘未参加集体活动为由给他记了个旷工,并给予警告处分,扣发当月的底薪和业绩提成共两千多元。

小张聚会倒是参加了,就是提前走了一会儿,也被因此记旷工、给处分,被扣了四千多元。三个月后,公司以二人的业绩评定未达到标准为由,向二人发出解除聘用合同的通知。

二人深觉窝火,于是到劳动部门申请劳动争议仲裁。仲裁结果为公司支付二人被扣的工资和提成及各种经济补偿共4万多元。

11. 小张和小刘被解除聘用合同的原因是 :

　　A. 不参加集体活动　　　　　　　B. 业绩评定未达到标准

　　C. 不喜欢参加聚会　　　　　　　D. 迟到早退

12. 劳动部门的仲裁结果是：

    A. 公司赔礼道歉   B. 公司支付工资和奖金

    C. 公司支付工资、提成及各种经济补偿   D. 小刘和小张败诉

13—14

    现年 67 岁的多罗茜·弗莱彻是英国利物浦人，她的女儿克里斯汀和其未婚夫即将在美国佛罗里达州的奥兰多市举行婚礼。一周前，弗莱彻在女儿、准女婿的陪同下，从英国曼彻斯特乘坐飞机先抵达了美国费城，然后从那里再转机前往奥兰多市。然而没想到正是在转机飞往奥兰多的途中，弗莱彻的心脏病突然发作了。

    弗莱彻回忆道："我的胸口开始剧烈疼痛起来，手臂也开始冒汗，我这时才意识到问题的严重性，我想可能是心脏病突然发作了。"看到母亲痛苦的表情，女儿克里斯汀吓坏了，立即向机组人员求救，一名女乘务员通过扩音器向乘客舱中喊道："请问飞机上有谁是医生吗？"没想到女乘务员的话音刚落，许多乘客座位上方的橙色应答灯都亮了起来，有 15 名自称是医生的人纷纷向病人弗莱彻坐着的地方奔来。原来，这 15 人竟全都是美国心脏病专家，他们正准备前往奥兰多市参加美国心脏协会的一个重要医学会议。然而对于幸运的弗莱彻来说，15 名心脏病专家显然是太多了。

13. 弗莱彻的心脏病发作是在离开下面哪座城市以后？

    A. 美国费城   B. 英国曼彻斯特

    C. 美国奥兰多市   D. 英国利物浦

14. 弗莱彻非常幸运，因为：

    A. 女乘务员服务态度很好   B. 乘客中有很多的心脏病专家

    C. 女儿和女婿都在身边   D. 飞机很快到达目的地

综 合 练 习

1—2

    农业生物基因中心的科学家说，他们在旱稻杂交技术的研究上取得很大进展，有望两年之内正式推出杂交旱稻。

    这个基因中心通过大规模的资源筛选，已经获得一份旱稻的细胞质雄性不育保持系，经多年回交转育，获得了育性稳定的旱稻不育系"沪旱1A"。旱稻恢复系的选育工作也在顺利进行。这个基因中心有望在两年之内全面完成杂交水稻的三系配套，正式推出性状稳定的杂交旱稻。据专家的一份报告分析说，干旱缺水已经严重威胁到我国的水稻生产。农业生物基因中心正在培育的杂交旱稻，在去年示范试验中，已有较高的产量表现，而且在抗旱性上有突出表现。此前，这一基因中心还选育成功了一系列优质的常规旱稻品种。

1. 已经完成的培育稻种是：

    A. 旱稻保持系   B. "沪旱 1A"

    C. 旱稻恢复系   D. 性状稳定的杂交旱稻

2. 正在培育的旱稻的突出特点是：

　　A. 抗旱性　　　　　B. 产量较高　　　　　C. 性质稳定　　　　　D. 抗洪涝

3—4

　　今年三月，中国消费者协会向全国消费者征集由经营者单方面制定的显失公平的合同、告示、声明、通知等线索，并对征集到的这些"霸王条款"进行系列点评。

　　从征集到的线索来看，那些敢于制定"霸王条款"，并能够迫使消费者在日常消费中接受这些条款的经营者，大多是垄断行业、政企界限模糊领域的经营者。

　　"霸王条款"何以霸道横行？一是市场尚未发育成熟，许多行业市场准入的门槛太高，导致经营者过少，垄断的局面难以打破，无法形成激烈有序的竞争局面；二是一些部门的职能转换没有到位，没有负起服务和监管职责，对消费者利益受损熟视无睹，放任垄断行业的经营者挥舞"利刃"。

3. "霸王条款"的特点是什么？

　　A. 明显对消费者不公平　　　　　C. 没有人真正履行

　　B. 制订者常常是垄断行业的经营者　　　　　D. 由管理者单方面制定

4. 出现"霸王条款"的原因不是：

　　A. 市场尚未发育成熟　　　　　B. 行业垄断严重

　　C. 某些部门职能转换没有到位　　　　　D. 消费者法律意识的淡薄

5—6

　　以中国队现在的实力，如果和欧洲队相遇的话肯定是负多胜少，而且中国后备力量并不乐观。印度和伊朗在世界少年锦标赛上均打入前三，而中国队连前八都没进。中国队一旦老将退了，新人又补充不上来，如何能打好北京奥运会？

　　但是，中国男排后备力量虽存在问题，但并没有韩国、日本严重，尤其是这批国家队，年轻队员基本上挑起了大梁。雅典奥运会以后，中国男排的优势将明显强于韩国和日本。

5. 世界少年锦标赛中中国队的名次可能是：

　　A. 第二　　　　　B. 第三　　　　　C. 第八　　　　　D. 第九

6. 中、日、韩三国男排都存在的问题是：

　　A. 年轻运动员挑大梁　　　　　B. 老将都退了

　　C. 后备力量不足　　　　　D. 与欧洲队负多胜少

7—9

　　相当多的考生有一种凭分数填报志愿的倾向：高分报"热门"，低分碰运气。由于不切实际地盲目赶"热门"，到了大学由于不适合该专业，只好开始"混"。

　　的确，"热门"专业自有诱人之处，出现"热门"专业不足为奇。某种人才短缺，供不应求，相关专业就业"热"，反之则"冷"。"热"到一定程度，人才市场开始冷，供过于求，"热"就会向"冷"转化。"冷"到一定程度，专业人才越来越少，反而成为稀缺人才，就会慢慢地开始"吃香"了。

　　因此，我们在选择专业时，如果一门心思追"热门"，而不了解市场规律在人才市场上的作用周期，不考虑自己的潜能优势，很可能在激烈的竞争中被淘汰出局。盲目追求热门，很可能揪住的是热门的尾巴，等四五年毕业后，昔日的"宠儿"，已变成明日黄花。

　　面对"热门"专业的时候，我们应该分析一下：(1)这种"热"是人才需求而形成的正常的

"热"，还是大家盲目哄抬而造成的"虚热"？(2)四五年或更多年以后，此专业的人才需求形势如何？(3)我是否真的热爱这个专业并且具备学习该专业的能力？我会喜欢与此相关的职业吗？我的潜能优势能发挥出来吗？

如果自己的潜能优势不在"热门"专业上，建议最好不要去凑这个热闹，避免拿自己的短处去与别人的长处较量，安心在"冷门"中发挥自己的潜能优势和特长，反倒有可能大显身手，作出一番成就来。

7. 文中"吃香"的意思可能是：

A. 有名气　　　　B. 受欢迎　　　　C. 热闹　　　　D. 对饮食感兴趣

8. 对于选择专业，作者的观点是：

A. 根据自身特点充分考虑后选择

B. 选择冷门专业更容易出成绩

C. 不能选择热门专业

D. 要选择热门中的热门，才能在竞争中取胜

9. 本文最合适的题目是什么？

A. 热门专业一览　　　　　　　B. 选择专业的思考

C. 市场规律与填报志愿　　　　D. 如何填报高考志愿

10—11

手机这个概念，早在 40 年代就出现了。当时，是美国最大的通讯公司贝尔实验室开始试制的。1946 年，贝尔实验室造出了第一部所谓的移动通讯电话。但是，由于体积太大，研究人员只能把它放在实验室的架子上，慢慢人们就淡忘了。一直到 1985 年，才诞生出第一台现代意义上的、真正可以移动的电话。它是将电源和天线放置在一个盒子中，重量达 3 公斤，非常重而且不方便，使用者要像背包那样背着它行走，所以就被叫做"肩背电话"。与现在形状接近的手机，诞生于 1987 年。与"肩背电话"相比，它显得轻巧得多，而且容易携带。尽管如此，其重量仍有大约 750 克，与今天仅重 60 克的手机相比，像一块大砖头。从那以后，手机的发展越来越迅速。1991 年时，手机的重量为 250 克左右；1996 年秋，出现了体积为 100 立方厘米、重量 100 克的手机。此后又进一步小型化、轻型化，到 1999 年就轻到了 60 克以下。也就是说，一部手机比一枚鸡蛋重不了多少了。

除了质量和体积越来越小外，现代的手机已经越来越像一把多功能的瑞士军刀了。除了最基本的通话功能，新型的手机还可以用来收发邮件和短消息，可以上网、玩游戏、拍照，甚至可以看电影！这是最初的手机发明者所始料不及的。

10. 重量大约在 250 克的手机出现在什么时候？

A. 1985 年　　　B. 1987 年　　　C. 1991 年　　　D. 1996 年

11. 瑞士军刀和手机之间的相似之处是：

A. 可以防身　　　　　　　B. 多功能

C. 时髦的象征　　　　　　D. 可以传递信息

12

去年，北京家政市场曾引进过 10 名大学生保姆，没过多久就实现了"高薪就业"。但一段时间以后，由于缺乏实践经验，有些雇主对这些大学生保姆的"试用结果"似乎并不满意，这些大学

生保姆并没有想像中那样实用。看来,这些具备高素质的保姆虽然稀缺但仍然面临不少问题。

12. 关于大学生保姆,本文没有提到的内容是:

A. 前景　　　　　B. 缺点　　　　　C. 薪水　　　　　D. 培训

13

因存在火灾隐患,北京秀水市场将在12月27至29日停业,进行整顿。秀水街每天的客流量在一万人左右,周末高峰期能达到两万多人,但却只有一条3米宽的通道出入,给这条街埋下了严重的消防安全隐患。期待秀水街整顿完毕后,元旦以新貌面对游客。

13. 秀水街停业整顿的原因是:

A. 改变市场规划　　B. 火灾的危险　　C. 客流量太大　　D. 市场秩序乱

14—15

四肢再生研究可以追溯到1768年,当时,意大利僧侣拉扎罗指出,两栖动物可以再生它们身体的某些部分。一百年后,德国生物学家维斯曼认为"基因"提供了指导人体发育的信息。人的肘部的细胞可以再发育成前臂、手和手指,四肢伤残处含有足够多的再生手臂和腿的信息。1976年,美国几名生物学家在研究火蜥蜴的四肢再生方面取得重大突破,但四肢再生研究真正迎接春天还是在罗林斯研究所克隆出多莉羊之后。

干细胞的出现又被视为四肢再生研究向前迈出的一大步,因为科学家从中看到了人体内任何类型的细胞再生的可能性。然而,研究人员目前仍在寻找引发再生的基因信号。虽然目前科学家还不能让四肢再生,但他们没有理由说这一目标永远也无法实现。

14. 四肢再生研究取得重大进展是在什么时候?

A. 发现两栖动物的再生现象

B. 发现基因指导人体发育的作用

C. 火蜥蜴四肢再生研究取得突破

D. 克隆羊多莉出现以后

15. 目前研究人员正在做的工作是:

A. 寻找人体任何细胞再生的可能性　　B. 寻找引发再生的基因信号

C. 再生研究进入人体实验阶段　　D. 在医学领域中利用干细胞

16—17

英国广播公司4月14日报道,多达4万人参与的网络大调查显示,与在寒冷月份出生的人相比,夏天出生的人个性较乐观,5月出生的人自认最幸运,而10月出生的人最悲观。

心理学家通过互联网征集了4万余人的调查问卷。他们自愿提供了自己的生日,并针对自认幸运或不幸运给予不同程度的评价。调查结果发现,3月至8月出生的人与9月至2月出生的人,具有"夏天性格"与"冬天性格"的显著差别。

50%出生于5月份的人认为他们的运气很好,其比例是所有月份中最高的,而10月出生的人中,只有43%认为他们的运气不错。心理学家指出:"在夏天和冬天,父母与孩子之间的交流并不相同。体外气候对胚胎也有影响。"

16. 哪个月有一半的人认为他们是幸运的?

A. 10月　　　　　B. 5月　　　　　C. 3月　　　　　D. 9月

17. "夏天性格"与"冬天性格"存在差异的原因之一是：

    A. 父母与孩子交流的内容 　　　　　　　　B. 大气压力

    C. 幼儿期营养 　　　　　　　　　　　　　D. 孕妇营养

18—19

    今年的国庆对我来说非同寻常，因为它是我和女友相爱五周年的纪念日，也是我大学四年在北方度过的最后一个国庆节了，因为我已经把工作签到了南方。

    四年前，为了学业，我来到了北京，女友去了长沙。平日饱受相思之苦，面对这个绝好的机会我岂能放过。在我的极力策动下，即将毕业的女友终于下定决心，从湖南赶来与我共度这个美丽的节日。我和女友从小都在南方长大，平日看惯了江南的风和日丽、小桥流水，早想欣赏一下北方的名胜古迹了。早在一个月前，我们就开始制定起了旅游计划。

    10月1号去内蒙古，最好到一个可以骑马的地方，住蒙古包、喝马奶酒、吃手抓羊肉；返程时在承德逗留两天，长城肯定是要去的，故宫也是少不了的，这样算起来时间有点紧张。前几天听说今年我们可能放假九天，这可把我们乐坏了！如果真是那样的话，说不定还可以到青岛去吃海鲜呢！早就听山东的同学说青岛风景秀丽、景色优美、气候宜人了，怎么也不能给这四年的大学生活留下遗憾。

18. 作者国庆期间想去的地方不包括：

    A. 承德 　　　　　B. 青岛 　　　　　C. 上海 　　　　　D. 内蒙古

19. 从本文可以知道下面哪句话是正确的？

    A. 作者刚刚参加工作 　　　　　　　　　　B. 女友在南方上大学

    C. 计划在青岛逗留两天 　　　　　　　　　D. 作者是北方人

20—21

    口腔科医生认为，餐后即使没有刷牙的条件，也要养成饭后漱口的好习惯，但长期使用针对治疗牙周炎的漱口水，牙齿会变黄，味觉会改变，长舌苔或食不知味，因此不可经常使用。选购漱口水需要注意的是，要看成分标识，若有杀菌剂成分，就是牙周病漱口水。酒精成分太高的漱口水不宜在口腔有伤口时使用，辨识的方法是，漱口时若有辛辣的感觉，就是酒精成分高的漱口水。

    其实对于口腔健康的人群来说，每餐饭后除了用清水漱口外，要坚持使用牙线并嚼食木糖醇口香糖。牙线能较干净的清除牙间隙的残渣。虽然嚼食木糖醇口香糖要比机械刷牙差很多，但在不方便刷牙时，它能起到牙齿自洁作用。并且甜味是用木糖醇代替蔗糖，咀嚼时能促进唾液分泌，促进口腔保健，还能促进咀嚼肌的均匀发育。

20. 不能长期使用牙周炎漱口水的原因是：

    A. 影响味觉 　　　　　　　　　　　　　　B. 口感过于辛辣

    C. 影响牙齿自洁 　　　　　　　　　　　　D. 不能清除食物残渣

21. 本文可能是一篇：

    A. 产品广告 　　　B. 商品说明书 　　　C. 科普文章 　　　D. 新闻报道

22—24

    随着对贫困大学生问题研究的深入，一些资助项目的策划者开始关照学生精神方面的塑造和培养。

"中海油基金"在受助学生的挑选上,不限学习成绩,而只看经济条件和人品,并设计将基金的其他项目作为资源开展各类公益活动。项目规定,受助学生不得拒绝所安排的志愿服务,要以亲身的实践来回馈社会。

以往,很多项目的捐资人和受助对象缺乏了解,甚至彼此并不相识,而此项目则十分注重加强双方的沟通和交流。引人注目的是,"中海油基金"要求受助学生在奖学金之外,不能再接受其他团体的无偿捐赠。

基金会秘书长表示:国家应该规范助学金的数量标准,要有度有节制。他说:"社会的帮助不能是全包的,否则容易让学生产生依赖心理,不利于培养自强自立的品质。它只能是一种辅助性的补助。"

22. "中海油基金"挑选受助学生的标准之一是:

    A. 学习成绩   B. 家庭背景   C. 能力高低   D. 人品

23. "中海油基金"较之别的基金项目,有什么样的特点?

    A. 更注重给学生安排志愿活动   B. 受助学生的范围更大

    C. 救助学生的奖学金标准更明确   D. 更注重双方的交流和沟通

24. 对于救助贫困大学生,基金会秘书长认为:

    A. 应该多参加志愿活动   B. 应该多回报捐助人

    C. 应该培养自强自立的品质   D. 要给学生全面长期的帮助

25

一个工厂再漂亮,消费者不会在卖商品之前先去参观一下工厂,对消费者而言,只凭着对品牌的感受和这个企业的影响力来决定和选择。在物质生活日益丰富的今天,同类产品多达数十种或上百种,而且,基本形态也相差无几,消费者不可能逐一去了解,只有靠他头脑中的品牌印象,也就是产品的附加值,来选择某种产品。一个对建材商品陌生的消费者,肯定不会把钱随便花掉,他们要把目标对准有质量和信誉保证的名牌企业,因而,品牌的力量能给人以信心和保证。

25. 问:本文的大意是:

    A. 建材产品的选购   B. 工厂也需要美观

    C. 警惕消费中的陷阱   D. 品牌的力量

26

一位专家引用"蝴蝶效应"时说:"每一只蝴蝶都很弱小,但当千万只蝴蝶一起扇动翅膀,却足以在得克萨斯州制造一场龙卷风。"意思是说弱小的力量团结起来时就会变得强大。可这并非"蝴蝶效应"。"蝴蝶效应"的例题是:"一只蝴蝶在巴西扇动翅膀会在美国的得克萨斯引起旋风吗?"由来是这样的:1961年冬天,洛伦兹在一次科学计算时因为对初始输入数据的小数点后第四位进行了四舍五入,而造成了输出结果与上一次的迅速偏离,使前后计算结果的两条曲线相似性完全消失了。20年之后,洛伦兹在一次演讲中提出了这一问题,即为"蝴蝶效应"。他认为,在大气运动过程中,即使各种误差和不确定性很小,也有可能在过程中将结果积累起来,经过逐级放大,形成巨大的大气运动。"蝴蝶效应"所要表达的意思是:"对初始条件的敏感依赖性",它指的是一只蝴蝶,而不是"每一只",更没有提它们是否弱小或强大。

26. "蝴蝶效应"的正确含义是：

  A. 强大的力量是由弱小的力量积累而成　 B. 初始条件的变化对结果影响很大

  C. 计算时小的错误可能造成严重后果　 D. 每一个个体都有它的独特之处

27—28

  医学界对抑郁症的诊断在 20 世纪 80 年代末有一个变迁，之前，根据发生原因抑郁症分为原发性和即发性，区别在于，原发性抑郁症是由生物学因素导致的，比如家族遗传；即发性抑郁症是由社会心理因素导致，比如精神压力大。有些时候抑郁症也与躯体疾病有关，比如癌症、糖尿病患者可能会并发抑郁症。

  20 世纪 80 年代后期，特别是 20 世纪 90 年代初，抑郁症的国际诊断标准和分类系统有了变化，只要临床特点符合抑郁症的症状标准，它的病程符合抑郁症的诊断标准，没有其他特殊原因，都诊断为抑郁症，这样无形中抑郁症的发病率就大大地提高了。2002 年，估计上海和北京患病率达到 4%，这个数字和我国香港、台湾地区以及韩国的数据接近，不过与其他国家相比还是比较低，在美国抑郁症终生患病率达到 16%，有些国家甚至达到 20%。

27. 目前抑郁症的诊断标准是：

  A. 根据发生原因　 B. 根据临床特点

  C. 根据是否有遗传病史　 D. 根据不同的社会心理因素

28. 我国香港、台湾地区抑郁症的发病率大概是多少？

  A. 16%　 B. 10%　 C. 4%　 D. 20%

29—31

  偌大的宇宙空间，除地球上有生命和人类文明以外，是否还存在"外星人"和地外文明？为了回答这个问题，人类派出两对"特使"到浩瀚的宇宙空间去寻找自己的伴侣，即先驱者 10 号和 11 号、旅行者 1 号和 2 号。它们在先后探测了木星、土星、天王星和海王星之后，分别于 1989 年 6 月、1990 年 2 月、1988 年 11 月和 1989 年 10 月越过冥王星轨道。

  不知是技术问题，还是其他因素，两个"旅行者"探测器的发射顺序与常规不同，率先升空的是旅行者 2 号。它于 1977 年 8 月 20 日发射，不过，由于运行路径有很大差别，1977 年 9 月 5 日发射的旅行者 1 号后来居上，1979 年 3 月 5 日先行飞近木星，首次观测到了木星背阳面的极光。1980 年 11 月 12 日，旅行者 1 号从距土星 1.26 万千米的地方飞过，一共发回 1 万余张彩色照片。旅行者 1 号于 1988 年 11 月越过冥王星的轨道。1998 年，它越过了先驱者 10 号探测器，成为距地球最远的人造物体。截至 1998 年底，旅行者 1 号离地球 110 亿千米，据科学家推算，目前它正以每秒约 17 千米的速度向太空深处继续前进。

  旅行者 2 号于 1986 年 1 月飞近天王星，1989 年 8 月飞近海王星，从而成为第一个探测天王星和海王星的探测器，完成了四星联游的壮举，并有许多重大发现。这两个探测器为环状十边形结构。这对孪生探测器各携带了一张直径 30.5 厘米的镀金铜质唱片。该唱片密封在一个铝盒内，可以保存 10 亿年。在这张镀金唱片上，一面录制有 116 张照片，一面录有美国总统和联合国秘书长的贺辞、55 种语言的问候语、27 首世界古今乐曲和 35 种自然界声响。唱片上录制的照片，反映了太阳系的方位、地球人的细胞组成、男女性别、家庭组成和风土人情等，其中包括一张中国万里长城和一张中国人全家聚餐的照片。

29. 首次观测到木星背阳面极光的是：
    A. 旅行者 2 号　　　　　　　　　B. 先驱者 10 号
    C. 先驱者 11 号　　　　　　　　　D. 旅行者 1 号

30. 哪一年旅行者 1 号越过先驱者 10 号探测器？
    A. 1988 年　　　　　B. 1998 年　　　　　C. 1989 年　　　　　D. 1979 年

31. 根据本文内容,下面哪句话是正确的？
    A. 先驱者 10 号是距地球最远的人造物体
    B. 旅行者 2 号首次探测天王星和海王星
    C. 旅行者 1 号和旅行者 2 号的路径相差不远
    D. 只有旅行者 1 号带了一张镀金唱片

32—33

　　今天是"惊蛰"节气的开始,惊蛰的意思是春雷始鸣,惊醒蛰伏于地下冬眠的昆虫。实际上,昆虫是听不到雷声的,大地回春,天气变暖才是使它们结束冬眠"惊而出走"的原因。我国各地春雷开始时间各不相同,北京的初雷日一般要到 4 月份,,"惊蛰始雷"的说法则与江南地区的气候规律相吻合。

　　"惊蛰"节气期间除东北、西北地区仍是银装素裹的冬日景象外,我国大部分地区平均气温已升到 0℃以上,北京南郊观象台的多年平均气温,达到 4.9℃。"惊蛰"处于冬春交替时期,气温变化幅度加大。当冷空气袭来时寒风乍起,常常是气温骤降加上各种病菌、痛毒的大量繁殖,因此又是感冒、流感和心脑血管等各种疾病的多发时期。

32. "惊蛰"的意思是：
    A. 春雷惊醒昆虫　　　　　　　　B. 昆虫被雨水惊动
    C. 昆虫听见雷声　　　　　　　　D. 天气开始转热

33. "惊蛰"节气期间,北京的天气表现一般为：
    A. 开始春天的第一次打雷　　　　B. 平均气温 4 度以上
    C. 气温迅速回暖　　　　　　　　D. 仍是冬天的景象

34—36

　　米杰博士在她新近结束的一个课题研究中发现,肥胖的预防问题在一个人的生命处于起点的时候就应该得到重视。一个婴儿,如果在母体内营养不良、发育迟缓,那么他成年后发展为易患心血管疾病的体型的几率和那些出生时超重的婴儿是同等的。同样,婴幼儿期的适度喂养,尤其纯母乳喂养对孩子成长后的健康体型至关重要,过度的营养,对孩子而言就是一种灾难。

　　米杰博士的研究表明,肥胖的预防问题绝不是让孩子少吃一口东西或是多参加锻炼那么简单,当然,少吃多动绝对是控制肥胖最有效的方式。但是,针对目前我国很多家长和孩子对健康知识的缺乏,建立相关的预防措施不失为一个好方法,比如学生体检中加入对血压、血脂、血糖的检查,确定各年龄段孩子的身高体重指数,督促处在轻度肥胖的孩子及时采取减肥措施,还有重视婴幼儿早期的营养结构等等。

34. 肥胖的预防应该从什么时候开始？
    A. 胎儿时期　　　　B. 婴儿时期　　　　C. 幼儿时期　　　　D. 受孕阶段

35. 控制肥胖最有效的方式是:

    A. 提前预防   B. 合理营养   C. 少吃多动   D. 药物治疗

36. 本文可能选自:

    A. 肥胖研究的最新进展   B. 喂养方式与肥胖

    C. 婴儿营养与保健   D. 肥胖的预防

37—38

    近期,国际组织对北京、上海、深圳、广州四城市月收入在2500元人民币以上,年龄在20~44岁之间的人群,就生活方式和理财行为进行了专项调查。调查发现,四个城市的目标人群在理财方式上各有偏爱:深圳的中高收入人群在投资上选择的方式较多,像股票、信托、基金都在选择之内;北京目标人群显得相对保守,更青睐于定期存款;上海的目标人群则具有更频繁的借贷倾向,超过四分之一的被访问者都拥有个人贷款,该比例在四城市中排在榜首。另外,上海的被访者在人寿保险方面也处于领先位置。

37. 在定期存款方面领先的是

    A. 上海   B. 北京   C. 深圳   D. 广州

38. 四分之一的上海被访者

    A. 买了人寿保险   B. 有股票投资

    C. 拥有个人贷款   D. 有基金投资

39—41

    根据一个人哪一边的脸相对来说更生动,人脸有左脸型和右脸型之分。研究发现,左脸型的人右脑谐调功能较强,而右脑同音乐演奏的功能密切相关。富有音乐天赋的人几乎都是左脸型的人。瓦格纳、莫扎特、勃拉姆斯、舒伯特、柴可夫斯基和李斯特等音乐家都是左脸型的人。 右脸型的人也有独特的优势,最突出的是敏捷的理性思维。生活中大多数的人是右脸型的人。爱因斯坦是右脸型的人,很多伟大的科学家、数学家都是右脸型的人。右脸型的人在演讲、跳舞和体育方面都有天赋,他们显然对运动节奏的理解和表达能力较强。几乎所有的奥运会运动员都为右脸型。

    那么,怎么样才能知道一个人是哪种脸型呢?最简单的办法是:照照镜子,看哪边脸略大,肌肉较多,说话时更具有灵活性,微笑时眉毛升高,皮肤紧绷,更能表达快乐的情绪,这就是处于支配地位的半边脸。科学家还认为,人脸的左右型是在出生前就已决定了的,在为孩子选择培养目标时,父母应考虑孩子的脸型所表达的信息。

39. 区分左脸型和右脸型的标准不是:

    A. 哪一边更大   B. 哪一边生动   C. 哪一边更好看   D. 哪一边更紧绷

40. 下面什么人是左脸型的?

    A. 数学家   B. 运动员   C. 舞蹈家   D. 音乐家

41. 人脸的左右型是什么时候决定的?

    A. 少年   B. 幼儿   C. 胎儿   D. 婴儿

42—43

    随着社会的变迁,当代高考生的价值观也发生了变化,他们考大学的主要目的已不再是仅仅为了单纯地获得知识或文凭,而是为了将来能更好地就业,立足社会。这种很现实的价值观已成为推动他们一定要考取大学的主要动力。调查显示,高考生考大学的主要目的是将来更好地就业,占此次调查人数的近五成;其次是为了获得专业知识,占二成多。高考落榜的考生中,有近七成的学生将选择复读,不到二成的人将选择民办或网络等院校。落榜生为了增强再次高考的信心,他们中有一部分人非常看重通过选择一个好学校来增大高考的保险系数,有五成多的人选择一个好学校去复读,但对四成的人来说,他们更注重自身的努力,学校对他们不是第一因素,自身加倍努力是最重要的。总之,高考生所采取的复读策略是因人而异的,多种因素交互影响。怎样成材还要学子重新认识,落榜生中有极大部分的考生是通过复读来考取国家统招学校,可以看到,尽管现在有很多各类的民办学校和网络院校可以供他们选择,但他们中只有较少的一部分人认可这类学校。

42. 当代考生考大学主要是为了:

  A. 获得知识   B. 获得文凭   C. 得到社会承认   D. 找工作

43. 复读的考生大多数:

  A. 更注重自身努力   B. 选择民办院校

  C. 选择网络院校   D. 想选择一个好学校复读

44—45

  科学家们发现,猴子天生有公平意识,如果觉得受到了不公正待遇,它们会发脾气或生气。美国的试验表明,认为自己受到了不公正待遇的卷尾猴会做出一种两岁孩子的父母所熟悉的反应。 这些研究结果首次表明,不公正的意识不是人类所特有的,其他灵长目动物也有。这意味着人在受骗时产生的愤怒情绪有很长的进化史,并可能证实许多高级灵长目动物中已经出现合作性群体。

  在研究中,有关专家训练几对卷尾猴把礼券递给研究人员,以此换取食物。试验开始时,每一对猴子都得到同样的奖赏——一片黄瓜,而且都很愿意配合试验。在95%的情况下,它们把礼券递给研究人员,然后高兴地接受并享用食物。

  但后来,研究人员开始给两组猴子不同的待遇,给其中一组吃甜甜的葡萄而不是淡而无味的黄瓜。这致使认为自己受到了忽视的猴子发生反叛,本来很高兴地接受黄瓜的猴子在看到同伴得到葡萄时突然不再接受黄瓜。有的开始罢工,不再传递礼券,还有一些虽然接受了黄瓜但不愿意吃。有的时候,它们会大发脾气,把黄瓜扔出笼子。只有60%的猴子在这种情况下继续合作,如果其中的一只猴子不做任何事情而得到奖赏,同伴们的反应更加激烈,80%的猴子拒绝继续参加试验。

44. 除了人类,哪类动物有公平意识?

  A. 昆虫   B. 灵长目动物   C. 两栖动物   D. 海洋动物

45. 用葡萄代替黄瓜后,另一组中继续合作的猴子占:

  A. 80%   B. 95%   C. 60%   D. 75%

46—47

  动物园开闭园时间:8时—17时30分

  门票:8元,1.2米以下儿童免票、70岁以上老人可凭有效证件免票

  乘车路线:1、15、25路直达

  春节过后,由于中华西路西延,将从动物园的南半部穿过,动物园的面积也将由原来的500

余亩缩减至 400 余亩,而"家"居动物园南半部的小动物们将举家搬迁至北半部。您千万不要错过这次绝版游的机会,让有着 21 年风雨历史的动物园为您留下绝版一页。

46. 下面哪个人去动物园可以免票？
    A. 68 岁的退伍军人　　　　　　B. 1.3 米的小学生
    C. 65 岁的退休教师　　　　　　D. 1.1 米的儿童

47. 春节过后动物园将会发生怎样的变化？
    A. 面积增加了　　　　　　　　B. 中华西路将从动物园南部穿过
    C. 动物园将全部搬迁　　　　　D. 小动物们将集中到中部

48—49

随着现代分析技术的进步,今天人们可以将中药的物质组成表征出来了,这就是中药的指纹图谱——一种中药的物质组成会在计算机的屏幕上显示出不同的波峰。图谱上的每一个波峰代表一种或几种物质,就像人的指纹一样,它是惟一的,它揭示的是中药的本质特征之一。

目前,这项指纹图谱技术已经逐渐成熟,对于包含多种成分的药品,国际上已经认可运用指纹图谱技术控制质量的做法,也就是说,只要不同批次的药品在指纹图谱上反映的各种成分保持基本一致,就可以认为这个药品的质量是稳定的。

48. 中药的指纹图谱能起什么样的作用？
    A. 揭示中药的全部本质特征　　　B. 可以控制所有的中药产品质量
    C. 揭示中药的物质组成表征　　　D. 可以分析中药的组成成分

49. 判断药品质量稳定的标准是什么？
    A. 不同批次药品的指纹图谱完全一致　　B. 不同批次药品的指纹图谱基本一致
    C. 不同批次药品的指纹图谱状态稳定　　D. 不同批次药品的指纹图谱都是唯一的

50

早在 1852 年,英国地球物理学家萨拜因发现"地磁暴"(一种地球磁场扰动现象)表现出一种周期性扰动,周期大约是 11 年。萨拜因把这些变化画成曲线,并与黑子数变化的曲线相比较,结果发现两者之间存在着一种对应关系。几乎与萨拜因同时的另一位英国科学家拉芝特也惊异地发现地磁场的每日变化幅度,也有 11 年左右的周期变化。这真是出乎意料的发现！当这种对应关系于 1852 年公之于世之后,很快就得到天文工作者的证实:太阳黑子似乎对地磁场有一种"神秘"的影响。这是除了光辐射和万有引力之外,人们发现的太阳和地球之间存在联系的又一个例子。

50. 太阳黑子对地磁场的影响表现为:
    A. 地磁暴以 11 年为周期出现扰动　　B. 地磁场每 11 年变化一次
    C. 光辐射影响地球　　　　　　　　D. 万有引力的存在

51—52

欧洲出现的垃圾邮件已占电子邮件总量的 50%,其中商业邮件占主导地位。虽然欧盟的语言多达 12 种,但 80%的邮件为英文,并且绝大多数来自大洋彼岸的美国。实际上,据联合国提供的数据,美国发出的垃圾邮件高达全球总量的 53%。

垃圾邮件的数量至今有增无减,究其原因,首先是因为网上充斥的垃圾邮件多属推销商品的商业邮件。商家不愿放弃这种成本低廉、却利润丰厚的商业运作机会。另外,关于禁止垃圾邮件的规定,欧美的立场完全是南辕北辙。欧洲方面已立法严禁发送商业性邮件,而美国的《允许发送垃圾邮件法令》则规定,由消费者自己决定是否要商家停发此类邮件。

大洋两岸政策的矛盾,使垃圾邮件的问题愈演愈烈。备受垃圾邮件之苦的电子邮件用户及相关业内人士均强烈要求各国采取行之有效的一体化政策,特别是呼吁作为垃圾邮件主要发源地的美国,重新审视其处理该问题的相关法律和措施。囊括了欧美65家主要消费者协会的跨大西洋消费者对话组织,近期公布了一组调查数据。数据显示,81%的受访者支持制订在发送商业邮件前征得收件人同意的法律,80%的人认为主动发出的商业邮件应属于广告范畴。

51. 按照本文观点,垃圾邮件越来越多的根本原因是什么?

A. 互联网使用费用低廉　　　　　　　B. 各国相关政策的不统一

C. 商业性电子邮件越来越多　　　　　D. 网上贸易利润丰厚

52. 跨大西洋消费者对话组织的意见是什么?

A. 发送商业邮件应该征得收件人同意　　B. 主动发出商业邮件应该交税

C. 接收垃圾邮件应该取得报酬　　　　　D. 应该全面禁止发送商业性邮件

53—54

1968年3月,在家排行老三的张山出生于四川省南充市。父亲是一所中学的数学老师,总跟数字打交道的他,给他第一个出生的孩子起了个最简单的名字"张三"。幼时的张三活泼好动,能歌善舞,经常在幼儿园表演节目。上学后张三被招进了市篮球队,并成为队长和组织后卫。1984年,就在张三准备结束篮球生涯时,一个偶然的机会,成了她一生中的重要转折点。

四川省射击队教练江泽祥来到南充市挑选双向飞碟运动员,几经周折,果断机智的张三被相中。入队不久的张三,很快显示出她在射击项目上的天赋,射击成绩直线上升,仅4周后,她获得参加第一届全国青年运动比赛的资格,并一举获得该项赛的亚军。1989年,张三入选国家队。对张三寄予厚望的教练江泽对"张三"的"三"字不满意,竞技体育就是要体现争第一的精神,于是动员父亲为女儿改名,父亲爽快地答应了教练的要求。

张山回忆自己走过的道路,说她很幸运。获得了巴塞罗那奥运会的冠军,但很遗憾,在她运动状态处于巅峰的时候,比赛项目被取消了,酷爱双向飞碟项目的张山对此心存不甘。2000年悉尼奥运会重新设置了女子双向飞碟项目,已经在大学读书、过了而立之年的她,又一次重新举起了枪。时至今日,令众多观众关注和喜爱的张山又一次在为参加今年的奥运会而刻苦训练着,只是现在的张山对目标和过程看得一样重要。在一次刚刚结束的比赛后,张山说三天的比赛,她的心像水一样地平静。当我们询问她的运动生涯究竟还有多长时,她说:"你要是在奥运会上看到一个老太太在比赛,那一定是我。"

53. 张山获得第一届全国青年运动比赛的亚军是在什么时候?

A. 1984年　　　　B. 1989年　　　　C. 2000年　　　　D. 1983年

54. 张山参加过几次奥运会?

A. 1次　　　　　B. 2次　　　　　C. 3次　　　　　D. 4次

55

美国加州有一家小工厂,专门生产各种汤匙和小勺,经理是一名年轻人。因为资金少,又有实力强大的公司竞争,工厂生产的汤匙一直销路不好。有一天,这位年轻人正在街上行走,突然,一位抱小孩的妇女吸引了年轻人的注意。

这位妇女正在用小汤匙给婴儿喂汤。她一边向汤匙吹气，一边不断地用舌头试汤的温度，直到汤的温度合适了，才让婴儿喝下。看到这一情形，这位年轻人心里有了主意。

他把温度计装在汤匙上，开发出了"温度匙"，非常适合母亲喂婴儿用。果然，年轻人生产的汤匙销路很好。

55. 汤匙销路转好的原因是：

　　A. 资金充裕了　　　B. 竞争对手倒闭了　　　C. 开发出了新产品　　　D. 广告做得好

56—57

高校毕业生人数逐年攀高，毕业生求职竞争日趋激烈，在许多人感慨就业难的情况下，高校毕业生中的"不就业一族"却在悄然增多。这部分人不就业的原因并非找不到工作，而是自己主动放弃了毕业分配的机会。

前年全国应届毕业生中，选择不就业的人数仅在 5% 左右。但据长期从事高校毕业生分配工作的几位工作者估计，今年选择不就业的人数会远远超过这一比例。

考研是毕业生不就业的首要原因。众多的人参与竞争，使许多考研学生都把失败视为正常现象。所以，考研一族在面对失败时，往往会选择多给自己一次机会。为了专心准备来年考试，他们通常选择不就业。

除考研外，出国也是高校毕业生选择不就业的一大原因。另外，自主择业、个人创业也是"不就业一族"为自己规划的主要出路。

主动不就业的男生人数比女生略多。比较新潮的是，近年来有不少女生准备毕业后结婚，婚后成为全职太太，她们在毕业前夕也放弃了就业机会，这在一定程度上增加了"不就业一族"中的女生比例。

尽管许多学生选择不就业的原因并不一样，但是这部分学生在很多方面却存在共性。

例如，主动不就业学生的家庭经济状况都比较宽裕，他们的父母都很民主，能够做到尊重子女自己的选择；学生本人对自己的未来有全面考虑，觉得挫折在所难免，人应该趁年轻闯出自己的事业。同时，他们潜意识里都不愿面对职场上严格的体制和复杂的人际关系，所以他们要么继续呆在相对单纯的校园环境里，要么选择游离于传统的就业体制之外。

虽然"不就业一族"选择了自己想做的事情，但是他们生活得并不潇洒。相反，因为他们选择了一条前途未明的道路，所以他们承受的心理压力比传统就业的同龄人要大。

56. 毕业生选择不就业的首要原因是：

　　A. 出国　　　　　B. 个人创业　　　　　C. 自主择业　　　　　D. 考研

57. 选择不就业的毕业生，他们都具有的特点不包括什么？

　　A. 家庭经济状况都比较宽裕　　　　　B. 不愿意面对职场上严格的体制

　　C. 家庭环境都比较民主　　　　　　　D. 不能接受找工作时遇到的挫折

58—59

国内机票节前大幅上调，使旅行社不得不紧急对五一的旅游价格再次调整。记者了解到，新价格较以往所定的黄金周价格整体上浮 1% 至 2%。如通常较受游客欢迎的两条线路：海南五天团，机票涨价后，将再次调整为 3250 元；昆明—大理—丽江—西双版纳则升到 5500 元的价位。据了解，不少旅行社此前打出的五一黄金周国内线路价格，下周一起全部刷新，对于此前已经报名的游客，旅行社一般采取的措施是依然按原价执行。"现在看来，五一国内游的价格一年创下近几年黄金周国内游价格的最高值。"一业内人士称。据悉,五一前后,国内游的价格将一日一变,如海南游 4 月 28 日的价格为 2080 元,4 月 29 日为 2480 元,30 日达到 3250 元,但在 5 月 8 日后,将直线下滑至 1450 元。

58. 旅行社调整旅游价格的原因是:
    A. 国内机票大幅上调   B. 为了疏导五一游客压力
    C. 服务质量提高了   D. 旅游景点增加

59. 关于旅行社的调价,正确的是:
    A. 只有较受游客欢迎的线路调价   B. "五一"七天保持稳定高价
    C. 调价前已经报名的旅客实行原价   D. 国际线路相应调整

60—62

5 月 21 日将发生月掩金星,我国部分地区可以看到这次月亮与金星"亲密接触"的奇妙天象。

金星是天空中除了太阳和月亮之外,我们看上去最亮的天体。它和月亮一样,也有阴晴圆缺。月掩金星是月亮在运行中恰好走到金星和地球中间,三者呈现一条直线时发生的天象。此次月掩金星,人们可以看到一大一小两个"弯月"在空中捉迷藏的奇妙情景。

据介绍,这次月掩金星发生时间为北京时间 21 时 20 分左右,前后持续将近 40 分钟。届时,只要能看到月亮的地方都可以看到这次天象。但由于月掩金星发生在农历初三,当晚月亮在夜空中逗留的时间不足两小时,对于我国东部地区来说,21 点左右月亮就已沉入地平线了。而我国北京以西的地方由于天黑比较迟,则能看到此次月掩金星,尤其是银川、兰州、乌鲁木齐、拉萨、西宁等地方可以看到整个过程。

当日晚,通过双筒望远镜,人们会发现金星是月牙形状,只不过比它身旁的月牙小了许多。人们在观测中会看到,犹如一轮小弯月的金星一点点地被月亮遮住,等到它再从月亮背后走出来时,一大一小两个月牙在天空中相遇,交相辉映,十分精彩。

有关专家提醒观测者,最佳观测时间是从月掩金星发生前 10 分钟开始。这样人们可以比较清晰地看到金星被月亮遮挡的过程。同时,由于当时月亮在夜空中仰角比较低,因此,观测者最好能在西面找一块比较开阔的地方进行观赏。

60. "月掩金星"发生时,月亮的位置在:
    A. 金星和水星之间   B. 金星和地球之间
    C. 金星和木星之间   D. 金星、地球、火星的中心

61. 下列哪个城市可以看到"月掩金星"的全过程?
    A. 北京   B. 上海   C. 拉萨   D. 广州

62. "月掩金星"的最佳观测时间和观测方位是:
    A. 东面, 天象发生前 10 分钟   B. 西面,天象发生后 10 分钟
    C. 南面,天象刚刚发生时   D. 西面,天象发生前 10 分钟

63—64

据一家调查机构的一项调查分析,65 岁以上的美国人使用因特网的人数自 2000 年以来增加了 47%,使他们成为上网人数增长最快的人群。

尽管上网人数增长很快,这个年龄层的人仍有很长的路要走,这项调查表示,65 岁以上的

美国人中只有22%上网,而30至49岁的美国人中有75%上网。但是分析表明,上网的老年人人数会直线上升。

一位研究人员说:"现在50多岁了,一旦用上电脑就再也不会丢开它了。"

另一位研究人员说,推动老年人上网的最重要的因素是家庭因素。他说:"年轻的因特网用户很可能鼓励父母和祖父母开始用电子邮件通信,许多老年人因此喜欢上这个新鲜玩艺儿。"

63. 未来几年上网人数增长最快的人大概年龄在:

　　A. 30岁~49岁的人群　　　　　　　　B. 50~60岁人群

　　C. 60~65岁人群　　　　　　　　　　D. 65岁以上人群

64. 老年人开始喜欢上网可能是从做什么事情开始的?

　　A. 网上通信　　　B. 网上购物　　　C. 网上聊天　　　D. 网上看电影

65

香甜的蛋糕表达甜蜜的爱意,缤纷的鲜花传递美好的祝福。节日里,恬心岛的蛋糕和鲜花,怎么能少?

今年的五月,恬心岛特别设计了精美的围裙和小巧可人的"毛巾裙";订购50~100元蛋糕(或鲜花),送一条"恬心岛围裙";订购100元以上蛋糕,送圆形花篮,送6寸鲜奶蛋糕一个。

伴随着蛋糕鲜花速递车,"恬心天使"将把美好祝福送到勤劳善良的母亲的手中。

65. 订购88元的鲜花可以得到什么礼品?

　　A. 圆形花篮　　　B. 鲜奶蛋糕　　　C. 围裙　　　　　D. 毛巾裙

66—67

这个学期,广西大学开设了一门别开生面的全校性选修课《女性学概论》。据了解,这是广西大学第二次开设性别教育课。老师介绍,去年第一次开课,选课的男生有24位,今年更多,约占30%。

据了解,许多男生是抱着"感觉神秘但又渴望了解女性"的心情选修"女性学"的。一位选修该课的男生说,虽然自己可以通过很多途径去了解女性,但如此系统地学习"女性学"还是第一次。

老师说,性别教育在发达国家和地区相当普遍。它有别于传统的女性教育,教育的对象即包括女性,也包括男性。性别教育的最终目的是在社会上培养一种男女平等的风气。男性如果认识不到异性的差异,不了解女性,就不会有平等意识,更谈不上关怀女性。

66. 男生选修"女性学"多半是因为:

　　A. 准备期末考试　　　　　　　　　　B. 教材有吸引力

　　C. 希望了解异性　　　　　　　　　　D. 教学方法灵活多样

67. 性别教育的最终目的是什么?

　　A. 传授科学知识　　　　　　　　　　B. 培养平等意识

　　C. 提升妇女地位　　　　　　　　　　D. 提高婚姻质量

68—69

小齐和小鹏万万没有想到,他们的儿子会诞生在火车上。4月26日,怀孕9个月,准备回家生产的小鹏在K24次列车上突然出现阵痛,列车长、乘警长、归国华侨丁大夫等热心人出手相助,婴儿顺利出生,母子双双平安。

4月26日15时06分,由上海开往北京的K24次列车在镇江开车后20分钟,列车长陈为和乘警长李志军接到报告,4号卧铺车厢一名孕妇快要生产了! 陈为和李志军迅速赶到4号车厢。小齐说,他们是河南人,在上海打工。小鹏怀孕9个月了,准备回家待产,没想到在车上突然出现阵痛。

孩子就要出生了,但列车到达前方南京站还需20分钟。李志军立刻赶到广播室,通过广播寻找产科大夫;而陈为疏散了周围的旅客,并挂起布帘,给孕妇提供了生产空间。很快,妇产科大夫、澳大利亚归国探亲的华侨丁国秋女士赶到了4号车厢,准备接生。时间一分一秒地过去,孕妇牵动着每一位旅客和工作人员的心。15时24分,丁大夫高兴地告诉大家,小鹏生了,是个男孩,列车已驶入南京站,响亮的哭声传遍车厢,"母子平安!"整个列车都沸腾了。李志军通过对讲机联系上南京120急救车时,小齐泪流满面。K24次列车在南京站延时开来45分钟后,又缓缓启动了。

68. K24次列车大概什么时候离开南京站?

    A. 15时26分   B. 15时40分   C. 16时10分   D. 16时30分

69. 根据本文内容,下面哪句话是错误的?

    A. 离开镇江以后列车长接到报告   B. 到达南京之前孩子顺利降生

    C. 很幸运列车上有上海的妇产科大夫   D. 小齐和小鹏都是河南人

70

继2月底井冈山机场成功试飞后,这个革命老区机场即将正式通航。据井冈山机场负责人介绍,3月18日,井冈山机场举行通航仪式。届时北京航班、上海航班同时抵达井冈山机场。据介绍,井冈山机场通航后,北京飞井冈山仅需2个多小时、上海飞井冈山约1小时。

70. 井冈山机场什么时候举行通航仪式?

    A. 3月底   B. 2月底   C. 3月中旬   D. 2月中旬

71

一年前,当一位身穿欧式皮衣的荷兰男人,在北京昆仑饭店西餐厅大嚼牛扒的时候,他的粗犷征服了中国足球,一支粗线条的中国国家队也引起了众人的兴趣。这位荷兰"大厨"究竟会把"中国菜"搞成什么样? 在以两个1比0分别击败科威特队和中国香港队之后,哈恩的"厨艺"令人褒贬不一,但无论如何,哈恩这道"牛扒与烙饼"的另类搭配,很值得去细细品味。

71. 本文的主要内容是关于:

    A. 中西饮食风格的融合   B. 荷兰菜在北京出现

    C. 中国足球的新风格   D. 战胜科威特队的经验之谈

72—75

所谓"合作用车",就是由一个租车公司购置若干种类型的汽车,将这些车停放在固定的停车场所。这些车场一般都选在交通便捷之处,以方便人们前来取车,很多"合作用车"就位于公共汽车站附近。"合作用车"的具体做法是:凡愿意加入其中的用户只需以会员制方式入会,不需交纳会员费,他们只要参加一次公司组织的关于如何租借汽车的说明会即可。然后,每个会员将得到一个专用开车卡,用车前只需给公司打个电话或在网上预定,到时便可到车场根据自己的需要选用汽车。

"合作用车"的服务对象一般是针对年用车量不超过1.2万公里的个人或是那些已拥有一

辆汽车、但又不想再购买第二辆车的家庭。

"合作用车"的好处是可以大大降低居民的汽车拥有量,同时也可以减少公路上日益严重的拥堵现象。"合作用车"另外的好处是方便、灵活、便宜并且省事。用户只管到时开车,不必过问汽车的维修和保险,这些费用均由公司负担。24小时内,随时用车随时可以到车场索取,用完后再将车放回原位。这里车型较全,任用户选择。汽油费也由公司提供,只是出境后才由乘客自己负担汽油费。用车时间不限,少则一小时,多则几天。使用费收费起价是2欧元1小时,以后每公里收费0.32欧元。

目前,这种用车方式已从最早的比利时纳木尔地区扩展到了包括首都布鲁塞尔在内的5个城市。"合作汽车"的数量也从最初的3辆发展到了43辆。

72. 租车公司的停车场地一般在什么地方？
  A. 开阔地 B. 人群密集地 C. 交通便捷地 D. 会员集中地

73. 租车公司的车辆一般：
  A. 不能出境 B. 型号单一 C. 二手车多 D. 24小时取用

74. 全部需要用户支付的费用是：
  A. 汽油费 B. 维修费 C. 使用费 D. 保险费

75. 合作用车方式最早是从哪里开始的
  A. 比利时 B. 法国 C. 英国 D. 瑞士

76

不知从何时起,上英语培训班已然成了一种高档消费。外语培训再也不是简单意义上的课堂教学的校外延展。如今的外语培训狂炒"高价"概念,一门课程动辄上千上万元。相应地,培训学校也纷纷打出"高档写字楼内设校""纯外教"或"小班授课"等等名头,吸引高端生源。

培训学校已经逐渐超脱于普通的"学校"范畴,作为一种服务行业,带给学生的不仅仅是教授课程,而更是一种教育服务,其商业化味道也越发浓重。

76. 本文的主要内容是：
  A. 英语培训班收费过高   B. 培训学校的商业化味道
  C. 外语培训的新方法   D. 课堂教学的校外延伸

77—79

陈先生最近很郁闷。家里的彩电坏了,他翻箱倒柜找出保修卡。上面的维修部电话倒是列了不少,但陈先生一拨后却发现,大多数已经转行不干了。"想起当时买的时候,企业售后服务说得那么好,现在真需要服务了,却不是空号,就是不对,心里堵得慌。"陈先生很是郁闷,"都说顾客是企业的'上帝',怎么换了维修部却不通知我们一声呢？"

但从现在起,陈先生碰到这种郁闷事的概率将大大减少。3月10日,全国第一批22800多个家电维修网点开始实行公示制度。公示制度主要是把这些网点的详细资料,包括地址、电话、维修部性质和服务项目等,按照国家有关服务要求进行公开。同时,在企业网站和中国家用电器维修协会网站上也将一起公示,并在有关维修网点调整时及时更新。

"以前是丑媳妇不敢见公婆,现在我们就是要逼着'她们'去见,如果'她们'还不愿见的话,公婆以后自然就不会要'她们'了。"人们把那些不规范的维修网点比作"丑媳妇",把消费者比作"公婆"。

77. 陈先生为什么感到郁闷？

A. 彩电需要修理　　　　　　　　　　B. 保修卡丢了

C. 彩电被盗了　　　　　　　　　　　D. 维修部找不到了

78. 公示制度要公开的内容不包括维修部的：

A. 服务项目　　　　B. 人事组成　　　C. 维修部性质　　　D. 地址和电话

79. 文中的"丑媳妇见公婆"是什么意思？

A. 厂家要对消费者负责　　　　　　　B. 维修网点要对消费者负责

C. 厂家要和维修网点保持密切联系　　D. 消费者遇到问题时要及时和维修点联系

80—82

负责我们小区邮递业务的邮递员与我同名同姓，是个小伙子。

有一天，我问他："有没有我的样报啊？"他说："噢，没有。"我给编辑发了封 E-mail 查询，编辑很快就回信了："样报早在半个月前就寄了，可能是寄丢了，我再寄一次吧，请查收。"可又过了十天，样报还是没收到。我以为是邮局出问题了，也没把事情放在心上。

最近，见小伙子一脸喜色，我猜他恋爱了。果然，有一天他交给我几张优惠券说："这是我女友开的快餐店，请以后多多关照啊。""呵，"我说，"我今天就去尝尝。"他连声说："谢谢，我不陪你去了，还得去送信。"

我按优惠券的地址找到了那间快餐店，店里有三个女孩在聊天。一个胖胖的女孩说："刘姐，你怎么现在跟国哥那么好？"那个被叫刘姐的可能就是小伙子的女友吧，长得挺漂亮，一脸幸福地说："我以前不知道他那么厉害，他会写文章哩，经常在报纸上发表。给，这是他最近发表的。"说完，她从抽屉里拿出一份晚报递给那个女孩。

突然，我心里一动，因为我最近也在晚报上发过文章。于是，我走上前对"刘姐"说："能不能把那份报纸给我瞧瞧？"她大方地说："当然可以啦。"我接过报纸，翻了一下，找到署名为阮定国的文章一看，啊，这不正是我发表的文章吗？

80. 作者认为他没有收到样报的原因是什么？

A. 编辑部没有寄出　　　　　　　　　B. 样报被别人取走

C. 邮箱出了问题　　　　　　　　　　D. 工作失误

81. 邮递员的女友是做什么工作的？

A. 餐厅服务员　　　B. 快餐店主人　　C. 快餐店收银员　　D. 商场售货员

82. 关于邮递员，下面哪句话是正确的？

A. 他的名字是阮定国　　　　　　　　B. 他马上就要结婚了

C. 他在报纸上发表了文章　　　　　　D. 他对待工作认真负责

83—84

最近北京的一项体检指出，有相当一部分觉得自己偏瘦的女性被警告为隐藏性肥胖。国际上判断肥胖程度除了体质指数外又加上了体脂肪率，就是身体成分中脂肪组织所占的比率。对于 30 岁以上的女性，体脂肪率超过 27% 就是隐藏性肥胖，30 岁以下的女性的临界值是 24%。体脂肪率更能客观分析体重成分，有的女性体重偏瘦是得益于骨架小，并非脂肪少。小骨架的人如果一时乐观于"怎么吃也不会胖"，就会延误对心脑血管、骨质疏松等慢性疾病的预防。

83. 体脂肪率的含义是什么？

    A. 脂肪占体重的比率　　　　　　　　B. 脂肪和肌肉的比率

    C. 超重脂肪占体重的比率　　　　　　D. 脂肪转化为肌肉的比率

84. 使用体脂肪率来判断肥胖的意义是：

    A. 更能发现隐藏性肥胖　　　　　　　B. 更能客观分析体重成分

    C. 更有助于减肥　　　　　　　　　　D. 可以预防慢性病

85—86

    美国财政部4月26日推出新版50美元纸钞的样票。新版美钞具有更多防伪设计，其票面背景颜色在传统的绿色基础上增加了淡蓝、淡红色，票面图案增加了飘动的美国国旗和一颗银蓝色金属小星。

    美国财政部官员在新闻发布会上说，新版50美元纸钞将更难被伪造且更易被查验，例如采用的复杂颜色加大了伪造的难度。新版50美元纸钞保留了上世纪90年代开始采用的水印、防伪条和变色油墨三项主要防伪设计，以便于普通消费者判别钞票真假。

    据悉，新版50美元纸钞将于今年9月底或10月初正式发行。近年，美国政府为打击假钞而采取了一系列货币更新措施。去年10月，新版20美元纸钞正式进入流通，美国政府还计划推出新版100美元纸钞，有关方面还在考虑重新设计5美元和10美元的钞票。

85. 新版50美元纸钞在哪一方面保留了最初的设计？

    A. 图案　　　　　B. 主要防伪设计　　　　　C. 票面文字种类　　　　　D. 颜色

86. 已经进入流通的新版纸钞是：

    A. 新版20美元　　　B. 新版5美元　　　C. 新版10美元　　　D. 新版100美元

87

    2003年中国棒球联赛已经开赛两周，上届冠军北京猛虎队目前以4胜2负的成绩暂列第一位。从今天到周日，他们将在丰台体育中心主场三战上海金鹰队，这也是北京队今年首次在主场作战。本赛季中国棒球联赛的比赛场次较上季有了大幅度增加，常规赛各队从上赛季要打24场比赛变为36场，这样北京的棒球爱好者将有幸在家门口18次亲睹猛虎队的雄姿。北京队主场丰台体育中心棒球场的门票将全部对球迷免费，中国棒球协会等联赛主办方希望通过此种方法积极促进棒球运动在中国，特别是在北京地区的推广和普及，进一步扩大球迷市场。

87. 关于这次中国棒球联赛，下面哪句话的意思不正确？

    A. 北京队今年第一次主场作战　　　　B. 比赛门票将全部对球迷免费

    C. 比赛场次增加了　　　　　　　　　D. 北京猛虎队目前占有优势

88—89

    一项新兴的体育健身运动"牵珑球"正在北京大受欢迎，在奥体中心内的一个牵珑球俱乐部，记者看到，几名俱乐部成员正在由网球场简单改制的场地上展开激烈的比赛。皮筋牵引着小球飞速地左右、来回运动。该运动的步法颇似羽毛球的灵活，击球姿势仿佛网球的潇洒，而两人同在网一侧的比赛形式又很像壁球。据一名会员介绍，这种球类运动最大的好处就是需要的空间不大，场地不受限制，又不太受风雨和天气的影响。牵珑球的拍子类似网球，由合金和碳素材料构成，但比网球拍轻盈很多，不会伤害女性或体弱者的腕部和胳臂。与其他球类运动不同，牵珑球要求参与者准确地计算和掌握进攻方位、击球力度、角度、回弹路线和落点。相对直线运动来说,它的变化更多、趣味更强,运动员不仅需要体力,更需要智慧。

据牵珑球运动的创始人杨彪介绍,该运动已经得到了国家体委的高度评价和大力支持,目前正在向全市推广。对该运动感兴趣的消费者可以自己购买成套的球具在家附近的空地上练习,也可以参与到俱乐部中,由专业运动员现场辅导。

88. "牵珑球"的比赛形式与哪一类球很相像?

　　A. 网球　　　　　　B. 羽毛球　　　　　　C. 壁球　　　　　　D. 乒乓球

89. "牵珑球"与其他的球类最大的不同是什么?

　　A. 场地比较大　　　B. 球拍材料特殊　　　C. 玩球姿势特别　　　D. 需要更多计算

90—91

昨日凌晨2时许,台州公安分局南湖派出所民警巡逻到上营村口时,看见一名身形瘦小的女孩,身穿校服,骑着自行车急匆匆沿着马路飞驰。民警觉得很奇怪,就将其拦下进行询问。女学生见到民警拦车非常不耐烦,连声说:"别拦我,我上学该迟到了!"民警听到答话更觉诧异,仔细一问才知道女孩今年13岁,是南湖镇人,家距学校十几里路,每天6时30分就得起床往学校赶。

"可是现在只有两点钟呀!"经民警提醒,小女孩慌忙看表才明白搞错了时间。看了看漆黑一片没有一个人影的马路,又瞧了瞧站在面前的警察,回过神儿来的女孩不禁哇地一声大哭起来。民警一边劝慰一边将其扶上警车,连同女孩所骑的自行车一同送回了家。

到家后,女孩的父母还在休息,听到民警解释之后才大梦初醒。原来,深夜醒来时,女孩的父母把时针和分针搞混了,错把凌晨1时35分左右,看成了7时5分左右,为了能让女儿在7时30分之前赶到学校,他们催她赶快起床上学。

90. 民警碰见的女孩是去做什么的?

　　A. 赶火车　　　　　B. 送人　　　　　　C. 接人　　　　　　D. 上学

91. 女孩那天是几点起床的?

　　A. 7时30分　　　　B. 7时5分　　　　　C. 1时35分　　　　D. 6时30分

92

军事博物馆从4月16日起提前实施对中小学生免票、优惠的新措施。每周一至周三,法定节假日除外,为中小学生集体免费参观日,凭学校介绍信提前联系。家长携未成年子女参观,其未成年子女免费。中小学生个人参观凭学生证实行半价优惠。

92. 根据本文内容,下面哪句话是错误的?

　　A. 法定节假日不免费　　　　　　　　B. 中小学生优惠参观必须凭学校介绍信

　　C. 集体免费参观应该提前联系　　　　D. 未成年子女免费

93—94

对于高考生报志愿这件大事,数据表明,绝大部分考生带有盲目性,只有较少的人会到潜能专业指导机构了解自己的潜能优势,根据自身的特点科学地选择专业。由于报考误区的存在,往往使得一部分考生在进入大学后才发现自己所学的专业并不适合自己,造成厌学或重新选择专业的局面。在此次调查中我们看到,当前的考试科目还是在很大程度上侧重了对学生记忆能力的考查,而对创新能力的考查体现得较少。考生认为,目前的考试科目还是侧重了对其记忆能力的考查,其次是逻辑思维能力,分别占此次参加高考调查人数的五成及四成。考生们还认为,考试科目对其创新能力的考查最少,其次是问题解决能力,分别占此次参加高考调查人数的五成及三成。而当今社会最显著的一个特征就是要求培养具有创新精神的人,如何在考试评价中真正达到对学生创新能力的要求,需要教育工作者,尤其是考试评价机构作出深入的探讨。

93. 作者认为目前的高考考查内容需要加强的是哪一方面?

　　A. 逻辑思维能力　　　　B. 记忆能力　　　　C. 解决问题能力　　　　D. 创新能力

94. 根据本文内容我们可以知道:

　　A. 考生报志愿时多参考家长的意见　　　　B. 大部分考生对所报专业没有兴趣

　　C. 考生很需要潜能专业指导机构的指导　　　　D. 考试考查的能力适应了时代的需要

95—96

王明是美术学院96级雕塑系学生,大学毕业后,他放弃了成为一名教师的机会,走上个人创业的道路。创业初期,他深受打击,也考虑过重回体制内就业,现在他拥有自己的艺术铸造厂。

高校毕业生不就业持续增加的现实,客观上要求有关部门加强工作,否则,这一群体心理压力、焦虑情绪等一旦失控,将会危及整个社会的稳定。

王明结合自己的切身体会说,毕业生在做出不就业的选择时一定要慎重。应该理性判断自己是否有足够的承受力来面对自己选择的道路。第一,无论是考研、出国,还是创业,都意味着毕业得适应与学校截然不同的环境。第二,选择不就业的目的应是实现自己真正的人生目标,而不是受功利因素的影响,比如考研是为更高的文凭、出国是为了镀金。等三,对自己的实际能力要有正确认识,胸怀远大理想的同时不能好高骛远。

95. 王明刚毕业时的生活怎么样?

　　A. 成为一名教师,生活稳定　　　　B. 在一家铸造厂工作,收入很高

　　C. 没有找到工作,不太顺利　　　　D. 自己创业,非常不顺利

96. 王明对毕业生不就业的态度是:

　　A. 应该自己创业　　　　B. 要慎重考虑后决定

　　C. 可以先就业再换工作　　　　D. 还是有个稳定的工作好

97—98

德国的高速公路素以不设时速限制、你爱开多快都可以而闻名于世。不过,这种"一上高速任我行"的惬意日子可能持续不了多久了。

开车人有没有用脚踩住油门踏板不放、在四通八达的德国高速公路网上恣意飞驰的权利?这一话题在全国引起了激烈争论。

一位驾车者协会的国会游说人士甚至翻出冷战时期的一句口号:"自由的公民有权自由行走",并将国家对时速的设限等同于集权统治。施罗德总理的势力极大的汽车业集团也坚决反对限速。一次绿党和部分社民党议会提出80英里(128公里)的高速公路时速上限之后,施罗德总理面露恼怒地说:"我认为这场辩论太肤浅了!"

但据商业电视台RLT调查,51%的德国人要求对高速公路的最高时速设限,反对派以47%的比例落了下风。

引发这场针锋相对大辩论的导火索是一起车祸。"如果设定速度限制,我们的公路将变得更安全,恶性事故和交通堵塞现象都将减少。"绿党议员阿尔贝特·旅密特指出。一些政界人士还

援引调研数据,称高速公路限速不仅可以导致车祸和死亡事故的下降,还将减少噪音与环境污染。

但北莱因—威斯特法伦州自由民主党领导人伍尔夫说:"立法者不应因为个别人犯的错误而惩罚整个社会。固定的行驶速度将导致驾车人难以集中注意力,实际上会造成更多的事故。"德国运输部的意见是:"我们希望道路交通变得更安全,但不是法律规定的增多。"

97. 下面赞成设置时速限制的人是:
    A. 绿党议员　　　　B. 施罗德总理　　　　C. 自由民主党领导人　　　　D. 驾车者协会

98. 德国运输部的意见是什么?
    A. 希望驾车人集中注意力　　　　　　B. 认为设置速度限制是干涉公民权利
    C. 希望驾车人降低驾驶速度　　　　　D. 不希望立法设限

99—101

欧洲科学家最近研究发现,大量蚂蚁集体行动时,队伍井然有序,不存在"堵车"问题,因为它们善于在交通拥挤时分流。

一个由法国、德国和比利时科学家组成的科研小组在《自然》杂志上发表论文说,一窝蚂蚁成千上万,每到搬运储存食物的季节,众多蚂蚁便倾巢而出,在找到食物后又都蜂拥回到"老巢",为了避免混乱,这些蚂蚁养成了一套具体的行为机制,使它们的行进互不干扰,协调有序。科学家说,搬运食物的蚂蚁都排成长列,沿着食物源和蚁巢之间一些固定的路线行进。这些路线是由被称为"先遣队"的蚂蚁在返回巢穴时,用名为信息素的化学物质沿途标注的。其他蚂蚁可以在已设置好的路径中任选一条来走,它们在行进中都会留下自己的信息素。在实验中,科学家在蚁巢和蜜糖之间设置了两条宽10毫米的道路,发现其中一条路上的交通流量比另一条大得多。随后,科学家将道路宽度缩减成6毫米,使道路变得拥挤,结果发现蚁群开始分流,选择交通流量小的道路的蚂蚁显著增多。这有效地防止了干道上的交通拥堵,保证食物搬运的效率。

科学家认为,在地下蚁巢错综复杂的隧道中,蚂蚁可能也是用这种策略来有效地管理交通的。新发现可以给一些非线性科学研究课题带来启发,例如怎样在电信网络系统中更好地管理数据传输过程。

99. 蚂蚁集体行动时进行交通分流的办法是:
    A. 蚁王的指挥　　　　　　　　　　B. 搬运食物的蚂蚁先行
    C. 承担不同任务的蚂蚁各有各的路线　D. 事先设置好固定的线路

100. 信息素的作用是什么?
    A. 标注路径　　　　B. 吸引同类　　　　C. 传递食物　　　　D. 引导方向

101. 蚂蚁管理交通的策略可能给哪个行业的管理带来启发?
    A. IT 业　　　　　B. 数学教学　　　　C. 电信业　　　　D. 服务业

102—103

在获得奥运会举办权之初,希腊有关部门曾表示,根据保守的估计,随着大批游客和观众的涌入,本国旅游业收入届时将增长两倍以上。但现在看来,他们的估计过于乐观了。希腊旅游管理部门统计的数字显示,今年以来,前往该国观光的游客不仅没有出现增加的迹象,反而呈现明显的下降趋势。另据希腊酒店联盟统计,与去年同期相比,今年前 4 个月,希腊各地酒店的入住率分别下降了10%至30%不等。具体到各个地区,尽管位于雅典的酒店曾被预测届时将人满为患,但目前的指标显示,这些酒店的入住率和预订率较去年同期都下降了10%左右。

旅游业是希腊国内的支柱产业之一,每年约占国内生产总值的8%左右。与往年相比,希腊旅游业今年的滑坡十分明显,这对本国旅游业今后的发展非常不利,也会给希腊经济带来直接的冲击。一部分业内人士分析认为,前执政党社会党政府在筹备奥运会的过程中,忽略了对希腊各个旅游胜地之间,尤其是与雅典之间的交通建设,使游客从一地前往另一观光地往往需要在旅途中花费大量时间,这种不良好的"旅行性价比",才使得希腊如今在奥运年丧失了大量游客。

102. 希腊旅游业今年的形势是

    A. 增长30%   B. 明显下降   C. 与去年持平   D. 增长两倍

103. 根据本文内容,下面哪句话是正确的?

    A. 希腊旅游胜地之间的交通建设亟待改进

    B. 雅典酒店的入住率已经达到人满为患

    C. 希腊经济今年仍旧保持高速增长

    D. 前往希腊观光的游客比去年增加了8%

104

为期四天的北京图书订货会昨天在北京国际展览中心落幕。组委会秘书长黄国荣透露,据不完全统计,共成交25.9亿元,比上届增加了2.3亿元,首次参会的海外华文书店表现不俗,其中,新加坡的华文书店,如三味书屋、上海书店,每家订货码洋都达到40万元以上。但出版社分支机构以及期刊的订货情况并不理想,原因是这些单位在先期举行的专场订货会上已基本完成了业务,此次参展,展示形象是主要目的。

104. 图书订货会上表现比较好的书店是

    A. 国内出版社分支机构   B. 国内期刊部

    C. 国外英文出版社   D. 海外华文书店

105

高校学生司就业处处长陈曦说,目前就业率的统计是宽口径的,不同于过去计划经济时期的那种毕业生必须有了报到证才算是就业。现在无论学生是打算自主创业还是将来想做自由职业者,只要学生离校时对学校提出了今后就业的一个风吹草动,就可作为我们的统计数据。这种统计方法无论是严还是宽,毕竟是依据学生本人最后的就业状况和他个人表达的意向来做的。

陈曦解释说,就业率只是反映毕业生就业动态的一个指标,它不是最终的,只反映了学生就业过程中某一时间段的就业状况。据了解,目前无论是在美国、日本、欧洲还是其他国家,他们的就业率统计往往是一些抽样的或者是大致的估计。像我们这么对就业状况如此高度关注,是非常负责任的。政府无论从政策上还是从具体的措施上帮助毕业生开通就业渠道的,我们国家应该是首例。

105. 目前怎么统计高校毕业生的就业率?

    A. 以毕业生提出的就业去向为准

    B. 依据毕业生本人的最后就业状况和个人意向

    C. 以毕业生的就业报到证为准

     D. 抽样或者大概的估计

106

    科学家近日发现人马座一巨大气态行星与木星大小类似,是地球质量的 270 倍。但该行星与其恒星的距离很近,仅有大约 700 万公里左右,这样接近恒星的行星被称为"烤箱"或者"热木星"。在磁场作用下,这颗炙热的巨型气态行星产生类似太阳光耀斑的活动温暖着其恒星。

    106. 文中"热木星"是指什么?

      A. 接近恒星的行星　　　　　　　B. 能产生耀斑的恒星

      C. 巨大气态行星　　　　　　　　D. 人马座

107—108

    德国一家法庭 13 日对 29 岁的德国女子玛丽娜处以 200 万美元的巨额罚款,这缘于德国杜赛尔多夫国际机场去年 9 月 17 日接到的一个恐吓电话,称机上有炸弹。当时,机场上下一片混乱,并蒙受了巨额经济损失。调查结果让人瞠目结舌,恐吓电话是玛丽娜为挽救男友的感情设计的"杰作"。

    107. 9 月 17 日杜赛尔多夫国际机场一片混乱的原因是:

      A. 机场跑道出现问题　　　　　　B. 有人打了恐吓电话

      C. 飞机出现机械故障　　　　　　D. 飞机上发现炸弹

    108. 关于玛丽娜,我们知道什么?

      A. 她面临失恋　　　　　　　　　B. 她要出去旅行

      C. 她的男友要出去旅行　　　　　D. 她喜欢搞恶作剧

109

    由于机票价格飞涨,同一条线路,来回坐火车的价格比来回乘飞机至少要便宜 1000 元,比乘飞机坐火车相结合至少要便宜 500 元。例如,目前"云南双飞八日游"叫价 6380 元,前者就比后者便宜了 1600 元。大部分游客表示,今年乘飞机出游的价格之高无法接受,选择火车出游,一是因为能比乘飞机节省近一半的钱,二是因为铁路提速后价格并未上涨,时间比以前还缩短了,使人感到物超所值。

    109. 来回坐火车云南八日游大概的价格是

      A. 5300 元左右　　　B. 4700 元左右　　　　C. 5700 元左右　　　　D. 6380 元左右

110—111

    来自全国各主要火车站的客运信息表示,9 日、10 日南昌、成都、重庆、昆明等地发往北京的火车票已全部售完。进入上海、广州、深圳等地的火车票有剩余。

    北京至长沙、广州、西安、成都、兰州、乌鲁木齐、南京、杭州等地的三日内车票已全部售出。

    9、10 两日南昌开往北京的三趟固定列车车票已全部售出。南昌至上海的列车有大量余票,至广州的 T171 已无硬座车票。

    重庆、昆明发往北京、上海的所有固定列车两日内火车票已全部卖完,重庆至广州的 K201 次、1075 次列车车票有剩余。昆明到广州的 1166 次列车车票有剩余。

    南宁发往北京、无锡的列车有余票,武昌发往深圳、上海、广州、天津的列车卧铺车票剩余。9 日、10 日、13 日武昌将加开开往青岛、湛江的两列新型空调学生专列。

110. 9 日能买到的车票是

    A. 从南昌到上海   B. 从成都到北京   C. 从重庆到上海   D. 从北京到杭州

111. 加开的新型空调学生专列是

    A. 从北京到西安   B. 从深圳到上海   C. 从武昌到青岛   D. 从武昌到广州

112—113

    威尼斯市政府最近作出规定，除了威尼斯人以外不管是意大利人还是外国人，如果他们要到这座水城去旅行结婚并且要求市政府官员主持结婚仪式，就必须交税。

    随着越来越多的新婚夫妇选择到威尼斯度蜜月，该市的官员们打起了这些人的主意。如果新婚夫妇要求政府官员主持结婚仪式，他们得付 500 欧元。当然这笔钱市政府不会白拿，因为它要为结婚仪式提供网上直播服务。

    根据规定，这 500 欧元只是平常日子的价格，如在节假日，有关价格还会上涨，新婚夫妇最多要付 2500 欧元。另外，如果新婚夫妇是外国人，他们要求市政府官员主持的结婚仪式上提供翻译，又需另外掏 260 欧元的翻译费用。

112. 在威尼斯举行婚礼的什么人应该交税？

    A. 威尼斯人，市政府官员主持婚礼

    B. 女方是法国人，市政府官员主持婚礼

    C. 双方是英国人，市政府官员主持婚礼

    D. 男方是德国人，市政府官员主持婚礼

113. 根据规定，举行婚礼的外国夫妇最多掏多少钱？

    A. 760 欧元   B. 2500 欧元   C. 2760 欧元   D. 500 欧元

114—115

    谁说奶牛只吃素呢？最近，加拿大内陆地区的一些奶牛终于打破了其原有的传统形象，因为它们不仅可以食用干草与谷类这些传统食品，还可以大饱口福，尝到一点点海鲜，比如鲱鱼，这样它们产出的奶也会与众不同。

    加拿大圭尔夫大学从事这项研究的的米里根说，这种新型牛奶能提供鲑鱼、鳟鱼和青鱼中富含的脂肪酸，这将给没有食用足量鱼类的人带来福音。他还表示，不必担心这种牛奶会含有鱼的腥味，用他的话说，"这种牛奶的口味与普通牛奶没什么两样。"

    目前，加拿大最大的食品加工商乔治威斯顿公司的一家名为尼尔森乳品店的子公司正在销售这种牛奶。售价为每公升 5.29 加拿大元，比普通牛奶贵百分之二十，与钙化奶则相差不远。

114. 新型牛奶与传统牛奶的主要区别是什么？

    A. 保质期不同   B. 外观略有不同

    C. 营养成分不同   D. 味道不同

115. 钙化奶的价格大概是多少？

    A. 4.87 加拿大元   B. 6.25 加拿大元

    C. 4.50 加拿大元   D. 5.29 加拿大元

116—117

    1 月 3 日下午 3 时许，300 路公交车上的售票员孙先生在公交车最后一排，看到一个大约 4 岁的小男孩蹲在地上，用两只小手赶着一只小乌龟在坐椅上爬来爬去。

"乌龟是不准带上车的。"售票员立即要求孩子的母亲把乌龟收起来。此时,玩兴正浓的小孩站起来,撅起嘴,瞅着乘务员辩解说:"这是甲鱼,不是乌龟。"小孩稚气的话把周围的乘客都逗得笑起来。

据售票员孙先生介绍说,小孩和其母亲从北太平庄上车,在六里桥南里下的车。等车到总站后,孙先生用洗衣粉把刚才乌龟爬过的坐椅清洗了一遍。

116. 售票员发现乌龟以后是怎么做的?

    A. 要求母亲把乌龟收起来　　　　　　B. 要求母子俩把乌龟放了

    C. 要求其他乘客协助捉住乌龟　　　　D. 要求母子俩暂时下车

117. 什么时候售票员把座位清洗了一遍?

    A. 六里桥南里站　　　　　　　　　　B. 终点站

    C. 六里桥北里站　　　　　　　　　　D. 北太平庄站

118

社会心理家家曾做过一个试验:在召集会议时先让人们自由选择位置,之后到室外休息片刻再进入室内入座,如此五至六次,发现大多数人都选择他们第一次坐过的位子。择业者也同样受定位效应的影响,凡是自己认定的事情,多数不愿轻易改变。比如一位择业者在就业或跳槽前,总是先设定一个理想岗位,择业时,往往一味追寻与自己理想岗位相匹配的岗位,以致于浪费了很多机会。而择业者一旦找到了工作,不管专业对不对口,不管自己有无兴趣,通常都会延续下去,很少愿意轻易改变职业。

118. 本文讨论的话题是:

    A. 定位效应与日常生活　　　　　　　B. 座位摆放与心理学

    C. 公司管理与心理学　　　　　　　　D. 选择职业的误区

119

孩子经不起挫折,说明孩子的自尊心太强,或依赖性太强,要给他讲失败是成功之母,可能我们每天都会遇到新的困难,要有一个良好的心态面对它。给孩子制造一些难度不大的锻炼机会,每一次都要总结,培养他克服困难的勇气。另外,"发泄"也可能是受某人影响,在教育孩子的同时,应注意不要让孩子受感染。

119. 本文可能选自下面哪篇文章?

    A.《挫折是人生的财富》　　　　　　　B.《家庭教育中的挫折教育》

    C.《良好的心态是成功的保证》　　　　D.《情绪宣泄10法》

120

专家认为:许多注重早教的家庭里培养的孩子,他们成长的经验充分说明,人的智商并不完全取决于遗传因素,后天的良好教育和精心培养可以大幅度提高儿童的智商水平。为此,家长应根据自己孩子的情况和特点,结合儿童发展的关键时期制定循序渐进、科学系统的施教方案。只有这样才能避免"东一榔头,西一棒子",避免人云亦云。

早期教育的效果不会是以硬性的标准来衡量的,但是这种教育肯定会对孩子的综合能力有所提高,训练过的孩子肯定跟没有训练过的不一样。它是一种潜移默化的,一种无意识的学习过程。比如教孩子说话,可能当时教的时候他不会说,但是等到会说的时候,他会很快地反映出来,需要持之以恒地坚持下去。

另外，要引导孩子去学会学习，孩子的任何一种学习行为都应该得到鼓励，但必须引导他学习健康的东西；尽可能地引导孩子对身边的事物仔细地观察和思考，不管得出什么结论，这种努力都应该得到首肯。

120. 这篇文章是为了说明什么观点？

    A. 早期教育应该遵循一个相同的模式

    B. 根据自身特点制订早教方案

    C. 家庭教育对于遗传因素的改进

    D. 遗传因素决定了人的智商高低

121

本期节目的《是真是假》照例会带您去看看世界上的稀奇事情：一、在德国有一所专门培训蘑菇鉴别员的学校。鉴别员的考试非常严格，甚至要连续学习6年的时间才能够拿到资格证书。那么，培训蘑菇鉴别员的专门学校是真的吗？二、在美国有装扮得很奇怪的汽车。它是专门出售丝袜的流动商店，而且还能够提供衣帽间。这是真的吗？三、一家推销公司的老板高薪聘请专门的老师，然后根据员工们的自身条件让他们开始模仿名人和演艺明星们。模仿明星表演的推销公司，这是真的吗？

121. 《是真是假》节目的主要内容是什么？

    A. 职业介绍   B. 汽车新产品发布

    C. 介绍全球发生的新鲜事   D. 名人生平介绍

122

846年，天文学家注意到天王星以一种与牛顿第一定律相矛盾的规律偏离正常轨道"摆动"，这意味着科学家们只有两种选择：要么重写牛顿的物理定律，要么发现一种新的行星来解释这种奇怪的重力拖曳现象，结果天文学家们发现了海王星的存在。

今天，科学家们又遇到了相同的难题，研究彗星轨道长达20年之久的美国著名天文学家发现，一些经过太阳系的彗星轨道也存在"重力影响"现象。这种异常现象只能用一种理由来解释：那就是在太阳系边缘，还存在一颗以前从未为科学家们所知的太阳伴星或行星！但这颗被科学家们称作"复仇女神"的太阳伴星是否真的存在引发了欧美科学界的巨大争议，因为现有的天文望远镜根本无法观测到这颗黑暗星体的存在。

不过，日前美国向太空发射了新一代红外线天文望远镜，这颗神秘伴星的"真面目"不久就将大白于天下。

122. 根据本文内容，下面哪句话是正确的？

    A. 牛顿第一定律需要修正

    B. "复仇女神"的存在已经得到证实

    C. 新一代红外线天文望远镜可以观测到"复仇女神"

    D. 太阳系边缘存在一颗恒星

123

女人的左半脸往往比右半脸更美丽动人且有韵味。科学家们说，这是因为主宰人体情感的神经中枢位于右脑，当情感信息反馈到脸部时，左脸受到的作用更为明显。女性细腻丰富的感情，使她们的左脸变得妩媚、漂亮，外观线条也会流畅起来，从而给人以美的感觉。

男性的右脸好像比左脸更漂亮,统计资料显示,好莱坞男演员的右半脸大都比左半脸更具有魅力。男女间的这种差异究竟来自何处,研究容貌美学的专家给出的答案是:男人容貌取决于平时用哪边的牙齿咀嚼食物。男人的槽牙每平方米要承受 600 吨的压力,所以,每天的咀嚼活动会在脸部打上烙印,多数男人用右边牙齿嚼食,故右半部的咀嚼肌和下巴发达,给男人以健壮感,这就是男人右脸帅的原因。

123. 男人右脸帅的原因是

    A. 主宰情感的神经中枢位于右脑　　B. 男性使用左脑的频率更高

    C. 右脸接受情感刺激更多　　　　　D. 常用右边牙齿嚼食

124—125

勘察火星水源的方法,是依靠"火星快车"上的火星地下分层及电离层探测雷达,来探测火星地表以下的结构。这种天线长达 40 米的探地雷达所发射的电波,能穿透到火星地表以下几公里,是目前火星探测器中最强大的探测雷达。

这种被一些媒体称为"耳朵"的雷达,学名叫火星地下分层及电离层探测雷达。"耳朵"向火星发送电波,然后接收回波加以数据分析和处理。"耳朵"的大概工作原理是,电波发送后,经过大气层、火星地壳的不同层面以及可能存在的地下水或冰进行探测。

大气层中的电离层、地壳和水都对电波有一定的影响,所以对"耳朵"部分的工作人员来说,最重要的是分清是哪一部分对电波产生影响,然后把不是水的那部分影响剔除掉。如果下面有水库或者冰库存在,只要不是太深,"火星快车"上的天线都可以探测到。火星上如果有足够的水,那将是一个极大的轰动性消息。

"火星快车"这方面的数据将于 4 月份传回地球。 最乐观的结果就是火星上有水,甚至是大量的水。如果火星确实有水,那么一切都会很不同,本来遥不可及的想法可能很快变成现实。人类移民火星,也许并非痴人说梦。当然,就目前人类的技术能力来讲,大规模移民还不太可能,但是只要将来有人登上火星,探索宇宙的欲望会促使人类一步一步走向深空。

124. 文中的"耳朵"是指什么?

    A. 一种宇宙探测器　　　　　　　　B. 一种雷达

    C. 一种科学的方法　　　　　　　　D. 一种处理水的设备

125. 对于移民火星,作者的观点是

    A. 很快就能实现　　　　　　　　　B. 当然可以,但是需要时间

    C. 如果火星上有水,则有这个可能　D. 根本不可能

126—127

习惯传统面授教育的学生们在开始进行网络学习的时候,会碰到很多新问题,在一定程度上会影响学习的进度和效果。其实,网络教育与传统面授教育不但是学习手段上的改变,在学生的学习方法、人才培养方式、学生素质等方面都有很大的区别。首先,网络教育是随时随地学习,学习主动权掌握在学生手中,因此对个人的学习自主性要求很高,尽快熟悉和掌握网络学习方法,成为每个学生在入学时的首要问题。同时,网络学习要经常进行作业下载、与老师在 BBS 上沟通,这需要学生掌握基本的网络应用知识。此外,网络学校的机构设置及其功能都集中体现在网络教学管理平台上,如何学会应用网络平台也是学生们要掌握的技能。

126. 网络教育和传统面授教育的区别不包括：

    A. 学生的学习方法   B. 教学内容   C. 人才培养方式   D. 学生素质

127. 作者写作本文的目的可能是：

    A. 说明传统教育和网络教育各有优势

    B. 介绍网络教育的特点

    C. 告诫大家网络教育并不像想像的那么简单

    D. 说明网络教育对于学生素质方面的要求

128—130

    不久前，有一个曾在美国被广泛关注的电视跟踪直播节目《嫁给百万富翁乔伊》。节目中一位名叫卓拉的年轻女教师，像万千参加这一应婚节目的佳丽一样，梦想嫁给那位继承了 5000 万遗产，生活在法国"乔伊城堡"的乔伊。但结局的真相，乔伊不过只是一个普通的美国建筑工人，遗产之事也是假的。这令卓拉十分吃惊，但最终她还是决定嫁给他，因为她相信自己爱的是他本人。为了这个没有想到的结局，福克斯电视公司赠送给这对新人 100 万美元。赠言是："精彩的故事，都应该有一个魔术般的结局"。其实这句赠言本身就相当精彩了，因为它涵盖了梦想和奇迹两个方面——"精彩的故事"大多都跟梦想有关，而"魔术般的结局"也常是一份奇迹。这是一个我们还不太善于言谈的关于金钱的梦想，但它却清晰地印证了拥有梦想与拥有良好的思维习惯之间的互动关系；卓拉最初向往的肯定是钱，但她自身的条件并不优越，却能抓住征婚这一机遇；为了从数千名应征者中胜出，她做出了一切能做到的努力；当真相被揭示后，她用自己的头脑来判断，而不是被那些"真是上了一大当"的舆论所左右。在我们这样掰开了揉碎了谈梦想之后，就能够理解，为什么有一种我们不太熟悉而它却在蓬勃发展的文化，这种文化叫"梦想"教育中多一点点新的东西，尽管舶来如梦想之类，也需要我们的教育者，尤其是做父母的，多那么一点点——开明。

128. 乔伊的身份是：

    A. 法国的百万富翁   B. 美国的建筑工人

    C. 德国的成功商人   D. 英国的报社记者

129. 作者对卓拉的态度是：

    A. 同情   B. 遗憾   C. 赞赏   D. 嘲笑

130. 作者写作本文的目的是：

    A. 提醒人们注意身边的机遇   B. 提醒人们注意梦想对于人生的意义

    C. 呼吁大家多参加媒体组织的活动   D. 告诉大家每个人都可能成为百万富翁

131—132

    从今以后，市民一年四季都可以到地坛逛书市了，昨天，首届北京夏季书市组委会宣布，本届北京夏季书市将于 6 月 2 日至 14 日在地坛公园举办。考虑到天气火热，组委会专门投巨资在书市主通道上方搭建了上万平方米的遮阴凉篷，并把营业时间从晚上 5 点半延长到 7 点。

131. 夏季书市在什么地方举办？

    A. 天坛公园   B. 地坛公园   C. 朝阳公园   D. 中山公园

132. 夏季书市的营业时间延长了多少？

    A. 2 个小时   B. 1 个小时   C. 2 个半小时   D. 1 个半小时

133—134

认识贵妃醋是在朋友的宴会上,那天高朋满座,热闹非凡。我清楚地记得当时朋友上的饮料是目前流行的贵妃醋。由于一直帮助朋友忙里忙外,对贵妃醋并没有多加留意。等把客人送走后丝丝倦意袭上心头,早已没有任何食欲。朋友将贵妃醋和雪碧勾兑好,送到我面前,口渴至极的我喝下两口,顿时觉得倦意全无,轻松畅快,回味无穷。似醋却不同普通醋的品味,似酒却蕴含着不一样的香甜,淡淡的酸味中蕴含着醇香,醇香中体会着一丝甘甜。

再细细地打量其包装,高挑的身材亭亭玉立,妩媚的外表楚楚动人,橘黄与黑色的搭配更显得时尚与风情。

从此,我便无法拒绝贵妃醋的诱惑。

133. 本文没有说到贵妃醋的哪一方面?

　　A. 价格　　　　　B. 味道　　　　　C. 饮用方法　　　　D. 外观

134. 这篇文章可能是一篇:

　　A. 小说　　　　　B. 广告　　　　　C. 新闻　　　　　　D. 科普文章

135—136

传说中"仙鹤绕楼而飞"的盛景即将在黄鹤楼变为现实。4 月 18 日,来自黑龙江的 26 只丹顶鹤已在黄鹤楼公园度过了一个星期的适应期,4 月 26 日,它们将开始绕楼飞翔表演。

据介绍,这些丹顶鹤均为 3 岁,来自黑龙江齐齐哈尔扎龙国家自然保护区,经过多年驯化,能在驯鸟师的指挥下进行飞翔和舞蹈等各种表演。它们将在黄鹤楼公园内进行半个月的适应性训练;正式表演安排在 4 月 26 日至 5 月 15 日,它们将从黄鹤楼西边的大牌坊处起飞,绕楼飞翔(每天上下午各一次,时间约半小时);5 月 15 日后返回黑龙江(来去都是坐火车)。

相传,古老的黄鹤楼上曾有黄鹤翔聚,唐朝诗人崔颢因此留下著名诗篇:"昔人已乘黄鹤去,此地空余黄鹤楼;黄鹤一去不复返,白云千载空悠悠"。但据现代生物学家考证,自然界中并没有黄鹤这个物种,今年是黄鹤楼重建开放 19 周年。黄鹤楼公园管理处介绍,丹顶鹤绕楼飞翔是"千年鹤归"2003 大型黄鹤楼文化风情艺术展的一个组成部分,园内还将展示十多组描绘黄鹤楼传说的雕塑。据了解,丹顶鹤的训练安排在黄鹤楼西区广场,游客们可先睹为快。丹顶鹤是国家一级保护动物。园方称,工作人员 24 小时值班,确保其安全,有关方面还为其购买了保险。

135. 丹顶鹤是什么时候到达黄鹤楼公园的?

　　A. 4 月 3 日　　　　B. 4 月 11 日　　　　C. 4 月 18 日　　　　D. 4 月 26 日

136. 根据本文内容,下面哪句话是正确的?

　　A. 丹顶鹤从黑龙江飞来

　　B. 正式表演时间是从 4 月 26 日至 5 月 15 日

　　C. 丹顶鹤的训练安排在黄鹤楼大牌坊处

　　D. 黄鹤是国家一级保护动物

137—138

国际女排邀请赛天津站昨晚落幕,中国女排再次夺冠。

在昨晚进行的最后一轮比赛中,中国女排似乎故意为热身赛增加难度。她们先胜两局,而后连失两局,到第 5 局又轻松胜出。

前两局,中国队凭借强有力的跳发和灵活多变的三号位快球,先下两城。接下来两局,波兰队调整战术,她们传统的高举高打战术开始发威。中国女排则以防为主,借机锻炼拦网能力。结果分别以 25 比 27,23 比 25 丢掉两局。决胜局,中国队及时稳定了心态,以 15 比 9 锁定胜利。

主教练陈忠和赛后说:"我们冲击每一个对手的心态还不够。"看来这才是热身赛的关键,至于能否拿冠军,似乎并不重要。

今天,中国女排将返回北京。古巴女排将继续在天津训练,直到 6 月初前往瑞士参加女排精英赛。

137. 波兰队的优势是什么?

    A. 拦网能力强   B. 高举高打战术   C. 三号位快球   D. 跳发球

138. 女排精英赛在什么地方举行?

    A. 法国   B. 瑞士   C. 日本   D. 中国

139—140

民族宫大剧院将推出两台以民族经典音乐为特色的晚会。一台是 2 月 28 日 19 时 15 分上演的"喜马拉雅——西藏传世经典歌舞之夜",另一台是 3 月 4 日 19 时 30 分上演的"王洛宾金曲与前苏联歌曲交响合唱音乐会"。

西藏舞台艺术历来是京城乐迷的最爱,本台晚会的风格跨越不同时期,一类是以新生派民间音乐为代表的《青藏高原》,具有一定共通性为大众传唱,其中不乏新民歌《走出喜马拉雅》《雪山的祝福》《贵客吉祥如意》《甘巴拉》《沉甸甸》等作品;一类是以怀旧金曲为代表的《北京的金山上》《翻身农奴把歌唱》《洗衣歌》等作品;此外还有以传世经典为代表的《牧歌》《雪域之花》《牧羊人》《扎西》等历经千百年在藏族中流传至今的民谣。晚会上藏族舞蹈家还将表演西藏风情舞《雪山赋》和曾获全国舞蹈比赛优秀奖的《牛背摇篮》。

"王洛宾金曲与前苏联歌曲交响合唱音乐会"由总政歌舞团交响乐团、合唱团联袂出演,演出曲目包括王洛宾的经典民歌和耳熟能详的前苏联歌曲。

139. 西藏歌舞音乐会的内容不包括什么?

    A. 藏乐风格的交响乐   B. 怀旧歌曲   C. 经典民谣   D. 新民歌

140. 两台晚会的相同之处是什么?

    A. 都有舞蹈表演   B. 都以民族经典音乐为特色

    C. 都在 2 月演出   D. 都是两个团体的联合演出

141—142

澳大利亚国立大学天文研究所宣布,科研小组发现了距离地球 108 亿光年以外的星系带。该星系带估计由数千个星系组成,目前已发现其中 37 个最亮的星系,包括一个类星体。现有的计算机模拟程序尚无法模拟出如此庞大的星系带。

根据大爆炸学说,宇宙的形成是由于发生在距今 30 亿年前至 137 亿年前的宇宙大爆炸。

该小组负责人天文学家弗朗西斯说:"这个星系的存在将使所有天文物理学家们坐回到他们的画板前,重新思考宇宙形成的原因。"

141. 新发现的星系带由多少个星系组成?

    A. 37 个   B. 600 多个   C. 800 多个   D. 数千个

142. 按照本文观点,发现新的星系带有什么意义?

    A. 可以使人类探索更深远的太空   B. 使人类开发出更先进的宇宙探测器

C. 有助于解释宇宙如何形成　　　　D. 宇宙形成的时间会更清楚

143—145

　　很多人记得1999年前后,IT行业在中国最为风行的时候,曾有"做IT,35岁就可以退休"的说法。"35岁退休"成为当时一种时尚的目标,一夜暴富的传说通过传媒刺激着大家的神经。在IT产业泡沫破灭后,今天看来,那像是个美丽得让人发笑的童话。

　　和五年前喊出虚妄的"35岁退休"的IT界精英们不同,这两年在都市中兴起新族群,他们来自不同的职业、不同层次,他们早早明白,人生应为了快乐去工作,而快乐往往来自于放弃而不是拥有。他们在一段时间内,远离紧张忙碌的上班族,按自己的节奏随心所欲、缓缓而悠闲地生活着,简单而快乐。

　　这种人被称作"悠客"。他们的这种状态又被称为"新退休主义"。他们跟通常所说的"闲人"有所不同:他们主动从飞速运转的职业状态中暂停或减缓下来,把更多的时间留给自己——给自己放一个大假, 或者尝试一个梦想已久的全新的开始……他们想自主地控制生命的节奏,他们不再是工作的机器。

　　他们缓慢生活,他们与世无争,他们随心所欲,他们足以诱惑都市里忙碌的人们也停下来看一看。

　　"悠客"是另一种生活状态的人,更是一种全新的生活态度。

143. 作者对"35岁退休"的说法持什么态度?
　　A. 只是一种时尚　　　　　　　　B. 努力就可以实现
　　C. 只是传媒的炒作　　　　　　　D. 很难实现,并且有点可笑

144. 这两年都市兴起的新族群有什么特点?
　　A. 追求在最短的时间内获得最多的财富　　B. 不追求物质,只追求精神
　　C. 生活随心所欲,悠闲快乐　　　　　　　D. 注重对于不同生活的体验

145. 文中的"悠客"是指什么?
　　A. 航空公司的特殊乘客　　　　　B. 没有工作的人
　　C. 一种特别擅长某个技能的人　　D. 一类生活方式悠闲的人

146

　　我服了一位老中医的药后,感觉非常好,仔细观察药方发现,其中姜的比重几乎占了1/2。于是我试探着由服中药改为专门吃姜,喝姜汤、姜茶、吃姜炒肉丝,包饺子和烹饪都放大量姜。久之,胃病再没发作,感冒也少了,饭量也增加了,脸色也红润了。后来,通过查阅药典和有关资料得知,姜属辛温之品,能防治多种疾病。民间谚语说:早吃三片姜,赛过喝参汤。尤其是老年人每天吃姜,能降低血粘度,降脂降压,防止血栓形成。但不能多吃,过量伤胃。

146. 下面哪个题目最适合本文?
　　A.《老年人养生与保健》　　　　B.《中医的优势》
　　C.《胃病的自我防治》　　　　　D.《每天吃姜好处多》

147—148

　　时下,不少青少年沉迷于网络游戏,家长们对此忧心忡忡,包括教师在内的许多人对网络游戏深恶痛绝,然而,也有相当的社会人士表示,网络游戏并非"洪水猛兽"。只要家庭、学校及社会正确引导,就可以让青少年通过网络学习科学文化知识,借游戏认识先进技术,从而摆脱网络游

戏的负面影响,步入正途。

　　中国青少年研究会副会长陆士桢教授指出,青少年爱好网络并不是什么坏事。她认为,在学习压力和社会压力越来越大,代沟冲突也日趋频繁的现代社会,青少年需要找到一个缓解情绪的途径,而网络以及网络游戏营造的虚拟空间恰恰满足了这种需求,因此,从这一点来看,青少年爱好网络游戏不足为奇。再者,如今,群体性游戏日益减少,青少年群体交往有的甚至出现心理障碍,通过网络与网络游戏寻求解决之道,也是应有之义。

　　不可否认,目前国内市场上大多数网络游戏确实缺乏文化内涵,许多网络游戏的内容也确实充满了暴力和色情,严重影响了青少年身心的健康发展,但是,也有一些网站提供的棋牌类、益智问答类、体育类的网络游戏,让孩子在游戏的同时学到了知识,有益于青少年成长。

　　假如网络游戏商在开发新游戏时,能在游戏中设计一些需要孩子们用学过的知识去解决的问题,将科学文化知识与游戏闯关等内容有机结合起来,那么,网络游戏不仅可以使孩子们学以致用,拓展思维空间,还可以让孩子们在游戏中学到知识,寓教于乐。

　　其实,网络游戏本身并不具备破坏性,只要家庭、学校和社会为青少年把握好尺度,正确引导,网络游戏就不会变成洪水猛兽。

147. 文中提到的网络游戏的好处不包括什么?

　　A. 缓解代沟冲突　　　B. 培养交往能力　C. 宣泄情绪　　　　D. 学习知识

148. 对于网络游戏,作者的观点是什么?

　　A. 最好限制青少年的上网时间　　　　B. 充满色情、暴力,应该禁止
　　C. 能开发智力,应该大力提倡　　　　D. 要把握好尺度,加强引导

149—152

　　有专家预测,未来的世界不仅要外在美,由内而外的健康本色才是美的极致。因此当健康成为更多人的追求时,运动当仁不让地成为女性最时尚的话题。不过男性味十足的运动衫已不再成为女性的追求,设计中更多的女性元素将受到女人的青睐。可爱的条纹衫,尤其是横条衫,以其柔性的色彩和多变的领口和腰部设计吸引了女人的眼眸。一字领、敞口领,以及腰间的一条细细的彩绳都为运动派注入了柔柔的女人味,增添了阳光的气息。而其中数字时装引领了时尚最前沿的风头。

　　数字时装最大的魅力在于它的强迫记忆性和醒目的提示作用。夸张的数字刺激观感,让人变得兴奋,它可以调节气氛,使穿着者和周围的人活跃起来。数字时装也有特定的标志作用,穿上它,你的朋友很容易找到你,所以穿着它去郊游或逛街最适合。有人把自己的幸运数字印在衣服上,更有人别出心裁地把一些编号印到服装上去,以此印证自己的反叛。数字时装里经常被使用的数字有 69、88、00、96 等等,也许是这些数字的造型比较漂亮。

　　许多明星也对数字时装情有独钟,玉女歌手侯湘婷在音乐录影带中就身穿编号 208 及 209 的衣服;村上春树的《1973 年的玩具弹珠》一书中,双胞胎也身穿编号"208"、"209"的衣服,导演的灵感由此而来。这两个号码的风帽衫也因录影带的风行在很多地方流行起来,成为最热门的款式。

149. 过去哪种运动衫更受女性欢迎?

　　A. 横条纹运动衫　　　　　　　　B. 男性化的运动衫
　　C. 带彩带的运动衫　　　　　　　D. 带数字的运动衫

150. 数字时装的最大特点是什么？

    A. 技术含量高　　　　　　　　　　B. 强迫记忆，有提示作用

    C. 色彩多变　　　　　　　　　　　D. 带来好的运气

151. 数字时装为什么常用"00"？

    A. 能够带来好运　　　　　　　　　B. 造型比较优美

    C. 制作的时候比较方便　　　　　　D. 能够调节气氛

152. 关于数字服装，下面哪句话是正确的？

    A. 数字时装流行的原因是明星带动穿着　　B. 数字时装的颜色往往比较柔和

    C. 208、209 是经常被使用的数字　　　　D. 可以把自己喜欢的数字印到服装上。

153

    本次征文以"我看西站"为主题，描写你以及你的亲朋好友与北京西站的一段特殊缘分，或是你在北京西站期间印象最深的一件事，一个人，一段经历。征文要求 1000 字左右，文章体裁不限。征文稿件直接寄至北京晚报副刊中心，地址是东城区建内大街 20 号，邮编：100734。请在信封上注明"我看西站"征文字样。来稿恕不退还。征文结束后，有关评委将对来稿进行评选，并从中评出一等奖 1 名，奖金 1000 元；二等奖 2 名，奖金 800 元；三等奖 3 名，奖金 500 元；优秀奖 6 名，奖金 200 元。同时对获奖者颁发获奖证书。

153. 根据本文内容，下面哪个句子的意思是正确的？

    A. 来稿三个月之内退还　　　　　　B. 获奖者能得到证书和奖金

    C. 关于西站的小说要求不能超过 1000 字　D. 关于西站的摄影作品也可以参赛

154

    据调查统计：目前，中国已成为世界第二大"眼镜王国"专家们认为，"眼镜"增多的主要原因是人们看电视电脑屏幕的时间太多、看书写字时间长且姿势不正确。因此，专家呼吁，要及早保护眼睛，学习不能以失去良好的视力为代价。

    现在流行的英语学习理念，推崇的就是脱离书本学英语的学习方法，其已在世界范围内广泛推广。《傻瓜英语》系列产品，是由高等院校的英语教学博士与美国专家最新研发的，其中的《儿童英语》中只需让孩子说出生活中的汉语背景，美国老师读出清晰的英语，让孩子置身于美妙的英语王国，孩子在玩的时候听英语。把英语学习当成乐趣，不经意间听几遍就能脱口而出了。

154. 下面哪个题目最适合本文？

    A.《保护视力要从幼童抓起》　　　　B.《世界流行的英语学习法概览》

    C.《傻瓜英语》简介　　　　　　　　D.《眼镜王国的商机》

155—157

    咖啡是香浓的，也是苦涩的，杯子里袅袅的雾气两旁，是主帅邸安和与名将张翔沉默的身影。邸安和两下四川请张翔出山，他俩在一家咖啡厅里促膝长谈。

    身高 1.92 米，现年 33 岁的张翔，是"四杆老枪"中名气最大的，他曾经是"亚洲第一主攻手"。2000 年悉尼奥运会入选赛失利，张翔毅然走进四川大学读书。2002 年 12 月 30 日，是张翔值得纪念的日子，他与一见钟情的并热恋了一年的空姐冯静，在这一天喜结连理。婚后，张翔考虑退役。

　　邸安和给张翔打过多次电话，也让四川队主教练周建安帮忙说服，但张翔还在犹豫。他要陪伴已经怀孕的妻子，要完成川大的学业，还要有属于自己的其他事做。此时，妻子冯静给了张翔极大的支持，为了中国男排奥运梦，冯静愿意做出牺牲。他们的"小猴子"快要出生了，冯静说："孩子是我给你的礼物，希望你能打进雅典奥运会，也给我们未出生的宝宝一个礼物，我们等你凯旋。"张翔同意了，邸安和的四川之行终于成功。

155. 文中的张翔可能的身份是：

    A. 篮球运动员　　　　B. 排球运动员　　　　C. 足球运动员　　　　D. 跳高运动员

156. 第二段中的"喜结连理"是什么意思？

    A. 结婚　　　　　　　B. 相识　　　　　　　C. 生孩子　　　　　　D. 开始合作

157. 邸安和想要说服张翔做什么？

    A. 合作训练运动员　　　　　　　　B. 完成大学的学业

    C. 合作开公司　　　　　　　　　　D. 参加奥运会

参考答案及题解

分类练习

一、猜词义题练习

（一）简单词解释难词

1. C	2. A	3. D	4. B	5. A	6. A	7. A	8. D	9. A
10. D	11. D	12. D	13. B	14. D	15. D	16. D	17. C	18. D
19. D	20. B	21. C	22. D	23. D	24. A	25. B	26. D	27. A
28. B	29. C	30. D	31. D	32. A	33. B	34. C	35. B	36. D
37. C	38. B	39. B	40. A	41. B	42. B	43. A	44. A	45. C
46. A	47. D	48. A	49. B	50. D	51. A	52. A	53. D	54. D
55. B	56. A	57. C	58. D	59. A	60. D	61. B	62. D	63. A
64. C	65. D	66. A	67. D	68. A	69. B	70. D	71. D	72. A
73. C	74. A	75. D	76. C	77. D	78. D			

（二）用难词解释简单词

1. A	2. B	3. A	4. D	5. A	6. A	7. A	8. A	9. D
10. D	11. B	12. B	13. B	14. A	15. B	16. B	17. A	18. B
19. C	20. D	21. B	22. D	23. A	24. B	25. A	26. D	27. A
28. C	29. D	30. B	31. B	32. D	33. D	34. D	35. D	36. D
37. C	38. D	39. A	40. C	41. D	42. B			

(三) 用书面语解释口语惯用语

1. B	2. B	3. A	4. B	5. A	6. A	7. D	8. A	9. D
10. A	11. D	12. B	13. C	14. B	15. B	16. B	17. A	18. B
19. D	20. C	21. A	22. C	23. B	24. D	25. A	26. C	27. C
28. D	29. B	30. B	31. D	32. D	33. B	34. D	35. A	36. A
37. B	38. B	39. B	40. C	41. B	42. A	43. C	44. C	45. B
46. D	47. B	48. A	49. A	50. B				

(四) 解释简单文言词

1. A	2. B	3. A	4. D	5. A	6. A	7. A	8. A	9. A
10. D	11. D	12. D	13. B	14. D	15. A	16. D	17. A	18. D
19. B	20. B	21. C	22. B	23. D	24. D	25. B	26. C	27. C
28. D	29. D	30. A	31. A	32. C	33. D	34. A	35. D	36. B
37. C	38. C	39. A	40. A	41. A	42. C	43. A	44. C	45. B
46. B	47. D							

二、文章分类练习

(一) 解释性文章

1. A   2. D

(应该注意的关键词：因为……、为……)

3. B   4. D

(解释性文章常常同时列出几个原因,几种因素,考生要注意每个因素的特点,各自解决什么问题)

5. D   6. A

(注意文中重要的词:一方面……一方面、一是……二是、首先……其次等常用来解释某件事,后面是重要的信息。另外注意每一段第一句话,"一种观点认为""有些人则认为""另有一些人指出",这是汉语文章的特点,一段话说一个意思,每一段的重要句子常在最前面或最后面)

7. B   8. B

(HSK 阅读理解常常考查文章的大意,考生要注意概括每一段的内容,结合每一段的内容来概括整篇文章的内容)

9. C   10. D

(科学类文章要特别注意一些常用词:比如"调查、结果表明、阐明、增强、降低、发现、现象"等等,各种各样比较的句型,考生在一段时间内集中记忆这些词汇,能够快速提高阅读相关文章的能力)

11. D 12. D 13. B 14. D 15. C 16. B

(注意关键词:不仅……还、和……一样、比……更、而、因此。这些词把文章的内容连起来,表达了不同内容之间的关系)

17. C   18. C

（注意文中的重点词：却、最主要原因是、特别是。这些词往往提供重要信息）

19. D   20. C

（重点词：其次、另外、所以、但是、不是……而是、不论……都、对于……的原因。考生可在第一遍快速阅读时首先要发现这些词，这些连词把各个不同的内容连在一起，表示不同内容之间的关系）

（二）说明性文章

1. D   2. A   3. C

（重点词：可以以此推知、至少、同样、几乎、并、才、因为……所以、与其说……倒不如说，特别要注意表示年份的词，当文章中有多个表示时间、地点的词，要多注意每个时间、地点所对应的事件是什么）

4. D   5. A

（重点词：表示时间的名词，还有"所以、但、已、就"等）

6. A   7. C

（重点词：以……为主要内容、与……有关、……是主要原因之一，还要注意比较句型）

8. D   9. C

（本文出现了多种面料，介绍它们的特点，这样的文章，要注意不同事物之间的比较，注意理解的准确性，注意比较和区别，特别注意下面的词：不如、不比、没有、最、比较、较之、优点、缺点、不过、虽然……但是、而且、因此）

10. B   11. B

（重点词：无疑、回答是……、由此建议……、提高了……）

12. A   13. A   14. A

（重点词：最常见、最基本、最普遍、特别是、独特的方式）

15. D   16. C   17. D   18. A   19. B   20. C   21. C   22. A   23. A

（三）议论性文章

1. A   2. D   3. D

（重点词：成因、因素、涉及、为了……、理由、可以肯定、在……之见、对……来说，这些词常用来揭示事物的原因，表明态度、看法。）

4. A   5. D

（重点词：在一定时期内、但是、说明、并非、不只是，阅读本文的时候，注意理解关键词的准确意思）

6. B

（重点词：有限、至于……的回答是、表示、总有一天会……）

7. D

（重点词：取决于、如果……就会被认为……、笔者认为、困扰）

8. D   9. D

（重点词：再……不过了、反映、其实、算、不该，常用来表示意义转折的词：但是、然而、却、（值得注意）的是……、其实，这些词常提示将有重要的信息出现。）

10. D   11. D

（重点词：与……相比、而且、不甚理想、从……来看。常用来委婉地表达观点的词：似乎、恐怕、也许、不妨、未必、不见得）

12. C　　13. C　　14. A

（重点词：表示心理态度的词：惋惜、挂念、怀疑、遗憾、满意、失望、悲观、乐观、值得期待。常常揭示原因的词：使、致使、导致、以致、促使、从而、造成、引起、引发。）

15. A　　16. B

（重点词：忧患、意识、究竟、除了……以外）

（四）叙述性文章

1. D　　2. D　　3. B

（提示：注意这类文章记事的顺序，本篇是以时间为序）

4. A　　5. C　　6. A

（提示：注意时间、地点、原因、方式等是常见考点。）

7. C　　8. D

（提示：本文提供大量信息，注意时间、地点。）

9. C　　10. B　　11. B　　12. C　　13. A　　14. B

综合练习

1. B	2. A	3. A	4. D	5. D	6. C	7. B	8. A	9. B	10. C
11. B	12. D	13. B	14. D	15. B	16. B	17. A	18. C	19. B	20. A
21. A	22. D	23. D	24. C	25. D	26. B	27. B	28. A	29. D	30. B
31. B	32. A	33. B	34. A	35. C	36. D	37. B	38. A	39. C	40. D
41. C	42. D	43. D	44. B	45. C	46. D	47. B	48. A	49. B	50. A
51. B	52. A	53. A	54. B	55. C	56. D	57. D	58. A	59. A	60. B
61. C	62. D	63. D	64. A	65. C	66. C	67. B	68. A	69. B	70. C
71. C	72. C	73. D	74. C	75. A	76. B	77. D	78. B	79. B	80. D
81. B	82. A	83. A	84. B	85. B	86. A	87. B	88. C	89. B	90. D
91. C	92. B	93. D	94. C	95. D	96. B	97. A	98. D	99. D	100. A
101. C	102. B	103. A	104. D	105. B	106. A	107. B	108. A	109. B	110. A
111. C	112. C	113. C	114. C	115. D	116. A	117. B	118. D	119. B	120. B
121. C	122. C	123. D	124. B	125. C	126. B	127. B	128. A	129. C	130. B
131. B	132. D	133. A	134. B	135. B	136. B	137. B	138. B	139. A	140. B
141. D	142. C	143. D	144. C	145. B	146. B	147. A	148. B	149. B	150. B
151. B	152. D	153. B	154. C	155. B	156. A	157. D			

第四单元　综合填空(一)词语填空

考试形式和考试策略

一、考试形式

综合填空共 40 题,答题时间为 30 分钟。这一项试题由词语填空和汉字填空两部分组成,这里先介绍词语填空。

综合填空第一部分:词语填空(24 题):这部分试题,选择多种不同用途的综合材料,每段材料中都留有若干个空儿(空儿中标有题目序号),每个空儿右边都有四个供选择的词语,要求考生根据上下文的意思从中选择惟一恰当的词语。这部分试题,主要测试考生根据上下文综合理解和运用语言的能力及对同义词和近义词的辨析能力。每题的答题时间为 45 秒左右。

二、考试策略

(一) 常见考点

这一部分主要是考查运用汉语的综合技能,考点包括:

1. 近义词的区别;

2. 词语的用法,常见搭配;

3. 有少量题是考语法。

(二) 应试策略

按照考试重点我们给考生设计了分类练习,练习中,把 HSK 综合填空常考的近义词进行集中分类练习,并且在题解中简单地说明了近义词之间的区别,大家辨析近义词的能力会在短时间内得到很大提高。综合练习难度稍大,可巩固考生所学的知识,并涉及难度更大的题目,从而能充分地准备即将到来的考试。

以上两部分涉及词汇超过 3000 个,完全能够应对 HSK 初中等考试。

分类练习

下面的近义词是 HSK 初、中等考试的常见考点,考生可以通过集中强化的练习在短期内提高应试能力,考生做练习的时候要注意:首先应该明白每一个词的最基本的意思,然后再比较近义词之间的不同。另外,要特别注意每个词的习惯搭配,题解会给考生很大的帮助,考生也要学会自己总结规律。

1. A. 改变　　B. 改革　　　C. 改造　　　D. 改进　　　E. 改良　　　F. 改善　　　G. 改动

(1) 明年的期刊参会将有望实现较大_____。

(2) 网络教育与传统面授教育在学习手段上有所_____。

(3) 由于社会安定、生产发展、医疗卫生条件_____,以及对控制人口增长的重要性认识不足和缺乏经验,致使人口迅速增长。

(4) 这篇文章,编辑只_____了两个地方。

(5) 政府机关需要_____工作作风。

(6) 明年的四六级考试将进行重大_____。

(7) 人们对克隆等遗传和生育新技术的看法,也会随时间而_____。

(8) 有人说,克隆人可以_____人种。

(9) 气候_____是人类面对的最大环境威胁。

(10) 整容能够_____容貌和命运。

(11) 这种柑橘是经过_____的品种。

(12) 文字必须在一定条件下加以_____。

(13) 实行新政策以后,人们的生活条件得到了极大的_____。

2. A. 真正　　　　B. 真实

(1) 这个报道不_____。

(2) 他是我_____的朋友。

3. A. 建设　　　　B. 建筑　　　C. 建造　　　D. 建立

(1) 他的父亲是一个老_____工人。

(2) 他从小就对古代_____有浓厚的兴趣。

(3) 双方决定_____长期的战略合作关系。

(4) 在居住区周围应_____商业网点。

(5) 爱情应当_____在共同的志向和旨趣上。

(6) 必须打好基础,才能_____房子,这道理是很浅显的。

(7) 我们现在正在_____一座新的大桥。

(8) 国家的法制_____应该常抓不懈。

4. A. 增进　　　　B. 增强　　　C. 增添　　　D. 增加　　　E. 增长

(1) 在艺术表现上,潇洒自然,可以_____美感。

(2) 热身赛取得的好成绩_____了队员的斗志和信心。

(3) 孩子的知识_____了,视力却下降了。

(4) 扩建后,商场要_____营业员。

(5) 经过连续多年的快速_____,房地产业的发展速度缓慢下来。

(6) 努力优化投资环境,使工业企业数量不断_____。

(7) 旅游综合收入 812 万元,同比_____分别为 29%、21.6%。

(8) 发展体育运动,_____人民体质。

5. A. 整顿　　　　　　B. 整理　　　　　　C. 治理

(1) 该店必须立即停业_____。

(2) 这些材料需要_____。

(3) 黄河_____取得明显成效。

6. A. 刚　　　　　　　B. 刚才

(1) 你_____说的话我都记住了，放心吧。

(2) 我_____吃完晚饭，还没来得及写作业呢。

(3) _____你去哪儿了？

(4) 这孩子_____会走路，常常摔跤。

(5) 你_____去哪儿了？

7. A. 偶然　　　　　　B. 偶尔

(1) 一个_____的机会，我认识了她。

(2) 这样的事故接连发生绝非_____，我们要挖掘其中的原因。

(3) 应酬多了，一日三餐都在外面的馆子解决，_____做饭，也就是煮个方便面什么的。

(4) 由于非_____性原因造成的质量缺陷，我公司负责赔偿。

(5) 我只是_____在报纸上发表一些文章。

8. A. 立刻　　　　　B. 马上　　　　　C. 顿时　　　　　D. 随即

(1) 没有时间了，你_____出发吧。

(2) 事故发生以后，我_____报了警。

(3) 听到这个好消息，她_____变得神采飞扬。

(4) 这件事_____办是不可能的，负责的领导不在。

(5) _____要下雨了，你还是带把伞吧。

9. A. 有名　　　　　B. 闻名　　　　　C. 著名

(1) _____海内外的中国残疾人艺术团将于今晚演出。

(2) 她是一位蜚声歌坛的_____歌唱家。

(3) _____政治家在开幕式上作了热情洋溢的讲话。

(4) 他在家乡老实得都_____了。

(5) 他的字写得很漂亮，在我的学校很_____。

10. A. 计划　　　　　B. 规划　　　　　C. 策划

(1) 制订了详细出行_____之后，我们用 5 天的时间跨越了河北、山东、江苏、安徽、江西。

(2) 旅行社提前_____，精心准备，推出了一套异彩纷呈的"迎春旅游套餐"。

(3) 中国实行_____生育政策。

(4) 由于受伤，她没能按原_____参加比赛。

(5) 她从本单位的情况出发，制定了发展_____。

(6) 他就是春节联欢晚会的_____人。

11. A. 原来　　　　　B. 本来

(1) 你对他们_____就没有照顾的责任。

(2) _____生产的目的就是为了满足人们的物质生活需要。

(3) 人们如梦初醒，_____她骗了所有的人。

(4) _____我是想去一趟的，后来他来了，我就没去。

(5) 我_____就忙，再加上不喜欢人多，所以今天的晚会我不去了。

(6) 她_____的男朋友又给她打电话了。

(7) 房间里很安静，我推门一看，_____一个人也没有。

(8) 小鼠再怎么吃也没有_____那么胖了。

(9) 道路_____就窄，再加上上班时间人流拥挤，所以这个路段经常堵车。

(10) _____如此，你就不必讲给我听了。

12. A. 掌握　　　　　B. 把握

(1) 谁机会_____得好，谁就会先出成绩。

(2) 司机_____一些汽车自救常识非常必要。

(3) 要最大限度地调动下属的工作积极性，就必须_____一定的人际技巧。

(4) 参加奥运会我有_____拿冠军。

13. A. 热情　　　　　B. 热心　　　　　C. 热烈

(1) 他对所有参加会议的人表示_____的欢迎。

(2) 著名的政治家在开幕式上作了_____洋溢的讲话。

(3) 国务院向中国体育代表团表示_____的祝贺。

(4) 这些成功人士都因为_____公益事业而受到媒体关注。

14. A. 危险　　　　　B. 风险　　　　　C. 危机

(1) 我已经知道了做这件事要承担的责任和_____。

(2) 她目前正在接受手术，还没有脱离_____。

(3) 这一带社会治安不太好，晚上一个人出门有_____。

(4) 亚洲各国的金融_____使失业率大大上升。

15. A. 温暖　　　　　B. 温和

(1) 同学们的热情_____了她的心。

(2) 墨西哥暖流是一股源自大西洋中部的_____洋流。

(3) 家长在这样的场合往往态度_____。

(4) 晴朗冬日的阳光_____耀眼。

(5) 候鸟从大陆上向南迁，飞到_____的东南亚各国过冬。

(6) 家庭的_____使他重新燃起了希望。

(7) 春秋两季气候_____，冬夏两季温差较大。

16. A. 正确　　　　　B. 准确　　　　　C. 明确　　　　　D. 确实

(1) 对，她_____很漂亮。

(2) 经常从事体育锻炼，有利于人们_____、协调、敏捷地完成各种动作。

(3) _____，我的故乡出产小麦。

(4) 在会议上_____表示不同意的约有 10 人。

(5) _____地说，参加活动的人是不到 10 个，而不是不止 10 个。

(6) 对待困难要有_____的态度。

17. A. 讨论　　　　　B. 议论　　　　　C. 评论

(1) 你对这本新书有什么_____?

(2) 北京、江苏等地区设立"禁乞区"引发了关于"行乞"问题的_____。

(3) 大家七嘴八舌地_____起来。

(4) 新制定的法规成为千家万户热烈_____的话题。

(5) 她对许多大事都直言不讳,惹来不少_____。

(6) 这个问题不值得我们费这么大的精力_____。

18. A. 经过　　　　　B. 通过

(1) 这次的应聘者都要_____笔试、心理测试、面试三道关。

(2) 读者可以_____当地邮局订阅。

(3) 各种肉类都要_____冷冻才能食用。

(4) 她是一个_____个人奋斗而得到社会承认的演员。

(5) 人民代表大会_____了一项法案。

(6) 春节期间,党和国家领导人_____卫星,向海内外龙的传人发表祝福讲话。

(7) _____几天的共同生活,班主任们深深感到自己肩上责任的重大。

19. A. 容易　　　　　B. 轻易

(1) 你把事情看得太_____了。

(2) 天太冷,_____感冒。

(3) 她平常很严肃,_____不笑。

(4) 做个诗人不像你想像得那么_____。

(5) 上班时间_____堵车。

20. A. 办理　　　　　B. 受理　　　　　C. 代理

(1) 乘客应在规定时间前 45 分钟_____完登机手续。

(2) 大多数邮局一般最晚到七点就不再_____业务。

(3) 那时她正忙着_____出国手续。

(4) 由我们公司_____他们在中国的业务。

(5) 听说法院已经_____了他们的起诉。

21. A. 经验　　　　　B. 经历

(1) 每个人都有不同的_____。

(2) 这次应聘的_____让我认识了机会的重要性。

(3) 我国的经济建设_____了三个发展阶段。

(4) 这么多年,_____了很多事情。

(5) 我_____过一些挫折,也做了一些错事。

(6) 我们要认真总结_____,找出不足。

(7) 我们要学习全国各条战线的好_____。

(8) 山东在计划生育工作中积累了宝贵的_____。

22. A. 机会　　　　　B. 时机　　　　　C. 机遇

(1) 转换企业经营机制的_____已经成熟。

(2) 这次学习的_____太好了。

(3) 这样的进修_____很难遇到，你一定不要错过。

(4) 如果每个人都在走老路，而你选择一条不同的路，那你就有绝好的_____。

(5) 我们必须抓住当前的关键时刻，不失_____地加大防治工作的力度。

(6) 谁_____把握得好，谁就会先出成绩。

(7) 目前是美国、日本与中国交往的最佳_____。

(8) 我一定会珍惜这次_____，干出成绩。

(9) 做大事要有充分的准备，还要等待_____降临。

23. A. 发展　　　　　　B. 进展　　　　　C. 长进　　　　　D. 进步

(1) 消费意识不强，恐怕会影响国家的经济_____。

(2) 你找工作的事有什么_____吗？

(3) 这孩子今年书法_____了不少。

(4) 科学是社会_____的阶梯。

24. A. 时候　　　　　　B. 时间　　　　　C. 时期　　　　　D. 时光　　　　　E. 时代

F. 期间

(1) 人们的生活还处在低水平_____。

(2) 20 世纪初，是汽车工业大发展的_____。

(3) 在每个地方停留最长_____为半个月。

(4) 无忧无虑的快乐_____再也回不来了。

(5) 服药_____不宜吃柚子。

(6) 他每天学习，有_____去菜市场买菜。

(7) 在你遇到困难的_____，可以随时和我联系。

(8) 我们这个_____的特征，就是实干。

25. A. 结果　　　　　　B. 后果　　　　　C. 成果　　　　　D. 效果

(1) 他这个人，做事不计_____，容易冲动。

(2) 两国的经贸合作，_____显著。

(3) 中国在外交工作中取得了丰硕_____。

(4) 比赛结束了，_____中国队战胜法国队。

(5) 有效利用资源，使有限的资源实现_____的最大化。

(6) 此次期刊社的参展没有取得预期的_____。

(7) 这种方法在一定程度上会影响学习的进度和_____。

26. A. 安静　　　　　　B. 平静　　　　　C. 冷静　　　　　D. 镇静　　　　　E. 冷清

(1) 当观众好不容易才_____下来时，演出已经结束了。

(2) 我这个人喜欢_____，喜欢独来独往。

(3) 他面对取得的巨大成绩，还能保持一种_____平和的心态。

(4) 回到家里，她的心情才慢慢_____下来。

(5) 请大家保持_____，不要慌张。

(6) 每当我骄傲的时候，我就想起这句话，从而令自己_____下来。

(7) 孩子们结婚的结婚,上大学的上大学,家里_____多了。

27. A. 习惯　　　B. 习气　　　C. 习性　　　D. 习俗

(1) 这儿的天气她很不_____。

(2) 要养成饭后漱口的好_____。

(3) 过春节放鞭炮是我们中华民族的古老_____。

(4) 弱小的动物大多有胆小的_____。

(5) 他已经_____了这里的生活。

(6) 他身上带有一种流氓_____。

28. A. 帮助　　　B. 帮忙

(1) 在大家的_____下,我顺利地到达了目的地。

(2) 别担心,我们一定_____你。

(3) 后来由于工作忙,我并没有_____他什么_____。

(4) 我这里人手不够,你过来_____几天_____吧。

(5) 你搬家时我们来_____。

(6) 多亏你_____他学习外语。

29. A. 利用　　　B. 使用　　　C. 运用　　　D. 应用

(1) 很多自然资源还没有得到充分合理的_____。

(2) 他们_____业余时间在市郊开垦荒地。

(3) 他们哪里是互相帮助,不过是互相_____罢了。

(4) _____灵敏的眼睛和鼻子,到处都可以发现新鲜的东西。

(5) 这种产品,_____了最新的发明技术。

(6) _____最新的科研成果生产抗癌药物。

(7) 电脑的_____变得越来越简单。

30. A. 表示　　　B. 表现　　　C. 表明　　　D. 表达

(1) 这番话_____了他决不放弃的决心。

(2) 用这束鲜花来_____我们对你的慰问。

(3) 他们用热烈的掌声来_____欢迎。

(4) 他在公司_____不错。

(5) 消费者对这样的活动_____出极大的热情。

(6) 调查_____,环境污染已经到了很严重的程度。

31. A. 变成　　　B. 变得　　　C. 变化　　　D. 变迁　　　E. 变异

(1) 北京_____越来越现代了。

(2) 北京在_____,小胡同大杂院越来越少。

(3) 在不可抗拒的环境_____面前,人类并非只能逆来顺受。

(4) 由于地理气候的_____,那里现在已成为浩瀚沙漠中一条干涸的河床。

(5) 如果不懂就问,不仅能把坏事_____好事,而且还可以丰富我们的知识。

(6) 这样的环境让人本来有些浮躁的心情也似乎_____开朗起来。

(7) 冰雪消失的同时,将带走非洲上万年气候_____的记录,也使人类失去一个旅游观光的好去处。

(8) 地球上的人们会发现火星＿＿＿＿＿越来越漂亮。

(9) 遗传与＿＿＿＿＿是生物界普遍存在的一种生命现象。

(10) 我们希望在招聘形式上加以＿＿＿＿＿。

(11) 子代与子代之间,总是或多或少地存在着差异,这就是生命的＿＿＿＿＿现象。

32. A. 成为　　　　B. 作为

(1) 面对心血管疾病的严重威胁,"预防胜于治疗"的理念已经＿＿＿＿＿人们的共识。

(2) 电话专卖店＿＿＿＿＿一种全新的营销模式,适应了新的生活方式的要求。

(3) 发脾气＿＿＿＿＿一种提要求的手段。

(4) 过去的学习成绩只能＿＿＿＿＿参考。

(5) 我用价值一万多元的照相机＿＿＿＿＿担保。

33. A. 发挥　　　　B. 发扬

(1) ＿＿＿＿＿艰苦奋斗的光荣传统。

(2) 考试的时候,大脑如果处在过度的紧张、焦虑中,＿＿＿＿＿失常也就必然了。

(3) 牢记光荣传统,＿＿＿＿＿革命精神。

(4) 人们的生活方式和情绪直接影响着免疫功能的＿＿＿＿＿。

(5) 有的旧电话亭还在＿＿＿＿＿着作用。

(6) 在这个学校你可以充分＿＿＿＿＿自己的特长。

(7) 这次比赛她可能是没有进入状态,所以＿＿＿＿＿得不太理想。

34. A. 发现　　　　B. 发明　　　C. 发觉

(1) 护士来打针,才＿＿＿＿＿他的心脏已经停止跳动了。

(2) 牛顿＿＿＿＿＿了万有引力定律。

(3) 战士＿＿＿＿＿敌人来了。

(4) 宋代人＿＿＿＿＿了活字印刷。

(5) 在拥挤的乘客中,他＿＿＿＿＿有人碰了碰他的背包。

35. A. 访问　　　　B. 参观　　　C. 旅行　　　D. 游览

(1) 许多外国人＿＿＿＿＿了这里的幼儿园、学校和乡镇企业。

(2) 我们＿＿＿＿＿了这位英雄的母亲。

(3) 下个月,总理将＿＿＿＿＿美国。

(4) 去北京,就应该去＿＿＿＿＿颐和园。

(5) 你来中国的时候,我正在中国的南方＿＿＿＿＿。

36. A. 方式　　B. 方法　　　C. 办法

(1) 维也纳艺术家爱乐交响乐团将以各自的＿＿＿＿＿向北京观众展示德奥古典音乐的风采。

(2) 打个电话约定一下见面的地点和＿＿＿＿＿。

(3) 人们都要通过划船的＿＿＿＿＿来纪念他。

(4) 写作对他们来说,不仅是兴趣,甚至是休息的一种＿＿＿＿＿。

(5) 通过一定的补偿＿＿＿＿＿,减轻农民负担。

(6) 对付中国队,我们有＿＿＿＿＿。

(7) 法院也拿她没有_____。

(8) 威尼斯人把制造镜子的_____保守得很严密。

(9) 我觉得这种_____适合自己。

(10) 我们要吸取教训,认真学习国外的先进技术和_____。

(11) 这样的事情没有必要在本_____中加以规定。

(12) 这个_____真是妙。

(13) 话是这么说,可有什么_____呢?

37. A. 坚持　　B. 保持　　　C. 维持　　　D. 维护

(1) 他的收入仅够_____生活。

(2) 这样好的身体都是常年_____运动的结果。

(3) 父亲_____认为,我不应该和她结婚。

(4) 双方一直_____着良好的关系。

(5) 公共秩序需要大家来_____。

(6) 我是一个法官,不能不_____法律的尊严。

(7) 办公室内_____恒温,一年四季在 20 度左右。

(8) 她总能_____青春靓丽的形象。

(9) 每个国家都应该_____国家主权、领土完整和民族尊严。

(10) 年龄小的学生很难在座位上_____一个小时以上。

(11) 请大家_____镇静,不要慌张。

(12) 他非常重视私人友谊的建立和_____。

(13) 中老年群体要时时注意_____自身权益。

38. A. 放心　　　　B. 安心

(1) 妈妈很不_____你的身体,让我来看看你。

(2) 她总是不_____做话务员的工作。

(3) 我不_____让她一个人去,你跟她一起去吧。

(4) _____吧,事情我已经安排好了。

(5) 家里的事不用你操心,你就_____学习吧。

39. A. 认识　　　B. 知道　　C. 理解　　D. 了解　　　E. 接触

(1) 记者_____到:艾滋病病人的人数将累计超过 1000 万。

(2) 来咨询_____情况的人比较多。

(3) 他跟我一样,还没有_____到语法的重要性。

(4) 凡是_____过她的人都能够感觉到她的争强好胜。

(5) 身体的_____会带来温暖的感觉。

(6) 总统不能随便和别人_____。

(7) 婆媳之间应该加强_____。

(8) 我只是_____他,并没有见过他。

40. A. 达到　　　　B. 到达

(1) 他们的饮食已经_____相当高的商品化和社会化程度。

（2）这里的地面温度＿＿＿＿120摄氏度以上。

（3）我国汽车产业每年对零配件的需求量＿＿＿＿800亿左右。

（4）他们已经出发,但是什么时候＿＿＿＿还不一定。

41. A. 保存　　　B. 保管　　　C. 保留

（1）他对这个问题持＿＿＿＿态度。

（2）图书馆＿＿＿＿着重要的历史文献。

（3）他＿＿＿＿着厂里的技术档案。

（4）西郊＿＿＿＿着一段古城墙。

（5）少数服从多数,不同意见可以＿＿＿＿。

（6）他们多少＿＿＿＿着一些农村的生活习惯。

42. A. 舒适　　　B. 舒服　　　C. 舒畅

（1）赶上了这趟早班车,他的心情很＿＿＿＿。

（2）你的脸色不好看,不＿＿＿＿吗?

（3）我在北京交了很多朋友,生活得＿＿＿＿愉快。

（4）这把椅子坐起来很＿＿＿＿。

（5）他在座位上＿＿＿＿地坐着,很安静。

43. A. 环境　　　B. 气氛　　　C. 氛围

（1）工作过程中＿＿＿＿始终很好。

（2）国内时尚的＿＿＿＿越来越浓,但我觉得不能盲目乐观。

（3）社会应该形成一个尊重老人的＿＿＿＿。

（4）他被那里热热闹闹的＿＿＿＿吸引了。

（5）我要在西单王府井成熟的商业＿＿＿＿中开一家百货商场。

（6）喜庆的＿＿＿＿一下子蒙上了层灰色。

（7）这样的组织能够推动社会逐步形成"守信为荣,失信为耻"的良好＿＿＿＿。

（8）这里的学习＿＿＿＿不错。

44. A. 尊敬　　　B. 尊重

（1）人必须尊重自己,才能得到别人的＿＿＿＿。

（2）应该＿＿＿＿每个人的人格和价值观。

（3）在对违法嫌疑人进行检查时,必须＿＿＿＿被检查人的人格。

（4）他对老人和长辈从来都非常＿＿＿＿。

（5）对这件事的处理,要＿＿＿＿他本人的意见。

（6）我们应该＿＿＿＿他们为社会所付出的辛勤劳动。

（7）我很＿＿＿＿他的高尚品格。

45. A. 保障　　　B. 保证

（1）我们的目的是要＿＿＿＿人民的生命财产的安全。

（2）产品必须＿＿＿＿质量。

（3）每天要睡足8小时才能＿＿＿＿健康。

（4）你要向我＿＿＿＿以后不再这样做。

（5）工人们要求_____人身权利。

（6）良好的精神状态是通向胜利的_____。

（7）这条规定强调了对旅游者权益的_____。

（8）我希望你能在_____身体健康的前提下来北京演出。

（9）随着社会_____体系的健全,每个人都正在从单位人向社会人过渡。

46. A. 成立　　　B. 建立　　　C. 设立

（1）_____世界地质公园是为了保护世界地质遗产。

（2）工会组织已经_____。

（3）你这个结论论据不足,难以_____。

（4）金国在燕京_____了"中书枢密院"和"行尚书省"。

（5）车间领导要求大家学技术,于是一个技术学习小组就_____起来了。

（6）日本政府将反对就农产品贸易关税_____上限。

（7）我国迅速与各国_____了广泛的联系。

（8）他非常重视私人友谊的_____和维护。

（9）在居住区周围应_____商业网点。

（10）公司在北京_____了办事处。

47. A. 爱护　　　B. 保护

（1）这里是全国重点文物_____单位。

（2）我们要_____好人类自身的生活环境。

（3）合法婚姻受法律_____。

（4）_____小动物是社会文化发展的表现。

（5）中国始终面临着发展经济和环境_____的双重压力。

（6）她对自己的私人物品总是很_____。

48. A. 安慰　　　B. 欣慰

（1）领导的关怀给了她很大的_____。

（2）在我最失意的时候,她给了我很多的_____。

（3）这次他又没有考好,大家都在_____他。

（4）看到自己的队员在比赛中取得好成绩,教练_____地笑了。

49. A. 扩大　　　B. 扩展　　　C. 扩充

（1）中国当前城乡差距和各省人均收入增长速度的差距继续不断_____。

（2）如果一开始就亲自处理,承认错误,就不至于_____事态。

（3）公司的规模在不断_____。

（4）北城墙与辽燕京城北墙重叠,东、南、西三面向外_____。

（5）公司以后还会购置设备,_____生产。

（6）文章的内容进一步_____了,已经达到发表的标准。

50. A. 充分　　　B. 充足　　　C. 充满　　　D. 充实　　　E. 充斥　　　F. 充沛

（1）国际社会应该_____重视防治艾滋病传播的宣传教育。

（2）我们对中国的未来_____了信心。

(3) 这是一个_____情趣的普通家庭。

(4) 领导对他们在工作中做出的成绩给以_____肯定。

(5) _____的氧气可使人心情舒畅,从而提高睡眠质量。

(6) 文章内容_____,写作手法巧妙,得到大家的好评。

(7) 不管什么时候,他总是精力_____,热情洋溢。

(8) 自由市场里到处都_____着商贩的叫卖声。

51. A. 包括　　　　B. 包涵　　　　C. 包含

(1) _____首都在内的5个城市都承办了一些比赛项目。

(2) 候鸟的体内外经常带有一些病原物,_____病毒、衣原体和支原体。

(3) 这次交的费用不_____水电费。

(4) 不知道这种中药到底_____了哪些成分。

(5) 我想这应该是微笑所_____的意思吧。

(6) 年轻人不懂事,请您多多_____。

52. A. 采取　　　　B. 采纳　　　　C. 采用

(1) 司机朋友可以_____一些措施来保护身体健康。

(2) 政府近年来_____的政策变化不大。

(3) 计算机考试将完全_____上机考试的形式。

(4) 他们_____这种免费服务的办法来吸引顾客。

(5) 我国和世界上绝大多数国家都_____公元纪年。

(6) 《西部人》_____图文并茂的形式介绍西部风土人情。

(7) 第二期学生将_____新的课本。

(8) 航空公司_____降价手法拉旅客。

(9) 今天阳光不太强烈,不需要_____防护措施。

(10) 我对这样的事一向_____回避的态度。

(11) 这次技术革新是_____了一线工人的建议。

53. A. 曾经　　　　B. 已经

(1) 他们_____不住在这儿了。

(2) 我和她_____一起工作过。

(3) 不用穿棉衣了,毕竟_____春天了。

(4) 报名的_____有40人了。

54. A. 对待　　　　B. 看待

(1) 我们不应该孤立地_____国家教育部对英语考试的改革。

(2) 让他们冷静下来,理性_____留学热。

(3) 你想娶她,就应该好好地_____她。

(4) 如果一个人能始终站在群众的角度上来理解和_____问题,那么就没有困难不可以克服。

(5) 这里很关键的一点,是你以什么样的态度来_____压力。

(6) 整个社会_____试管婴儿的态度发生了180度的大转弯。

55. A. 规定　　　　B. 规则　　　　C. 规模　　　　D. 规律
   (1) 他们统一着装并形成_____的色彩方阵,
   (2) 有_____地活动活动身体,听一听悦耳的音乐,可以激活大脑的敏感度,增强记忆力和理解力。
   (3) 直到19世纪,人们才发现了遗传的两个基本_____。
   (4) 她还以为自己没有违反交通_____呢。
   (5) 这样做违反了广告的_____。
   (6) 按照市场经济_____,认真制定企业的发展规划。
   (7) 项目_____,受助学生不得拒绝所安排的志愿服务,要以亲身的实践来回馈社会。
   (8) 由于南城大_____改造,南来顺所在的菜市口原址已拓宽为大道。
   (9) 这次奥运会是_____最大的一次。

56. A. 照常　　　　B. 照例　　　　C. 照样　　　　D. 照旧
   (1) 虽然是特殊时期,但是当地群众生活_____。
   (2) 没有孩子_____能幸福。
   (3) 老李头退休后_____闲不住。
   (4) 他的父亲坐他的车也_____得买票。
   (5) 我现在虽然很成功,但如果自己不更新不充实的话,_____有被淘汰的危机。
   (6) 让他走好啦! 我们的课_____得上下去! "
   (7) 今天是大年三十,我们_____要看春节联欢晚会。
   (8) 本店节假日不休息_____上班。
   (9) 五年以后我又回去了一趟,一切_____。

57. A. 信誉　　　　B. 信用
   (1) 他们要把目标对准有质量和_____保证的名牌企业。
   (2) 一个企业在服务品牌、_____上所做的一切,就是在向消费者传递一个信息,"我们是最好的,我们是值得信赖的"。
   (3) 做人要讲_____,否则没有人会相信你。
   (4) 该产品在国内外享有良好的_____。

58. A. 打扰　　　　B. 扰乱　　　　C. 干扰
   (1) 孩子们终于可以不被炮声_____地上满一整天的课程。
   (2) 我们作决定的时候,不应受任何外来因素的_____。
   (3) 对不起,这么晚了还给你打电话,_____你休息了。
   (4) 灯光的过分使用无形中_____了生物钟。
   (5) 由于夜间睡眠不足,人体生物钟被_____,神经系统的功能发生紊乱。

59. A. 感动　　　　B. 感想　　　　C. 感触　　　　D. 感到
   (1) 她每次想到这件事,还是_____得双眼湿润。
   (2) 我_____荣幸——我有这样的爸爸和妈妈。
   (3) 眼前的这些面孔令他_____陌生。
   (4) 对这一点我是深有_____的。

（5）第一次来到北京，你有什么_____？

60. A. 忽视　　　　B. 忽略　　　　C. 轻视

（1）这是一个不容_____的数字。

（2）他后悔自己只顾工作，_____了家庭生活。

（3）这地方虽然在热闹的市中心，可是最容易被人_____过去。

（4）他光学语法，_____了口语。

（5）严加管束的教育方法_____了儿童的心理特点。

（6）有封建思想的人常常_____妇女。

61. A. 合作　　　　B. 配合　　　　C. 协助

（1）感谢你能抽出这么长时间来_____我的采访。

（2）旅行社为了_____国家星光计划的实施，每年都资助老年公益事业。

（3）你应该尽快要求消费者协会_____解决。

（4）他们两个人整整_____了30年。

（5）两国外长一致认为，本地区国家应该加强_____。

62. A. 加强　　　　B. 增强

（1）公司的管理工作需要进一步_____。

（2）发展体育运动，_____人民体质。

（3）对学生要_____纪律作风教育。

（4）这次预选赛的良好表现_____了他夺冠的信心。

63. A. 尖锐　　　　B. 尖刻　　　　C. 尖端

（1）供需矛盾极其_____。

（2）他看人看事看问题都很_____，什么也瞒不过他的眼睛。

（3）_____的技术，卓越的品质，造就了我们产品的质量。

（4）他说话太_____，有的时候让人受不了。

64. A. 坚定　　　　B. 坚决　　　　C. 坚持　　　　D. 坚固　　　　E. 坚强

（1）我们_____完成任务。

（2）他的意志非常_____。

（3）这样好的身体都是常年_____运动的结果。

（4）因为他心中有一个_____的信念，就是一定要成为一名优秀的画家。

（5）我们_____反对任何形式的迷信活动。

（6）在你最困难的时候，_____一些。

（7）修建一个如此_____的城墙，对于古代人来说，简直就是奇迹。

65. A. 艰巨　　　　B. 艰苦　　　　C. 艰难

（1）他们在野外_____环境下有很强的生存能力。

（2）要发扬爱国奉献、_____创业的精神。

（3）我国面临着十分_____的经济发展任务。

（4）这点钱是我们一家人_____奋斗几十年积累下来的。

（5）这部动画片再现了唐僧师徒西天取经的_____历程。

66. A. 减轻　　　B. 减少　　　C. 减弱

(1) 全球变暖是否是各地山顶冰雪急剧_____的罪魁祸首呢？

(2) 政府正在通过一定的补偿方式，_____农民负担。

(3) 使用微波炉做菜，不会_____食物的营养。

(4) 这个办法可以_____公路上日益严重的拥堵现象。

(5) 每平方米售价又_____了 165 元，

(6) 气温逐渐下降，风力明显_____。

67. A. 交换　　　B. 交流　　　C. 交往　　　D. 交际

(1) 告别的时候，他们_____了电话号码。

(2) 由于社会_____、礼仪、节令及日常餐饮的需要，各色餐馆应运而生。

(3) 他们是一对最不善于_____的难兄难弟。

(4) 目前是美国、日本与中国_____的最佳时机。

(5) 他跟人_____的时候态度很温和。

(6) 这家报纸非常注重与读者的_____。

(7) 这是中国外长首次通过互联网与公众在线_____。

68. A. 接待　　　B. 交待　　　C. 招待

(1) 在每年春季，北海公园一天要_____将近 8 万人。

(2) 中村特地从医院请假回家来_____我们。

(3) 你出差以前，要把你的手头工作_____清楚。

(4) 这个学校没有_____留学生的权力。

(5) 在草原上，不管你从哪里来，也不管认识不认识，只要你进了蒙古包，都会受到热情的_____。

69. A. 接受　　　B. 接收

(1) 被打工人_____了她的道歉。

(2) 这家医院还没有_____过国外来的病人。

(3) 青年人不愿意_____这种约束。

(4) 他们已经_____了历史教训，与中方的谈判极为低调。

(5) 汪先生在现场_____了记者的采访。

(6) 我乐感好，_____能力强。

(7) 在偏远的山区，电视信号的_____效果不好。

70. A. 完善　　　B. 完备

(1) 由于发展不_____和过度投机现象的存在，我国股市经常出现暴涨暴跌的现象。

(2) 关于基因疗法，这个实验室的有关设备和资料都比较_____。

(3) _____新闻发言人制度需要一个过程。

71. A. 进入　　　B. 投入

(1) 奥运会国家体育场建设已开始_____施工准备阶段。

(2) 他每天起床后就立即_____工作。

(3) 起初有个别的孩子还是要脾气，要回家，但很快他们就都_____了状态。

（4）大家稍事休息后，即可_____到岛上丰富多彩的水上活动中。

（5）边上学边打工，在学习上_____的时间就不多了。

（6）上海轨道交通_____运行已有近十年的时间了。

（7）在 10 月 1 日之前，正在修建过程中的地下停车场就要_____使用。

（8）加强环境法制建设，努力增加环保_____。

72. A. 举行　　　B. 举办

（1）中国少年儿童艺术节将每两年_____一次。

（2）电影城特别_____电影回顾活动来表达对教育工作者的敬意。

（3）《黑客帝国》将在洛杉矶_____盛大的全球首映式。

（4）这次活动由上海市文联等单位联合_____。

（5）中国集邮总公司将于明天上午在天安门广场_____邮票的首发式。

73. A. 具备　　　B. 具有　　　C. 拥有　　　D. 占有

（1）面对这一现状，中国儿童娱乐产业的_____者们会有怎样的考虑呢？

（2）这种住房为中产阶级所普遍_____。

（3）在许多名人身上，都_____某种使人肃然起敬的敬业精神和勇气。

（4）35 岁以下，_____两年以上工作经历的博士毕业生，都可以报名参加考试。

（5）抽查中发现，一些产品不_____说明书上所写的功能。

（6）我市_____涉外饭店 147 家。

（7）这是一家大的跨国公司，_____各种语言的翻译 100 多位。

（8）我国在纳米产品的研制方面_____优势。

（9）国产手机的市场_____率越来越高。

74. A. 理由　　　B. 原因　　　C. 缘故　　　D. 借口

（1）有_____相信，这种节日消费心理随着休闲时光的增多，生活水平的提高，消费观念的更新，将会逐步上升。

（2）这就是我为什么不能浪费一分一秒的_____。

（3）她到法院状告老板，_____是老板不让她吃饱。

（4）母亲为我们成年累月地操劳，她吃足苦头和付出牺牲，全是为了我们的_____。

（5）这是他们不愿意生孩子的_____。

（6）由于绿色奥运的_____，环保企业也开始广纳人才，正成为招聘者关注的热点。

（7）他总是_____工作忙不给我打电话。

（8）这是这种现象产生的社会_____。

（9）正是基于以上_____，法国政府加强了和中国的关系。

75. A. 难过　　　B. 难受

（1）每天在家里呆着憋得_____。

（2）别_____了，下次努力考好些就行了。

76. A. 损伤　　　B. 危害　　　C. 损害　　　D. 损失　　　E. 损坏

（1）如果你看不到自己的不足和所面临的危机，就有可能使自己的事业遭受_____。

（2）最近一项调查显示，脊髓_____发病率正明显上升。

(3) 机器一旦发生意外_____没有办法自己维修，只能向厂家求救。

(4) 他们避免做出可能_____自身地位的决定。

(5) "三包"是为了防止经营者_____作为个体的消费者的利益。

(6) 将辐射导入眼和大脑，会_____眼睛，影响视力。

(7) 吸烟一方面_____自己的身体健康，一方面也_____他人的身体健康。

(8) 战士们宁愿牺牲自己的性命，也不让国家的财产受_____。

77. A. 普及　　　　B. 普遍　　　C. 广泛

(1) 教育的发展重点是_____九年制义务教育。

(2) 上海人加班加点工作的情形日益_____。

(3) 一则新闻引起了媒体和社会各界的_____关注。

(4) 现在人们_____看好国家经济的发展前景。

(5) 一种群众性十分_____的音乐产生了。

(6) 这种菜在中国非常_____。

(7) 我国迅速与各国建立了_____的联系。

78. A. 签订　　　　B. 签署　　　C. 签字　　　D. 签名

(1) 已经_____的合约，想调整是不可能了。

(2) 这些开支必须领导_____才能报销。

(3) 作者正在新华书店_____售书。

(4) 两国_____了和平友好条约。

(5) 双方_____了建立双边贸易关系的协议。

79. A. 亲自　　　　B. 亲身　　　C. 亲手

(1) 您在这里可以_____体验到那种古代帝王似的招待，令你一辈子难忘。

(2) 人们把品尝自己_____制作的、适合自己饮食习惯的饭菜看成最大的乐趣。

(3) 总经理_____处理了这件事情。

80. A. 轻松　　　　B. 放松

(1) 旅游可以_____心情，也可以丰富自己的经历。

(2) 对农民来说，拥有一辆几万元的汽车并不是一件_____的事。

(3) 我们丝毫不能_____计划生育工作。

(4) 在家里穿的衣服可以比较_____随意。

(5) 她的身心处在一种很_____的状态，所以在比赛中表现出色。

(6) 人在这种状态下身心_____，注意力高度集中。

81. A. 猛烈　　　　B. 强烈　　　C. 激烈

(1) 宏观与微观世界形成了_____的对比。

(2) 地震发生的时候，低矮的平房_____地摇晃着。

(3) 快节奏的音乐，_____地刺激着人们的神经。

(4) 我队在下半场向对于发起了_____的进攻。

(5) 热烈的情绪和快乐的气氛_____地吸引了观众。

(6) 中午的阳光太_____了。

（7）他们面对＿＿＿＿＿＿＿竞争，通过实践不断去提高自己。

（8）两国边界发生了＿＿＿＿＿＿＿的战火冲突。

82. A. 设备　　　B. 设施

（1）这些在马路上经常看到的交通＿＿＿＿＿＿＿和标志，在她们的幼儿园里随处可见。

（2）村里有＿＿＿＿＿＿＿齐全的高档敬老院。

（3）医院的＿＿＿＿＿＿＿基本能满足抢救的需要。

（4）工程师走进车间，检查了一下生产＿＿＿＿＿＿＿。

83. A. 深厚　　　B. 深刻　　　C. 深入　　　D. 深奥　　　E. 深远

（1）五四运动影响＿＿＿＿＿＿＿。

（2）家乡发生了＿＿＿＿＿＿＿的变化。

（3）政府官员＿＿＿＿＿＿＿到重灾区了解情况。

（4）苏州的园林和山水给我留下了＿＿＿＿＿＿＿的印象。

（5）在战争中两国人民结下了＿＿＿＿＿＿＿的感情。

（6）这本书太＿＿＿＿＿＿＿了，不适合学龄前儿童阅读。

84. A. 推行　　　B. 推进　　　C. 推广　　　D. 推出

（1）天津古镇杨柳青＿＿＿＿＿＿＿了千年民俗情为主题的一系列具有浓厚年味的文化旅游活动。

（2）商家不顾利润＿＿＿＿＿＿＿这种返券促销行为。

（3）新领导上任以后，把工作向前＿＿＿＿＿＿＿了一大步。

（4）北京各大家电厂商纷纷＿＿＿＿＿＿＿电话销售和免费送货对策。

（5）温室育苗法在农村＿＿＿＿＿＿＿开来。

85. A. 特点　　　B. 特色　　　C. 特殊　　　D. 特别　　　E. 特性　　　F. 特征

（1）各人有各人的＿＿＿＿＿＿＿。

（2）这种化学物质的＿＿＿＿＿＿＿有待研究。

（3）这台文艺晚会很有＿＿＿＿＿＿＿。

（4）他的＿＿＿＿＿＿＿是脸上有颗痣。

（5）这个星期日不放假，是＿＿＿＿＿＿＿情况。

（6）这件时装肩部夸张，样式很＿＿＿＿＿＿＿。

（7）旅行社靠开发一些＿＿＿＿＿＿＿旅游来吸引客源。

86. A. 适当　　　B. 适合　　　C. 适应　　　D. 合适

（1）这类书的出版是为了＿＿＿＿＿＿＿读者的需求。

（2）在学习过程中，同学们应根据自身的情况，选择＿＿＿＿＿＿＿自己的切入点。

（3）一些知名专家学者提出四六级考试应该＿＿＿＿＿＿＿市场化需求。

（4）这件衣服你穿了五年还很喜欢，就是再贵也＿＿＿＿＿＿＿。

（5）我一时不能＿＿＿＿＿＿＿这种紧张的气氛。

（6）每天晚上到＿＿＿＿＿＿＿休息的地方去散散步。

（7）求职者往往找不到＿＿＿＿＿＿＿自己的岗位。

（8）未来24小时内有雨，不＿＿＿＿＿＿＿擦洗汽车。

（9）要＿＿＿＿＿＿＿采取措施加快发展旅游业。

(10) 在烹调菜肴时_____加点醋,孩子可以大大受益。

87. A. 违反　　　　B. 违背　　　C. 违抗

(1) 她私订终身的想法,_____了父母之意。

(2) 她还以为自己没有_____交通规则。

(3) 他_____誓言打开了这个盒子,结果把许多灾难都放了出来。

(4) _____组织纪律的人会被毫不客气地除名。

(5) 这样做_____了有关广告的规定。

(6) 军人不能_____命令。

88. A. 污染　　　　B. 感染　　　C. 传染

(1) 这种病不_____,你不用采取任何防护措施。

(2) 哭声是如此具有_____力,一时间全校师生都哭了。

(3) 郊游野餐当然是赏心乐事,但不要_____自然环境。

(4) 全球 5 岁以下儿童将有 500 万人通过母婴传播途径被_____。

(5) 水环境_____没有得到基本改善。

(6) 你周围的每一个人都会从你这里_____这种热情。

(7) 进入隆冬,又到呼吸道_____病的高发季节。

89. A. 吸引　　　　B. 吸收　　　C. 吸取

(1) 做美国菜时要_____中国菜的一些做法就更好吃了。

(2) 跨国公司都非常关心中国_____外资的政策是否会改变。

(3) 他的画有一种神奇的力量能够_____住观众。

(4) 精彩的文艺演出_____住了众多的市民。

(5) 放醋的菜可以提高人体营养_____率 70%。

(6) 我们要_____教训,认真学习国外的先进技术和方法。

(7) 土地不能_____很多的雨水,造成洪水泛滥。

(8) 大量食物在胃里,为了更好地消化_____,人体就会增加胃、肠的血流量。

90. A. 限制　　　　B. 制约　　　C. 局限

(1) 由于物质条件的_____,当时的人们都看不上电视。

(2) 大家建议把他拘留起来,_____他的活动。

(3) 这篇作文不_____字数,愿意写多少都可以。

(4) 他的作品并不_____于爱情方面。

(5) 种种因素彼此_____,使经济的发展趋缓。

91. A. 信心　　　　B. 信任　　　C. 相信　　　　D. 自信

(1) 虽然他说去了,但是我不_____。

(2) 假如不是亲眼看见,就不会_____这是真的。

(3) 赢得了顾客的_____,就得到了社会的承认。

(4) 在生活中,_____很多人都去外地旅游过。

(5) 大家都用一种不_____的眼光看着他。

(6) 领导的支持和_____,使她能够在男性主导的政坛上取得一席重要的位置。

(7) _____全球气候变暖的科学家认为,海平面将升高。

(8) 我很_____地去应聘,左一关右一关地闯了过来。

(9) 只有建立充分的_____心和高度的责任感,才能具备成功者的气魄。

(10) 品牌的力量能给人以_____和保证

(11) 他们已经从航空公司手中提前预定了不少机位,没有_____,他们是不敢这么做的。

(12) 困难不光没有吓倒她,反而更坚定了她的_____。

92. A. 选择　　　B. 挑选　　　C.挑剔

(1) _____哪些人的哪些作品、哪个版本,必须经过充分的论证。

(2) 在那段时间内网络学习是惟一的_____。

(3) 网校里通常会提供很多知识点,但_____网校有些需要注意的问题。

(4) 在最终同意批准限制温室气体排放的国际协议之前,科学家们将别无_____。

(5) 我们万万没料到,他们这么_____。

(6) "中海油基金"在受助学生的_____上,不限学习成绩,而只看经济条件和人品。

(7) 果农正把坏苹果从筐里_____出来。

93. A. 制造　　　B. 制作

(1) 节日在很大程度上是_____一种"无序",一种宽松,一种闲暇的气氛。

(2) 人们把品尝自己亲手_____的、适合自己饮食习惯的饭菜当作一种乐趣。

(3) 高清电视由于节目的_____和显示器的原因,在我国尚未大范围播出和接收。

(4) 没有机会,就自己_____机会。

(5) 更多的次声波是由人_____的,比如交通噪音、飞机、工厂和管风琴等。

(6) 不要污染自然环境,不要_____垃圾。

(7) 世界上的人们都要从地球取得物质来维持生命,建造住宅和_____生产工具以及各种生活用品。

94. A. 状态　　　　B. 状况　　　C. 情况

(1) 教练对过去一周的训练_____和效果还是相当满意的。

(2) 他的身体_____备受关注。

(3) 如_____紧急,可拨打110。

(4) 应尽快缓解北京市水资源紧缺的_____。

(5) 这是一部研究中国现当代知识分子生存_____的书。

(6) 北京的环境_____和首都的地位相比,仍有很大差距。

(7) 良好的精神_____是通向胜利的保证。

(8) 她的身心处在一种很放松的_____。

(9) 上级派人下来了解_____。

95. A. 差距　　　B. 差异　　　C.差别　　　D. 区别

(1) 关于消费观念,我和他存在着很大的_____。

(2) 一般职员上衣与裤子的颜色应当不同,以_____身份。

(3) 人们的经济条件、实际生活以及性格和爱好上都有_____。

(4) 我国的旅游业和国际水平相比还有相当大的_____。

(5) 面对自己的每一次成功,都应首先找出不足和_____。

(6) 这种教学完全_____于传统的教学模式。

(7) 城乡之间经济文化_____较大。

(8) 这两款西服的样式毫无_____。

96. A. 承担　　　　B. 承认　　　C. 承受

(1) 旅行社应当_____违约责任。

(2) 司机_____自己开车速度太快了。

(3) 上万元的医药费的确让人难以_____。

(4) 在这样的岗位上要_____巨大的风险和责任。

(5) 这是他们应当_____的社会责任。

(6) 婚礼费用由女方家长_____。

(7) 我看中了一件"世界顶尖品牌"的服装,但知道自己的收入还_____不起这样的消费。

(8) 他取得的成功得到了社会的_____。

97. A. 构成　　　　B. 组成　　　C. 形成　　　D. 造成

(1) 农民工的存在_____了独特的社会问题。

(2) 文化衫上图文并茂,_____一种独特的多元化现象。

(3) 吸毒者对社会治安_____了严重的威胁。

(4) 向郊区转移_____社会风气。

(5) 她的这种个性很容易给别人_____伤害。

(6) 医疗卫生体系已基本_____。

(7) 医院由六名医护人员_____。

(8) 古人认为水、火、空气和泥土是_____物质的基本元素。

(9) 环境污染对人民群众的健康_____直接威胁。

(10) 土地不能吸纳很多的雨水,_____洪水泛滥。

98. A. 开展　　　　B. 展开

(1) 该中心预计 10 月底前可正式_____业务。

(2) 各项工作昨天起全面_____。

(3) 国家计划生育委员会要_____"中国 13 亿人口日"宣传活动。

(4) 两国在科技和文化等方面进一步_____了合作与交流。

(5) 招聘工作_____得怎么样了?

(6) 整部电影的主题都围绕着"嫉妒"_____。

(7) 1998 年我市_____了按比例安排残疾人就业的工作。

99. A. 连续　　　　B. 持续　　　C. 继续　　　D. 陆续

(1) 南城_____发生两起暴力事件。

(2) 经过一个多月的_____工作,他们终于解决了这个老大难问题。

(3) _____两年,山西遭受了多种自然灾害的侵袭。

(4) 热销局面一直_____到下午 5 点半左右。

(5) 每次加油可_____飞行 10 个小时。

(6) 环境保护是实现可＿＿＿＿＿＿＿发展的关键。

(7) 这次比赛＿＿＿＿＿＿了一刻钟。

(8) 我要说的话说完了,你＿＿＿＿＿＿说吧。

(9) 电影开演的时间快到了,观众＿＿＿＿＿＿进场。

100. A. 抱歉　　B. 道歉

(1) 她赶紧扶住老工人,连连赔礼＿＿＿＿＿＿。

(2) 被打工人接受了她的＿＿＿＿＿＿。

(3) 我现在向你＿＿＿＿＿＿,请你原谅。

(4) 对于我公司职员的失职行为,我感到很＿＿＿＿＿＿。

101. A. 不停　　B. 不断

(1) 公司的规模在＿＿＿＿＿＿扩大。

(2) 她一边吃虾,一边滔滔不绝地讲个＿＿＿＿＿＿。

(3) 人们一直在＿＿＿＿＿＿探索到海洋中去的办法。

(4) 在家里,妈妈整天忙个＿＿＿＿＿＿。

(5) 我这三年都是在＿＿＿＿＿＿地努力和提高,但是还没有真正达到一个很高的位置。

(6) 学生上课时要＿＿＿＿＿＿地记笔记,下课后还要到图书馆查资料。

102. A. 临时　　B. 暂时　　　C. 暂且

(1) 教育部＿＿＿＿＿＿不会取消四六级考试。

(2) 人手不够,得雇用两三个端盘子的＿＿＿＿＿＿工。

(3) 由于脚部受伤,原定举办的宣传活动＿＿＿＿＿＿取消。

(4) 你刚到,＿＿＿＿＿＿先住在我家,以后我再帮你找房子。

(5) 心情不好的时候可以＿＿＿＿＿＿避开不良刺激,把注意力、精力和兴趣投入到另一项活动中去。

(6) 他们都在听故事,＿＿＿＿＿＿忘记了现在的职责。

(7) 网吧被责令＿＿＿＿＿＿停业整顿。

(8) 这一事件对留学市场的影响只是＿＿＿＿＿＿性的。

103. A. 反应　　B. 反映

(1) "种瓜得瓜,种豆得豆"＿＿＿＿＿＿了生命的遗传现象。

(2) 过度服药可能会引起一些不良＿＿＿＿＿＿。

(3) T恤衫上图文并茂,成为个人爱好和个性的＿＿＿＿＿＿。

(4) 一个没精打采的声音对敲门声作出了＿＿＿＿＿＿。

(5) 想要＿＿＿＿＿＿意见和提建议的群众请去那边的办公室。

104. A. 满足　　B. 满意

(1) 购买名牌车的人都是因为这些车能够＿＿＿＿＿＿自己的面子。

(2) 木结构、轻钢结构的住宅,能够＿＿＿＿＿＿这些要求。

(3) 他不因一个小小的胜利而感到＿＿＿＿＿＿或陶醉其中。

(4) 他就是这样一个永远对自己感到不＿＿＿＿＿＿的人。

(5) 我对自己的学习成绩很不＿＿＿＿＿＿。

(6) 我买这样的车,可以_____我的好奇心和爱玩耍的个性。

(7) 无论你_____还是不_____,我们的水平就是这样了。

105. A. 检验　　B. 检查　　C. 检讨

(1) 工程师走进车间,_____了一下生产设备。

(2) 父母如果不在生孩子前进行基因_____,就会被认为鲁莽无知。

(3) 产品经过_____,达到合格标准,可以出厂。

(4) 上周他违反了学校规定,在全班同学面前作了_____。

106. A. 财富　　B. 财产

(1) 形成自己独特的理财风格,才可能创造出独特的人生_____。

(2) 我们的老祖宗在给我们留下这笔宝贵_____的同时,也给我们留下了许多未解之谜。

(3) 战士们宁愿牺牲自己的性命,也不让国家的_____受损失。

(4) 即便你拥有巨大的_____,也不等于你拥有幸福。

(5) 健康是人生的第一大_____。

107. A. 薄弱　　B. 衰弱　　C. 脆弱　　D. 软弱

(1) 客观来看,我们这方面的基础还很_____。

(2) 神经系统的功能发生紊乱,容易诱发神经_____。

(3) 他从小娇生惯养,感情十分_____。

(4) 针对自己的_____环节进行重点学习。

(5) 你再这样_____,就会失掉别人对你的支持。

108. A. 场地　　B. 场合　　C. 场面　　D. 场所

(1) 高速公路上有休息站、旅游区、野营区以及其他一些公共活动_____。

(2) 平时应少去人群密集的公共_____。

(3) 我知道许多婉转的说法,可以令_____不尴尬。

(4) 邮局已经成为人们办事打交道的重要_____。

(5) 在一些广场演出中,群众_____越来越豪华光鲜。

(6) 很多女演员在出席一些_____时都会刻意地修饰自己。

(7) 家长在这样的_____往往态度温和。

(8) 录像机已经录下了这个戏剧性的_____。

(9) 那样激动人心的_____一辈子也忘不了呀。

(10) 体育馆的人很多,没有打网球的_____。

109. A. 调节　　B. 调整

(1) 利用天然保健品来_____机体生理功能。

(2) 在自然界中,疾病是_____鸟类种群数量的一个重要手段。

(3) 他们会用这种密而不宣的生活方式来_____自己的生活。

(4) 这种空调能自动_____温度。

(5) 每到五月以后,就会_____作息时间。

110. A. 实施　　B. 实行　　C. 执行

(1) 该办法_____以来,已有两名违章司机接受了处罚。

(2) 旅游度假区_____严格的质量控制。

(3) 国家邮政局正式_____汇款附言收费制。

(4) 再就业工程_____一年多来，已取得重大成果。

(5) 我国从 70 年代开始在全国_____计划生育。

(6) 旅行社为了配合国家星光计划的_____，每年都资助老年公益事业。

(7) 政府的新禁令_____起来会非常困难。

111. A. 随意　　　B. 随便

(1) 我只是_____说说，没有别的意思。

(2) 在家里穿的衣服可以比较轻松_____。

(3) 自己挣来的钱自己_____花没什么不好。

(4) 假日读书与平日不同之处在于可以摊开，_____许多。

112. A. 严厉　　B. 严格　　　C. 严肃　　　D. 严密

(1) 管理学生，教师首先要_____要求自己。

(2) 他有糖尿病，必须_____控制饮食。

(3) 他非常_____地批评了我一顿。

(4) 会场气氛十分_____。

(5) 湖人队的防守十分_____，骆驼队没有可乘之机。

113. A. 自发　　　B. 自觉　　　C. 自行　　　D. 自动

(1) 马路上的一切车辆会_____停车，给学生让路。

(2) 一消费者在某商场购买了一块价值 837 元的全_____进口手表。

(3) 这是我国_____研制的第一艘宇宙飞船。

(4) 请大家_____维护公共卫生。

(5) 群众_____组织了庆祝会。

(6) 他们在遵守劳动纪律方面都很_____。

114. A. 终生　　　　　B. 终身

(1) 用户可凭发票在全国服务网点得到_____保修。

(2) 她从此一蹶不振，内疚_____。

(3) 你那失望的眼神令我_____难忘。

(4) 经受了失恋的打击后，他打算_____不娶。

115. A. 权力　　　　　B. 权利

(1) 工人们要求保障人身_____。

(2) 公司应该给有能力和才华的人_____。

(3) 任何人都有接受公平且高质量服务的_____。

116. A. 活泼　　　　　B. 活跃

(1) 中国老百姓投资日趋_____。

(2) 她越长越壮实，性格也变得_____好动。

(3) 课堂气氛异常_____。

(4) 尽管年过花甲，但他还是_____在舞台上。

(5) 小说的文笔_____，受到年轻人的喜爱。

117. A. 对……来说　　　　　B. 拿……来说　　　　　C. 从……来说

(1) _____某种意义上_____，家是力量的来源。

(2) 文化和经济的关系十分密切，_____上海_____，文化产业就已成为上海的支柱性产业之一。

(3) 有一项健康保险_____想出国的人_____是很实用的。

(4) _____这个意义上_____，你来一趟是值得的。

(5) _____企业_____，只要存在市场需求，就必须想方设法去满足。

(6) 出国旅游_____国内一些经济发达的地区_____，已是司空见惯的事。

(7) _____这方面_____，中国还是个不错的地方。

(8) _____学语言_____，开朗的性格是一个很重要的方面。

118. A. 冲破　　　　　B. 突破　　　　　C. 打破

(1) 经营者过少，垄断的局面难以_____。

(2) 如果上述实验结果最终得到证实，将为人类在物质认知领域带来重大_____。

(3) 彩色扎染_____了传统单色扎染色调的局限。

(4) 今年这个数字可能被_____吗？

(5) 今年的春季运动会_____纪录的现象更是少之又少。

(6) 当知识积累到一定程度时，才会通过某一_____口有所创新，做出真学问、大学问、新学问来。

(7) 她大胆地_____了封建思想的束缚，走上了全新的道路。

综 合 练 习

1—6

《小王子》__1__1943 年在纽约出版，是 20 世纪__2__最广的童话之一，已被译成 100 多种语言，据说是有史以来阅读率仅__3__《圣经》的书。

2000 年是《小王子》作者圣埃克苏佩里的 100 周年__4__，国内图书市场上__5__涌现出了人民文学出版社、浙江文艺出版社等多家单位出版的 8 个版本的《小王子》，__6__仍是热销书。

  1. A. 在　　　　　　B. 于　　　　　　C. 是　　　　　　D. 即

  2. A. 流行　　　　　B. 流传　　　　　C. 传播　　　　　D. 交流

  3. A. 劣于　　　　　B. 低于　　　　　C. 差于　　　　　D. 次于

  4. A. 出世　　　　　B. 诞辰　　　　　C. 产生　　　　　D. 问世

  5. A. 一下子　　　　B. 一口气　　　　C. 一股脑　　　　D. 一个劲

  6. A. 从此　　　　　B. 至今　　　　　C. 从今　　　　　D. 今后

7—20

在节奏　7　的现代社会生活中,熬夜对于人们来说成了常事,没有熬过夜的人算是幸运的了。经常熬夜会使人身体的正常节律性　8　紊乱,对视力、肠胃及睡眠等都会造成影响。那么,经常熬夜的人应该怎样　9　保健呢?　熬夜的人多半是做文字工作或经常　10　电脑的人,在昏黄的灯光下苦战一夜容易使眼肌　11　、视力下降。营养师告诉大家,维生素 A 及维生素 B 对预防视力减弱有　12　效果。维生素 A 可以调节视网膜感光　13　,即视紫的合成,能提高熬夜工作者对昏暗光线的适应力。所以要多吃胡萝卜、韭菜、鳗鱼等富含维生素 A 的食物,　14　富含维生素 B 的瘦肉、鱼肉、猪肝等动物性食品。

此外,还应适当地　15　热量,并吃一些水果、蔬菜及蛋白质食品,如肉类、鸡蛋等来补充体内消耗的能量,但千万不要大鱼大肉地猛吃。专家们认为,可吃一些花生米、杏仁、腰果、胡桃等干果类食品,它们含有丰富的蛋白质、维生素 B、维生素 E、钙和铁等矿物质以及植物油,而胆固醇的含量很低,对　16　体能有特殊的功效。除了在饮食上下功夫以外,熬夜一族要重视的还有　17　身体锻炼。熬夜中如感到精力不足或者昏昏欲睡,就应做一会儿体操或到户外活动一下。　18　熬夜会占去正常睡眠的时间,因此在补充睡眠上　19　见机行事,如下班回家时,在车上闭目养神片刻,或在单位午休时为自己　20　一小会儿午睡等等,这样便可恢复体力,使精神振作。

7. A. 紧急　　　　　　B. 紧迫　　　　　　C. 紧俏　　　　　　D. 紧张
8. A. 发生　　　　　　B. 产生　　　　　　C. 生产　　　　　　D. 引发
9. A. 自己　　　　　　B. 本人　　　　　　C. 自我　　　　　　D. 自身
10. A. 操练　　　　　　B. 操持　　　　　　C. 操纵　　　　　　D. 操作
11. A. 疲惫　　　　　　B. 疲乏　　　　　　C. 疲倦　　　　　　D. 疲劳
12. A. 必定　　　　　　B. 一定　　　　　　C. 肯定　　　　　　D. 必然
13. A. 物品　　　　　　B. 东西　　　　　　C. 物体　　　　　　D. 物质
14. A. 以及　　　　　　B. 及其　　　　　　C. 极其　　　　　　D. 及
15. A. 补偿　　　　　　B. 补充　　　　　　C. 补贴　　　　　　D. 补助
16. A. 复原　　　　　　B. 恢复　　　　　　C. 回复　　　　　　D. 反复
17. A. 加紧　　　　　　B. 加剧　　　　　　C. 加强　　　　　　D. 加深
18. A. 关于　　　　　　B. 至于　　　　　　C. 对于　　　　　　D. 由于
19. A. 不曾　　　　　　B. 不妨　　　　　　C. 不惜　　　　　　D. 不宜
20. A. 安排　　　　　　B. 安置　　　　　　C. 编排　　　　　　D. 安顿

21—25

近日,专家指出,打麻将有助于老年人　21　,能降低老年痴呆症的发生,但是最好不要一次超过两小时,并指出,打麻将是　22　的活动,所以老年人还应通过动态活动来活动一下筋骨。专家指出,站在医师的　23　,只要不涉及赌博,打麻将其实是一项不错的活动,尤其对老年人来说,因为年纪大了之后,记忆力　24　都会减退,此时打麻将或是打电动玩具,都可以　25　发生老年痴呆症的几率。此外,专家建议,老年人可做一些动态活动,如跳舞等。

21. A. 思考　　　　　　B. 思索　　　　　　C. 思维　　　　　　D. 考虑
22. A. 安静　　　　　　B. 安宁　　　　　　C. 平静　　　　　　D. 静态

23. A. 立场	B. 观点	C. 角度	D. 看法
24. A. 早晚	B. 高低	C. 多少	D. 前后
25. A. 减轻	B. 减弱	C. 减少	D. 减低

26—33

在社会竞争中，文盲或未能受过较全面教育的人，势必丧失许多机会，__26__劣势地位，也就很难"__27__长期的贫困、愚昧和落后"，进而演变为社会的不公正。 教育是解决社会公平、保证个人和社会可持续发展的最重要最基础的方法。 __28__，教育对人最大的发展可能还不在于养成技能，更在于提高思想格调，提供开放、理性的价值和确定的目标，__29__推进权力的运用以及个人生活之间的交往文雅化。大到一个民族、一个国家，教育的重要性更不待言，哲人马丁·路德说，一个国家的__30__，不取决于它的国库之殷实，也不取决于它的公共__31__之华丽，而在于它的公民所受的教育，这才是真正的__32__所在，真正的力量所在。在全球化的今天，一国、一民族有大量的文盲半文盲，要想实现民族自强，国家经济现代化质的飞跃，__33__是痴人说梦。

26. A. 位于	B. 处于	C. 坐落	D. 在于
27. A. 摆动	B. 摆弄	C. 摆脱	D. 解脱
28. A. 何必	B. 何等	C. 何况	D. 何不
29. A. 从而	B. 进而	C. 而且	D. 然而
30. A. 繁华	B. 繁忙	C. 繁荣	D. 荣华
31. A. 设备	B. 设施	C. 设置	D. 配套
32. A. 厉害	B. 利害	C. 利益	D. 意义
33. A. 无非	B. 无比	C. 不无	D. 无疑

34—42

许多发达国家、地区因为私人汽车的使用成本尤其是进入市中心的使用成本__34__而促使人们日常出行__35__是进市中心主要选择公共交通，即所谓"买用分离"。而私车使用成本中很重要的方面是停车费极其昂贵，人们总是__36__"买得起车停不起车"。即便是收入颇丰的中产阶级，如果住在市中心则不敢__37__买车，如果住在其他地方则不敢轻易驾车进市中心，总是把车开到边缘存好车后再换乘公交。一些城市规定建筑物需要__38__解决停车需求。__39__如此，有些城市还采取种种措施__40__汽车进入市中心；为进一步__41__交通压力，伦敦市政府从2003年起采取措施来防止漏缴停车费。这些国家和地区之所以"乱停车"现象很少，重要一点是一旦有人乱停车，附近居民就认为自己的权利受到__42__而立即举报，有关部门很快就会赶来严肃处理。

34. A. 高贵	B. 昂贵	C. 可贵	D. 名贵
35. A. 甚至	B. 况且	C. 何况	D. 尤其
36. A. 感触	B. 叹息	C. 感叹	D. 叹气
37. A. 容易	B. 轻易	C. 随意	D. 随便
38. A. 自发	B. 自觉	C. 自行	D. 自动
39. A. 既然	B. 即便	C. 假使	D. 尽管
40. A. 制约	B. 约束	C. 限制	D. 局限

41. A. 缓和　　　　　B. 缓解　　　　　C. 解除　　　　　D. 排除
42. A. 侵蚀　　　　　B. 侵犯　　　　　C. 入侵　　　　　D. 侵略

43—48

如果准爸爸和准妈妈所工作的环境中有一些有害的化学物质、重金属物质，在准备怀孕时就应该远离　43　环境，因为这些有害物质可能会造成宝宝畸形或流产、早产等。特别是在妊娠早期，必要时可　44　更换工种或适当休息。如果不知道周围环境中是否存在有害物质，可向专业人士　45　，务必保证自己工作环境的安全。如果实在无法避开可疑的有害物质，就应该　46　遵照安全操作规程，穿防护服、戴隔离帽和口罩，避免粉尘的吸入，避免皮肤的　47　。关于孕期长期接触计算机是否会增加畸形的发生，目前尚无定论，不过整个孕期每天较长时间地同计算机打交道，对孕妇来说不是特别合适，最起码会造成　48　的疲劳。

43. A. 该　　　　　　B. 这　　　　　　C. 那　　　　　　D. 本
44. A. 预先　　　　　B. 提前　　　　　C. 事先　　　　　D. 优先
45. A. 请示　　　　　B. 请求　　　　　C. 请教　　　　　D. 指教
46. A. 严肃　　　　　B. 严厉　　　　　C. 严格　　　　　D. 严密
47. A. 接近　　　　　B. 接触　　　　　C. 触及　　　　　D. 挨近
48. A. 过渡　　　　　B. 过度　　　　　C. 过分　　　　　D. 过于

49—56

当前我国生态环境整体　49　在下降，抵御各种自然灾害的能力在　50　，同时，生态恶化的程度在加剧，　51　在加重。生态环境建设中，边治理边破坏、点上治理面上破坏、治理赶不上破坏的问题仍很　52　。据了解，生态环境整体功能下降　53　为：森林质量不高，草地退化，土地沙化速度加快，水土　54　严重，水生态环境仍在恶化；食品安全问题　55　突出；有害外来物种入侵，生物多样性锐减，遗传资源丧失，生物资源破坏局面不容　56　，生态安全受到威胁。

49. A. 性能　　　　　B. 效能　　　　　C. 能力　　　　　D. 功能
50. A. 减低　　　　　B. 减少　　　　　C. 减弱　　　　　D. 减轻
51. A. 伤害　　　　　B. 损害　　　　　C. 危害　　　　　D. 侵害
52. A. 显著　　　　　B. 明显　　　　　C. 突出　　　　　D. 超出
53. A. 显现　　　　　B. 表现　　　　　C. 出现　　　　　D. 显示
54. A. 流失　　　　　B. 丢失　　　　　C. 失去　　　　　D. 丧失
55. A. 随即　　　　　B. 仍然　　　　　C. 甚至　　　　　D. 日益
56. A. 考虑　　　　　B. 乐观　　　　　C. 乐意　　　　　D. 直观

57—63

合气道　57　于日本，由创始人植芝盛平纳百家之长，　58　日本的柔术为基础并融合了枪术以我国太极拳的很多内容，经过　59　的总结探索发展而来。

"爱人爱己，不争不斗"是合气道的重要理念。合气道不　60　进攻，只用来防守。3600个合气道动作中没有一个　61　进攻的动作。由于合气道是通过控制人们的反关节来达到控制对手的　62　，因而其每个动作都十分　63　。

57. A. 根源　　　　　B. 发源　　　　　C. 来源　　　　　D. 起源
58. A. 以　　　　　　B. 把　　　　　　C. 被　　　　　　D. 拿

59. A. 长久 　　　　B. 悠久 　　　　C. 长期 　　　　D. 长远
60. A. 提议 　　　　B. 提倡 　　　　C. 提出 　　　　D. 提醒
61. A. 自动 　　　　B. 自觉 　　　　C. 自行 　　　　D. 主动
62. A. 目标 　　　　B. 目的 　　　　C. 作用 　　　　D. 效果
63. A. 有效 　　　　B. 有用 　　　　C. 有利 　　　　D. 有益

64—68

凡是在事业上 ___64___ 成就的人，他们总有一些特别的爱好。虽然 ___65___ 人也有，但没有他们明显和突出。正是那么一点点明显和突出，人与人之间便拉开了 ___66___。不同职业、不同 ___67___ 的人的爱好是不一样的，但成功人士却有一点是相同的：他们都十分热爱自己感兴趣的东西，他们对自己的爱好是做 ___68___ 的追求。

64. A. 得到 　　　　B. 获得 　　　　C. 夺得 　　　　D. 取得
65. A. 正常 　　　　B. 平常 　　　　C. 一般 　　　　D. 普通
66. A. 差距 　　　　B. 距离 　　　　C. 差异 　　　　D. 差别
67. A. 种类 　　　　B. 类型 　　　　C. 品种 　　　　D. 类别
68. A. 悠久 　　　　B. 长期 　　　　C. 长久 　　　　D. 长远

69—73

陈景润酷爱读书，这不仅丰富了他的知识，更重要的是在读书 ___69___ 中养成了一种科研精神。他能沉住气安下心，这就是做学问的人必备的一份 ___70___。后来，陈景润能夜以继日地钻研歌德巴赫猜想，这与他幼年所养成的习惯 ___71___ 相关。记得一位很有名的哲学家曾说过这么一句话："我的学问就是坐冷板凳坐 ___72___ 的。" ___73___，做学问、搞研究的人必是一个酷爱读书的人。

69. A. 经过 　　　　B. 经历 　　　　C. 经验 　　　　D. 过程
70. A. 素质 　　　　B. 素养 　　　　C. 条件 　　　　D. 前提
71. A. 无不 　　　　B. 不无 　　　　C. 无非 　　　　D. 并非
72. A. 过来 　　　　B. 下来 　　　　C. 出来 　　　　D. 上来
73. A. 结果 　　　　B. 所以 　　　　C. 可见 　　　　D. 于是

74—78

一个人要取得 ___74___ 的发展，外部机遇这个因素是不可缺少的。机遇的表现 ___75___ 是多种多样的。机遇的来临若隐若现，要 ___76___ 好并非易事，但有一点是可以肯定的，机遇光临有心人的次数要 ___77___ 没准备的人多得多。机遇是重要的，但它毕竟是外因， ___78___ 起作用的还得靠奋斗着的人，所以说，先有人的勤奋努力，然后才有机遇女神的青睐。

74. A. 优良 　　　　B. 良好 　　　　C. 优秀 　　　　D. 良性
75. A. 方式 　　　　B. 形势 　　　　C. 形式 　　　　D. 模式
76. A. 掌握 　　　　B. 把握 　　　　C. 控制 　　　　D. 运用
77. A. 和 　　　　　B. 跟 　　　　　C. 给 　　　　　D. 比
78. A. 真实 　　　　B. 真正 　　　　C. 真诚 　　　　D. 真的

79—82

纵观历史,横览世界,成功者往往是那些希望把自己展现给世界的人,他们怀有__79__的愿望,对既定的目标__80__不懈,积极寻找改变自己命运的各种机会。没有机会,就自己__81__机会,而机会一旦出现时,他们就紧紧把握住,努力尝试各种方法,在成功的道路上展现自己的才华与__82__。

79. A. 热烈　　　　　B. 猛烈　　　　　C. 强烈　　　　　D. 激烈
80. A. 维持　　　　　B. 保持　　　　　C. 坚持　　　　　D. 持续
81. A. 制作　　　　　B. 制造　　　　　C. 创作　　　　　D. 创制
82. A. 特征　　　　　B. 特色　　　　　C. 特点　　　　　D. 特殊

83—85

美国的钢铁大王卡耐基曾提出过这样的忠告:"把你所有的蛋放在一个篮子里,然后看住这个篮子,不要让任何一个蛋掉下来。"这句话告诉我们,必须认真__83__自己的情况确定自己的奋斗目标,并且一经确定就要坚持不懈,直至成功。年轻人千万不要朝三暮四,什么都想干得轰轰烈烈,那样__84__你可能竹篮打水一场空,白白__85__许多工夫却毫无收获。

83. A. 依据　　　　　B. 根据　　　　　C. 凭据　　　　　D. 按照
84. A. 上去　　　　　B. 下去　　　　　C. 过去　　　　　D. 过来
85. A. 消耗　　　　　B. 损耗　　　　　C. 消费　　　　　D. 耗费

86—89

名人取得成功的另一种类型是,以__86__的功底取胜。他们往往经过长期的积累,对某一领域有着广博而精深的了解和__87__。厚积而薄发,最终崭露头角,并且,其雄厚的功底为他长期的发展提供了源源__88__的动力,可以说,这种类型的人要成功是必然的,不可__89__的。

86. A. 深奥　　　　　B. 深沉　　　　　C. 深厚　　　　　D. 深刻
87. A. 领会　　　　　B. 理解　　　　　C. 领悟　　　　　D. 认识
88. A. 不断　　　　　B. 不停　　　　　C. 不住　　　　　D. 不绝
89. A. 阻碍　　　　　B. 阻挡　　　　　C. 阻拦　　　　　D. 阻止

90—93

我的童年和少年是在一个偏僻的小乡村里__90__的。那里的人们总是在为春播秋收而不停地劳作着,我的父母也不例外。__91__我们兄妹三个相继入学,他们意识到仅靠卖粮食和鸡蛋换来的钱是无法__92__我们完成最基本的九年教育的。于是父亲便去了外省的建筑工地,出卖__93__自己廉价的体力。

90. A. 度过　　　　　B. 经过　　　　　C. 通过　　　　　D. 生活
91. A. 随着　　　　　B. 沿着　　　　　C. 跟着　　　　　D. 伴随
92. A. 给　　　　　　B. 提供　　　　　C. 供　　　　　　D. 帮助
93. A. 过　　　　　　B. 着　　　　　　C. 了　　　　　　D. 光

94—96

在治学__94__,中国有一句名言,叫做厚积薄发,其含义是,做学问,一定要先经过一个长期、__95__的积累知识的过程,当知识积累到一定程度后才会通过某一__96__口有所创新,做出真学问、大学问、新学问来。

94. A. 地域　　　　　　B. 地带　　　　　　C. 区域　　　　　　D. 领域
95. A. 艰巨　　　　　　B. 艰难　　　　　　C. 艰辛　　　　　　D. 艰苦
96. A. 打破　　　　　　B. 突破　　　　　　C. 冲破　　　　　　D. 突出

97—99

上海已有了裸体婚纱照，不少年轻时尚的青年已悄悄尝了鲜。记者　97　在一对新婚朋友的卫生间　98　中见到这么一幅，　99　在朦胧的氛围中，夫妇俩裸体而立，令记者叹嘘不已，而朋友却对自己的杰作甚是自得。

97. A. 倒　　　　　　　B. 就　　　　　　　C. 却　　　　　　　D. 则
98. A. 无心　　　　　　B. 无暇　　　　　　C. 无意　　　　　　D. 无情
99. A. 看见　　　　　　B. 只看　　　　　　C. 只见　　　　　　D. 看到

100—102

要想在日本生活好，　100　邻里、朋友、亲戚、同事、上司、客户等打好交道，必须　101　日本人送礼的规矩，如果不懂，不仅能把好事变成坏事，　102　严重点，甚至人际关系也会搞砸。

100. A. 对　　　　　　　B. 和　　　　　　　C. 向　　　　　　　D. 并
101. A. 知道　　　　　　B. 了解　　　　　　C. 理解　　　　　　D. 解释
102. A. 讲　　　　　　　B. 谈　　　　　　　C. 说　　　　　　　D. 话

103—108

人到中年，一般　103　着繁重的工作、沉重的家庭负担，也就是在这个时候，机体开始老化。人过了30岁，身体的生理　104　大约每年要减退0.8%，特别是44岁—55岁，衰老过程　105　，一些重要器官开始老化，体质和精力也逐渐衰退。增强自我保健　106　，掌握自我养生保健、防病的方法就　107　尤为重要。中年人提高免疫力，其一是生活起居、饮食及情绪的调理。其二就是利用天然保健品来调整机体生理、清理和排除体内沉积的毒素，清洁净化血液以　108　提高免疫力、预防疾病的目的。

103. A. 承包　　　　　　B. 承担　　　　　　C. 担负　　　　　　D. 承受
104. A. 功能　　　　　　B. 性能　　　　　　C. 效能　　　　　　D. 作用
105. A. 加快　　　　　　B. 加剧　　　　　　C. 厉害　　　　　　D. 加速
106. A. 意识　　　　　　B. 思想　　　　　　C. 观点　　　　　　D. 习惯
107. A. 看起来　　　　　B. 显然　　　　　　C. 明显　　　　　　D. 显得
108. A. 到达　　　　　　B. 达到　　　　　　C. 得到　　　　　　D. 取得

109—111

参展的400件珍稀文物和艺术品　109　来自欧洲、亚洲和美洲的50家博物馆，　110　是中东地区的博物馆，展览时间将从5月8日　111　到8月17日。

109. A. 各自　　　　　　B. 分别　　　　　　C. 都　　　　　　　D. 个别
110. A. 及其　　　　　　B. 尤其　　　　　　C. 极其　　　　　　D. 其中
111. A. 接连　　　　　　B. 连续　　　　　　C. 陆续　　　　　　D. 持续

112—118

迪斯尼公司　112　的一个个活灵活现的艺术形象——米老鼠、唐老鸭、狮子王、白雪公主……几乎影响了世界上　113　国家孩子们的心，使得他们的父母心甘情愿地把大把大把的钞票塞满了迪斯尼的钱包。迪斯尼公司　114　目前世界第二大传媒公司,经营范围涉及电影、电视、图书、主题公园等行业,它在世界上　115　个国家经营有多家大型主题公园,其收入每年可达250亿美元。但尽管迪斯尼的动画片还在热销,"迪斯尼帝国"如今　116　已经很难成为林中之王了。最近的数据表明,迪斯尼公司的收入正在下滑,由于其所属的美国广播公司收视率的下降、主题公园参观人数的减少、缺少成功大片推向市场以及新竞争对手的威胁等,昔日辉煌的"迪斯尼帝国"正在　117　来自各个方面的压力和挑战,这个威震四方的媒体大鳄　118　重振昔日雄风呢?

112. A. 推动 　　　　B. 推广 　　　　C. 推进 　　　　D. 推出

113. A. 各自 　　　　B. 每个 　　　　C. 全部 　　　　D. 所有

114. A. 成为 　　　　B. 认为 　　　　C. 作为 　　　　D. 变成

115. A. 多少 　　　　B. 某些 　　　　C. 一些 　　　　D. 若干

116. A. 仍 　　　　B. 也 　　　　C. 还 　　　　D. 都

117. A. 面对 　　　　B. 面临 　　　　C. 面前 　　　　D. 面孔

118. A. 是否 　　　　B. 是非 　　　　C. 要不然 　　　　D. 能否

119—125

汽车"召回"不同于汽车"三包"。一是"召回"和"三包"要　119　的问题不同。"召回"要面对的是由于非偶然性　120　造成的质量缺陷,"三包"是　121　个别消费者的个别问题。二就是"召回"和"三包"　122　法律的性质和法律责任不同。实施"召回"是政府按照被　123　的权利依法行政,属于行政法律责任;"三包"规定中既有行政法律的规范要求,也有"民法"中违约者要　124　民事法律责任的内容。三是"召回"和"三包"的立法宗旨不同。"召回"是为了捍卫公共利益,"三包"是为了防止经营者损害作为　125　的消费者的利益。

119. A. 解除 　　　　B. 解答 　　　　C. 解决 　　　　D. 解释

120. A. 理由 　　　　B. 原因 　　　　C. 起因 　　　　D. 缘故

121. A. 针对 　　　　B. 对应 　　　　C. 对于 　　　　D. 对待

122. A. 适用 　　　　B. 应用 　　　　C. 实用 　　　　D. 适合

123. A. 给予 　　　　B. 授予 　　　　C. 予以 　　　　D. 寄予

124. A. 承担 　　　　B. 担任 　　　　C. 担负 　　　　D. 担当

125. A. 个别 　　　　B. 个体 　　　　C. 私人 　　　　D. 部分

126—131

对于即将　126　中考或高考,但　127　学习成绩名列班级中下游的学生,王教授建议他们可以通过暑假进行功课的"拾遗补差",针对自己的　128　环节进行重点学习,如有可能也可以请一个家教对自己进行个别辅导。学生同时要给自己　129　一张暑期学习日程表,将每天的学习内容和活动安排进行一个规划,这样可以劳逸　130　,也可以有针对性地复习,并起　131　作用。

126. A. 面对 　　　　B. 面向 　　　　C. 面临 　　　　D. 濒临

127. A. 眼下 　　　　B. 如今 　　　　C. 眼前 　　　　D. 目前

128. A. 薄弱 　　　　B. 衰弱 　　　　C. 脆弱 　　　　D. 虚弱

129. A. 制作 　　　　B. 制约 　　　　C. 制造 　　　　D. 制定

130. A. 结合 　　　　B. 综合 　　　　C. 配合 　　　　D. 联合

131. A. 监督　　　　　B. 监视　　　　　C. 监护　　　　　D. 监测

132—134

据气象台消息，目前，蒙古国中部有一股冷空气正在东移，__132__ 我省大部分地区将有一次降雨天气过程。在此 __133__，各地最高气温将比晴天时下降 6~8 度。据预报，下雨时的最高气温只有 20 度左右，请大家适当添加衣服，__134__ 防感冒。

132. A. 预报　　　　　B. 预备　　　　　C. 预测　　　　　D. 预计
133. A. 期间　　　　　B. 时间　　　　　C. 时候　　　　　D. 时光
134. A. 来　　　　　　B. 好　　　　　　C. 以　　　　　　D. 为

135—144

一项最新的研究成果 __135__：生活中的成就感或挫折感对人的睡眠存在着一定程度的影响。有成就感的人，心情 __136__，虽有应酬减少了睡眠时间，__137__ 他们入睡较快，睡眠质量较好，因而精力旺盛；__138__，有挫折感的人，心事重重，呆在床上的时间长，真正睡得很熟的时间短，__139__ 而然会仍有疲惫感。

人的睡眠是有节律性的，深睡眠和浅睡眠交替 __140__ 进行，直到清醒。人在长时间睡眠的情况下，深睡眠并不增加，只是 __141__ 了浅睡眠的时间。很快能进入深睡眠的人，__142__ 浅睡眠的时间相对少一些也不会影响到精神状态；相反，只是延长了浅睡眠时间，睡眠质量并未改善，起来后依然感觉"不尽如人意"。

对此有人提出这样的 __143__，既然开始的睡眠比较深沉，那么，为什么不将一天的睡眠分为多次进行呢？实际上，在欧美的一些国家，还有的人习惯一天睡三次，午饭后小憩一会，晚饭后打盹 __144__ 及通常的睡眠。

135. A. 显示　　　　　B. 表示　　　　　C. 表现　　　　　D. 体现
136. A. 舒畅　　　　　B. 舒服　　　　　C. 舒适　　　　　D. 舒展
137. A. 因此　　　　　B. 但是　　　　　C. 于是　　　　　D. 就算
138. A. 相对　　　　　B. 相反　　　　　C. 相应　　　　　D. 反而
139. A. 当然　　　　　B. 自然　　　　　C. 天然　　　　　D. 显然
140. A. 再三　　　　　B. 一再　　　　　C. 反复　　　　　D. 重复
141. A. 延长　　　　　B. 延缓　　　　　C. 延伸　　　　　D. 延续
142. A. 别说　　　　　B. 除非　　　　　C. 固然　　　　　D. 即使
143. A. 幻想　　　　　B. 设想　　　　　C. 想像　　　　　D. 设计
144. A. 片刻　　　　　B. 一刻　　　　　C. 即刻　　　　　D. 立刻

145—149

黑加白可以营造出 __145__ 的视觉效果，而近年来流行的灰色融入其中，缓和黑于白的视觉 __146__ 感觉，从而营造出另外一种不同的风味。三种颜色 __147__ 出来的空间中，充满冷调的现代与未来感。在这种色彩情境中，会 __148__ 简单而产生出理性、秩序与专业感。

145. A. 强烈　　　　　B. 猛烈　　　　　C. 激烈　　　　　D. 热烈
146. A. 冲击　　　　　B. 攻击　　　　　C. 突出　　　　　D. 打击
147. A. 搭配　　　　　B. 配合　　　　　C. 结合　　　　　D. 组合
148. A. 给　　　　　　B. 离　　　　　　C. 由　　　　　　D. 打

149—152

有关方面早已证明,失眠不仅能 __149__ 机体免疫力,还会加速衰老,缩短人的寿命。据研究,深度睡眠的下降会引发生长激素分泌量的明显减少,而生长激素的分泌量的多少 __150__ 人的衰老程度和速度。晚上 10 时至凌晨 2 时,是体内细胞坏死与新生最 __151__ 的时间,此时不睡眠,细胞与新陈代谢就会受影响,人就会加速 __152__ 。

149. A. 降低　　　　　B. 减低　　　　　C. 压低　　　　　D. 降落
150. A. 确定　　　　　B. 认定　　　　　C. 指定　　　　　D. 决定
151. A. 活泼　　　　　B. 活跃　　　　　C. 活动　　　　　D. 活力
152. A. 衰退　　　　　B. 衰退　　　　　C. 衰弱　　　　　D. 衰老

153—157

心理疲劳是心身疾病的警告信号,如果不 __153__ 重视,要硬闯过去, __154__ 疲劳感觉就会进一步加重,就有可能引起各种心身疾病。这是因为疲劳除与人体 __155__ 有关外,主要和大脑皮层的内抑制有关。当刺激量超过大脑所能 __156__ 的程度时,人就会 __157__ 为疲劳。

153. A. 进行　　　　　B. 加以　　　　　C. 加强　　　　　D. 加紧
154. A. 但　　　　　　B. 于是　　　　　C. 因此　　　　　D. 那么
155. A. 消耗　　　　　B. 损耗　　　　　C. 消费　　　　　D. 耗费
156. A. 忍受　　　　　B. 承担　　　　　C. 承认　　　　　D. 承受
157. A. 体现　　　　　B. 表现　　　　　C. 出现　　　　　D. 现出

158—161

要想 __158__ 心理疲劳,首先要对所从事的职业产生兴趣。如果工作 __159__ 枯燥无味,就要想办法努力 __160__ 自己的兴趣。要明确目的。无论从事什么活动,一定要确立行动目标,这样才能不断地激励自己, __161__ 取得预期的成功。

158. A. 消除　　　　　B. 解除　　　　　C. 排除　　　　　D. 驱除
159. A. 自我　　　　　B. 本身　　　　　C. 本人　　　　　D. 自己
160. A. 培训　　　　　B. 培养　　　　　C. 培育　　　　　D. 培植
161. A. 以　　　　　　B. 来　　　　　　C. 好　　　　　　D. 为

162—165

流行语 __162__ 了我们的话语空间, __163__ 了生活中对话的情趣。很多流行语形象生动,对原生态的生活形式和内容有很强的概括性,又不失幽默、调侃的 __164__ ,是生活会话的"味精",它潜在地消解了生活中的一些 __165__ 严肃意义的内容,增添了生活的情趣。

162. A. 丰富　　　　　B. 丰满　　　　　C. 丰收　　　　　D. 丰厚
163. A. 增长　　　　　B. 增加　　　　　C. 增进　　　　　D. 增强
164. A. 意识　　　　　B. 含义　　　　　C. 意味　　　　　D. 意义
165. A. 具备　　　　　B. 具有　　　　　C. 拥有　　　　　D. 占有

166—172

过年过节对咱老百姓来说是件好事,咱们可以 __166__ 这段难得的完完全全彻彻底底属于咱们自己的时间去做咱平常没时间没 __167__ 去做的事情。

比如,看看自己喜欢却总没时间看的电影,和 __168__ "只闻其声不见其人"的老朋友老同学见个面儿、品品茶、侃侃大山，自己下厨给家人做几道费时费事但是好吃的拿手菜。

现在，把你心中想到的这些个小小的 __169__ 咱们有时间努把力就能实现的梦想都记下来，等一到过年过节有空的 __170__ 就当是规定的工作定量去完成。__171__ 一到年节的时候心里空空的，不知道该干点儿什么，__172__ 没了主心骨似的。

166. A. 利用　　　　　　B. 适用　　　　　　C. 使用　　　　　　D. 运用

167. A. 念头　　　　　　B. 心情　　　　　　C. 想法　　　　　　D. 看法

168. A. 时常　　　　　　B. 平时　　　　　　C. 时时　　　　　　D. 日常

169. A. 只好　　　　　　B. 只能　　　　　　C. 只要　　　　　　D. 只是

170. A. 时期　　　　　　B. 时间　　　　　　C. 时候　　　　　　D. 时机

171. A. 难免　　　　　　B. 免不了　　　　　C. 省得　　　　　　D. 以便

172. A. 犹如　　　　　　B. 好像　　　　　　C. 简直　　　　　　D. 似乎

173—176

这人哪，生活 __173__ 不规律，就容易生病，太闲太忙都不成。__174__ 是一年到头了，放咱们大假了，但是咱们也别太闲了，自己要给自己 __175__ 好任务，一件一件地用心完成。您就会发现这个假期 __176__ 地有质量，休得好玩得好，用时下的话说，这叫积极地休息。不信，您试试？

173. A. 竟　　　　　　　B. 一　　　　　　　C. 也　　　　　　　D. 又

174. A. 既然　　　　　　B. 虽然　　　　　　C. 不然　　　　　　D. 不管

175. A. 编排　　　　　　B. 安顿　　　　　　C. 安排　　　　　　D. 布置

176. A. 特色　　　　　　B. 特殊　　　　　　C. 特地　　　　　　D. 特别

177—179

核对账单是为了 __177__ 由于收银员的疏忽而将所购物品的数量打错。当场核对，发现问题可以当场解决，__178__ 回家以后再跑一次不值得，更 __179__ 离开柜台有些事情不易说清楚。

177. A. 避免　　　　　　B. 回避　　　　　　C. 躲避　　　　　　D. 逃避

178. A. 不免　　　　　　B. 免不了　　　　　C. 难免　　　　　　D. 省得

179. A. 何必　　　　　　B. 何苦　　　　　　C. 何况　　　　　　D. 况且

180—190

__180__ 情绪并没有你想像的那么难，只要 __181__ 一些正确的方法，就可以很好地驾驭自己。在众多调整情绪的方法中，你可以先学一下"情绪转移法"，__182__ 暂时避开不良刺激，把注意力、精力和兴趣 __183__ 到另一项活动中去，以减轻不良情绪对自己的 __184__ 。可以转移情绪的活动很多，你最好 __185__ 根据自己的兴趣爱好以及外界事物对你的吸引力来选择，如：各种文体活动、与亲朋好友倾谈、阅读研究、琴棋书画等等。__186__ ，将情绪转移到这些事情上来，__187__ 避免不良情绪的强烈撞击，减少心理创伤，也有利于情绪的及时 __188__ 。情绪的转移关键是要主动及时，不要让自己在消极情绪中沉溺太久。__189__ 行动起来，你会发现自己 __190__ 可以战胜情绪，也惟有你可以担此重任。

180. A. 控制　　　　　　B. 抑制　　　　　　C. 遥控　　　　　　D. 压制

181. A. 调整　　　　　　B. 左右　　　　　　C. 控制　　　　　　D. 掌握

182. A. 就　　　　　　　B. 即　　　　　　　C. 是　　　　　　　D. 而

183. A. 进入　　　　　　B. 投入　　　　　　C. 放入　　　　　　D. 投机

184. A. 攻击　　　　B. 冲击　　　　C. 冲突　　　　D. 冲动
185. A. 也是　　　　B. 还是　　　　C. 就是　　　　D. 又是
186. A. 总之　　　　B. 也就是说　　C. 换句话说　　D. 这样一来
187. A. 尽管　　　　B. 尽量　　　　C. 尽快　　　　D. 及早
188. A. 稳定　　　　B. 稳当　　　　C. 平稳　　　　D. 稳妥
189. A. 连忙　　　　B. 顿时　　　　C. 立刻　　　　D. 赶忙
190. A. 完全　　　　B. 整个　　　　C. 全部　　　　D. 简直

191—193

经国务院__191__，每年九月份第三周为全国__192__普通话宣传周。今年9月14日是第六届全国推普周，主题为"__193__推广普通话，齐心协力奔小康"。

191. A. 批准　　　　B. 准许　　　　C. 容许　　　　D. 许可
192. A. 推动　　　　B. 推进　　　　C. 推广　　　　D. 推行
193. A. 大力　　　　B. 大大　　　　C. 大量　　　　D. 大肆

194—198

肥胖基因是从小白鼠身上__194__的，有一种小白鼠吃得再少也会胖，然后胖大鼠生胖小鼠，__195__肥胖遗传。科学家们把不胖的基因注射给小胖鼠后，小鼠再__196__吃也没有原来那么胖了。根据小白鼠的基因组织与人类基因组的__197__关系，科学家把人的基因组织中掌握胖瘦的基因也找__198__了。过不了多久，胖人减肥和瘦人增肥，都将是很容易的事。

194. A. 发明　　　　B. 发觉　　　　C. 发现　　　　D. 发掘
195. A. 引起　　　　B. 导致　　　　C. 引发　　　　D. 招致
196. A. 什么　　　　B. 那么　　　　C. 怎么　　　　D. 这么
197. A. 应对　　　　B. 对应　　　　C. 对比　　　　D. 对等
198. A. 出来　　　　B. 出去　　　　C. 过来　　　　D. 过去

199—207

自入秋以来，气温明显__199__，湿度明显减小，在经历了炎夏的酷暑和湿闷之后，人们备感秋季的凉爽和__200__。宜人的秋季，也是锻炼身体的黄金季节，这里列出几种比较__201__秋天的锻炼方法，您不妨__202__着做一下，对您的身体很有好处。

慢跑是一项很__203__的秋季运动项目，能增强血液循环，改善心脏功能，改善脑的血液供应和脑细胞的氧供应，减轻脑动脉硬化，使大脑能正常地工作。跑步还能__204__地刺激代谢，增加能量消耗，有助于减肥健美。对于老年人来说，跑步能__205__减少由于不运动引起的肌肉萎缩及肥胖症，减少心肺功能__206__的现象；能降低胆固醇，减少动脉硬化，有助于延年益寿。近年来，科学家们还发现，__207__慢跑者得癌症的机会比较少。

199. A. 下降　　　　B. 降低　　　　C. 降落　　　　D. 下落
200. A. 舒畅　　　　B. 舒服　　　　C. 舒适　　　　D. 舒展
201. A. 合适　　　　B. 宜人　　　　C. 适应　　　　D. 适合
202. A. 按照　　　　B. 照　　　　　C. 按　　　　　D. 根据
203. A. 理性　　　　B. 理智　　　　C. 合理　　　　D. 理想
204. A. 有利　　　　B. 有力　　　　C. 有益　　　　D. 有效

205. A. 大力   B. 大致   C. 大大   D. 大小
206. A. 衰弱   B. 衰败   C. 衰落   D. 衰老
207. A. 坚决   B. 坚持   C. 坚定   D. 坚守

208—216

所谓冷水浴，__208__用5~20℃之间的冷水洗澡，秋季的自然水温正在这一__209__内。冷水浴的保健作用十分明显，__210__，它可以加强神经的兴奋功能，使得洗浴后精神爽快，头脑__211__。第二，冷水洗浴可以增强人体对疾病的抵抗能力，被称作是"血管体操"。第三，洗冷水浴还有助于消化功能的增强，对慢性胃炎、胃下垂、便秘等病症有一定的__212__治疗作用。

冷水浴锻炼必须__213__循序渐进的方法：秋天，气温逐渐降低，人体对寒冷和冷水的刺激也逐渐适应，__214__到了深秋和冬季，洗冷水浴也不会感觉太冷。冷水浴的"循序渐进"，还应__215__洗浴部位的由局部到全身、水温的由高渐低__216__洗浴时间的由短渐长。

208. A. 就是   B. 也是   C. 还是   D. 又是
209. A. 范畴   B. 范围   C. 领域   D. 规范
210. A. 起先   B. 起初   C. 当初   D. 首先
211. A. 清醒   B. 清晰   C. 清楚   D. 清新
212. A. 帮助   B. 辅助   C. 附属   D. 援助
213. A. 采用   B. 采取   C. 采集   D. 采纳
214. A. 以便   B. 至于   C. 以致   D. 以至于
215. A. 包涵   B. 包含   C. 包括   D. 囊括
216. A. 及其   B. 极其   C. 以及   D. 及早

217—223

有些家庭主妇由于长期__217__家务劳动，煮饭炒菜、洗衣拖地，最容易发生这样的现象：手臂在屈臂时酸痛难忍，而且__218__提重物。到医院__219__，医生说是得了"网球肘"。于是，她们会感到纳闷：我们每天操持家务，从来不打网球，怎么会得"网球肘"？其实，这是城市家庭主妇们常见的一种疾病。

一般，__220__需反复用力活动腕部的职业均可导致这种损伤，如网球、羽毛球、乒乓球运动员以及钳工、厨师和家庭主妇等。家庭主妇做饭、洗衣被、拖地板、抱孩子时，腕部及前臂都要用力，有时力量__221__到肘外侧，使肱骨外髁处受到牵拉、刺激，久而久之，使肌肉附着处发生急性或慢性积累性__222__而引起"网球肘"。病情严重时，__223__拧毛巾、扫地等都感到困难。

217. A. 弄   B. 搞   C. 从事   D. 干
218. A. 不会   B. 不要   C. 不能   D. 不想
219. A. 检验   B. 检查   C. 视察   D. 考验
220. A. 凡是   B. 都是   C. 也是   D. 还是
221. A. 汇集   B. 集中   C. 集合   D. 召集
222. A. 损害   B. 损失   C. 损伤   D. 损坏
223. A. 对   B.向   C.连   D.给

224—230

太行山大峡谷自然风光旅游区地处晋豫两省交界，__224__山西省壶关县东南部，距太原市

250公里,占地面积5848公顷,林草 __225__ 率达74.9%,境内千峰竞秀,万壑争奇,独特的地形、地貌,珍稀的动植物资源 __226__ 了太行山大峡谷奇异的自然风光,春来鸟语花香,夏至万花竞娇,秋日红叶满目,冬季堆银挂玉。

自1999年开发建设 __227__ ,太行山大峡谷已进入稳步发展的 __228__ ,壶关县于今年成立了太行山大峡谷自然风光旅游开发管理区,11月8日 __229__ 了挂牌仪式。太行人的朴实和太行山的自然美使人景浑然融为一体,太行人和太行山 __230__ 着即将到来的每一位客人。

224. A. 在于　　　　　　B. 坐落　　　　　　C. 位于　　　　　　D. 处于

225. A. 遮盖　　　　　　B. 覆盖　　　　　　C. 遮挡　　　　　　D. 遮蔽

226. A. 造就　　　　　　B. 成就　　　　　　C. 练就　　　　　　D. 造成

227. A. 以来　　　　　　B. 来　　　　　　　C. 后来　　　　　　D. 来年

228. A. 阶级　　　　　　B. 阶段　　　　　　C. 阶梯　　　　　　D. 阶层

229. A. 举办　　　　　　B. 开办　　　　　　C. 举行　　　　　　D. 开设

230. A. 期望　　　　　　B. 期待　　　　　　C. 向往　　　　　　D. 渴望

231—239

"累,老觉得休息不 __231__ ,尤其是夏天,总觉得睡不醒""工作一天就乏得什么都不想干了"……度过了周末或节日长假,随着生活秩序和节奏的 __232__ ,很多人的疲惫状态也如影随形地跟着工作回到了身边。专家认为,要想 __233__ 这种亚健康状态,学会喝水和摄入"粗纤维"就 __234__ 越来越重要了。

亚健康状态是现代人非常 __235__ 的状态,形成这种状态 __236__ 紧张的生活节奏、较少的活动和过大的压力外,营养不平衡是 __237__ 一个很重要的原因。人们为了应付快节奏的生活,常常用高热量、高脂肪的快餐食品填饱肚子, __238__ 造成了营养摄入不均衡。在众多营养缺乏的例子中,饮水不够和摄入粗纤维不足是极其普遍的现象, __239__ 营养学家提醒,要学会喝水和摄入足够的粗纤维。

231. A. 过去　　　　　　B. 过来　　　　　　C. 进去　　　　　　D. 进来

232. A. 增加　　　　　　B. 加快　　　　　　C. 加强　　　　　　D. 加固

233. A. 解脱　　　　　　B. 摆脱　　　　　　C. 脱离　　　　　　D. 摆动

234. A. 显然　　　　　　B. 显示　　　　　　C. 显得　　　　　　D. 明显

235. A. 普通　　　　　　B. 普及　　　　　　C. 普遍　　　　　　D. 一般

236. A. 除了　　　　　　B. 为了　　　　　　C. 为　　　　　　　D. 排除

237. A. 其余　　　　　　B. 之间　　　　　　C. 其中　　　　　　D. 中间

238. A. 以　　　　　　　B. 结果　　　　　　C. 以便　　　　　　D. 以免

239. A. 然而　　　　　　B. 所以　　　　　　C. 而且　　　　　　D. 甚至

240—244

粗纤维应该每天摄入30克。以前人们对于粗纤维的 __240__ 比较片面,觉得它会影响营养的 __241__ ,造成营养不良。但是随着现代人的食物越来越味美、 __242__ 所直接造成的营养过剩,使看起来粗糙而实际上对人体健康至关重要的粗纤维逐渐被人们所认同和 __243__ 。因为缺少了粗纤维这个"肠道清道夫",肠蠕动就会减缓,体内的毒素很难 __244__ 。

240. A. 了解　　　　　　B. 知道　　　　　　C. 认识　　　　　　D. 领会

241. A. 吸引	B. 吸收	C. 吸取	D. 吸纳
242. A. 精密	B. 精确	C. 精细	D. 精致
243. A. 重视	B. 关注	C. 注重	D. 看重
244. A. 解除	B. 破除	C. 废除	D. 清除

245—255

一般高层建筑都有地下室,但如果利用不当,会给使用者带来健康　245　。地下室最大的健康隐患是通风　246　差,这样就会造成空气中的污染物超标,危害人体健康。所以为了　247　地下室内空气清新,必须增加通风次数,　248　合适的换风装置,使地下室室内空气勤于更换,降低室内各种空气污染物的含量,减少呼吸道疾病的　249　。

居住、工作在地下　250　,容易诱发关节炎等疾病。地下室内应安置空调器和排气扇,增加空气　251　,使湿度保持正常的搭配。因为地下室有种种　252　,所以在使用时一定要谨慎。儿童的呼吸系统　253　不完全,容易受到室内不清洁空气的危害,因此,不应长期呆在通风效果差的地下室,　254　诱发呼吸系统疾病。总之,那些长期工作、生活在地下商场、地下娱乐场所、地下铁道和地下居室的人,受地下恶劣小气候的影响最大,容易　255　各种疾病。因此,这些人员日常生活一定要注意保健,饮食要多样化,多吃一些新鲜蔬菜、瘦肉和水果,注意保持充足的睡眠,每天坚持早起散步和锻炼,多呼吸呼吸新鲜空气。

245. A. 危害	B. 损害	C. 伤害	D. 祸害
246. A. 效果	B. 效率	C. 效应	D. 作用
247. A. 保险	B. 保管	C. 保障	D. 保证
248. A 安装	B. 安置	C. 安排	D. 配置
249. A. 传播	B. 流传	C. 流传	D. 传扬
250. A. 场地	B. 场合	C. 场面	D. 场所
251. A. 交流	B. 流通	C. 交际	D. 接触
252. A. 弊病	B. 弊端	C. 利弊	D. 缺陷
253. A. 发育	B. 发展	C. 进展	D. 长进
254. A. 省得	B. 懒得	C. 以免	D. 避免
255. A. 污染	B. 感染	C. 传染	D. 渲染

256—260

《产国故事》　256　主人公宝生的一生为叙事线索,　257　了他从童年到老年20个相互关联又相互独立的故事,这些故事几乎　258　到20世纪中发生的所有重大历史事件,从世纪初的南方小镇到40年代的京城,从繁华一梦的旧上海到改革开放的深圳,极广地　259　出不同时代所带给百姓的喜怒哀乐,反映了时代的发展与　260　。

256. A. 把	B. 被	C. 用	D. 以
257. A. 讲解	B. 讲述	C. 演讲	D. 描述
258. A. 关系	B. 联系	C. 涉及	D. 关联
259. A. 表示	B. 显示	C. 指示	D. 展示
260. A. 变动	B. 变故	C. 变化	D. 变革

261—267

　　日本是全球石油　261　大国,但石油资源十分贫乏。近年来,日本一直努力　262　能源多样化的战略,但目前石油在日本整体能源消费中的比例仍高达50%以上,所以确保石油　263　对日本的经济安全至关重要。在推行能源多样化战略的同时,日本还努力实现石油来源多样化。目前,日本石油的90%都是从中东地区进口的,而　264　不定的中东局势使日本感到,应尽量减少对这一地区的　265　,分散石油进口过度集中的　266　。因此,日本自然而然地将　267　投向了邻近的产油大国俄罗斯。

261. A. 消耗　　　　　B. 耗费　　　　　C. 消费　　　　　D. 花费

262. A. 推广　　　　　B. 推出　　　　　C. 执行　　　　　D. 推行

263. A. 提供　　　　　B. 供应　　　　　C. 供给　　　　　D. 供用

264. A. 动摇　　　　　B. 动荡　　　　　C. 动乱　　　　　D. 动态

265. A. 依赖　　　　　B. 依靠　　　　　C. 依傍　　　　　D. 依据

266. A. 危险　　　　　B. 风险　　　　　C. 危机　　　　　D. 危急

267. A. 眼光　　　　　B. 视线　　　　　C. 视野　　　　　D. 目光

268—273

　　客观地说,阿拉伯饭还是相当有　268　的,而且他们自己也吃得不亦乐乎。古语云:"食色,性也。"　269　好吃大约是人的天性。阿拉伯人虽不擅长煎炒烹炸,却并不妨碍他们对美食的趋之若鹜。不过,美味可口的中国菜,通常会在他们中间产生两种　270　。一是曾经尝过中国菜的,吃出了甜头,会十分喜欢。我就见到不少阿拉伯人,他们有到过中国的,对我们琳琅满目的各色菜式啧口　271　;有的虽没到过中国,但跟中国人打过交道,　272　地吃过中国菜。于是一般经济条件许可的人家,都会隔三差五地到中国饭馆走走,过过嘴瘾。当然,在国外,你要是邀请这些阿拉伯人吃饭,他们会眉飞色舞,连对你的称呼也　273　了许多。

268. A. 特点　　　　　B. 特征　　　　　C. 特性　　　　　D. 特色

269. A. 看样子　　　　B. 看起来　　　　C. 看上去　　　　D. 看来

270. A. 反应　　　　　B. 反映　　　　　C. 响应　　　　　D. 反响

271. A. 赞扬　　　　　B. 赞誉　　　　　C. 称赞　　　　　D. 赞美

272. A. 或迟或早　　　B. 或多或少　　　C. 少少多多　　　D. 或长或短

273. A. 亲切　　　　　B. 密切　　　　　C. 亲热　　　　　D. 亲爱

274—285

　　274　生活方式的不断改变和节奏的加快,五种新的疾病综合症正侵袭现代都市白领。光源综合症:许多人在办公时　275　把灯全部打开,把整个室内照得亮亮的,殊不知灯光也会给人带来伤害。人在灯光下时,时间一长就会　276　视神经疲劳。熬夜综合症:城市夜生活的　277　多彩,吸引了更多人加入夜生活的　278　,使一部分人逐渐开始形成了晚睡觉的习惯,　279　熬夜,睡眠不足者增多。临床已证实,长此以往,会导致人体神经系统、内分泌系统　280　,继而出现食欲不振、失眠等症状。盒饭综合症:工作节奏的加快,使都市白领越来越多地　281　盒饭,这给人们的健康带来隐患。因为经营盒饭的摊点,缺乏食品卫生条件和营养常识,常常使用浓重的调味品。时间综合症:是指人们对时间的反应过于关注而　282　的情绪波动、生理变化现象。时下,快节奏的现代生活,　283　都市白领感到时间越来越不够用,对事业的专注使人对___284___的时间感到焦躁不安、紧张过度,这样会引发心率加快、血压升高、呼吸___285___等症状。

274.	A. 跟着	B. 沿着	C. 随着	D. 接着
275.	A. 习性	B. 习惯	C. 习气	D. 习俗
276.	A. 构成	B. 形成	C. 造成	D. 形成
277.	A. 富裕	B. 丰富	C. 富有	D. 富于
278.	A. 排列	B. 行列	C. 陈列	D. 前列
279.	A. 于是	B. 而且	C. 然而	D. 甚至
280.	A. 混乱	B. 紊乱	C. 杂乱	D. 扰乱
281.	A. 依靠	B. 依赖	C. 赖以	D. 凭借
282.	A. 生产	B. 产生	C. 出产	D. 生出
283.	A. 被	B. 把	C. 使	D. 跟
284.	A. 压迫	B. 紧迫	C. 急迫	D. 迫使
285.	A. 仓促	B. 匆忙	C. 急促	D. 匆匆

286—297

___286___节约型社会是一场关系到人与自然和谐相处的"社会革命"。___287___政府部门,要做好开源和节流两方面的工作,一方面合理增加资源的有效供给,另一方面,要下大力气抓节能、节材、节水等工作,___288___资源约束的矛盾。节约资源应当___289___到现代化建设的各个方面,搞规划、上项目,必须充分考虑资源的___290___能力和涵养、接续能力,绝不能吃祖宗饭、断子孙粮。

每个公民都有义不容辞的___291___,都应当增强资源意识和节约意识,为建设节约型社会做___292___。不妨从身边的小事做起,___293___节约一张纸、节约一度电、节约一滴水、节约一块煤……如果人人都节约一滴水,13亿滴水也会汇成河流;如果人人都节约一度电,13亿度电会给人类带来___294___光明和温暖?反之,如果人人都浪费一滴水、一度电、一块煤,乘以13亿也是一个___295___的数字。

为了我们共同的家园,为了我们___296___的明天,我们必须居安思危,警钟长鸣,从我做起,从现在做起,为建设节约型社会贡献一份___297___。

286.	A. 建立	B. 建造	C. 建设	D. 修建
287.	A. 成为	B. 称为	C. 作为	D. 当作
288.	A. 缓和	B. 缓缓	C. 缓解	D. 延缓
289.	A. 穿过	B. 贯彻	C. 贯穿	D. 一贯
290.	A. 承担	B. 承认	C. 承受	D. 接受
291.	A. 职责	B. 责任	C. 任务	D. 职务
292.	A. 奉献	B. 贡献	C. 献身	D. 捐献
293.	A. 如下	B. 例子	C. 譬如	D. 举例
294.	A. 几	B. 多少	C. 什么	D. 怎么
295.	A. 吃惊	B. 惊讶	C. 惊人	D. 惊动
296.	A. 美丽	B. 美好	C. 美观	D. 优美

297. A. 力气　　　　　　B. 力量　　　　　　C. 气力　　　　　　D. 精力

298—231

五六岁的孩子独立性与日俱增。他们会认为他们的成功　298　了自己的能耐,他们开始　299　自己跟同龄人相比,并在心里较劲。这一年龄的孩子　300　对失败和挫折泰然处之,很大程度上取决于父母的　301　。

298. A. 表达　　　　　　B. 表现　　　　　　C. 表演　　　　　　D. 表彰

299. A. 以　　　　　　　B. 用　　　　　　　C. 拿　　　　　　　D. 给

300. A. 是否　　　　　　B. 否则　　　　　　C. 能否　　　　　　D. 是非

301. A. 反应　　　　　　B. 反映　　　　　　C. 反响　　　　　　D. 反射

302—312

当和这位略显威严、端坐在大班桌后面的日本女士聊起了迪斯尼,她突然像变了一个人,眼睛放着　302　,滔滔不绝,时而开怀大笑。虽然我　303　和旅行团去过东京的迪斯尼,短短的一天　304　看些热闹。迪斯尼乐园,　305　是什么让许许多多日本人如此着迷。

在中国人看来,我不是小孩却　306　痴迷迪斯尼,会有些奇怪。实际上,日本大部分的成年人都是迪斯尼的狂热追随者,在日本人　307　,迪斯尼不但是儿童的乐园,更是成年人怀旧的地方,是个充满神奇梦幻的地方。迪斯尼的动画片　308　着我长大,米奇、米妮都是我从儿时到现在的最爱。现在在北京工作,最让我　309　的就是迪斯尼乐园。我把从那里买来的玩具还有装饰品都引到了北京的家,我的朋友们也经常发来他们拍的迪斯尼　310　照片。

在东京的时候,我会购买迪斯尼乐园的年票,4 万日圆,除了 12 月 31 日以外,可以　311　去那里玩,因为那天会有一个倒记时的新年活动。迪斯尼乐园就像是我的度假专地一样,有新的节目,　312　发纪念品时就会去,晚上下班后也会和朋友一起去看晚间灯光花车表演。

302. A. 色彩　　　　　　B. 光彩　　　　　　C. 光荣　　　　　　D. 彩色

303. A. 已经　　　　　　B. 曾经　　　　　　C. 未尝　　　　　　D. 未曾

304. A. 只好　　　　　　B. 只能　　　　　　C. 只有　　　　　　D. 只要

305. A. 终究　　　　　　B. 始终　　　　　　C. 毕竟　　　　　　D. 究竟

306. A. 如此　　　　　　B. 如何　　　　　　C. 彼此　　　　　　D. 因此

307. A. 来说　　　　　　B. 看来　　　　　　C. 来看　　　　　　D. 角度

308. A. 伴随　　　　　　B. 结伴　　　　　　C. 跟随　　　　　　D. 陪同

309. A. 思索　　　　　　B. 思考　　　　　　C. 想念　　　　　　D. 想像

310. A. 留念　　　　　　B. 思念　　　　　　C. 记录　　　　　　D. 纪念

311. A. 及时　　　　　　B. 随时　　　　　　C. 当时　　　　　　D. 按时

312. A. 还是　　　　　　B. 或者　　　　　　C. 或许　　　　　　D. 或早或晚

313—322

　313　工作日健康食谱并坚持执行,可以提高工作效率,并降低工作带给你的精神压力。

早餐可以提高血糖浓度,　314　精神,为一天的工作做好准备。所以早餐的选择最好是一些消化较慢含糖分高的碳水化合物,例如,一碗燕麦粥、一根半熟的香蕉、一杯原味酸奶或新鲜果汁都是很聪明的　315　。但如果你实在无法抽时间准备早餐,就　316　买好一盒饼干带到办公室去吧。

中午是吃丰富食物的时间。最好选择高蛋白的鱼肉、鸡肉、牛肉、鸡蛋或豆腐。这些食物内含的蛋白质可以帮助消化，也可以 __317__ 餐后的睡意。记住中午不要吃太多主食，如面包、馒头、面条、米饭或土豆，这类食物只会让你一下午打不起精神，行动 __318__ 。

碳水化合物有帮助睡眠的 __319__ ，所以用在晚餐最合适了。土豆、荞麦面的面条、米饭等主食因为 __320__ 脑细胞有舒缓作用，因此可以选择这些作为健康晚餐主食。 __321__ 睡前喝一杯牛奶，可以 __322__ 紧绷了一天的神经，对你的睡眠大有帮助。

313. A. 制作　　　　　B. 制定　　　　　C. 创造　　　　　D. 制造
314. A. 振兴　　　　　B. 振奋　　　　　C. 振动　　　　　D. 震动
315. A. 挑选　　　　　B. 选择　　　　　C. 挑拣　　　　　D. 挑剔
316. A. 及早　　　　　B. 提前　　　　　C. 事先　　　　　D. 及时
317. A. 扫除　　　　　B. 驱除　　　　　C. 驱赶　　　　　D. 废除
318. A. 缓缓　　　　　B. 缓和　　　　　C. 缓慢　　　　　D. 缓解
319. A. 功能　　　　　B. 功效　　　　　C. 效应　　　　　D. 成效
320. A. 对　　　　　　B. 给　　　　　　C. 为　　　　　　D. 跟
321. A. 快　　　　　　B. 临　　　　　　C. 到　　　　　　D. 近
322. A. 轻松　　　　　B. 放松　　　　　C. 放开　　　　　D. 松开

323—328

目前像合气道、跆拳道、空手道这样的空手对抗性武道项目已成为我国全民健身项目的一 __323__ ，对这些运动练习者来讲也确实有很多好处，但这些项目传入我国的 __324__ 是竞技部分，在训练中一定要注意身心兼修，特别是青少年，更要认真 __325__ 武道的精神而不能把习武当作时尚的东西去 __326__ 。另外，在练习中不能急功近利，不管什么武道都要经过长期练习，在练习中体会其内涵， __327__ 不仅学不好，更体会不到其中更为 __328__ 的精神。

323. A. 成分　　　　　B. 部分　　　　　C. 局部　　　　　D. 方面
324. A. 主要　　　　　B. 重要　　　　　C. 重点　　　　　D. 着重
325. A. 理会　　　　　B. 体会　　　　　C. 体贴　　　　　D. 体察
326. A. 讲究　　　　　B. 追求　　　　　C. 寻求　　　　　D. 寻找
327. A. 否定　　　　　B. 否认　　　　　C. 是否　　　　　D. 否则
328. A. 珍稀　　　　　B. 宝贵　　　　　C. 稀少　　　　　D. 珍贵

329—333

因为经常去，我对那些基本的游乐设施倒不是太 __329__ ，吸引我的是迪斯尼乐园不断推出的新节目。每年，乐园都会排出一个活动的日程表，一些 __330__ 的活动，比如20周年庆典、圣诞节庆典、电子火游行、各种嘉年华会，都是我的节日。除了一般性的节日，迪斯尼每季都会有独树一帜的特别 __331__ ，不同的应景装饰为乐园营造不同的 __332__ ，限定的表演更是让我的每一次游玩都能有新的感动。在一些特殊的庆典时，乐园会分发些纪念品，纪念章或者钥匙链，对我来说这都是很 __333__ 的纪念物。

329. A. 热衷　　　　　B. 热情　　　　　C. 热烈　　　　　D. 热爱
330. A. 大量　　　　　B. 大型　　　　　C. 大方　　　　　D. 大力
331. A. 行动　　　　　B. 活动　　　　　C. 行为　　　　　D. 运动

332. A. 气味　　　　　　B. 气氛　　　　　　　C. 气质　　　　　　　D. 信息
333. A. 珍贵　　　　　　B. 罕见　　　　　　　C. 珍稀　　　　　　　D. 稀少

334—337

　　也许是因为自己被评为劳动模范的　334　，安娜觉得自己的员工也是非常优秀的员工。从德国酒店业基层职员做起的安娜深信团队精神　335　带来成绩与成功。

　　正是如此，在日常的工作中，安娜经常会发现员工们的敬业和优秀：去年圣诞到来前，工程部的员工　336　好几天顶风冒雪在户外进行装饰工作，安娜在巡视时看到员工们的工作情况，立刻要求有关人员记录下员工们在户外的工作时间，　337　经济补偿。

334. A. 原因　　　　　　B. 缘故　　　　　　　C. 理由　　　　　　　D. 借口
335. A. 只能　　　　　　B. 才能　　　　　　　C. 只好　　　　　　　D. 就能
336. A. 陆续　　　　　　B. 持续　　　　　　　C. 连接　　　　　　　D. 一连
337. A. 授予　　　　　　B. 赋予　　　　　　　C. 给予　　　　　　　D. 予以

338—346

　　孩子对大人的话不理睬的时候，说明此时对大人的语言或行为不　338　，同时也说明他的自尊心比较　339　。三岁的孩子还没有鲜明的对错观念，不太分得清该干什么，不该干什么等　340　问题。因此，家长不要把成人的思维强加给孩子，　341　不是一些原则性的问题，就不要抱着非要分出个是非曲直的观念来　342　孩子。教育孩子，耐心是非常重要的一个方面，家长如果忍耐不住了，可以　343　搁置争议，不要总是在一个问题上纠缠。如果面对孩子不理不睬的"无声抗议"时越想越气，越气越说，这样无论对大人　344　孩子都是火上浇油。搁置争议的时间可以是几分钟、几个小时、　345　是几天，过了一段时间后，回过头来说原来的问题，这时家长的口气变得和缓了，孩子也容易放下"架子"接受家长的　346　建议。

338. A. 满意　　　　　　B. 好意　　　　　　　C. 乐意　　　　　　　D. 满足
339. A. 大　　　　　　　B. 强　　　　　　　　C. 高　　　　　　　　D. 多
340. A. 一股脑　　　　　B. 一系列　　　　　　C. 一个劲　　　　　　D. 一连
341. A. 如果　　　　　　B. 哪怕　　　　　　　C. 尽管　　　　　　　D. 宁愿
342. A. 说明　　　　　　B. 说服　　　　　　　C. 说出　　　　　　　D. 服从
343. A. 一时　　　　　　B. 暂时　　　　　　　C. 临时　　　　　　　D. 不时
344. A. 而且　　　　　　B. 并且　　　　　　　C. 何况　　　　　　　D. 还是
345. A. 甚至　　　　　　B. 以致　　　　　　　C. 以至于　　　　　　D. 至于
346. A. 适当　　　　　　B. 合适　　　　　　　C. 合格　　　　　　　D. 合理

347—356

　　按照我国学生每日膳食营养素供给量的　347　要求，早餐食谱中的各种营养素含量应该占全天供给量的30%　348　。营养早餐应　349　粥面类、牛奶蛋白质、蔬菜水果类等三部分组成。同时，早餐时间最好安排　350　学习前半小时。

　　孩子在一上午的紧张考试后能不能得到营养补充，下午的营养能不能　351　，就看午餐了。家长在保证合孩子口味的基础上，要保证午饭有　352　的热量和各种营养，要多吃点肉类、鸡蛋　353　含热量较高的食品。

　　晚餐最好吃一些营养成分高且容易　354　的食物。在临睡前喝杯牛奶　355　有助于进入梦乡，提高睡眠质量。另外学生一定要养成喝水的好习惯，__356__ 及时补充水分。

347. A. 根本	B. 基本	C. 基础	D. 根基
348. A. 上下	B. 前后	C. 左右	D. 早晚
349. A. 把	B. 由	C. 对	D. 向
350. A. 于	B. 在	C. 离	D. 距
351. A. 跟得过	B. 跟得上	C. 跟得快	D. 跟得过来
352. A. 充分	B. 充足	C. 充实	D. 充满
353. A. 等等	B. 等	C. 什么的	D. 什么
354. A. 消灭	B. 消化	C. 消失	D. 消遣
355. A. 再	B. 还	C. 更	D. 越
356. A. 便于	B. 易于	C. 宜于	D. 益于

357—360

我国 __357__ 研制的"神舟"五号载人飞船升空并准确进入预定轨道，中国首位航天员被顺利送上太空。这 __358__ 着中国成为继俄、美之后，世界上第三个拥有载人航天 __359__ 的国家。不同的是，中国经过4次无人飞行试验就 __360__ 了载人航天，飞行试验次数是世界上最少的。前苏联共进行了5次无人飞行试验，美国的无人飞行试验则进行了8次。

357. A. 自动	B. 自觉	C. 主动	D. 自行
358. A. 标明	B. 标志	C. 表示	D. 表明
359. A. 功能	B. 能力	C. 能量	D. 性能
360. A. 实现	B. 现实	C. 实际	D. 实践

361—373

我的儿子已经快三周岁了，__361__ 力好，聪敏爱动，模仿力强，可 __362__ 没有耐心，做什么事情不能长时间坚持，该怎样培养孩子的耐心 __363__ ？

　__364__ 孩子是否有耐心，要依据孩子的身心发育特点。__365__ 新鲜刺激是孩子普遍的通性，对于三周岁左右的孩子来说，他的有意注意的时间是十五分钟 __366__ ，如果没有良好的注意刺激，他的注意力是很容易 __367__ 的。所以要求三周左右的孩子长时间坚持一件事情是很难的。要想培养孩子的耐心，首先家长必须做出 __368__ ，必须保持对任何事情坚持到底的好习惯，对孩子，必须注意他的 __369__ 变化，不管干什么，只要发现他在专注某一事情，就千万不要打断他，__370__ 的时候，要陪他一起去关注这件事情，以 __371__ 他对这件事情的持久性。另外，当家长发现孩子 __372__ 某件事情已不感兴趣时，就应适时地找出这件事情新的吸引点以引起孩子的继续关注。只要家长细心、留意、耐心，久而久之，孩子的耐心就会培养 __373__ 。

361. A. 记忆	B. 记性	C. 记得	D. 记住
362. A. 不过	B. 就是	C. 只能	D. 只不过
363. A. 吗	B. 吧	C. 呢	D. 呗
364. A. 辨认	B. 区别	C. 判断	D. 断定
365. A. 追赶	B. 追求	C. 赶上	D. 遇到
366. A. 前后	B. 左右	C. 上下	D. 早晚
367. A. 转换	B. 转化	C. 转移	D. 转动

368.	A. 模样	B. 榜样	C. 样板	D. 样本
369.	A. 细致	B. 细微	C. 轻微	D. 精细
370.	A. 必要	B. 必然	C. 必定	D. 不必
371.	A. 延续	B. 延误	C. 拖延	D. 延长
372.	A. 对	B. 向	C. 跟	D. 给
373.	A. 过来	B. 下来	C. 起来	D. 过去

374—382

　　在崇尚休闲的当今社会,聊天是最__374__的方式之一,也是养生的最好方式之一。本人喜欢聊天,尤其喜欢和知心朋友聊天,在聊天中受益匪浅。

　　聊天可以消除寂寞,老年人或两人相聚,或三五人相约聊天,无拘无束,谈古论今,海阔天空,神侃一阵,可以使__375__得到很好的修养,是一种维护身心健康、排除不良__376__的有效方法。正像有些老年同志说的那样:"每每神聊之后,顿感心情轻松、愉快、__377__,真是一种很好的精神美餐,是人生的一大__378__。"

　　聊天可以健脑。医学认为,大脑的功能是用进废退。聊天能刺激大脑,__379__大脑功能的进化,对增进其功能,特别是思维能力有好处。如果老年人长时间地__380__自我封闭之中,大脑缺乏思维活动,就很容易造成功能__381__,甚至患上老年痴呆症。所以,聊天对健脑有着非常积极的作用。

　　聊天可以使精神愉悦。聊天__382__能聊出情趣,聊出理趣,聊出无穷无尽的乐趣,而且通过聊天,还可以促进身心健康的目的。

374.	A. 休养	B. 修养	C. 休息	D. 休闲
375.	A. 身子	B. 身体	C. 身心	D. 身材
376.	A. 心意	B. 情绪	C. 感情	D. 心思
377.	A. 舒适	B. 舒服	C. 舒畅	D. 舒坦
378.	A. 享乐	B. 享受	C. 感受	D. 感觉
379.	A. 促使	B. 促成	C. 使得	D. 驱使
380.	A. 位于	B. 处在	C. 居于	D. 占有
381.	A. 衰弱	B. 衰落	C. 衰老	D. 衰退
382.	A. 不过	B. 不管	C. 别管	D. 不仅

383—393

　　塞舌尔是位于非洲东面印度洋西部的一个美丽__383__的岛国。得天独厚的地理位置、印度洋的美景、连绵秀美的海滩、郁郁葱葱的棕榈树和热带森林、美丽的珊瑚岛,使塞舌尔成为一个名副其实的度假胜地,__384__"旅游天堂"的美誉。塞舌尔海域辽阔,专属经济区 200 海里。岛上海鸟众多,金枪鱼等渔业__385__丰富。然而近年来,全球气候变暖引起的海水温度__386__,导致塞舌尔海域的浮游生物大量死亡,__387__到该国海洋生物的生存。大量死亡的浮游生物不断腐烂,__388__消耗着海水中的氧气,使该区域的其他海洋生物__389__窒息的危险。与此__390__,浮游生物尸体形成的沉积物为某些海藻提供了__391__的生长环境,使原本清澈碧蓝的海水__392__了暗绿色。北岛附近海域是受死亡浮游生物影响最__393__的地区。

| 383. | A. 富饶 | B. 丰富 | C. 富有 | D. 富裕 |

384. A. 获取	B. 赢得	C. 取得	D. 得到
385. A. 能源	B. 资本	C. 来源	D. 资源
386. A. 上涨	B. 上升	C. 提升	D. 上浮
387. A. 威胁	B. 胁迫	C. 威力	D. 威风
388. A. 敏捷	B. 迅速	C. 飞快	D. 便捷
389. A. 面临	B. 面向	C. 面对	D. 临近
390. A. 同样	B. 同时	C. 同行	D. 一样
391. A. 优良	B. 良好	C. 优秀	D. 优异
392. A. 变成	B. 变得	C. 成为	D. 变异
393. A. 沉重	B. 深重	C. 慎重	D. 严重

394—401

　　调查显示,本地人认为"刻苦精神"是异地求职者最大的　394　,"独立性强"位列第二,占到 26.42%;"能够　395　压力"也是本地人所无法相比的。与之相反,"人际关系"　396　又是异地求职者的最大劣势,调查中有 40.25% 的人选择此项,"户口问题"反只占到 24.16%,"本地语言以及文化差异"已经成为不是问题的问题。而人际关系需要在长期工作生活中慢慢　397　起来,初到异地的求职者仍需在这方面　398　维系,为今后的发展打好基础。

　　在　399　调查的异地求职者中,77.54% 认为只要有能力就有机会升职;54.09% 觉得异地身份并不影响薪资收入。虽然其中仍存在一些不公平　400　,但是绝大多数的异地求职者还是享受到与本地人平等的　401　。数据显示,58.28% 的人认为本地身份对职位升迁并没有帮助;55.56% 的人并不觉得外地人身份对薪资有影响。

394. A. 优点	B. 优势	C. 优秀	D. 优异
395. A. 承担	B. 承受	C. 承认	D. 认定
396. A. 刚刚	B. 恰恰	C. 恰巧	D. 凑巧
397. A. 建设	B. 建立	C. 开设	D. 设立
398. A. 安心	B. 放心	C. 细心	D. 精心
399. A. 接收	B. 接受	C. 接近	D. 接触
400. A. 对待	B. 交待	C. 待遇	D. 际遇
401. A. 机会	B. 机遇	C. 时机	D. 机关

402—412

　　很多中国游客不知道迪斯尼乐园里有一些餐厅是　402　预约的, 比如有表演的餐厅和米奇、米妮会出来和大家见面的餐厅,需要早早抢着去预订。我和朋友们一开门就　403　到我们喜欢的预定餐厅,拿着手机随时　404　预订情况,因为餐厅真的很难定上。

　　去看花车游行,我　405　大家不要忘记带上塑料布,一家人围坐在地上观看花车,这样也可以近距离　406　欢乐的气氛。花车的游行线路在乐园的导游图上也会标明,一定要看好时间和　407　,如果去晚了,就只好站在人群后面了。

　　迪斯尼的游乐项目,有　408　各种不同年纪的设计,如果是很小的孩子,可以去玩漂亮的旋转木马;如果是胆子比较大的孩子,就带他去玩飞溅山等比较　409　的项目。乐园里的导游介绍图很重要,有中文版本的导游图,一定要看好当天的特别活动安排,表演时间和地点都会有很__410__的介绍,这样可以方便你安排一天的游乐__411__。

　　去迪斯尼乐园,还有一项非常有纪念性的东西—迪斯尼明信片。游客可以买来迪斯尼卡通明信片,写上几句有趣的话,__412__进乐园的邮筒里,寄给朋友或者自己,这样几天旅程结束回国后,就会收到这份特殊的惊喜。

402. A. 必要　　　　　B. 需要　　　　　C. 准　　　　　D. 允许
403. A. 分头　　　　　B. 分手　　　　　C. 个别　　　　　D. 分开
404. A. 打通　　　　　B. 交通　　　　　C. 沟通　　　　　D. 流通
405. A. 推荐　　　　　B. 提醒　　　　　C. 提出　　　　　D. 提议
406. A. 受到　　　　　B. 感受　　　　　C. 感动　　　　　D. 收到
407. A. 路线　　　　　B. 路程　　　　　C. 道路　　　　　D. 线索
408. A. 对于　　　　　B. 对待　　　　　C. 看待　　　　　D. 针对
409. A. 猛然　　　　　B. 猛烈　　　　　C. 刺激　　　　　D. 热烈
410. A. 细致　　　　　B. 详细　　　　　C. 细心　　　　　D. 精致
411. A. 行程　　　　　B. 路程　　　　　C. 航程　　　　　D. 过程
412. A. 丢　　　　　　B. 投　　　　　　C. 捡　　　　　　D. 包

413—421

　　虽然并不会讲中文,但是和安娜见面,她__413__会很热情地对你说:"你好!"临别的时候,也会很__414__地表达:"谢谢,再见。"在员工们眼里,安娜总是热情洋溢、精力非常__415__。

　　如果没有客户约见,安娜就利用这个时间到职工食堂了解员工的伙食__416__。__417__到了晚上七八点钟,有工作没完成,安娜也会让身边的员工先去就餐,然后自己坚持到工作完成。

　　有一次,一位客人要求直接见总经理安娜,翻译韩小姐得知后对安娜说:"我们有__418__接受投诉和解决问题的副总经理,你这么忙,如果所有客人都要求直接见你,怎么忙得__419__?"但是,刚刚开完一个重要会议的安娜告诉她:"客人要见的是我,你让别人来__420__,就相当于客人要咖啡,你端上来的是茶。"于是,安娜立刻跑下楼__421__去解决问题。

413. A. 始终　　　　　B. 一直　　　　　C. 总是　　　　　D. 总算
414. A. 刻苦　　　　　B. 用功　　　　　C. 努力　　　　　D. 使劲
415. A. 茂盛　　　　　B. 兴盛　　　　　C. 旺盛　　　　　D. 兴旺
416. A. 情形　　　　　B. 情况　　　　　C. 形势　　　　　D. 状况
417. A. 别管　　　　　B. 别说　　　　　C. 不管　　　　　D. 就算
418. A. 专业　　　　　B. 专门　　　　　C. 专心　　　　　D. 专职
419. A. 下来　　　　　B. 过来　　　　　C. 过去　　　　　D. 上来
420. A. 处置　　　　　B. 处理　　　　　C. 受理　　　　　D. 办理
421. A. 亲身　　　　　B. 亲自　　　　　C. 亲手　　　　　D. 亲笔

422—431

　　我的儿子不喜欢__422__比自己小的小朋友玩,一看到小朋友过来,__423__立刻关门,自己的玩具也不让他们玩,但比自己大的孩子他特别欢迎。请问这是为什么?我该怎么办呢?

　　孩子在平时生活中很少__424__比他小的孩子。__425__有小孩跟他在一起玩,家里大人总是有意无意地要求孩子让着小弟弟或小妹妹,这样孩子在玩耍的__426__中,就没有平等,只有谦让,否则会__427__大人的批评,于是孩子产生了逆反心理;其次,经常__428__孩子的总是大人或比他大的孩子,这时候,他受到的是保护和谦让,他__429__就心情愉快,乐意玩了。要改变孩子的这种状态,首先,大人和孩子玩的时候.不能过分迁就孩子,而要平等(灵活掌握);__430__,当孩子和比他小的孩子玩的时候,不能总是要求孩子谦让。在中国,在"孔融让梨"或传统教育下的孩子,似乎都应当懂得谦让,__431__,谦让是一种美德,它是自身修成的,而不应是强加的!

422. A. 给	B. 跟	C. 及	D. 让
423. A. 即	B. 就	C. 而	D. 才
424. A. 接近	B. 接连	C. 接触	D. 感触
425. A. 万一	B. 一旦	C. 既然	D. 虽然
426. A. 经过	B. 经历	C. 过程	D. 经验
427. A. 受到	B. 收到	C. 忍受	D. 遭受
428. A. 伴随	B. 陪伴	C. 随着	D. 伙伴
429. A. 自然	B. 自觉	C. 自行	D. 自动
430. A. 第二	B. 其次	C. 然后	D. 以后
431. A. 当然	B. 然而	C. 相反	D. 同样

432—437

唱歌除了能让人心情__432__,还能使人的血液成分发生变化,有助于__433__人体的免疫力。这是德国科学家近日得出的__434__。

__435__美国最新一期《行为医学杂志》报道,德国法兰克福大学的专家选择了该市一个职业唱诗班的成员作为研究对象。这些歌手__436__1小时莫扎特的歌曲,专家们对他们之前和之后的血液进行了检验,结果发现,排练之后,这些歌手免疫系统中的蛋白质——免疫球蛋白A和抗压力激素——氢化可的松的浓度都有了__437__提高。

一个星期之后,专家们让这些歌手听他们上次排练的录音而不演唱,结果,歌手们的血液成分在听录音的前后变化很小。专家据此认为,唱歌有助于提高人的免疫力。

432. A. 高兴	B. 愉快	C. 快乐	D. 快活
433. A. 提升	B. 提高	C. 增高	D. 加高
434. A. 议论	B. 结论	C. 理论	D. 评论
435. A. 凭借	B. 依照	C. 遵照	D. 根据
436. A. 训练	B. 排练	C. 操练	D. 锻炼
437. A. 显然	B. 显著	C. 显得	D. 分明

438—440

欧洲音乐会的特点:一是演出__438__选择在欧洲各国的一些历史文化名城;二是__439__指挥和加盟演出的都是世界级的艺术家,再__440__演出曲目全都是音乐史上各个不同时期的经典作品,可谓名家荟萃,异彩纷呈。

438. A. 地方	B. 地点	C. 地址	D. 地域
439. A. 担当	B. 承担	C. 任命	D. 担负
440. A. 就是	B. 加上	C. 还有	D. 另外

441—447

虽然人们在尝试　441　女大学生参与社会选美的事实，但是很多人还是希望她们不要在浮华中丧失纯真。专家建议，老师、家长要对她们进行正确的引导和规范，让她们在人生旅途上　442　地少走弯路。

"作为中国未来的希望，女大学生把握着时代跳动的脉搏，对于多元化发展的社会也会有自己的　443　和判断，并会为之努力奋斗。像我教过的很多美女学生，不管是在经济发达的大都市，　444　在边远贫穷的山区，都在各自的岗位上尽心竭力地　445　着重要作用。用她们的话说，就是要把美丽变成一种有形资产，去为整个人类发光发热。"一位大学教授说。

专家们认为，女大学生在追求美的同时，应该对美丽的诱惑保持　446　，不能过分迷恋虚无缥缈的东西。对那些低档次、媚俗、纯粹为了提高收视率的选美活动要慎重对待。社会各界也应端正自己的审美观念，给选美一个合理、自然、正常的生存　447　。

441. A. 接受　　　　　B. 接收　　　　　C. 收下　　　　　D. 回收
442. A. 尽量　　　　　B. 尽力　　　　　C. 尽快　　　　　D. 尽管
443. A. 解释　　　　　B. 知道　　　　　C. 了解　　　　　D. 理解
444. A. 就是　　　　　B. 还是　　　　　C. 都是　　　　　D. 而是
445. A. 发扬　　　　　B. 发育　　　　　C. 发挥　　　　　D. 发出
446. A. 清晰　　　　　B. 清醒　　　　　C. 清楚　　　　　D. 清新
447. A. 空地　　　　　B. 空间　　　　　C. 地方　　　　　D. 空洞

448—450

《话说中国》走学术通俗化的道路，她的这种内容与形式　448　现代社会的需求，有自己的独到之处，如果能够把握好学术高度和通俗性的　449　，能够做到既通俗化、大众化，又有一定高度和学术　450　，"是可以得到社会的广泛认同，是可以与世界优秀作品相比肩的。"

448. A. 合适　　　　　B. 符合　　　　　C. 适当　　　　　D. 适宜
449. A. 联系　　　　　B. 关系　　　　　C. 联络　　　　　D. 关联
450. A. 含义　　　　　B. 内容　　　　　C. 内涵　　　　　D. 内心

451—456

为了适应21世纪空运市场的　451　，当今世界上三家最大的民用飞机制造公司正在　452　开展未来新机型—超巨型客机的设计研究，　453　在研制新的超巨型客机上捷足先登，　454　领先地位。超巨型客机将会为航空公司带来巨大的经济　455　，因为它载客量大，发动机效率高，耗油率低，而且更安全。

欧洲空中客车公司通过对欧美和亚太地区的市场　456　，首先提出研制超巨型宽体客机的构想和方案。

451. A. 要求　　　　　B. 需要　　　　　C. 必要　　　　　D. 必需
452. A. 加紧　　　　　B. 加强　　　　　C. 加以　　　　　D. 加大
453. A. 竞争　　　　　B. 争夺　　　　　C. 争着　　　　　D. 争取
454. A. 居　　　　　　B. 占有　　　　　C. 处在　　　　　D. 位于
455. A. 效果　　　　　B. 效益　　　　　C. 效率　　　　　D. 效应
456. A. 检查　　　　　B. 考验　　　　　C. 调查　　　　　D. 视察

457—461

　　巡警们在执勤时发现了一个孩子,他们问孩子家是哪儿的、父母在哪儿上班、家中电话号码,孩子言不达意,说不__457__。巡警只好将孩子带回了单位,并请指挥中心联系公安局找寻__458__。

　　经过巡警们耐心__459__的诱导,11点半时,终于问清了孩子的姓名,家可能是市郊康庄、大郭村__460__的,于是民警再度开始为孩子寻家。将近零点时,指挥中心传来信息:有一个姓杨的军人曾到派出所报警求助说孩子丢了,现已联系杨先生到大郭村铁路与和平路交叉口处等待孩子前去__461__。巡警们迅速驱车到达,车刚停,孩子就喊着"爸爸、爸爸!"扑到了一位军官怀中。这位军官紧紧握住巡警的手说:"谢谢,谢谢! 感谢警察同志!"

　　457. A. 清楚　　　　　　B. 清晰　　　　　　C. 清醒　　　　　　D. 清理

　　458. A. 路线　　　　　　B. 线索　　　　　　C. 绳索　　　　　　D. 线路

　　459. A. 精致　　　　　　B. 细致　　　　　　C. 细心　　　　　　D. 别致

　　460. A. 周围　　　　　　B. 旁边　　　　　　C. 附近　　　　　　D. 临近

　　461. A. 认识　　　　　　B. 辨认　　　　　　C. 确定　　　　　　D. 认定

462—472

　　对于民用客机来说,在世界主要航线上飞行的客机__462__越来越大。出门旅行之前,乘客们都自然而然地会__463__自己将乘坐的飞机是不是大型飞机,似乎搭乘的飞机越大,心里就越__464__。一般来说,大型飞机往往是先进技术的结晶,所以也就有更加__465__的内部设备,越加舒适。当然__466__优越是多方面的,包括发动机效率、安全保障、自动化程度、材料的抗疲劳能力等,也包括经济性能,因为航空公司可以从乘客量增大上得到更多的利润。

　　二十多年来,世界最大民用客机的头把交椅一直__467__波音747稳坐着。波音747—400的最大起飞总重是385吨,载运412名旅客时的最大航程是13000千米,当用于中近程时,最多载客可达到566名。这样的状况会__468__下去吗? 看来波音公司以外的各家公司是不甘心袖手旁观的。尽管近两年世界空运不太__469__,但发展中国家,特别是亚太地区航运业发展却惊人地快。__470__中国来说,近几年航运载客人次__471__了大约4倍。因此,长远来看,世界空运市场是在不断发展和扩大的,具有良好的__472__。据估计,到2005年全世界的空运量将是目前的两倍多。

　　462. A. 变成　　　　　　B. 变动　　　　　　C. 变得　　　　　　D. 变化

　　463. A. 关照　　　　　　B. 关心　　　　　　C. 注重　　　　　　D. 关注

　　464. A. 实在　　　　　　B. 真实　　　　　　C. 踏实　　　　　　D. 实际

　　465. A. 圆满　　　　　　B. 完备　　　　　　C. 齐备　　　　　　D. 完美

　　466. A. 能量　　　　　　B. 能力　　　　　　C. 功能　　　　　　D. 性能

　　467. A. 被　　　　　　　B. 由　　　　　　　C. 在　　　　　　　D. 把

　　468. A. 维护　　　　　　B. 维持　　　　　　C. 维修　　　　　　D. 监护

　　469. A. 繁华　　　　　　B. 热闹　　　　　　C. 出息　　　　　　D. 景气

　　470. A. 对　　　　　　　B. 给　　　　　　　C. 拿　　　　　　　D. 跟

　　471. A. 增添　　　　　　B. 增长　　　　　　C. 添加　　　　　　D. 增进

　　472. A. 风景　　　　　　B. 前景　　　　　　C. 前途　　　　　　D. 前程

473—477

对旅游业带来的生态问题,世界各国已有太多的 __473__ 。然而在正期待着旅游经济 __474__ 利润奇迹的中国许多地方,人们仍在回避"管理不当会带来灾难性后果"的警告,急于赚钱,渴望加速 __475__ ,无法 __476__ 下来看看别人走过的弯路,减少自己的失误。事实上,实现生态旅游 __477__ 在哪个国家都不是一件轻松的事。

473. A. 教育	B. 教导	C. 教训	D. 教化
474. A. 创立	B. 创造	C. 创作	D. 开创
475. A. 进展	B. 开展	C. 长进	D. 发展
476. A. 安静	B. 镇静	C. 沉静	D. 冷静
477. A. 凡是	B. 无论	C. 尽管	D. 别管

478—488

倩倩小时候很乖很 __478__ ,她爸爸是做气象工作的,我是老师,工作都挺忙。可能是受我的影响,她喜欢把小孩 __479__ 起来,给人家当老师,前面放个小黑板,教 __480__ 识字,还教小朋友数学、画画儿和唱歌,孩子们都围着她。

我的孩子们都特别听话。她们姐妹从来没吵过架,也从来不打架,都互相 __481__ 。尤其倩倩是老大, __482__ 买点好吃的,她就坐在那儿分给妈妈、爸爸和妹妹,还懂得多给妹妹分点。过节时我给她们做有各种图案的小饼,做好了就分给她们,一人10个,她不吃,放在抽屉里,等妹妹吃完了, __483__ 拿出来分给妹妹吃。过了好长时间,她姥姥一拉抽屉,说 __484__ 有东西发霉了,一问才知道是她的饼一直没吃。倩倩从小到大,只要自己能干的,从来不让我 __485__ 。她不挑吃不挑穿,一直到上高中,穿的都是我的衣服,从来不挑剔,还穿她爸爸单位发的环保服。她又瘦又小,穿起来 __486__ 晃荡。小时候都是我给她剪头发,我为了省事一次剪得很短。她也不 __487__ ,剪成什么样就是什么样,难看点也不介意。

剪完了自己照着镜子梳,梳完以后跑到我跟前说:"妈,你儿子来了……"

东北都有自留地,我们每年都在园子里种点小菜,西瓜、菜花这些菜倩倩都种过, __488__ 我从翻土开始,到刨坑、撒种。

478. A. 强大	B. 强烈	C. 要强	D. 强硬
479. A. 汇集	B. 号召	C. 召集	D. 收集
480. A. 别人	B. 人家	C. 他人	D. 外人
481. A. 谦虚	B. 虚心	C. 谦让	D. 过谦
482. A. 偶尔	B. 偶然	C. 有点儿	D. 有些
483. A. 还	B. 又	C. 再	D. 更
484. A. 怎么样	B. 怎样	C. 怎么	D. 什么
485. A. 操持	B. 操心	C. 操作	D. 操纵
486. A. 不断	B. 不绝	C. 不止	D. 直
487. A. 在乎	B. 顾	C. 关注	D. 注意
488. A. 沿着	B. 跟着	C. 随着	D. 带着

489—495

现代生物医学的许多研究和事实证明,有近亲血缘关系的人通婚后,后代容易产生 __489__ ,

包括精神的和生理的。但是,说__490__说,做__490__做。调查发现,即使在今天,世界范围的调查表明,有20%到60%的婚姻都有血缘亲属关系,夫妇不是表兄妹(姐弟),__491__是堂兄妹(姐弟)。为什么这种现象如此盛行?

在婚姻心理上,人们都__492__于寻找与自己在社会阶层、生理和外表上相似的人作夫妻。所谓女儿寻夫的参照物是父亲,儿子娶媳的参照物是母亲就是这种心理和行为特征的__493__解释。而在童年和青少年时期,人们的__494__圈子更多的是在自己的亲朋好友范围。表(堂)兄妹(姐弟)是最自然的一种交往,而且他们符合既不是亲人,又__495__兄弟姐妹的身份、相貌的原则。所以表(堂)兄妹(姐弟)容易产生性吸引力。

489. A. 缺点　　　　　　B. 缺陷　　　　　　C. 错误　　　　　　D. 过失
490. A. 又……又　　　　B. 边……边　　　　C. 和……和　　　　D. 归……归
491. A. 而　　　　　　　B. 就　　　　　　　C. 还　　　　　　　D. 但
492. A. 趋势　　　　　　B. 方向　　　　　　C. 走向　　　　　　D. 倾向
493. A. 恰巧　　　　　　B. 凑巧　　　　　　C. 巧妙　　　　　　D. 巧合
494. A. 交流　　　　　　B. 交往　　　　　　C. 往来　　　　　　D. 来往
495. A. 相似　　　　　　B. 相同　　　　　　C. 同样　　　　　　D. 类似

496—501

西湖美景、龙井名茶,早已名扬天下。__496__西湖,品饮龙井茶,是旅游者到杭州的最好享受。西湖龙井产于西湖四周的群山之中,其__497__特点是:外形扁平挺秀,色泽翠绿,内质清香,味道醇厚,泡在杯中,芽叶的绿色__498__出水芙蓉一般。西湖龙井茶素以"色绿、香郁、味甘"闻名于世。

龙井茶优异的品质是精细的采制工艺__499__形成的。龙井茶炒制的手法极为复杂,依据不同的鲜叶原料要采用十大手法进行加工。凡__500__过炒制龙井茶全过程的人,都__501__不约而同地认为龙井茶确实是精心制作的手工艺品。

496. A. 阅览　　　　　　B. 游览　　　　　　C. 旅游　　　　　　D. 观光
497. A. 品格　　　　　　B. 本质　　　　　　C. 实质　　　　　　D. 品质
498. A. 相像　　　　　　B. 似乎　　　　　　C. 比如　　　　　　D. 如同
499. A. 所　　　　　　　B. 跟　　　　　　　C. 为　　　　　　　D. 给
500. A. 观看　　　　　　B. 察看　　　　　　C. 观望　　　　　　D. 观测
501. A. 能　　　　　　　B. 会　　　　　　　C. 得　　　　　　　D. 该

502—510

我想要一__502__近视眼镜用的镜夹,用以遮挡夏日的强光。然而,我转了几家眼镜店都没有。后来__503__一位同事介绍,我来到了一家眼镜店。

进店说明来意后,售货小姐拿出了镜夹让我试一试,我试戴后__504__挺满意,就问多少钱一副,售货小姐说25元。我一听,太贵了,问能否便宜点,售货小姐__505__回绝道:"不能便宜,这种镜夹今年最流行,货__506__得很。"看到售货员如此坚决,我就不敢砍价了,可又心存不甘,就灵机一动说:"朋友__507__我买的,就给了20元,你卖就卖,不卖就__508__。"看我有要走的意思,售货员就__509__20元卖给我了,我也就没再往下砍价,觉得便宜了5元,也算达到了目的。事后不久,我的一个朋友花10元钱从这个眼镜店买了一副相同的。通过这次购物经历,我体会到砍价的重要性:不论__510__什么商品,一定要勇于砍价,只有砍价才不多花冤枉钱。

502. A. 套	B. 副	C. 听	D. 双
503. A. 据	B. 凭	C. 请	D. 经
504. A. 感觉	B. 感触	C. 感慨	D. 感动
505. A. 一口	B. 一下	C. 一手	D. 一身
506. A. 紧迫	B. 急迫	C. 紧急	D. 紧俏
507. A. 托	B. 帮	C. 给	D. 说
508. A. 行了	B. 算了	C. 好了	D. 得了
509. A. 答复	B. 回应	C. 回答	D. 答应
510. A. 购买	B. 采购	C. 买卖	D. 收买

511—518

孩子　511　每天都要缠着家长陪着看书、讲故事的习惯对孩子的成长是不利的。因为家长和孩子一起看书、讲故事的模式比较适合于低幼年龄　512　的儿童，对逐渐长大的孩子那样做，将不利于孩子学习能力的　513　发展，不利于孩子个性的自由　514　。有的孩子爱缠着家长，往往就是幼儿阶段爱听而不爱读习惯的一种　515　。孩子在一个人的时候从来不看书，这说明孩子还没有　516　独立阅读和思考的习惯，对别人的依赖思想还很严重，这是需要家长给予　517　的。此外有些家长平常很少和孩子一起散步、聊天、做游戏等等，也会导致孩子自然而然地　518　和家长一起读书来获得亲情的弥补。

511. A. 成为	B. 养成	C. 变成	D. 养育
512. A. 阶层	B. 阶段	C. 层次	D. 阶级
513. A. 深刻	B. 深厚	C. 深化	D. 深入
514. A. 发育	B. 发扬	C. 发展	D. 发挥
515. A. 延长	B. 延续	C. 延期	D. 延误
516. A. 形成	B. 构成	C. 合成	D. 成为
517. A. 改变	B. 改革	C. 改动	D. 改正
518. A. 经过	B. 通过	C. 经历	D. 经验

519—525

书房是学习、休息的场所，光线要　519　，灯具可采用日光管灯、吸顶灯和台灯。书橱或摆饰可用射灯局部照明，　520　效果。灯具的造型、格调也不宜过于华丽，最好典雅隽秀，　521　出一个适合工作、阅读的静谧环境。

因为书房是读书学习的场所，所以应该　522　灯光的局部照明效果，书房中的灯饰　523　，以台灯和顶灯的选择最重要。前者造型宜　524　现代感，亮度适中，适合阅读即可；后者要能令整个房明亮　525　白昼，便于查找分散于各个角落的资料。

519. A. 明亮	B. 响亮	C. 光亮	D. 发亮
520. A. 加大	B. 加强	C. 加紧	D. 加重
521. A. 创建	B. 创作	C. 创新	D. 创造
522. A. 讲究	B. 起	C. 提供	D. 追究
523. A. 或多或少	B. 可多可少	C. 多多少少	D. 多少多少
524. A. 富有	B. 拥有	C. 占有	D. 含有

525. A. 像　　　　　　B. 比　　　　　　C. 达　　　　　　D. 如

526—530

杭州从今年的1月1日就开始对所有的博物馆实行免费　526　，但免费以后　527　不是所有的博物馆全取得了预期的效果，出现了明显的冷热不均的情况——展题好、更新快的博物馆，参观人数屡次刷新　528　，一些展览主题陈旧的博物馆，免票以后还是门前　529　，少人问津。看来，大众文化设施只有主动出击，改变观念，切实贴近未成年人的特点，以他们喜闻乐见的形式开展　530　，才能发挥应有的作用，不然免票的善举不但离教育的目标相距甚远，还加重了财政的负担。

526. A. 放开　　　　　B. 开门　　　　　C. 开发　　　　　D. 开放
527. A. 并　　　　　　B. 竟　　　　　　C. 则　　　　　　D. 只
528. A. 名录　　　　　B. 记忆　　　　　C. 记录　　　　　D. 纪录
529. A. 冷淡　　　　　B. 冷落　　　　　C. 冷静　　　　　D. 冷却
530. A. 走动　　　　　B. 运动　　　　　C. 行动　　　　　D. 活动

531—536

现代家庭大都只有一个小孩，在家长溺爱下成长的孩子　531　了解社会的方方面面。大学生们虽然有较高的学识，但没有太多的经历，内心过于　532　，很多时候缺乏独立处事能力和自我保护意识。在她们走向成功的道路上，也许会　533　重重险阻，需要家长和老师的悉心引导，为她们　534　利弊，让她们明白外在不是最重要的，只有内在的东西才能持久　535　魅力。社会各界要为她们　536　健康、良好的生活和工作环境。

531. A. 不必　　　　　B. 未免　　　　　C. 未必　　　　　D. 未能
532. A. 单纯　　　　　B. 纯洁　　　　　C. 纯净　　　　　D. 单一
533. A. 赶上　　　　　B. 遇见　　　　　C. 遇到　　　　　D. 相遇
534. A. 分解　　　　　B. 分析　　　　　C. 分辨　　　　　D. 区分
535. A. 发散　　　　　B. 散发　　　　　C. 分散　　　　　D. 分发
536. A. 经营　　　　　B. 建造　　　　　C. 制作　　　　　D. 营造

537—540

朋友，也许你身在中国北京西站，也许你曾经作为一名乘客从西站　537　走过；也许你从未到过北京西站，但你心中一直有着一段与北京西站的特殊缘分，那么就请你参加"我看西站"征文　538　。为了配合西站地区首届"北京吉利大学杯"摄影大赛活动，由北京西站和北京晚报社副刊中心　539　主办，惠尔地板公司　540　的"我看西站"征文，即日启动。

537. A. 匆匆　　　　　B. 连忙　　　　　C. 连连　　　　　D. 赶紧
538. A. 吗　　　　　　B. 吧　　　　　　C. 呢　　　　　　D. 啊
539. A. 公共　　　　　B. 一块　　　　　C. 一样　　　　　D. 共同
540. A. 赞助　　　　　B. 支援　　　　　C. 援助　　　　　D. 帮助

541—543

1959年，第一只芭比娃娃　541　，从此这个青春、亮丽的形象就成为女孩子们最钟爱的宠物。据说每秒钟世界上都会卖掉两只芭比的玩具，那么芭比的书受到孩子们的喜欢也就是顺理成章的　542　了。《我爱芭比》系列包括多种智力书和游戏书，借助芭比的　543　，学习和游戏都变得如此可爱。

541. A. 诞辰	B. 诞生	C. 发生	D. 出生
542. A. 事件	B. 情况	C. 事情	D. 情态
543. A. 形象	B. 形状	C. 形态	D. 情形

544—550

不要怠慢了你的朋友，他们可能会　　544　　你的生命。一项新的研究显示，心脏病患者如果有亲朋好友或知心爱人可以倾诉，那么在一年　　545　　他们再度突发心脏病的危险比那些没有倾诉对象的患者　　546　　少一半。

该研究对近600名患者在发作一次心脏病之后进行了一年的跟踪调查。研究发现，那些没有知心朋友的患者更有可能饮酒　　547　　、抽烟和服用违禁药物。但仅仅这些因素并不能　　548　　为什么他们在一年之内再次发生心脏病的危险会增加。

研究人员说，他们还不知道为什么拥有一个知己有助于抵挡心脏病再次　　549　　，但有一种可能是，好友或伴侣可以让患者及早接受诊治，并坚持下去。 朋友会使心脏病复发　　550　　减少一半。

544. A. 救护	B. 抢救	C. 挽救	D. 救助
545. A. 内部	B. 里面	C. 之间	D. 之内
546. A. 再	B. 更	C. 要	D. 该
547. A. 过度	B. 过渡	C. 过于	D. 过分
548. A. 解答	B. 解决	C. 解释	D. 解开
549. A. 作用	B. 工作	C. 生发	D. 发作
550. A. 风险	B. 危险	C. 危机	D. 冒险

551—555

英国研究人员对英国中南部385种春季开花的植物和当地春季气温进行了40多年的跟踪研究，　　551　　发现，当地春季的平均气温　　552　　了1℃，而近10年来这些植物的花期比40年前提早了4.5到15天。进行这项研究的科学家说，这些数据表明了气候变化对生物的　　553　　有着非常强烈的影响，而科学家　　554　　说，今后气温还将上升4到5℃，因此，植物花期的提前也许只是气候变暖带来　　555　　变化的开始。

551. A. 结局	B. 结尾	C. 后果	D. 结果
552. A. 上涨	B. 上升	C. 上浮	D. 提高
553. A. 生存	B. 存在	C. 存活	D. 生活
554. A. 算计	B. 预报	C. 估计	D. 估算
555. A. 巨大	B. 重大	C. 高大	D. 伟大

参考答案及题解

分类练习

1. (1) B　(2) D　(3) F　(4) G　(5) D　(6) B　(7) A　(8) E　(9) A　(10) A
(11) E　(12) B　(13) F

改革：重点是性质上的部分改变。搭配："改革+机器、文字"等。

改造：重点是性质上的根本改变或大部分改变。搭配："改造+森林、沙漠、河道、思想、世界、社会"等。

改进：重点是让事物进步，后面跟具体或抽象的词都可以。搭配："改进+方法、工作作风"等。

改良：重点是让事物更适合要求。搭配："改良+品种、物种"等。

改善：重点是让事物更好，后面常跟意义抽象的词。搭配："改善+条件、环境、伙食"等。

改动：重点指比较小的很具体的改变。搭配："改动+文字、项目、次序"等。

2. (1) B　(2) A

真正：强调名义与实质相一致。

真实：强调不是假的，后面常跟意义较抽象的事物。搭配："真实的+内容、情况、消息、思想、感情"等。

3. (1) B　(2) B　(3) D　(4) D　(5) D　(6) C　(7) C　(8) A

建设：后面常跟抽象名词，比如："国家、城市、水利工程、法制、精神文明"等。也可以作名词。例如："经济建设、法制建设"等等。

建筑：一般用于土木工程。多作谓语、定语，比如："建筑工人、建筑工程、建筑材料"等。

建造：除了用于土木工程，还用于机器、船舶、飞机等，使用范围比"建筑"宽。

4. (1) C　(2) B　(3) F　(4) D　(5) E　(6) D　(7) E　(8) B

增进：重点在"进一步"，后面一般跟，如："抽象名词了解、彼此的关系、友谊。"

增强：后面跟抽象事物，使强度增加。搭配："增强+勇气、信心、决心、团结、体质"等。

增添：后面跟抽象的事物，如："魅力、诗意、光彩、光辉、气氛、春色"等。

增加：重点是在原有基础上加多，对象可以是具体的，也可以是抽象的事物。搭配："增加+消费、开支、收入、面积、体积、长度、数量、重量"等。

增长：指数量增多，程度提高。搭配："增长+知识、见识、数量"等。

5. (1) A　(2) B　(3) C

整顿：采取措施，使事物更有秩序，管理得更好后面常跟意义较抽象的事物。搭配："整顿+组织、机构"等。

整理：收拾、清理。搭配："整理+具体事物"。

治理：有管理、统治的意思。搭配："治理+水土、河流、沙漠"等。

6.（1）B　　（2）A　　（3）B　　（4）A　　（5）B

刚：副词，用在主语后，动词形容词前，重主观感受，表示说话人认为的不久以前。

刚才：名词，它的用法与"早上、下午、晚上"这样的时间名词一样，表示说话前不久。

7.（1）A　　（2）A　　（3）A　　（4）B　　（5）B

偶然：副词和形容词，表示意外，有没想到的意思，能作定语，偶然+"现象、的见面"，可被程度副
　　　词修饰，"很+偶然"。

偶尔：副词，表示不是经常的，有时候。只用在动词前。

8.（1）B　　（2）DBA都可以　（3）C　　（4）B　　（5）B

立刻：书面语，比"马上"的时间更急迫、更快，多指与人有关的行为、动作。

马上：口语，可以用在已经发生和没有发生的动词前，可以指人，也可以指无生命的现象。

顿时、随即：书面语，用在已经发生的动词前。"顿时"有"一下子，突然"的意思。随即是"前面的
动作结束以后马上做第二个动作"的意思。

9.（1）B　　（2）C　　（3）C　　（4）A　　（5）A

有名：形容词，作定语一定要有"的"，可以作带"得"的补语。

闻名：动词，"闻名"的前面或者后面一定有表示地点的名词。

著名：形容词，作定语可以没有"的"，也可以有"的"，"著名"比"有名"程度更高，更正式。

10.（1）A　　（2）C　　（3）A　　（4）A　　（5）B　　（6）C

计划：内容详细、具体，可以是长远的，也可以是短时间内的。搭配："寒假、学习+计划"。常见格
　　　式：有+计划+地+动词。

规划：内容不太具体，大的事情。搭配："城市、道路、人生、经济+规划"。

策划：重点在想办法安排、组织一件事。

11.（1）B　　（2）B　　（3）A　　（4）AB都可以　　（5）B
　　（6）A　　（7）A　　（8）A　　（9）B　　　　　　（10）A

原来：副词、时间名词，是"过去"的意思，还可以表示发现以前不知道的事情。常见格式：原来
　　　如此。

本来：副词、形容词，只能作状语，格式："本来+就"（表示按照道理应该这样）

12.（1）B　　（2）A　　（3）A　　（4）B

　　两个词意思不同，"把握"重点在抓住并得到某个事物。"掌握"重点在能控制事物，运用事
物。"把握"有固定的格式："有+把握"，"掌握"没有。

13.（1）C　　（2）A　　（3）C　　（4）B

"热情"重点指对人、对工作感情强烈。

　　"热心"有对某件事很感兴趣，很积极的意思。"热烈"多形容积极的情绪和强烈的气氛，比
如，演出的气氛，人多时的气氛。

14.（1）B　　（2）A　　（3）A　　（4）C

危险：形容词，主要指不安全，有遭到失败的可能。搭配："很、非常、十分+危险"。

风险：多作宾语，指一种失败的可能，承受风险的一定是人，前面不能有"很、非常、十分"等副

词,搭配:"承担、分担+风险"。

危机:重点指比较大的,抽象的事情,出现了失败的可能。搭配:"感情、经济、事业+危机"。

15.(1)A　(2)A　(3)B　(4)A　(5)A　(6)A　(7)B

"温暖"重主观感受,不冷,可以用于气候、环境、心里的感觉。还可用作动词。

"温和"指不冷也不热,可表示人的性情、态度、言语等不厉害,很亲切。不能作动词。

16.(1)D　(2)B　(3)D　(4)C　(5)B　(6)A

正确:主要意思是:对的,不是错误的。

准确:主要意思是:一点儿都不差,完全符合某个情况。

明确:主要意思是:态度,意见很清楚,不模糊。

确实:副词,强调动词是真的,不是假的。还可以作形容词,"消息确实"意思是消息是真实的。

17.(1)C　(2)A　(3)B　(4)A　(5)B　(6)A

讨论:一定是多人参加,常常是有组织的,比较正式的,大家一起说出对某件事的意见。

议论:也是发表意见,可以是多人,也可以是个人,常常是没有组织的,私下里。还可以作名词,
　　　还有说闲话的意思。

评论:是个人对某件事发表意见、观点。

18.(1)A　(2)B　(3)A　(4)B　(5)B　(6)B　(7)A

　　"通过"强调方法、手段、方式。"经过"强调过程,强调过程的影响,后面可以跟表示一段时间
的词,"通过"不能。

19.(1)A　(2)A　(3)B　(4)A　(5)A

容易:形容词,表示不难,另外还可以表示事情很可能发生。

轻易:副词,表示简单容易或随随便便的意思,常用于否定句。

20.(1)A　(2)A　(3)A　(4)C　(5)B

都是动词:

"办理"的宾语常常是比较小的,一般的手续。

"受理"的宾语常常是比较大的案件、诉讼、投诉等。

"代理"的意思是受委托管理。

21.(1)B　(2)B　(3)B　(4)B　(5)B　(6)A　(7)A　(8)A

经验:名词,是做过事情以后得到的知识和感受,搭配:"很有经验、有经验的律师、宝贵的经验"。

经历:名词或动词,亲身做过的事叫"经历",亲身去经受一件事,一段时期,也叫"经历"。

22.(1)B　(2)A　(3)A　(4)A　(5)B　(6)A　(7)B　(8)A　(9)C

机会:强调对于从事某种活动来说是个非常好的时候,事情可大可小。

时机:更强调机会的时间性,常常跟具体的时间有联系,与"得到、创造、等待、利用、争取、抓住、
　　　错过、丧失、失去、趁、有"等词语搭配,通用于口语和书面语。

机遇:常常是做很大的事情的机会,与"得到、等待、降临"等词语搭配,不能与"错过、丢失、丧
　　　失、争取"等动词搭配,用于书面语。

23.(1)A　(2)B　(3)CD 都可以　(4)D

进展:常用来说某件事新的发展。

长进:常用来说人在某一方面的进步。

进步：可以说人，也可以说思想、科学、国家、社会等。

24.（1）C　　（2）C　　（3）B　　（4）D　　（5）F　　（6）A　　（7）A　　（8）A　　（9）E

时候：仅指做某件事的那段时间，常用"有时候""……的时候"。

时期：一段时间（多指具有某种特征的）。

时光：前面的定语常常与人有关系，比如"难忘的、快乐的、童年的、美好的"等等。经常搭配的动
　　　词是："打发、消磨、浪费"等。

时代：历史上或个人生命中的某个时期。

期间：常指做一件事的有明显开始和结束的一段时间。

25.（1）B　　（2）D　　（3）C　　（4）A　　（5）D　　（6）D　　（7）D

结果：名词、连词。指事物的发展所达到的最后状态。

后果：指不好的结果，做不好的事情的结果，常见搭配有"不计后果，后果不堪设想"等。

成果：主要指做很大的事情，比如改革、科学研究等的结果和成绩。

效果：主要指在采用某种方法或措施以后，对事物产生的影响。

26.（1）A　　（2）A　　（3）C　　（4）B　　（5）D　　（6）C　　（7）E

这几个词都是形容词。

安静：主要指没有声音或者运动很少，可以说人的性格。

平静：指心情、环境、形势等没有不安，没有大的变化。

冷静：遇到事情不激动，可以很好地思考。

镇静：遇到突然发生的事情不慌张。

冷清：指一个地方不热闹，人少。

27.（1）A　　（2）A　　（3）D　　（4）C　　（5）A　　（6）B

　　四个词都可以作名词，只有"习惯"还可以作动词。"习惯"多指人，"习气"也指人，是指人带
有的某种不好的特点。"习性"多指动物。"习俗"指一个地方长久以来大多数人都遵守的习惯，与
文化有关。

28.（1）A　　（2）A　　（3）B　　（4）B　　（5）B　　（6）A

帮助：可以是人力相助，也可以是物质上、精神上的支援，词义范围较大。可带宾语，可以作主语、
　　　宾语，"帮忙"不能。

帮忙：常指比较小的，不太正式的，具体的事情，而"帮助"的事情可以大也可以小。"帮忙"不能
　　　带宾语。

29.（1）A　　（2）A　　（3）A　　（4）C　　（5）C　　（6）D　　（7）B

都是动词。

利用：让时间、事物发挥作用。可以用于贬义，意思是利用某个人。

运用：宾语多是抽象名词，比如：方法、方式、技术等等，常常是根据事物的某个特点让它发挥作用。

应用：把某种理论用到实际中去，有时和"运用"是同义词。

30.（1）A　　（2）D　　（3）A　　（4）B　　（5）B　　（6）C

表示：宾语多为态度、意见。

表现：是通过人的言行、作风和外貌，使人感受到他的精神状态。

表明：显示出来的意思。

表达：宾语多为思想感情，"表达"还指运用语言文字的能力。

31.（1）B （2）C （3）D （4）D （5）A （6）B
（7）D （8）B （9）F （10）C （11）F

变成：宾语常是名词，常用在"把"字句中。

变得：后面常是形容词。

变化：作主语时后面常接形容词谓语，作谓语时，后面常常没有宾语。

变迁：很大的事情，抽象的事物非常漫长的变化。

变异：常指生物的自然变化。

32.（1）A （2）B （3）A （4）B （5）B

成为：动词，常见的句型是："A＋正在、已经、将要＋成为＋名词"。

作为：可以作介词，常用在句首，强调主语的身份特点，也可以作动词，常用在"把"字句中，常见的句型是："用、拿、把、＋A＋作为＋B"。

33.（1）B （2）A （3）B （4）A （5）A （6）A （7）A

"发挥"主要指使人或事物内在的性质或能力充分展现；"发扬"主要指使好的、进步的事物进一步发展。搭配："发挥＋积极性、创造性、潜力、作用、干劲"，"发扬＋优点、作风、传统"。

34.（1）C 或 A （2）A （3）C A 都可以 （4）B （5）C

"发觉"有感觉的意思，往往只是可以感觉到的人或事物的具体情况。"发现"有看见的意思，也有经过研究找到的意思，指抽象的事物、规律。"发明"的对象是世上本来没有的事物，"发现"的对象是世上已经有的。

	名词性短语	动词性短语
发觉	×	√
发现	√	√
发明	√	×

35.（1）B （2）A （3）A （4）D （5）C

访问：宾语可以是人、国家或地方。

参观：宾语常常是学校、工厂、景点等，可以看景色，也可以指看一看，然后学习先进的经验。

旅行：后面不接宾语，一般路程比较长，时间比较长。

游览：宾语常是比较小的景点。

36.（1）A （2）A （3）A （4）A （5）A （6）C （7）C
（8）B （9）B （10）B （11）C （12）C （13）C

方式：更注重的是方法的形式，某种格式。

方法：是说明怎么做一件事的。

办法：是用来解决某个具体问题的。

37.（1）C （2）A （3）A （4）B （5）D C 都可以 （6）D （7）B
（8）B （9）D （10）A （11）B （12）D （13）D

坚持：不改变原来的想法、习惯，语气比较重，可带名词性、动词性宾语。搭配："坚持＋意见、锻炼"。

保持：使好的状态、条件总是这样，长时间不改变，可带名词性、动词性宾语。搭配："保持＋人的活动(联系、距离、平衡、优势、关系)"

维持：只能带名词性宾语，通过努力使某种状态不改变。搭配："维持+生命、生活、尊严、秩序、治安"。

维护：宾语常常是抽象的名词，让某事物不受损害的意思。搭配："维护+抽象事物(利益、权利、主权、威信、团结、世界和平、法制尊严、集体荣誉、个人名声)"

38.(1)A　(2)B　(3)A　(4)A　(5)B

都是动词。

放心：宾语可以是事物也可以是人，表示心里不担心。

安心：宾语一般是事物，表示心里很稳定，不受干扰。

39.(1)D　(2)D　(3)A　(4)E　(5)E　(6)E　(7)C　(8)B

认识："认识"一个人，一定见过这个人的脸，可能没说过话，也是"认识"。"认识"还可以表示对某个事物的理解。

知道：对人、对事只是通过看见、听说、接触而得知，可能没见过面，也叫"知道"。

理解：常用于抽象事物。"我理解老师的辛苦"，意思是我知道老师为什么辛苦，老师辛苦的感受。

了解：对人、事物知道得很多。"了解"还有表示调查、打听的意思。

接触：和某人接触，就是"打交道"，只能带名词性宾语。

40.(1)A　(2)A　(3)A　(4)B

达到：后面多是抽象名词，如：理想、水平、标准、程度、数量等。

到达：后面常是表示地方的名词。

41.(1)C　(2)A　(3)B　(4)C　(5)C　(6)C

保存：意思主要是使事物存在，不受损失。

保管：意思主要是保护并且管理某事物，只用于具体事物。

保留：可用于具体或抽象的事物，主要指留下，还像过去一样。特殊格式："技术上(意见、看法)有保留"。

42.(1)C　(2)B　(3)A　(4)B　(5)B

舒适：因为环境适宜，生活满意而感到愉快。搭配："生活、环境、条件+舒适"。

舒服：精神上轻松愉快，身体上没有病痛，不难受。也指具体事物使人愉快满意。

舒畅：常指心情。

43.(1)B　(2)B　(3)C　(4)B　(5)C　(6)B　(7)C　(8)A/B

氛围：是范围比较大、比较稳定，不常变化的气氛，如商业氛围、竞争氛围。说"教室里的学习氛围"不合适，用"气氛"更好。"气氛"常常时间比较短，比较容易变化。如学习气氛、课堂气氛、会场气氛等等。

44.(1)B　(2)B　(3)B　(4)A　(5)B　(6)B　(7)A

尊敬：主要指态度很有礼貌，宾语常常是人或者与人有关精神、行为等，如老师、长辈、老人、品格等。

尊重：主要指重视，宾语是抽象事物，如知识、人才、别人的劳动、孩子的选择等。

45.(1)A　(2)B　(3)B　(4)B　(5)A　(6)B　(7)A　(8)B　(9)A

保障：侧重在维护,确保使不受侵犯和破坏,多用于受法律、法令等保护的重大而抽象的事物;注意常用词"社会保障体系"。

保证：含有负责做到的意思,适用范围较大,凡要担保做到的或能起到担保作用的事物都可以用。

46. (1) B　　(2) C　　(3) A　　(4) C　　(5) B　　(6) C　　(7) B　　(8) B　　(9) B　　(10) C

成立：侧重在开始有,从没有到有,后面跟具体名词,常常是比较大的、重要的组织、机构、国家等。

建立：重点在开始成立、形成,后面可加具体名词,如"组织、机构",也可加抽象名词,如"友谊、感情、关系、规章制度"等。

设立+具体名词,如"组织、机构、办事处"等。

47. (1) B　　(2) B　　(3) B　　(4) A　　(5) B　　(6) A

爱护：侧重点在心理重视,爱惜,前面可以加"很"。

保护：重点在照顾,使不受损害,前面不能加"很"。

48. (1) A　　(2) A　　(3) A　　(4) B

安慰：主要指在难过或困难的时候,心里通过某种方式感到舒服。

欣慰：主要指得到了好的结果,心里高兴。

49. (1) A　　(2) A　　(3) A　　(4) B　　(5) A　　(6) C

扩大：主要强调范围的放大,其对象可以是具体的,也可以是抽象的。搭配:"扩大+规模、范围、生产、机构、交流、市场、经营、矛盾、影响、眼界、战争、差别、错误"。

扩展：主要强调面积的伸展,其对象主要是"耕地面积""森林覆盖面积"等等;

扩充：进一步充实内容、力量、增多数量,属于人的主动行为。搭配:"扩充+队伍、实力、资金、设备"。

50. (1) A　　(2) C　　(3) C　　(4) A　　(5) B　　(6) D　　(7) F　　(8) E

充分：表示"足够"的意思,也可表示"尽量、完全"的意思,多用于抽象事物。

充足：侧重点在数量够满足需要,可用于具体或抽象事物。

充满：宾语可以是名词、动词,抽象、具体都可以。

充实：侧重点在有足够的内容、人员或物力,还可以作动词。

充斥：贬义词,只能带名词宾语。

充沛：侧重点在丰富、旺盛,多形容雨水或人的精力、感情等;

51. (1) A　　(2) A　　(3) B　　(4) C　　(5) C　　(6) B

包括：主要是说范围、数量等方面的内容,常是具体的。

包涵：礼貌用语,谅解、理解的意思。

包含：包含的东西是抽象的,无形的,看不见的。

52. (1) A　　(2) A　　(3) C　　(4) C A 都可以　　(5) C　　(6) C
　　(7) C　　(8) A　　(9) A　　(10) A　　　　　(11) B

注意搭配:

"采纳"侧重点在接受,后面跟抽象事物,如"意见、要求、主张"等。

"采用"侧重点在使用,后面可以很具体事物,如"工具、稿件、教材"等,也可以跟抽象事物,如"方法、手段、形式"等。

"采取"侧重点在通过比较以后实行,后面跟抽象事物,如"措施、态度、行动、办法"等。

53.(1) B　　(2) A　　(3) B　　(4) B

曾经:后面常有"过",强调有某种经历。

已经:后面常有"了",后面可加数量词、名词。

54.(1) B　　(2) B　　(3) A　　(4) B　　(5) A　　(6) A

对待:是对某件事或者某个人的态度。

看待:是对某件事的看法。

55.(1) B　　(2) D　　(3) D　　(4) B　　(5) A　　(6) D　　(7) A　　(8) C　　(9) C

规定:"规定"常常是告诉人们不能做什么事,"规定"还可以作动词。

规则:"规则"的内容常常起指导人们做事的作用,"规则"还可以作形容词。

规模:指事物范围、数量的大小多少。搭配:"大规模的+流行、生产、建设、运动、改造"等。

56.(1) A　　(2) C　　(3) D　　(4) C　　(5) C　　(6) C　　(7) B　　(8) A　　(9) D

照常:主要指还是跟正常的情况一样,没有改变。

照例:主要指跟过去的习惯和做法一样,没有改变。

照样:主要指没有什么特殊的,跟一般情况一样。

照旧:主要指还是像原来的动作或状态,没有改变。

57.(1)A　　(2) A　　(3) B　　(4) A

信誉:多用于产品、公司、商场、工厂等,主要指好的名声。常见搭配:"损害、建立、增加+信誉"。

信用:多用于人,指说过的事一定要去做,常见的搭配:"有、无、守、讲+信用"。

58.(1) A　　(2) C　　(3) A　　(4) B　　(5) A

打扰:侧重点在让某人不能很好地做某事,有给别人带来麻烦的意思。

扰乱:侧重在造成混乱。

干扰:侧重在"妨碍"和"影响",还可以指妨碍无线电设备正常接收信号的电磁振荡。

59.(1) A　　(2) D　　(3) D　　(4) C　　(5)B

感动:形容词。

感想:名词,大概意思是"感受",比"感受"的程度更深,内容更多。

感触:看到或者听到什么,引起强烈的思想感情,情绪的变化,程度较深,较强烈。

感到:动词,意思是"觉得"。

60.(1) A　　(2) A　　(3) B　　(4) B　　(5) A　　(6) C

忽视:意思的重点在不重视,大多不是有意的行为,宾语多是事物。

忽略:意思的重点在因为大意而没有注意到。

轻视:重点在认为没有价值或者没有用处,所以不重视或不认真对待,指故意的行为,是贬义词,可用于人和事物,轻视可作状语,"忽视"一般不作状语。

61.(1) B　　(2) B　　(3) C　　(4) A　　(5) A

合作:"合作"的双方或多方大都处于平等的地位,多用于积极方面。

配合:各方面分工合作来完成共同的任务,"配合"的双方或多方处于平等地位,也可以有主次之分。

协助：有"帮助"的意思,双方有主次之分,程度比"配合"高。

62. (1) A　　(2) B　　(3) A　　(4) B

加强：侧重点在使某事物更有力或更有效果。搭配："加强+工作、建设、设施、监督、管理、联系、
　　　　力量"等。

增强：除了有加强的意思外,还含有增加,让某事物数量上更多的意思,只能用于抽象事物。

搭配："增强+效率、体能、安全感、透明度"。

63. (1) A　　(2) A　　(3) C　　(4) B

尖锐：常指对事物的观察认识很深刻、言论激烈,矛盾、斗争、分歧、对立等很严重。

尖刻：主要指人说话很厉害。

尖端：常指技术、产品、研究达到很高的水平。

64. (1) B　　(2) A　　(3) C　　(4) A　　(5) B　　(6) E　　(7) D

坚定：意思侧重点在不容易改变。后面常搭配名词,如："坚定的+立场、观点、主张"等,作定语或
　　　　谓语；"坚定"还可作动词,可以带宾语。

坚决：意思侧重点在不犹豫。常见搭配："坚决+支持、反对、拥护"。"坚决"不能作动词。

坚持：重点在对某个习惯、意见保持不变。

坚固：多指某个东西不容易损坏,很结实。

坚强：意思的侧重点是指人的性格有力量,不软弱。

65. (1) B　　(2) B　　(3) A　　(4) B　　(5) C

艰巨：侧重点在责任、意义重大。常见搭配："艰巨的+任务、使命、工作、事业"等。多用于抽象事
　　　　物。

艰难：侧重点在比较困难,不容易。搭配："艰难的+处境、生活"。"艰难"的反义词是"轻松""轻
　　　　易"。"艰难"可以作状语,比如："艰难地+呼吸、行走","艰巨"一般不作状语。

艰苦：侧重点在条件不好,不舒服。搭配："艰苦+奋斗、创业、朴素"等等。

66. (1) B　　(2) A　　(3) B　　(4) B　　(5) B　　(6) C

减轻：侧重点在程度不那么强了、重量不那么重了,只能带名词性宾语。

减少：侧重点在数量不那么多了,可以带名词、动词、形容词宾语。

减弱：侧重点在变得弱了。

67. (1) A　　(2) C　　(3) D　　(4) C　　(5) B　　(6) B　　(7) B

交换：交换的东西常常是具体的,并且强调互换,如"礼物、学生、房间"等。有时用于抽象事物,
　　　　如"意见、看法"等。

交流：主要指通过语言、文字沟通,让彼此更加理解。"交流"的多为抽象的思想、经验、文化、感
　　　　情等。

交往：可以用于人与人之间,也可以用于国家、组织之间。

交际：只用于人与人之间。

68. (1) A　　(2) C　　(3) B　　(4) A　　(5) C

接待：侧重点在"接收"。

招待：侧重点在表示欢迎,并且很好地安排。

交待：侧重点是把没有完成的事向接手的人说明清楚。

69.(1) A　　(2) B　　(3) A　　(4) A　　(5) A　　(6) A　　(7) B

接受：对事物不拒绝,主观的态度比较主动,宾语可以是动词、名词等。

接收：表示收过来,常常要通过一定的方式,宾语常常是具体的名词。

70.(1) A　　(2) B　　(3) A

完善：侧重点在某事物全面、良好。搭配："设备、组织、制度+完善"。"完善"还可以作动词。

完备：侧重点在数量上已经齐备,什么都不缺,多用于形容具体事物,也可用于法制、手续、条件
　　　等抽象事物。

71.(1) A　　(2) B　　(3) A　　(4) B　　(5) B　　(6) B　　(7) B　　(8) B

进入：进到某个范围、时期、阶段、状态中去。

投入：意思侧重点在"放进去",把"时间、精力、心思、资金"等"放进去"。另外"投入"还可以作名
　　　词,指放进去的资金,在动词前可以表示开始这个动作。

72.(1) B　　(2) B　　(3) A　　(4) B　　(5) A

　　"举办"侧重在办理、组织,一般规模较小,不太正式,只能带名词性宾语。"举行"侧重在实
行、进行。搭配："举行+仪式、典礼",一般比较正式。

73.(1) C　　(2) C　　(3) B　　(4) B　　(5) A　　(6) C　　(7) C　　(8) D　　(9) D

占有：常指处在某种地位或着掌握某种事物。

拥有：主要的意思是"有",后面常跟意思具体的词,有时也跟抽象词语。

具有：具有后跟抽象词语,表示事物的特点。

具备：有齐备,不缺少什么的意思,"具有"没有这层意思。"具备"多用于较为具体的技能、条件、
　　　本领等,适用范围较小;"具有"除用于具体事物外,不可用于意义、价值、作用等抽象事
　　　物,适用范围较大。

74.(1) A　　(2) B　　(3) A　　(4) C　　(5) B　　(6) C　　(7) D　　(8) B　　(9) B

理由：前面的定语常常是"正当、合适、充分的"等,"有理由相信"的意思是:应该相信。

原因：前面的定语常常是"社会、个人的、家庭、性格"等。

缘故：常用句型:为了……的缘故,因为(由于)……的缘故。

借口：前面的动词常常是"找","借口"也可以作动词。

75.(1) B　　(2) A

难过：伤心、痛苦的意思。

难受：不舒服的意思。

76.(1) D　　(2) A　　(3) E　　(4) C　　(5) C　　(6) A　　(7) B　　(8) D

损伤：对象大多受了伤。

危害：侧重在危及安全,对某一事物不好,常用于人或物的有关生存发展方面的事物。

损害：损害的对象多为人和抽象事物,语气比"危害"重。

损失：对象大多在数量上减少。常搭配的形容词是"很大、惨重"。

损坏：对象常常不能正常发挥功能。

77.(1) A　　(2) B　　(3) B　　(4) B　　(5) C　　(6) B　　(7) C

普及：动词,是很主动的行为,常指某个技术,某种事物由少数到多数,应用的范围逐渐加大,后
　　　面常加补语"开来",还可作形容词。

普遍：形容词，指一般的人、情况都是这样，某种现象很常见，不特殊。

广泛：形容词，主要指范围大，常指不同阶层的人，不同职业的人都这样，也指某件事的影响面很广。

78. (1) A　　(2) C　　(3) D　　(4) B　　(5) A B 都可以

签订：可以用于条约、约定、协议、合同等，不像"签署"那样正式，使用范围比"签署"小。

签署：指在条约、协议、声明、报告等重要文件上签字，用于正式场合，一般只用于书面语。

签字：多指在各类文件、材料上写上自己的名字，表示负责。

签名：指写上自己的名字，适用范围较大，目的可以是表示负责，也可以是留作纪念、提出要求等。

79. (1) B　　(2) C　　(3) A

亲自：重视某事，就会亲自去做。

亲身：重点强调是真实的感受，后面的动词常常是"经历、体验、体会"。

亲手：后面的动词常常是跟手有关系的动词。

80. (1) B　　(2) A　　(3) B　　(4) A　　(5) B　　(6) B

放松：动词，指对某事物不太注意了，管理得不太严格了，心情不那么紧张了等。

轻松：形容词，意思的侧重点在不沉重，没负担，是一种愉快的感觉。

81. (1) B　　(2) A　　(3) B　　(4) A　　(5) B　　(6) B　　(7) C　　(8) C

猛烈：重点在有力量，快速。

强烈：表示程度高，给人的感受很强，常用来指感情、对比、色彩等。

激烈：常用来指争论、冲突、竞争、斗争很厉害。

82. (1) B　　(2) B　　(3) A　　(4) A

设备：是指机器。

设施：指为了某种目的建立起来的建筑、机构、组织等。

83. (1) E　　(2) B　　(3) C　　(4) B　　(5) A　　(6) D

注意不同的搭配：

深厚：多指感情、基础等十分厚重。

深刻：有感受、体会深的意思。搭配："深刻+印象、感觉、体会、感受"。

深入：指由外部达到内部。搭配："深入+检查、钻研、讨论、分析、调查"。

深奥：内容难懂，多用于学科、道理、意思等。搭配："深奥+理论、道理、学问"等。

深远：侧重在意义重大、影响久远，深远+"意义、影响"。

84. (1) D　　(2) A　　(3) B　　(4) D　　(5) C

推行：侧重点在使某事物普遍实行。搭配："推行+政策、法规、计划、方法"等。

推进：用某种力量使某个事物进一步发展。

推广：侧重点在使某事物影响范围扩大。搭配："推广+经验、成果、新技术、新品种"等。

推出：是用某种方法使某个事物出现。搭配："推出+新产品、新办法"。

85. (1) A　　(2) E　　(3) B　　(4) F　　(5) C　　(6) D　　(7) B

特点：侧重点在能起区别作用的各个方面，既可指人或事物内在的也可指外在的方面，适用范围较大。

特色：事物所表现的与众不同的风格特征,也可作定语,指事物内部的独特之处。

特殊：与众不同、非正常或很少见。

特别：某一方面在同类中更突出显著,也可作副词。

特性：侧重指科学角度,自身的本质属性等。

特征：指事物外部或形式上独特的标志,是表现出来的,可以看见的。

86. (1)C   (2)B   (3)C   (4)D   (5)C   (6)B   (7)B   (8)B   (9)A   (10)A

适当：侧重点在不多也不少,不过分。搭配:"适当+时候、场合、方式、安排、表扬、批评"等。

适合：动词,侧重点在符合做某事的条件,能带名词性和动词性宾语。

适应：动词,有"采取措施主动去满足条件"的意思,如:"适应+需要、时代的发展";还有"习惯"的意思,如:"适应+气候、环境、生活"等。

合适：形容词,可用于人的衣服穿戴,不大不小。

87. (1)B   (2)A   (3)B   (4)A   (5)A   (6)C

违背：侧重点在不遵守。搭配:"违背+诺言、良心、意愿"等。

违反：侧重点在不符合或从反面去做。搭配:"违反+规章制度、利益、习惯、合同"等。

违抗：侧重点在拒绝、抗拒。"违背"的语意轻,"违反"较重,"违抗"最重。"违抗"后跟"命令、指示、意志"等,适用范围较小。

88. (1)C   (2)B   (3)A   (4)B   (5)A   (6)B   (7)C

污染：多用于空气、水源、环境等。

传染：多用于疾病的传播。

感染：主要用在医学上,也有通过语言或行为产生某种影响的意思。

89. (1)C   (2)B A 都可以   (3)A   (4)A   (5)B   (6) C   (7)B   (8)B

吸引：使人、事物感兴趣,愿意接近的某种力量。

吸取：宾语一般是抽象事物,如"经验""教训""力量"等等,一般不用于人。

吸收：宾语一般是具体事物。搭配:"吸收+水分、气体、声音、营养"等,还可以指组织、团体接纳人成为自己的成员。"吸取"没有这层意思。

90. (1)A (2)A   (3)A (4)C   (5)B

制约：侧重点在客观条件之间的相互联系,可以是双向的行为,多用于抽象的意义,适用范围较小。搭配:"条件、彼此、受客观环境+制约"。

限制：侧重点在外部力量对事物的作用,只能是单向的。"限制"可用于时间、地点、数量、范围、条件等多方面。"限制"还有名词的用法,如:有限制,没有什么限制,"制约"没有。

局限：用于抽象意义,常指抽象意义上的范围受到限制,如:认识、性格、思想、观念等方面。

91. (1) C   (2) C   (3) B   (4) C   (5)B   (6) B
    (7) C   (8) D   (9) D   (10) A   (11) A   (12) A

信任："信任""某人"是指对"某人"完成某个任务、做某件事是有信心的,宾语不能是"自己",只能带名词性宾语。

相信：侧重点在认为某事物正确或真实。"信任"和"相信"都可用于人和组织"相信"还可用于事物。"相信"可用于别人,也可用于自己,可以带非名词性宾语。

信心：名词。搭配:"有、建立、失去、丧失+信心"。

自信：动词，相信自己，后面常常是动词性或形容词性宾语，常用词：自信心。

92. (1) A   (2) A   (3) AB 都可以   (4) A   (5) C   (6) B   (7) B

选择：对象可以是具体的，也可以是抽象的，多用于比较正式、重要的情况。

挑选：找出符合条件的，对象可以是人或具体事物，多用于不太正式的情况。

挑剔：贬义，形容词。

93. (1) A   (2) B   (3) B   (4) A   (5) A   (6) A   (7) A

制造：意思的侧重点在从无到有，后面的宾语常常是需要设备和技术才能做出来的，既可以是
　　　具体的，也可以是抽象的，如：机会、气氛、矛盾等。

制作：常常是手的动作，另外注意搭配："制作+节目、网页"等。

94. (1) B   (2) B   (3) C   (4) B   (5) A   (6) B   (7) A   (8) A   (9) C

状态：主要指表现出来的，可以看到的样子，用于某些具体事物的形态时，用"状态"而不用"状
　　　况"。搭配："正常、良好、中间+状态"，还有"心理、竞技、精神+状态"。

状况：有"情况"的意思，是指比较长时间内的情况，不一定是外在的，用于某些比较大的，比较
　　　抽象的事物。搭配："政治、文化、生活、健康+状况"。

情况：比"状况"表示的时间短。搭配："调查、反映、发生+情况"。

95. (1) B   (2) D   (3) B   (4) A   (5) A   (6) D   (7) B   (8) C

差别：名词，重点指彼此间不同的部分。

区别：名词或动词，用作动词，指辨别、划分。

差距：主要指两种事物相差的距离或程度。

差异：主要指两种事物间的不相同、不一致，多用于书面语，程度比"差别"高。

96. (1) A   (2) B   (3) C   (4) A   (5) A   (6) A   (7) C   (8) B

意思完全不一样，注意搭配：

承担：有"担负"的意思。搭配："承担+责任、职责、工作、义务、后果、费用"。

承认："承认+错误、过失、罪行"，另外："社会的、大家的+承认"。

承受："承受+痛苦、压力、负担、考验"，后面可接补语"得起、得了、不起、不了"。

97. (1) C   (2) C   (3) A   (4) C   (5) D
　　 (6) C   (7) B   (8) A   (9) A   (10) D

构成：后接名词宾语，A 构成 B，A 是 B 的某种看不见的成分，不是加和的关系。"构成"还可以
　　　提示 A 是 B 的原因。

组成：后接名词宾语，A 由 B、C 组成，意思是 B+C=A。

形成：后接名词宾语，意思强调的是在慢慢变化逐渐变成有某种特点的事物。

造成：后面可以接动词、名词作宾语，宾语常是不好的结果。

98. (1) A   (2) B   (3) A   (4) B   (5) A   (6) B   (7) A

开展：意思侧重点在"开始"和"进行"。

展开：意思侧重点在活动的范围由小变大。

99. (1) A   (2) A   (3) A   (4) B   (5) B   (6) B   (7) B   (8) C   (9) D

连续：动词，重点在不间断，后面常跟时间词、数量词。

持续：强调不间断地做某事，可以带补语，不能带宾语。

继续：强调动作前后相连,可以带宾语。

陆续：意思重点在有先有后,有时连续有时中断。

100.（1）B （2）B （3）B （4）A

抱歉：形容词。

道歉：动词,常见格式:向……道歉。

101.（1）B （2）A （3）B （4）A （5）B （6）A

不停:常作状语,后面的动词是很具体的比较小的动作。还可以作带"个"的补语。如:忙个不停。

不断:只作状语,后面的动词常是抽象的比较大的动词。

102.（1）B （2）A （3）A （4）C （5）B （6）B （7）B （8）B

临时：副词或形容词,意思重点是短时间内这样,不是最后的决定,不是正式的,不是固定的。

暂且：重点是短时间内先这样,以后 再考虑别的办法,后常能用到"再",书面语。

暂时：副词和形容词,重点在短时间内这样,还可以作形容词,如:"暂时的困难""困难是暂时的","暂且"没有这种用法。

103.（1）B （2）A （3）B （4）A （5）B

反应：指有机体受刺激而引起的反响、回应,是不及物动词,不能带宾语。

反映：把外界事物的本质表现出来,还可指把情况、意见等告诉上级有关部门,可以带宾语。

104.（1）A （2）A （3）A （4）A （5）B （6）A （7）B

满足：侧重在感到够了,不再需要了。"满足"还可以作动词,能用于"满足于……""以……为满足"的格式中。

满意：侧重在愿望达到,合乎心意,心里高兴。

105.（1）B （2）B （3）A （4）C

检验：检验的目的是为了看看某事物是否达到某个标准。

检查：重点在把存在的问题找出来。

检讨：常指对于错误的认识。

106.（1）A （2）A （3）B （4）A （5）A

财产：指具体的物质,如产业、土地、房屋、物资、现款等,是"财富"的一部分。

财富：可以指具体的东西,比"财产"程度更高,还可以指一些抽象的东西,如:精神财富、历史财富,人生财富等。书面语的色彩更重。

107.（1）A （2）B （3）C （4）A （5）D

薄弱：侧重在力量或分量小。搭配:"基础、实力、意志、环节+薄弱"。

衰弱：常指功能不如以前好了。

脆弱：侧重在不坚强,容易受到伤害,"弱"多形容感情、性格等。

软弱：重点在没有力量,不厉害。

108.（1）D （2）D （3）C （4）D （5）C （6）B （7）B （8）C （9）C （10）A

场合：侧重指一种情况,这种情况常跟人们的穿衣、说话、态度、举止是不是合适有关系。搭配:"公开、重要、正式、交际、一定+场合"。

场面：指一种情况,搭配的形容词常与人的感觉有关,比如"激动人心、难忘、尴尬、热烈、大"等。

场所：指一个地方。搭配:"娱乐、运动、聚会、休闲+场所"。

场地：也是指一个地方,是运动、开会、举行仪式的一块不大的地方。

109.（1）B　　（2）A　　（3）A　　（4）A　　（5）B

调节：主要是对数量或程度的改变。搭配："调节+气候、温度"等。

调整：更强调目的性,可以是数量的改变,也可以是对混乱、不合理、不平衡等不符合要求的状况的改变,达到更合适的目的。搭配："调整+经济、计划、政策、时间"等。

110.（1）A　　（2）B　　（3）B　　（4）A　　（5）B　　（6）A　　（7）C

执行：语气比较强硬。搭配："执行+方针、政策、命令、任务、协议"等。

实行：语气一般。搭配："实行+制度、措施、办法、诺言"等,可带非名词性宾语,"执行"不能。

实施：意思和语气大概与"实行"相同,但使用范围较小,更正式。搭配："实施+比较大的制度、计划、办法、法令、政策、制度、条例"。

111.（1）B　　（2）A　　（3）B　　（4）A

随便：重点是做事考虑得少。

随意：重点是比较放松,按照自己的心愿,想怎么做就怎么做。

112.（1）B　　（2）B　　（3）A　　（4）C　　（5）D

严厉：重点在对人的态度厉害,不温和。搭配："严厉+批评、惩罚","目光、样子、表情、态度、声音+严厉",不能带宾语。

严格：重点在对待某个标准态度认真,不随便改变标准。搭配："严格+遵守、执行、要求、训练、掌握、控制、检查、限制"等,有时可以带宾语。

严肃：常指人的性格不爱笑,很沉重,也指对待某件事很重视,很认真,可以带宾语。

严密：指事物之间结合很紧,不容易被人发现错误。

113.（1）B D 都可以　　（2）D　　（3）C　　（4）B　　（5）A　　（6）B

自发：侧重点在自己产生行动,没有人组织。

自觉：侧重点在自己通过思考认识到应该怎么做,没有别人提醒他。

自动："自发""自觉"都指人,而"自动"可以指人,也可以指东西,没有人催促。

自行：意思的重点在不依赖别人的帮助,自己解决。

114.（1）B　　（2）A　　（3）A　　（4）B

终身：可指人、事物,指人的时候,常指和人的生活关系密切的事。

终生：指人,多指比较严肃、重要,很有意义的事物。

115.（1）B　　（2）A　　（3）B

权力：重点指起控制、指挥作用的力量。

权利：重点指受法律保护而享有的权力和好处。

116.（1）B　　（2）A　　（3）B　　（4）B　　（5）A

活泼：侧重在灵活、有生气、有意思。搭配："性格、神情、言词、文字等+活泼"。

活跃：侧重点在表现积极。搭配："精神、思想、行动、气氛、表现+活跃"。"活跃"还可作动词。

117.（1）C　　（2）B　　（3）A　　（4）C　　（5）A　　（6）A　　（7）C　　（8）A

对……来说：常常引出看法、感受、态度,关系密切的重要方面等等。

拿……来说：表示举例。

从……来说：表示从某个角度,某个方面看问题。

118. (1)C　　(2)B　　(3)B　　(4)B　　(5)C　　(6)B　　(7)A

冲破：意思侧重用很大的力量除去障碍或限制。搭配："冲破+限制、阻碍"。

突破：意思侧重在某一方面超过过去，取得进步。

打破：意思侧重在破坏旧的，建立新的，常用作褒义词。搭配："打破+常规、纪录、迷信、沉默"。

综 合 练 习

1. B	2. B	3. D	4. B	5. A	6. B	7. D	8. A	9. C	10. D
11. D	12. B	13. D	14. A	15. B	16. B	17. C	18. D	19. B	20. A
21. C	22. D	23. A	24. C	25. D	26. B	27. C	28. C	29. A	30. C
31. B	32. B	33. D	34. B	35. D	36. C	37. B	38. C	39. D	40. C
41. B	42. B	43. A	44. B	45. C	46. C	47. B	48. C	49. D	50. C
51. C	52. C	53. B	54. A	55. D	56. B	57. D	58. A	59. C	60. C
61. D	62. B	63. A	64. D	65. B	66. C	67. D	68. C	69. D	70. A
71. B	72. C	73. C	74. B	75. C	76. B	77. D	78. B	79. C	80. C
81. B	82. C	83. B	84. B	85. D	86. C	87. C	88. A	89. B	90. A
91. A	92. C	93. B	94. D	95. C	96. C	97. B	98. C	99. C	100. B
101. B	102. C	103. B	104. A	105. B	106. A	107. D	108. B	109. B	110. B
111. D	112. D	113. B	114. C	115. D	116. B	117. B	118. D	119. C	120. B
121. A	122. A	123. B	124. D	125. D	126. C	127. D	128. C	129. D	130. A
131. A	132. D	133. A	134. C	135. A	136. A	137. B	138. B	139. B	140. C
141. A	142. D	143. B	144. A	145. A	146. A	147. A	148. C	149. A	150. D
151. B	152. D	153. B	154. D	155. A	156. D	157. B	158. A	159. B	160. B
161. A	162. A	163. B	164. C	165. B	166. A	167. B	168. B	169. C	170. B
171. C	172. B	173. B	174. B	175. C	176. D	177. A	178. D	179. C	180. A
181. D	182. B	183. B	184. B	185. B	186. A	187. B	188. B	189. A	190. A
191. A	192. C	193. A	194. C	195. B	196. C	197. B	198. A	199. A	200. C
201. D	202. B	203. D	204. D	205. C	206. D	207. B	208. A	209. B	210. D
211. A	212. B	213. B	214. D	215. C	216. C	217. C	218. C	219. B	220. A
221. B	222. C	223. C	224. C	225. B	226. A	227. A	228. B	229. C	230. B
231. B	232. B	233. B	234. C	235. B	236. A	237. C	238. B	239. B	240. C
241. B	242. C	243. A	244. D	245. A	246. A	247. A	248. A	249. A	250. D
251. B	252. B	253. A	254. C	255. B	256. D	257. B	258. C	259. D	260. D
261. C	262. D	263. B	264. B	265. A	266. C	267. C	268. D	269. D	270. A
271. C	272. B	273. A	274. C	275. B	276. C	277. B	278. B	279. D	280. B
281. B	282. B	283. C	284. B	285. C	286. C	287. C	288. C	289. C	290. C

291. B 292. B 293. C 294. B 295. C 296. B 297. B 298. B 299. C 300. C
301. A 302. B 303. B 304. B 305. D 306. A 307. B 308. A 309. C 310. D
311. B 312. B 313. B 314. B 315. B 316. B 317. B 318. C 319. B 320. A
321. B 322. B 323. B 324. A 325. B 326. B 327. D 328. B 329. A 330. B
331. B 332. B 333. A 334. B 335. B 336. D 337. C 338. A 339. B 340. B
341. A 342. B 343. B 344. D 345. A 346. D 347. B 348. C 349. B 350. B
351. B 352. B 353. B 354. B 355. C 356. A 357. D 358. B 359. B 360. A
361. A 362. B 363. C 364. C 365. B 366. B 367. C 368. B 369. B 370. A
371. D 372. A 373. C 374. D 375. C 376. B 377. C 378. B 379. A 380. B
381. D 382. D 383. A 384. B 385. D 386. B 387. A 388. B 389. A 390. B
391. B 392. A 393. D 394. B 395. B 396. B 397. B 398. D 399. B 400. C
401. A 402. B 403. A 404. C 405. B 406. B 407. A 408. D 409. C 410. B
411. A 412. B 413. C 414. C 415. C 416. B 417. D 418. B 419. B 420. B
421. B 422. B 423. B 424. C 425. B 426. C 427. A 428. B 429. A 430. B
431. B 432. B 433. B 434. B 435. D 436. B 437. B 438. B 439. B 440. A
441. A 442. A 443. D 444. B 445. C 446. B 447. B 448. B 449. B 450. C
451. B 452. A 453. D 454. B 455. B 456. C 457. A 458. B 459. B 460. C
461. B 462. C 463. B 464. C 465. B 466. D 467. B 468. B 469. D 470. C
471. B 472. B 473. C 474. B 475. D 476. D 477. B 478. C 479. C 480. B
481. C 482. A 483. C 484. C 485. B 486. D 487. A 488. B 489. B 490. D
491. B 492. D 493. C 494. B 495. D 496. B 497. D 498. D 499. A 500. A
501. B 502. B 503. D 504. A 505. A 506. D 507. A 508. B 509. D 510. A
511. B 512. B 513. D 514. D 515. B 516. A 517. D 518. B 519. A 520. B
521. D 522. A 523. B 524. A 525. D 526. D 527. A 528. D 529. B 530. D
531. C 532. A 533. C 534. B 535. B 536. D 537. A 538. B 539. D 540. A
541. B 542. C 543. A 544. C 545. D 546. C 547. A 548. C 549. D 550. B
551. D 552. B 553. A 554. C 555. A

第五单元 综合填空(二)汉字填空

一、考试形式

　　综合填空第二部分:汉字填空(16题):这部分试题,主要从考生常见的应用文中选取语料,每段语料中都有若干个空儿(空儿中标有题目序号),要求考生根据上下文的意思在答卷上的每一空格中各填写一个最恰当的汉字(请注意:每个空格中只能写一个汉字)。这一部分试题主要测试考生在综合理解的基础上书写汉字的能力。每题的答题时间为45秒左右。

二、考试策略

(一) 常见考点

　　汉字考试的形式一般是在一篇小文章或一段话中空出若干个字,让应试者根据文章的意思填写出来,每一个空格里只能填写一个汉字。要求填写的汉字可能有三种情况。一是能单独成词的语素,如:"请将这( )信公之于众"。二是不能单独成词的语素,如"周日不休( )",这种是复合词的一部分。三是某个语素的一个音节,如"社会主( )"。这种形式的汉字考试有很多词汇考试的成分,这部分题空格中要填的大部分是复合词的一部分。

　　选取字词的依据是《汉语水平等级标准和等级大纲》中《词汇等级大纲》列出的5168个词。HSK 这部分题的设计遵循的也是分层次按比例的抽样原则。HSK 这 16 道汉字考试题正是根据难易度的要求从四个档次的词语中按比例选出来的, 其中75%选自甲乙级词,25%选自丙丁级词。这部分题考的并不只是汉字书写能力,而是对应试者数项知识和能力的综合考查,还包括认读汉字的能力、阅读能力和通过语境去生成完整句子的能力等等。

　　题目的语料多来自考生经常接触、使用的应用文中最实用、最有代表性的段落。要填的汉字应能体现汉字的鲜明的特点,具有一定的代表性。

(二) 应试策略

　　汉字是由"零件"组成的,HSK 常考的汉字不多,也不难,考生完全可以通过集中的练习提高写汉字的水平,汉字考试完全可以做到满分。

　　下面的分类练习很巧妙,记住一个汉字的零件,你就可以记住 10 个甚至 20 个汉字。考生只要边练习,边思考,就可以发现很多汉字的有趣的规律。

　　考生做综合练习的时候, 注意题解中的扩展, 答案的每一个字, 都扩展出了另外两个字(词),这几个字在形体上都有某种共同特点,考生把这些字放在一起练习书写,可以大大提高学习效率。

分 类 练 习

下面是HSK汉字的主要部件练习,可以巧妙练习书写汉字。为便于考生集中快速掌握汉字的规律,每题下的括号中直接给出答案。

1. 贝

失___1___ ___2___图 ___3___易 ___4___量 ___5___担

输___6___ ___7___钱 ___8___扬 ___9___任 还___10___

成___11___ 习___12___ ___13___门 ___14___重 ___15___失

___16___目照___17___ ___气___18___

(1.败 2.贪 3.贸 4.质 5.负 6.赢 7.攒 8.赞 9.责 10.债
11.绩 12.惯 13.锁 14.贵 15.遗 16.项 17.顾 18.愤)

2. 匕

___1___业 ___2___评 ___3___力 ___4___土 ___5___教 ___6___流

___7___文 ___8___乱 ___9___听

(1.毕 2.批 3.能 4.泥 5.指 6.轮 7.论 8.混 9.倾)

3. 车

___1___论 ___2___雨 ___3___动 ___4___车 ___5___队 仓___6___

___7___子 ___8___续 指___9___

(1.舆 2.阵 3.轰 4.晕 5.军 6.库 7.裤 8.连 9.挥)

4. 寸

农___1___ ___2___衫 ___3___房 ___4___去 信___5___ ___6___重

___7___守 ___8___下来 保___9___ ___10___钱 一___11___夫妻 豆___12___

___13___合 ___14___近 政___15___ 长___16___ ___17___蹲 师___18___

胳___19___ 对___20___ 坚___21___ 等___22___ 懂___23___ 阻___24___

(1.村 2.衬 3.厨 4.过 5.封 6.尊 7.遵 8.蹲 9.守 10.付
11.对 12.腐 13.符 14.附 15.府 16.寿 17.蹲 18.傅 19.膊 20.待
21.持 22.待 23.得 24.碍)

5. 隹

___1___备 出___2___ ___3___合 幼___4___ 困___5___ 水果___6___

海___7___ 英___8___ ___9___持 ___10___一___11___带

(1.准 2.售 3.集 4.稚 5.难 6.摊 7.滩 8.雄 9.维 10.惟
11.携)

6. 巴

___1___胖 ___2___衣服洗干净 ___3___山 颜___4___ 鲜___5___

　　　6　不同意

（1.肥　　2.把　　3.爬　　4.色　　5.艳　　6.绝）

7. 白

　　1　来　　根2　　　3　意　　　4　生　　恐5　　　6　照

　　7　舍　　　8　小　　强9

（1.原　　2.源　　3.愿　　4.陌　　5.怕　　6.拍　　7.宿　　8.缩　　9.迫）

8. 半

　　肥1　　　同2　　　3　断

（1.胖　　2.伴　　3.判）

9. 亦

　　1　化　　　2　爱

（1.变　　2.恋）

10. 卜

　　1　课　　到2　　　3　过去　　　4　素

（1.补　　2.处　　3.扑　　4.朴　）

11. 不

　　1　念　　2　处　　　3　书　　　4　绕　　　5　子　　　6　则

（1.怀　　2.坏　　3.还　　4.环　　5.杯　　6.否）

12. 步

　　脚1　　　干2　　　3　临　　　4　繁

（1.步　　2.涉　　3.濒　　4.频）

13. 才

　　人1　　　2　料　　　3　富　　　4　结

（1.才　　2.材　　3.财　　4.团　）

14. 辰

　　早1　　　2　奋　　地3　　　嘴4

（1.晨　　2.振　　3.震　　4.唇）

15. 戈

　　1　实　　　2　市　　兴3　　　4　来4　　亲5　　　6　少

　　遗7　　　8　动　　9　树　　　10　帽　　11　者　　迷12

　　领13

（1.诚　　2.城　　3.盛　　4.越　　5.戚　　6.减　　7.憾　　8.感　　9.栽　　10.戴

11.或　　12.惑　　13.域）

16. 昔

　　1　误　　2　书　　书3　　　爱4

（1.错　　2.借　　3.籍　　4.惜）

17. 大

　　到1　　　2　祝　　争3　　　4　得　　5　后　　淘6

___7___度

(1. 达　　2. 庆　　3. 夺　　4. 获　　5. 然　　6. 汰　　7. 态)

18. 代

___1___替　　口___2___

(1. 代　　2. 袋)

19. 刀

___1___中　　___2___穷　　___3___咐　气___4___　　___5___望　一___6___报纸

___7___发　打___8___　　___9___开　关___10___　　___11___过　　___12___耐

亲___13___　　___14___底

(1. 初　　2. 贫　　3. 吩　　4. 氛　　5. 盼　　6. 份　　7. 颁　　8. 扮　　9. 召　　10. 照

11. 超　　12. 忍　　13. 切　　14. 彻)

20. 丁

预___1___　客___2___　　___3___止　　___4___愿

(1. 订　　2. 厅　　3. 停　　4. 宁)

21. 冬

___1___于　　地___2___　　___3___痛

(1. 终　　2. 图　　3. 疼)

22. 头

___1___在　　买___2___　连___3___　　阅___4___

(1. 实　　2. 卖　　3. 续　　4. 读)

23. 豆

___1___山　　___2___眼

(1. 登　　2. 瞪)

24. 兑

___1___话　　___2___衣服　___3___览室　喜___4___　　交___5___　　尖___6___

(1. 说　　2. 脱　　3. 阅　　4. 悦　　5. 税　　6. 锐)

25. 而

___1___且　　忍___2___　　___3___要　　___4___正　玩___5___

(1. 而　　2. 耐　　3. 需　　4. 端　　5. 要)

26. 发

___1___愁　　___2___品　　___3___电话　活___4___

(1. 发　　2. 废　　3. 拨　　4. 泼)

27. 反

___1___对　　___2___回　吃___3___　　小___4___

(1. 反　　2. 返　　3. 饭　　4. 贩)

28. 方

___1___面　　___2___止　　___3___间　脂___4___　　___5___问　　___6___织

___7___假　　___8___边　　___9___游　　___10___样　　___11___晚　　___12___转

（1.方　2.防　3.房　4.肪　5.访　6.纺　7.放　8.旁　9.旅　10.榜　11.傍　12.旋）

29. 非

____1____常　　一__2__子　犯__3____　____4____伤　　____5____队

（1.非　2.辈　3.罪　4.悲　5.排）

30. 丰

____1____收　　山__2____　每__3____　____4____忙

（1.丰　2.峰　3.逢　4.帮）

31. 干

____1____工作　　____2____火车　出__3____　____4____边

（1.干　2.赶　3.汗　4.岸）

32. 各

____1____自　　严__2____　简__3____　____4____人　　__5__下来　　__6__出来

____7____上

（1.各　2.格　3.略　4.客　5.落　6.露　7.路）

33. 工

成__1____　____2____击　__3__献　建__4____　____5__怕　　____6__松

__7__过　　形__8____　考__9____

（1.功　2.攻　3.贡　4.筑　5.恐　6.轻　7.经　8.式　9.试）

34. 弓

虚__1____　__2__大　楼__3____　____4__一　传__5____　兄__6____

吸__7__　阿__8__　仿__9__　收__10__　拐__11__

（1.弱　2.强　3.梯　4.第　5.递　6.弟　7.引　8.姨　9.佛　10.费　11.弯）

35. 古

____1____代　__2__风　　__3__定　____4__事　　__5__计　辛__6____

__7__住　　__8__饭　　__9__帽子

（1.古　2.刮　3.固　4.故　5.估　6.苦　7.居　8.做　9.摘）

36. 官

____1____员　　图书__2____　__3__理

（1.官　2.馆　3.管）

37. 禾

____1____学　__2__气　　__3__益　　__4__天　　__5__车

（1.科　2.和　3.利　4.秋　5.乘）

38. 合

____1____作　　__2__车　回__3____　__4__谈　　他__5__我一本书　　____6__当

（1.合　2.搭　3.答　4.洽　5.给　6.恰）

39. 虎

考___1___　　谦___2___　　马___3___

（1.虑　2.虚　3.虎）

40. 火

___1___恼　小___2___子　水___3___　　发___4___　　___5___话　菜太___6___

___7___复　　___8___心

（1.烦　2.伙　3.灾　4.炎　5.谈　6.淡　7.恢　8.灰）

41. 几

___1___笔　　___2___重　反___3___　　___4___是　　___5___着

（1.铅　2.沉　3.抗　4.凡　5.沿）

42. 己

___1___念　　___2___住　　___3___合　　___4___正　　___5___来

（1.纪　2.记　3.配　4.改　5.起）

43. 加

更___1___　___2___啡　祝___3___　　___4___驾证　吵___5___

（1.加　2.咖　3.贺　4.驾　5.架）

44. 豕

___1___庭　___2___渐　庄___3___　　___4___故

（1.家　2.逐　3.稼　4.缘）

45. 兼

___1___职　　___2___虚　　___3___钱　　___4___吵　道___5___

（1.兼　2.谦　3.赚　4.嫌　5.歉）

46. 金

___1___起来　洗___2___　　测___3___　危___4___　　___5___字　　___6___验

（1.捡　2.脸　3.验　4.险　5.签　6.检）

47. 见

看___1___　　___2___在　　___3___看　　___4___定　　___5___力　　___6___大

（1.见　2.现　3.观　4.规　5.视　6.宽）

48. 交

___1___往　　___2___区　　___3___子　比___4___　　___5___果　学___6___

___7___一口

（1.交　2.郊　3.饺　4.较　5.效　6.校　7.咬）

49. 巾

装___1___　　___2___服　　___3___领　老___4___　　___5___少　　___6___布

出___7___　　___8___望　恐___9___

（1.饰　2.佩　3.带　4.师　5.稀　6.棉　7.席　8.希　9.怖）

50. 今

年___1___　　___2___导　可___3___　　___4___居　　___5___书　　___6___钱

（1.龄　2.领　3.怜　4.邻　5.念　6.零）

51. 斤

　　__1__ 鲜　　__2__ 水　　分 __3__　　__4__ 时　　最 __5__　　　__6__ 愧

　　__7__ 以　　逐 __8__　　打 __9__　　判 __10__

　　（1. 新　2. 薪　3. 析　4. 暂　5. 近　6. 惭　7. 所　8. 渐　9. 折　10. 断）

52. 京

　　__1__ 响　　吃 __2__　　__3__ 近　　原 __4__　　风 __5__

　　（1. 影　2. 惊　3. 就　4. 谅　5. 景）

53. 开

　　__1__ 式　　类 __2__　　__3__ 究　　__4__ 且　　__5__ 音

　　（1. 形　2. 型　3. 研　4. 并　5. 拼）

54. 口

　　__1__ 闹　　包 __2__　　洗 __3__　　急 __4__　　__5__ 音　　干 __6__

　　__7__ 场　　机 __8__　　__9__ 事　　伴 __10__

　　（1. 哭　2. 含　3. 澡　4. 躁　5. 噪　6. 燥　7. 操　8. 器　9. 启　10. 侣）

55. 力

　　__1__ 史　　恶 __2__　　业 __3__　　__4__ 说　　奖 __5__　　__6__ 外

　　__7__ 快　　__8__ 动　　__9__ 助　　__10__ 理

　　（1. 历　2. 劣　3. 务　4. 劝　5. 励　6. 另　7. 勤　8. 劳　9. 协　10. 办）

56. 立

　　__1__ 刻　　__2__ 置　　__3__ 连　　__4__ 然　　__5__ 思　　__6__ 伴

　　__7__ 养　　__8__ 偿　　__9__ 分　　声 __10__　　保 __11__　　加 __12__

　　黑 __13__

　　（1. 立　2. 位　3. 接　4. 竟　5. 意　6. 陪　7. 培　8. 赔　9. 部　10. 音

　　11. 障　12. 倍　13. 暗）

57. 流

　　__1__ 行　　生 __2__　　__3__ 菜

　　（1. 流　2. 疏　3. 蔬）

58. 聿

　　一 __1__　　__2__ 康　　__3__ 设　　__4__ 盘

　　（1. 律　2. 健　3. 建　4. 键）

59. 殳

　　一 __1__ 劲　　建 __2__　　__3__ 家　　一 __4__　　__5__ 炼

　　一 __6__ 时间　　__7__ 有

　　（1. 股　2. 设　3. 搬　4. 般　5. 锻　6. 段　7. 没）

60. 每

　　__1__ 天　　__2__ 感　　后 __3__　　__4__ 荣　　大 __5__

　　（1. 每　2. 敏　3. 悔　4. 繁　5. 海）

61. 木

___1___息　　光___2___　　___3___林　　上___4___　　一___5___树　　喝___6___
___7___烦　　身___8___　　___9___用　　___10___护

（1.休　2.荣　3.森　4.课　5.棵　6.茶　7.麻　8.体　9.采　10.保）

63. 目
你___1___　　河北___2___　　___3___歉　　___4___数　　___5___先　　矛___6___
___7___互　　___8___念

（1.瞧　2.省　3.道　4.算　5.首　6.盾　7.相　8.想）

64. 且
___1___房　　___2___心　　便___3___　　___4___成

（1.租　2.粗　3.宜　4.组）

65. **且**
不___1___　　___2___定　　___3___空　　价___4___　　繁___5___　　___6___树
___7___乐部　　___8___有

（1.慎　2.镇　3.填　4.值　5.殖　6.植　7.俱　8.具）

66. 皮
___1___肤　　___2___倦　　衣服___3___弄脏了　　___4___此　　___5___浪　　山___6___
___7___旧

（1.皮　2.疲　3.被　4.彼　5.波　6.坡　7.破）

67. 欠
道___1___　　___2___询　　___3___势　　___4___料　　___5___慕　　___6___牛
咳___7___　　___8___金　　___9___弱　　___10___价

（1.歉　2.咨　3.姿　4.饮　5.羡　6.吹　7.嗽　8.资　9.软　10.砍）

68. 彐
回___1___　　打___2___　　___3___找　　___4___活　　___5___女

（1.归　2.扫　3.寻　4.灵　5.妇）

69. 小
欣___1___　　高___2___　　去了一___3___　　品___4___　　___5___握　　___6___天
___7___在床上　　经___8___　　礼___9___

（1.赏　2.尚　3.趟　4.尝　5.掌　6.当　7.躺　8.常　9.堂）

70. 舌
上海___1___　　___2___动　　合___3___　　包___4___　　广___5___

（1.话　2.活　3.适　4.括　5.阔）

71. 生
___1___活　　___2___名　　___3___利　　___4___期一　　___5___过来　　___6___格

（1.生　2.姓　3.胜　4.星　5.醒　6.性）

72. 尸
___1___览　　结___2___　　保___3___　　___4___辑　　找___5___了　　一___6___文章
___7___人　　___8___于

（1. 展　　2. 尾　　3. 护　　4. 编　　5. 遍　　6. 篇　　7. 骗　　8. 属）

73. 矢

___1___生　　民___2___　　___3___打　　___4___道　　___5___力　　___6___问
有时___7___　　___8___咙

（1. 医　　2. 族　　3. 挨　　4. 知　　5. 智　　6. 疑　　7. 候　　8. 喉）

74. 十

___1___对　　果___2___　　树___3___　　名___4___　　___5___算　　___6___气
___7___酒　　___8___速　　___9___多　　___10___领　　___11___酒　　___12___么
___13___地　　___14___倒

（1. 针　　2. 汁　　3. 叶　　4. 牌　　5. 计　　6. 脾　　7. 啤　　8. 迅　　9. 许　　10.率
11. 醉　　12. 什　　13. 草　　14. 摔）

75. 士

战___1___　　同___2___　　___3___音　　___4___欢

（1. 士　　2. 志　　3. 声　　4. 喜）

76. 壬

信___1___　　___2___什么　　___3___好　　家___4___

（1. 任　　2. 凭　　3. 挺　　4. 庭）

77. 示

表___1___　　___2___准　　国___3___　　无可___4___何　　___5___止　　___6___合
___7___高　　___8___桌子　　观___9___　　安___10___　　___11___亮　　___12___起来

（1. 示　　2. 标　　3. 际　　4. 奈　　5. 禁　　6. 综　　7. 崇　　8. 擦　　9. 察　　10. 慰
11. 漂　　12. 飘）

78. 束

结___1___　　___2___度　　___3___得　　我喜欢吃___4___的

（1. 束　　2. 速　　3. 懒　　4. 辣）

79. 米

无___1___　　种___2___　　___3___续　　着___4___　　熟___5___

（1. 数　　2. 类　　3. 继　　4. 迷　　5. 悉）

80.田

___1___斗　　积___2___　　仔___3___　　___4___考　　准___5___

（1. 奋　　2. 蓄　　3. 细　　4. 思　　5. 备）

81. 土

衣服___1___了一___2___信　　___3___会　　___4___力　　奇___5___　　___6___稼

（1. 脏　　2. 封　　3. 社　　4. 压　　5. 怪　　6. 庄）

82. 王

来___1___　　湿___2___　　___3___级　　___4___街　　疯___5___　　___6___现
___7___度希___8___　　___9___面

（1. 往　　2. 润　　3. 班　　4. 逛　　5. 狂　　6. 呈　　7. 程　　8. 望　　9. 全）

83. 文

___1___久　　　___2___齐　拥___3___　　经___4___　　利___5___

（1. 悠　2. 整　3. 挤　4. 济　5. 弊）

84. 亏

吃___1___　　　___2___染　　___3___奖　　___4___过去

（1. 亏　2. 污　3. 夸　4. 跨）

85. 勿

食___1___　　　___2___然　警___3___　　___4___足球　　___5___忙　容___6___

（1. 物　2. 忽　3. 惕　4. 踢　5. 匆　6. 易）

86. 场

体育___1___　表___2___　舒___3___　　喝___4___

（1. 场　2. 扬　3. 畅　4. 汤）

87. 夕

___1___少　跳___2___　　___3___面　转___4___　　___5___辑　　___6___数
___7___来　做___8___　　___9___励　　___10___字

（1. 多　2. 舞　3. 外　4. 移　5. 逻　6. 岁　7. 将　8. 梦　9. 奖
10. 名）

88. 糸

关___1___　　___2___张　　___3___华　劳___4___　　___5___质

（1. 系　2. 紧　3. 繁　4. 累　5. 素 ）

89. 彡

必___1___　　___2___理　　___3___加　衬___4___　　___5___着　　___6___贵
___7___断　　___8___色

（1. 须　2. 修　3. 参　4. 衫　5. 趁　6. 珍　7. 诊　8. 颜）

90. 辛

___1___苦　分___2___　　___3___解　躲___4___　　偏___5___

（1. 辛　2. 辨　3. 辩　4. 避　5. 僻）

91. 儿

___1___弟　　___2___贺　　___3___足　　___4___许　礼___5___　　___6___一
情___7___

（1. 兄　2. 祝　3. 充　4. 允　5. 貌　6. 统　7. 况）

92. 羊

海___1___　　看___2___子　　___3___良　害___4___　　___5___一点　新___6___
___7___细

（1. 洋　2. 样　3. 善　4. 羞　5. 差　6. 鲜　7. 详）

93. 衣

___1___靠　悲___2___　　___3___业　　___4___弱　　___5___厚　土___6___

（1. 依　2. 哀　3. 农　4. 衰　5. 浓　6. 壤）

94. 用

　__1__气　　　__2__跃　　　__3__上来　　__4__有　朗__5__　　　__6__过

（1. 勇　2. 踊　3. 涌　4. 拥　5. 诵　6. 通）

95. 甫

　__1__导　　　修车__2__　　__3__萄

（1. 辅　2. 铺　3. 葡）

96. 尤

　__1__其　　　__2__秀　　　__3__愁　　打__4__　　他早__5__走了

（1. 尤　2. 优　3. 忧　4. 扰　5. 就）

97. 由

　__1__局　　　__2__时间　招__3__　　　__4__色

（1. 邮　2. 抽　3. 聘　4. 黄）

98. 又

　__1__寞　　朋__2__　　不__3__　　喜__4__　　出__5__　　黑__6__
有__7__　　　__8__得　　__9__会　　__10__和　　选__11__　　__12__和
解__13__

（1. 寂　2. 友　3. 仅　4. 欢　5. 版　6. 板　7. 趣　8. 取　9. 聚　10. 暖
11. 择　12. 缓　13. 释）

99. 予

　__1__报　　犹__2__　　__3__服　　__4__外

（1. 预　2. 豫　3. 舒　4. 野）

100. 元

　__1__皮　　长__2__　　医__3__　　__4__成　　游__5__　　__6__军
公__7__

（1. 顽　2. 远　3. 院　4. 完　5. 玩　6. 冠　7. 园）

101. 青

安__1__　　　__2__楚　　　__3__况　　__4__朗　　　__5__测　　眼__6__
　__7__美　　__8__求

（1. 静　2. 清　3. 情　4. 晴　5. 猜　6. 睛　7. 精　8. 请）

102. 占

女生__1__60%　　__2__斗　火车__3__　　__4__研　　体__5__　　__6__菜
商__7__

（1. 占　2. 战　3. 站　4. 钻　5. 贴　6. 点　7. 店）

103. 正

　__1__齐　　身份__2__　　__3__治　　__4__状　　象__5__　　　__6__罚

（1. 整　2. 证　3. 政　4. 症　5. 征　6. 惩）

104. 至

不__1__于　　教__2__　　导__3__　　房__4__　　　__5__手　　　__6__来

自行车__7__了
（1.至　2.室　3.致　4.屋　5.握　6.到　7.倒）

105. 子
保__1__　推__2__　__3__节　兴致__4__　__4__　__5__师
（1.存　2.荐　3.季　4.勃　5.教）

106. 自
休__1__　__2__妇　__3__们
（1.息　2.媳　3.咱）

107. 走
__1__势　__2__火车　__3__来__3__
（1.趋　2.赶　3.越）

108. 告
依__1__　__2__诉　制__3__
（1.靠　2.告　3.造）

109. 九
研__1__　复__2__　污__3__
（1.究　2.杂　3.染）

110. 即
立__1__　__2__然　大__3__
（1.即　2.既　3.概）

111. 及
以__1__　垃__2__　班__3__　__4__收　好__5__了
（1.及　2.圾　3.级　4.吸　5.极）

112. 刍
着__1__　__2__势　__3__定
（1.急　2.趋　3.稳）

113. 天
节__1__　__2__热闹　__3__乐　错__4__
（1.奏　2.凑　3.娱　4.误）

114. 艮
__1__求　__2__迹　__3__本　__4__前　__5__制　__6__难
__7__货
（1.恳　2.痕　3.根　4.跟　5.限　6.艰　7.退）

115. 包
同__1__　吃__2__了　__3__怨
（1.胞　2.饱　3.抱）

综合练习

1—6

　　我公司因业务　1　大,急需招聘一批员工,其中公关部、财会部副经理各二人,文秘、公关各四人,均要求二十岁以下女　2　,高中以上文化　3　度,身体健康,五官　4　正,有一定　5　交能力。有意应聘者,请本月 12 日上午来公司人事部洽　6　。

中外合资天利公司

1997.1.10

7—11

优惠展销

　　为了以实　7　行动拥护中央"科教兴国"的国策,我店决定定期到贵校展销图书,展销期间　8　有图书一　9　八折优惠。

　　展销时间:每月第一周下午 3:30~5:30

　　展销地点:贵校办公楼前广场

　　　10　时欢迎同学们　11　顾。

新文化书店

1998 年 3 月 1 日

12—18

　　年年岁岁,岁岁年年。每　12　新春佳节,每一个小朋友都会　13　到一大笔压岁钱。这可让父母们犯愁:小孩子手里拿着一大　14　钱,要是乱花了该　15　么办?可怜天下父母心! 我们能够给出的参考答案是要　16　会孩子正确地向"钱"看,让小孩子树立起正　17　的理财观念,这肯　18　能让小孩们受益一生。

19—24

　　《北京晚报》将连　19　七天推出大型服务专刊——"五一报告",其中生活板块将推出消费　20　务信息专版,向广大市民　21　供节日期间各行业最新产品及各种优　22　折扣信息,为此特向本市商家及有关企业征　23　生活消费信息,欢迎大家踊跃　24　稿,本报将按行业分类刊发。

25—30

　　人们习　25　于把一天的生活分成三个　26　分:8 个小时的工作,8 个小时的休　27　和 8 个小时的休闲　28　乐。如果实在没有时间去亲自　29　加娱乐活动,那你只好　30　空到互联网上来找找"乐"喽!

31—33

　　紧张劳　31　的工作之余,转移视线,　32　节心情,让自己身心得到　33　时的愉悦——来这里吧。

34—43

晓丽姐姐:

你好！近来工作___34___吗？伯父、伯母身体___35___康吗？

我近来得了流感，躺了几天，叔叔一直都在身边___36___顾我，现在已经好了，所以直到今天才给你回信，请你原___37___。

前些日子天气变冷，叔叔还正在为我和姐姐去年的棉袄小了发___38___呢！收到你寄来的大衣，我们过冬的衣服都有了。我病已___39___好了，也能像别的小伙伴一样穿着___40___和的大衣玩了。

你这么疼我，关心我，可我___41___你长得什么样都不知道。你能寄___42___我一张照片吗？

祝你工作___43___利！

祝伯父、伯母身体好！天天开心！

44—49

为___44___足航班服务需求，中国国际航空公司拟在大专院校本、专科毕业生中招聘 80 名空中乘务员，现将有关招聘事宜公告___45___下：

招聘条___46___：

2004 年应届本、专科毕业生（大学专科毕业生限外语专业）；

年龄：23___47___岁以下（1981 年 1 月 1 日以后出生）；

身___48___：男性 173cm~180cm；女性 160cm~170cm；

视力：矫正视力 1.0 以上。

仪表___49___正、相貌好、性格开___50___、善于沟通，身体___51___合空勤乘务员标准。

___52___聘者请于 2003 年 4 月 17 日—18 日上午 9:00—11:30，下午 1:00—4:00 在民航管理干部学院参加报名初试。届时请___53___带学院介绍信、学生证、身份证、一寸免___54___照片四张。

对应聘初试合格者进行复试、体检、政审等___55___合素质评定后择优录用。

56—60

塞舌尔是___56___于非洲东面印度洋西部的一个美丽富饶的岛国。得天独厚的地___57___位置、印度洋的美景、连绵秀美的海滩、郁郁葱葱的棕榈树和热带___58___林、美丽的珊瑚岛，使塞舌尔成为一个名副其实的___59___假胜地，赢___60___"旅游天堂"的美誉。

61—64

春暖花开是___61___游的好时节，计划出游的人们早早___62___理好远行的装备，___63___备与亲朋好友们一起轻松轻松，___64___其是要好好体验一下各地风味美食。

65—67

本次征集活动___65___北京儿童艺术剧院股份有限公司主___66___，北京市文化局、北京青年报社、北京艺术创作中心、《新剧本》杂___67___社协办。

68—69

李老师：

你班学生文思勇因___68___急性阑尾炎，今晨住进了市第三医院，特此请___69___。

70—72

小明：

我这儿有两张今晚___70___出的《天下第一楼》的话剧票，想请你一同去看。请你 19:10 到镇影___71___院门前找我。19:10 你如果不来，我就只好把剧票让给___72___人了。

隋　群

即日 18:05 留

73—81

各乡、村委员会：

　　近日来　73　续降雨,我县境内大小河流及水库水位不　74　增高。据气象部门　75　测,下半月天气　76　阴雨为主,还将下几　77　大雨、暴雨。为了防止洪涝灾害,请各乡、村有关负责同志提高　78　惕,密切注　79　所在地区河流、水库汛情,从人力物力各方面做好抗洪排涝准备。一　80　发现险情,马上组织力量排　81　,并立即报　82　我们。

83—85

　　本店因店堂需装　83　,即日起暂迁往新地址　84　业。新址:西大街通天　85　同28 号,电话:63098279。

86—87

寻　物　启　事

　　　86　人昨日下午在大礼堂将一白色人造革坤包遗失,内装丝头巾一方、效率手册一本、永生金笔一只及单据一沓。　87　拾到者送交俄语系办公室或打电话通知我去　88　,不胜　89　谢。

俄语系办公室

电话 2658442(办)

90—92

招　领

　　有人拾　90　钱包一个,已交我处,内有钱物　91　干,望失主前来认　92　。

三道街街道办事处

×年×月×日

93—94

　　我报于本月 13 日第四版右下角刊出的"老年乐"香浴液广告,由于工作疏　93　,误将每瓶 10 元刊为 100 元,特此　94　正。

95—97

中央民族歌舞团负　95　同志:

　　兹有我校文工团团长龚贡同学到你团　96　系元旦联欢演出事宜,请接洽并予以合　97　。

首都大学校长办公室

×年×月×日

98—102

　　为了增　98　体质、增进友　99　,高一年级定于本周开始举办足　100　联赛。

　　时间:每周三、五下午两节课后

　　地点:东　101　场北侧足球场

　　比赛办法:大循环,最后决出明星队

　　欢迎全校同学到场观看、　102　兴。

高一学生会体育部

103—116

九龙游乐园简介

北京九龙＿＿103＿＿乐园是中国第一家＿＿104＿＿有迪斯尼特色的艺术观赏型游乐园。主要的游乐＿＿105＿＿目水下龙宫，运用了美术、戏剧灯光特技、音响、电子、机器人等＿＿106＿＿合高科技手段，＿＿107＿＿造瑰丽的海底景观，又将游人引入＿＿108＿＿奇的东海龙宫……集科学与＿＿109＿＿想之大成，汇惊险与神奇为一体，令人神驰遐思，奇妙无＿＿110＿＿。

园内＿＿111＿＿有大型游艇及快速摩托艇、沙滩游泳场等游乐设＿＿112＿＿，游人可乘艇环游水库，一览十三陵地区的湖光山色。

有＿＿113＿＿应不同档次和不同地方风味菜肴、同时可容＿＿114＿＿千人就餐的高级餐厅、风味餐厅和快餐厅。

九龙游乐园正以其独特的＿＿115＿＿力迎接着广大的中外游客。

欢迎您到北京九龙游乐园游＿＿116＿＿。

117—130

老师最大的＿＿117＿＿乐是什么？——上讲台。老师最大的烦＿＿118＿＿是什么？——擦黑板。＿＿119＿＿今老师的烦恼可一日而消，如何消？上海文具×××牌无尘粉笔可＿＿120＿＿老师得心应手，免除粉笔灰侵袭之苦恼。

××牌无尘粉笔软＿＿121＿＿适中，适用于任何＿＿122＿＿型黑板使用，易写易擦；不＿＿123＿＿痕迹，是一种健康型新式书写＿＿124＿＿品，而且价格低＿＿125＿＿，包＿＿126＿＿精美，品种多样，＿＿127＿＿预订者由本厂送货上门。凡购五箱以上者，八五折优＿＿128＿＿。若发现质量问题，保＿＿129＿＿调换退赔。

欢迎广大客户＿＿130＿＿发零售。

厂址：上海南京西路××××号

131—143

①不迟到，不早退，不无＿＿131＿＿旷课。如果生病或遇特＿＿132＿＿情况不能按时到校，需交医生或家长开的假＿＿133＿＿。

②早晨提前10分钟到校交作业，早自习前10分钟组长将各科作业收齐交＿＿134＿＿关老师。

⑧在各科课代表的＿＿135＿＿领下上好每个早自习，早自习时，＿＿136＿＿不下座位、说话或做其他事＿＿137＿＿。

④上课认＿＿138＿＿听讲，积极＿＿139＿＿考，主＿＿140＿＿回答老师的提问，不做与上课无关的事情。

⑤课间操按时到操场＿＿141＿＿合，做操认真，做＿＿142＿＿无一人逃操。

同学们，我们说到做到，不放空炮，并请班长和学习委员、体育卫生委员做评判人，希望各组＿＿143＿＿受我们的挑战！

高二(5)班三组全体
××年5月5日

144—146

李阳同学于昨日将从动＿＿144＿＿园飞走的一只小孔雀送还我园。李阳同学保护动物、爱护国家财产的精神＿＿145＿＿得学习。为此，我们感谢贵校培养出了这样的好学生，希望校领导在全校给予表__146__！

147—149

本饭店拟招聘一批服务员，__147__求如下：

① 有本市户口；

② 具有高中以上文化__148__度；

③ 身高 1.60 米~1.70 米；

④ 品貌__149__正。

150—151

×××老师：

我班定于 5 月 4 日（星期三）下午 5 点，在学校小会议室举__150__庆祝五四班级歌会，届时恭请光__151__。

高一(3)班全体同学

152—163

亲爱的观__152__朋友们：

你们好！

我是东方电__153__台"上海之夏"的主__154__人小赵。"上海之夏"是东视__155__将推出的一个新节目，它将于 7 月 10 日晚上 7 点开__156__。每天播出一集，15 分钟，由三个小栏目__157__成："夏令用品介绍"，它将向您介__158__最新的夏季用品、展览会及各种夏季特色__159__务。"夏季生活常__160__"，它将向您介绍夏季应该注意的各种生活小常识。"纳凉夜话"，它将__161__观众朋友们关心的事与大家聊天。"上海之夏"短小、__162__彩。希__163__它在炎炎夏日给您带来一丝清凉。谢谢大家，再见！

164—167

海 报

为了__164__动我校的读书活动，我校学生会特邀首都大学中文系王教__165__来我校作《读书、做人、治学》的报告，希望__166__大团员和学生踊跃前来听讲，同时也欢迎老师们__167__来。

时间：×月×日

地点：本校大礼堂

168—172

为庆__168__《故事会》创刊 40 周年，本刊__169__辑部隆重推出"《故事会》金栏目·中篇系列丛书"。本丛书一__170__共 6 册，每册共收中篇故事 8 则。本丛书每册 1 0 元，一套(6 册)共计 60 元，欢__171__邮购，免收邮资。邮购地__172__：上海市南区绍兴路 74 号。

173—177

小米姐姐：

听说你最__173__感冒了，怎么样，好了吗？听说你为了漂亮不肯多穿衣服，这可不__174__！

不过，你赶在年底发烧，__175__过去的病毒都烧跑了，这可是个好兆头。新年到了，你也应__176__有个新气象，那就是一切疾病躲着你，__177__有好运追着你。

章章

178—180

丹丹：

我真的相信你能___178___服自己的毛病，战___179___自我，认真准备考试。我也相信明天会更___180___好的。

爱你的妈妈

181—184

老球：

你怎么又病了，___181___从到了南方，你的身体真是越来越___182___了，你应该常常___183___炼，过完年咱们去游___184___吧！

克里夫

185—191

海洋水族馆节前新引进了珊瑚类、蝶类、海葵类等___185___洋生物 30 多个品种。节日___186___间，海洋水族馆人鲨共游表演将___187___续上演，喜欢___188___激的朋友还可报名参与，___189___自体验人鲨共舞的惊险刺激。票___190___成人 30 元，1.1 米–1.3 米儿童 20 元，1.1 米以下免___191___。

192—198

鸵鸟在鸟的世___192___里是最奇特的，它不会飞，却长着两条飞毛腿，奔跑的___193___度能达到每小时 70 公里。

在鸵鸟的家庭里爸爸妈妈非常___194___爱，鸵鸟爸爸为家庭付出很多，连孵蛋也会___195___忙呢！许多动物都喜欢把鸵鸟蛋和小鸵鸟当___196___美餐，此时鸵鸟爸爸就日___197___守护着孩子们。遇到刮风下雨，小鸵鸟钻到爸爸宽大的翅膀下___198___不怕了。

199—204

一位女士因违反交通规___199___被送到法庭受审。这位女士___200___法官解释，她是个教师，急着去上课，因此请求立即放她走。

法官听了，十分高兴___201___说："夫人，今天我终于能够实现在我内心埋___202___了一生的愿望。多年来，我一直等待有一位教师来到我的法___203___。现在，请你坐到桌前，把"我闯红灯了"这句话写 500___204___。"

205—209

小军___205___小明都说自己游泳快，同学们建___206___他们俩去游泳池比赛。比赛后，妈妈问小明___207___果怎么样。小明说："我得第二名。"妈妈问："___208___么小军呢？"小明说："他只得了个___209___数第二。"

210—221

第三中学：

你校 1995 年 3 月 2 日来信___210___到。根据信中要___211___，现将赵雪峰同学在我班学习期间情___212___介绍如下：

赵雪峰同学于 1995 年 4 月至 1996 年 3 月在我班任学习委员。该学生学习___213___力，在我班是名列前三名的好学生。该同学对班里工作认真负___214___，精益求精。不但在思想品德方面做得较为出___215___，还常常积___216___参加课外活动，增长知识，并在计算机大赛中获得很

好的成 __217__ 。在课余，他还喜欢写作，多次在全国各地报刊上发 __218__ 作品。他创作的长篇 __219__ 话小说《理想国度》还在《语文报"七彩月末"》专栏中被连 __220__ 。他曾获得我校"三好学生"的 __221__ 号。

特此证明。

222—224

非非和爷爷一起看电 __222__ ，这时，屏 __223__ 上出现了一架直升飞机。"飞机上一定很热。"非非对爷爷说。"你怎么知道？"爷爷问。"如果不热，这飞机上怎么装着那么大的风扇 __224__ ？"

225—227

春 __225__ 花开是旅游的好时节， __226__ 划出游的人们早早整理好远行的装备，准备与亲朋好友们一起轻松轻松，尤其是要好好体 __227__ 一下各地风味美食。

228—234

本刊征文活动开始以 __228__ ，编 __229__ 部每天都要收到上百篇应征稿件，择优 __230__ 出的作品在刊物上发表以后， __231__ 到了广大读者朋友们的关注，不少朋友来信都谈到自己非常 __232__ 欢征文作品，认为这些作品贴近生活，有真情 __233__ 感，在此我们向所有参加征文活动的作者和热情关注支持此次征文活动的朋友表示诚挚的谢 __234__ 。

235—240

大连是个干 __235__ 的海滨城市，空气清新，我向 __236__ 已久。我要选择一家信誉不错的旅社，随团去游大连、旅顺。我要 __237__ 全抛开工作，彻底放松心情。其实，我觉得无 __238__ 去哪儿旅游，选择远途还是就近，其目的都是一样的，就是让自己 __239__ 受多姿多彩的生活，亲近大自然， __240__ 实自己。

241—244

在 __241__ 开的各色桃花映衬下，京城首届世界名花 __242__ 览会 18 日上午在北京植物园开幕。这次共展出来自五大 __243__ 30 多个国家近 200 个品种的新优花卉，其中 45 个品种是 __244__ 次在北京地区展出。

245—250

儿童 __245__ 于想像，在他们的眼里，一切都是有生 __246__ 的。因此，儿童的世界是童话的世界。他们喜爱童话，许多色 __247__ 斑斓的童话展现了一个迷人的世界，无 __248__ 动听的故事教会他们如何辨别美丑、善恶、真假……像一盏明灯， __249__ 亮孩子们的心和前进的道路，引领他们茁壮 __250__ 长。

251—254

服饰文化日新月异，人们的消 __251__ 观念也在不断进步，越来越多的时尚女性开始 __252__ 求更完美的着装效果，以提升自身气质和 __253__ 养，对时装 __254__ 产生画龙点睛作用的首饰必然成为她们的首选方向。

255—257

小香咕是个 __255__ 良聪明的女孩。放暑假时，她 __256__ 妈妈送到外婆家，和几个表姐表妹一起生活。四个精灵女孩之间发生了一个又一个快乐以 __257__ 伤心失意的故事。

258—264

那天 __258__ 然下着大雨，但儿子、女儿两家都回来了，一大家人热热闹闹吃 __259__ 饭，虽然只有短短几个小时，可在老人___260___来，能和儿女外孙们一起吃饭、看电视、___261___天、就非常开心了。其___262___几天，王老和老伴因为害怕各处人多___263___挤，大部分时间都呆在家里，最多只是在马路边___264___步。

265—275

根据素___265___教育的要求和本人的语言学习实际情况，按照学校"在学生中开___266___读课外名著活动"的要求，___267___订本学期课外阅读计划___268___下：

一、在完成正___269___课业情况下，坚持参加学校___270___织的每一次课外阅读指导活动，写好听课笔记。

二、计划在 9 月~10 月之间读完鲁迅的《故事新编》、茅盾的《子夜》、老舍的《骆驼祥子》和《冰心散文》四册书，并写 1.5~2 万字的___271___书笔记。

三、在 11 月~12 月之间读《莎士比亚四大悲剧》，并写 1 万字左右的读书___272___记。

四、___273___持每月写一篇读后感，在学校___274___个"读书活动"结束之时，写出两篇小论文。

每月检查一次读书计划执行情况，提出___275___力方向。

276—282

大熊猫是我国特有的珍___276___动物，它可爱的外表和___277___危的身世不知牵动了多少人关注的目光。但是，由于人类对自然资___278___的过度索取，导___279___生态平衡遭到严重破坏，这种可爱的生灵曾被一步步逼向灭绝的边___280___。它们现在怎么样了？到___281___有没有逃离濒临绝种的命运？中国现在有多少只大熊猫？它们的未来又在哪里？请看三集系___282___特别节目——《来自熊猫故乡的报告》。

283—286

在大学里修车，自然会___283___到不少外国留学生，而杨大爷又特别喜欢和年___284___人在一起。一次，几个学生从他的修车摊前经过，几个人有说有笑，边走边用日语聊天。杨大爷对此___285___慕不已，回到家后，杨大爷就开始学习日语了。他逐___286___又对英语和韩国语产生了兴趣。现在他 77 岁，能说三门外语。

287—197

1998 年 8 月以来，简灵、胡晓东同学一直坚持在绿都小区回___287___废旧电池。他们在小区入口处挂了一个小铁箱，___288___召小区住户把用过的电池放到里面。过了一两个月时间，他们发现收到的电池没有___289___料中的多，意识到这可能是由于不少居民不了解___290___扔电池的危害性，将用过的电池同其他垃圾混放在一块扔___291___了。于是，他们定期在小区内举行"环保小知识"___292___传活动，用贴近生活的事实和活___293___的图片向大家说明乱扔废旧电池会对环境造成的___294___害。在他们的不懈努力下，目前，小区居民不仅养成了将废旧电池___295___中处理的习惯，而且在生活中环保意识大大增___296___。

希望对简灵、胡晓东同学爱护环境的事___297___给予表扬！

298—302

为了___298___高同学们的汉语水平，学生会特___299___办了"汉语角"活动。主要内___300___有会话、小型演讲比赛、戏剧片___301___表演、小型学习经验交流等，并邀请经验丰富的汉语老师前来___302___导、解答同学学习汉语的有关问题。活动时间为每周六上午 9 点—11 点。地点在实验楼 305 室。从 5 月 18 日开始,欢迎同学 ___303___ 跃参加。

304—306

　　5 月是 ___304___ 光温暖、万物蓬勃的月份。5 月的节日颇多,既充满朝气,又温 ___305___ 浪漫。有五一劳动节、五四青年节、5 月 12 日的护士节,还有那亲亲的 5 月的第二个星期日—母亲节。在五月的节日里,人们 ___306___ 情地歌颂劳动、感谢母亲,感受与表达人间真情。

307—309

　　农历春节,历来是中国人一年中最 ___307___ 大的节日。人们穿新衣、放鞭炮、走亲访友、互致祝 ___308___ ,尽情宣泄着喜庆的心情。一年中经历的烦恼、忧 ___309___ 随着新年钟声的敲响,都将烟消云散,人们在快乐中充满了新的企盼。

310—312

　　盛泉度假山庄位于密云西北部自然景观最 ___310___ 集的中心地带,紧邻桃源仙谷、清凉谷、黑龙潭、京都第一瀑等著名自然风景区,规 ___311___ 大、档次高、娱乐设 ___312___ 全,是您度假、观光和举行会议的首选之地。

313—316

　　雾灵山庄 ___313___ 落在闻名遐迩的司马台长城、雾灵山国家森林公园脚下,是雾灵山地区 ___314___ 一一家花园式三星级涉外宾馆。这里自然环境优美,配套设施先进完善,周边人文环境健康和 ___315___ 。这里远离闹市喧嚣的污染,具有"天蓝水碧,树茂花香,云淡风轻"的整体特色,是您休闲、度假举行会议的最佳选 ___316___ 。

317—318

　　六一儿童节是所有孩子最喜爱的节日。在这一天,孩子们将收到来自家长、学校以及全社会的祝福和礼物。牙医专家在这一天建议:健康才是送给孩子最好的礼物, ___317___ 其是口腔保健,一定要从儿童 ___318___ 起。

319—321

　　西格尔·安邦净水器杯"市井闲话"有 ___319___ 征文大赛今天启动啦,快把您身边有趣有 ___320___ 的生活故事投给我们。辛辣幽 ___321___ 的"小辣椒"型作品,是我们的"主打产品"。欢迎投稿,有丰厚的奖品等着你哟。

答案及扩展

综合练习

1. 扩-应该、广泛
2. 性-胜利、姓名
3. 程-呈现、逛街
4. 端-耐心、而且
5. 社-杜绝、心脏
6. 谈-烦恼、小伙子
7. 际-标记、无奈
8. 所-新闻、暂时
9. 律- 健康、建设
10. 届-邮局、招聘
11. 光- 欣赏、去了一趟
12. 逢- 山峰、丰盛
13. 收-悠久、故事
14. 笔-时髦、结尾
15. 怎-作业、昨天
16. 教-孝顺、推荐
17. 确-角色、解决
18. 定- 宝贵、家庭
19. 续-买卖、读课文
20. 服-朋友、胆量
21. 提-做题、是否
22. 惠-思考、想像
23. 集-携带、出售
24. 投-没有、温馨
25. 惯-贵重、一贯
26. 部-五倍、陪同
27. 息-咱们、媳妇
28. 娱-错误、节奏
29. 参-渗透、修理
30. 抽-由于、油腻
31. 累-紧张、关系
32. 调-稠密、周到
33. 暂-惭愧、新鲜
34. 忙-盲目、忘记
35. 健-键盘、建立
36. 照-招呼、召集
37. 谅-凉快、影响
38. 愁-瞅见、秋天
39. 经-没劲、功夫
40. 暖-缓慢、爱护
41. 连-军队、头晕
42. 给-合作、恰当
43. 顺-教训、报酬
44. 满-他俩、不瞒你说
45. 如-努力、委托
46. 件-牢固、制作
47. 周-稠密、调整
48. 高-搞好、稿件
49. 端-需要、忍耐
50. 朗-走廊、根本
51. 符-付钱、衬衫
52. 应-床上、扩展
53. 携-谁、标准
54. 冠-学院、完成
55. 综-表示、标志
56. 位-竟然、文章
57. 理-埋怨、重量
58. 森 -树木、林子
59. 度-出席、过渡
60. 得-障碍、附近
61. 旅-预防、游泳
62. 整-证明、正在
63. 准-集合、催促
64. 尤-打扰、犹豫
65. 由-邮递员、抽奖
66. 办-协助、威胁
67. 志-喜欢、声音
68. 患—一串葡萄、患者
69. 假-闻名遐迩、无暇
70. 演-流行、海边
71. 剧-居住、根据
72. 别-另外、向左拐
73. 连-关键时刻掉链子、阵雨
74. 断-惭愧、告诉
75. 预-犹豫、舒服
76. 以-似乎、挫折
77. 场-发扬、舒畅
78. 警-尊敬、足够
79. 意—竟然、暗暗
80. 旦-负担、胆子大
81. 除-长途、糊涂
82. 告-制造、依靠
83. 修-衬衫、颜色
84. 营-伴侣、宫殿
85. 胡-糊涂、估计
86. 本-很笨、身体
87. 望-忙碌、盲目

88. 取-有趣、聚会

89. 感-想法、发愁

90. 到-此致、至少

91. 若-惹我生气、辛苦

92. 领-令人满意、年龄

93. 忽-请勿打扰、匆忙

94. 更-方便、强硬

95. 责-还债、成绩

96. 联 -关系、送行

97. 作-怎么、油炸食品

98. 强-邮递员、楼梯

99. 谊-便宜、房租

100. 球-要求、救命

101. 操-洗澡、噪音

102. 助-协助、劝说

103. 游-放心、预防

104. 具-俱乐部、不慎

105. 项-照顾、新颖

106. 综-擦桌子、付款

107. 创-抢先、苍白

108. 神-申请、伸手

109. 幻-幼儿园、丝毫

110. 比-毕业、混乱

111. 还-怀念、否则

112. 施-拖拉机、驰名中外

113. 供-一共、哄孩子

114. 纳-内部、简陋

115. 魅-姐妹、冒昧

116. 览-面临、包揽

117. 快-决定、缺乏

118. 恼-凶猛、动脑筋

119. 如-好奇、安排

120. 使-驾驶、历史

121. 硬-更加、便利

122. 类-熟悉、继续

123. 留-遛弯、溜走

124. 用 -通过、勇敢

125. 廉-谦虚、兼职

126. 装-形状、化妆

127. 凡-机器、沿着

128. 惠-品德、麦穗

129. 证-惩罚、整顿

130. 批 -比较、呢

131. 故-估计、做练习

132. 殊-岁数、舞蹈

133. 条-服务、洗涤

134. 有-随着、混淆

135. 带-装饰、佩服

136. 决--一块儿、缺点

137. 情-怀念、快乐

138. 真-值得、镇定

139. 思-奋斗、仔细

140. 动-运气、绘画

141. 集-准备、水果摊

142. 到-不至于、招致

143. 接-陪伴、赔偿

144. 物-请勿吸烟、容易

145. 值-植树、繁殖

146. 扬-喝汤、发扬

147. 要-腰疼、火车票

148. 程-呈现、盼望

149. 端-忍耐、玩耍

150. 行-大街 、衔接

151. 临-篮球、监督

152. 众-从来、花丛

153. 视-观看、规定

154. 持-等待、诗歌

155. 即-大概、晴朗

156. 播-解释、翻跟头

157. 组-而且、租金

158. 绍-超过、按照

159. 服-报纸、摄影

160. 识-求职、积累

161. 就-吃惊、谅解

162. 精-晴天、请求

163. 望-忘记、忙碌

164. 推-土堆、截止

165. 授-接受、寂寞

166. 广-矿产、扩大

167. 前-剪刀、煎鸡蛋

168. 祝-情况、统一

169. 编--一篇文章、读一遍

170. 套-达到、态度

171. 迎-闲聊、柳条

172. 址-牙齿、企业

173. 近-惭愧、薪水

174. 行-街区、平衡

175. 把-爬山、绝不

176. 该-孩子、时刻

177. 所-哲学、打折

178. 克-竞争、统统

179. 胜-生存、性格

180. 美-善良、害羞

181. 自-鼻子、媳妇

182. 差-海洋、模样

183. 锻-建设、一股脑

184. 泳-永远、脉搏

185. 海-每当、后悔

186. 期-其实、下棋

187. 继-屡次、着迷

188. 刺-有利、浏览

189. 亲-新闻、工薪阶层

190. 价-介绍、阶段

191. 费-仿佛、楼梯

192. 界-评价、中介

193. 速-辣椒、结束

194. 恩-因此、婚姻

195. 帮-每逢、山峰

196. 作-昨天、怎么了

197. 夜-舞蹈、液体

198. 就-风景、影响

199. 则-侧面、测验

200. 向-响亮、相同

201. 地-也许、松弛

202. 藏-拒绝、距离
203. 庭-挺好、延长
204. 遍-编写、篇幅
205. 和-利用、科学
206. 议-仪表、意义
207. 结-吉利、清洁
208. 那-挪动、哪里
209. 倒-周到、至于
210. 收-悠闲、憋得慌
211. 求-球类、挽救
212. 况-竞赛、究竟
213. 努-例如、发怒
214. 责-债务、贵重
215. 色-绝对、肥胖
216. 极-以及、垃圾
217. 绩-质量、赞美
218. 表-由衷、依靠
219. 童-重量、埋头学习
220. 载-戴帽子、栽树
221. 称-弥补、饮料
222. 视-现成、宽阔
223. 幕-模仿、羡慕
224. 呢-脂肪、轮流
225. 暖-支援、缓和
226. 计-果汁、什么
227. 验-检查、捡起来
228. 来-未来、末尾
229. 辑-晕车、舆论
230. 选-领先、洗衣服
231. 受-权利、劝说
232. 喜-同志、声音
233. 实-资料、抖动
234. 意-保障、文章
235. 净-眼睁睁、挣钱
236. 往-兴旺、湿润
237. 完-冠军、顽皮
238. 论-车轮、指挥
239. 感-遗憾、震撼
240. 充-统统、流传
241. 盛-藏起来、成就
242. 博-拼搏、葡萄
243. 洲-严肃、应酬
244. 首-道理、矛盾
245. 富- 幸福、一幅画
246. 命-合适、盒子
247. 彩-采取、白菜
248. 数-楼房、搂抱
249. 照-热爱、强烈
250. 成-城市、宝藏
251. 费-仿佛、沸腾
252. 追-管理、图书馆
253. 修-趁着、急诊
254. 能-此外、批准
255. 善-美化、盖子
256. 被-波浪、玻璃
257. 及-年级、好极了
258. 虽-感触、融合
259. 顿-纯洁、一吨煤
260. 看-走着路唱歌、冒雨
261. 聊-柳树、欢迎
262. 余-叙述、长途
263. 拥-用心、涌现
264. 散-撒娇、教育
265. 质-贸易、赢得
266. 展-属于、层次
267. 制-牢固、牵挂
268. 如-高矮、按照
269. 常-品尝、党派
270. 组-阻挡、粗心
271. 读-买卖、继续
272. 笔-时髦、毛病
273. 坚-横竖、监考
274. 首-矛盾、省事
275. 努-愤怒、委托
276. 稀-希望、装饰
277. 濒-频率、脚步
278. 源-愿望、原谅
279. 致-有把握、办公室
280. 缘 -逐渐、家庭
281. 底-抵达、高低
282. 列-热烈、好歹
283. 遇-偶尔、公寓
284. 轻-经过、比较
285. 羡-道歉、其次
286. 渐-短暂、薪水
287. 收-纠正、叫人
288. 号-幸亏、污染
289. 意-竟然、眼镜
290. 乱-礼貌、合适
291. 掉-桌子、卓越
292. 宣-担心、元旦
293. 泼-拨电话、发展
294. 危-干脆、赡养
295. 集-销售、困难
296. 强-吸引、衰弱
297. 迹-选择、过分
298. 提-题目、是非
299. 举-信誉、高兴
300. 容-欲望、洗浴
301. 断-屡次、无数
302. 辅-修车铺、葡萄
303. 踊-涌上来、拥护
304. 阳-除了、排队
305. 馨-没有、投入
306. 尽-白昼、迟到
307. 盛-诚实、城市
308. 福-逼迫、思考
309. 愁-瞅见、秋季
310. 密-甜蜜、必须
311. 模-抚摸、莫非
312. 施-拖延、他们

313. 坐－座位、挫折　　314. 惟－维护、携带　　315. 谐－批准、毕业

316. 择－解释、翻译　　317. 尤－优秀、干扰　　318. 抓－西瓜、顺利

319. 奖－强壮、服装　　320. 益－盛开、盘子　　321. 默－墨水、黑暗

主要参考文献

北京语言大学汉语速成学院编,《汉语速成教学研究》(第二辑),北京:华语教学出版社,1999

顾士熙主编,《现代汉语常用词用法词典》,北京:中国书籍出版社,2002

国家对外汉语教学领导小组办公室汉语水平考试部,《汉语水平等级大纲》,北京:高等教育出版社,1996

国家汉语水平考试委员会考试中心编制,《汉语水平考试大纲》(初、中等),北京:现代出版社,2001

刘镰力主编,《汉语水平测试研究》,北京:北京语言大学出版社,1997

刘月华等,《实用现代汉语语法》,北京:外语教学与研究出版社,1983

卢福波,《对外汉语常用词语对比例释》,北京:北京语言大学出版社,2000

卢福波,《对外汉语教学实用语法》,北京:北京语言学院出版社,1996

吕叔湘主编,《现代汉语八百词》,北京:商务印书馆,1980

曲阜师范大学编写组,《现代汉语常用虚词词典》,杭州:浙江教育出版社,1992

佟慧君,梅立崇主编,《汉语同义词词典》,北京:商务印书馆国际有限公司,2002

杨庆蕙主编,《对外汉语教学中的语法难点剖析》,北京:北京师范大学出版社,1996

叶盼云,吴中伟,《外国人学汉语难点疑释》,北京:北京语言大学出版社,1999

张凯,《语言测验:理论与实践》,北京:北京语言文化大学出版社,2002

张清源等审定,《同义词词典》,成都:四川人民出版社,2002